ouch

Nr. 1

Autoren

Cornelia Adam
Marieluise Christl-Licosa
Sebastian Dickhaut
Elisabeth Döpp
Reinhardt Hess
Angelika Ilies
Martina Kittler
Veronika Müller
Gabriella Plüss
Jörn Rebbe
Cornelia Schinharl
Sabine Sälzer
Marlisa Szwillus
Christian Willrich
Annette Wolter
Renate Zeltner

Einführungstexte:
Reinhardt Hess

Unser Italien Kochbuch

NR. 1

GU GRÄFE UND UNZER

Einführung

Rezepte

Inhalt

Rezepte

Anhang

Italien – das ist Sehnsucht nach Sonne, Meer und einfacher, aber köstlicher Küche. Ein Teller dampfende Pasta, der Duft nach frisch geriebenem Parmesan, ein Glas Rotwein dazu, schon fühlt man sich wie im Urlaub. Natürlich und raffiniert zugleich, bodenständig, aber immer auf den besten Zutaten der Jahreszeiten aufbauend, das sind die Grundzüge italienischer Gerichte. So ist es nicht verwunderlich, daß in den letzten Jahrzehnten bei uns die Küche Italiens zur beliebtesten überhaupt geworden ist.

Ein Stiefel voller Spezialitäten

Italien sieht auf der Landkarte aus wie ein Anglerstiefel, der bis zur Krause im Wasser steht, rundum von Meer umgeben. Außer im Norden, dort schirmen die Alpen das Land vor kalten Nordwinden und – zumindest früher – vor anderen unliebsamen Gästen ab. Von den Alpengebieten im Norden bis zum sonnenverwöhnten Sizilien im Süden wechseln Landschaft und kulinarische Traditionen wie selten sonst. Von Region zu Region, oft sogar von Ortschaft zu Ortschaft, gibt es andere Gerichte und Zubereitungsarten, so daß man eher von einer »lokalen« als von einer »regionalen« Küche sprechen muß. Doch es gibt grundsätzliche Gemeinsamkeiten, die sich kaum an den Verwaltungsgrenzen orientieren, sondern die sich aus den landschaftlichen Gegebenheiten, den erzeugten Produkten und der Tradition ergeben.

Deftige Alpenküche

Die Alpengebiete Italiens, Südtirol (Alto Adige) und Trentino, Aostatal und Piemont, Friaul – Julisch Venetien und der nördliche Teil der Lombardei, haben ihre besonderen Traditionen und eine eigenständige, einfache und solide Küche. Die Produkte der Almwirtschaft, Milch, Butter und Käse, stellen die wichtigsten Zutaten dar. Nahrhafte Suppen mit geröstetem Mehl oder Brot leiten in Südtirol und im Aostatal meist das Essen ein. Was anderswo Beilage ist, erscheint danach als Hauptgericht: Knödel, Gnocchi und Schupfnudeln aus Kartoffeln, mit Waldpilzen oder geräuchertem Speck, mit würzigem Almkäse oder »Graukas«, einem südtiroler Sauermilchkäse. Vor allem aber die Polenta, ein dicker Maisbrei (Seite 146ff), zeigt die Bodenständigkeit und den fast dickköpfigen Hang zur Tradition, denn sie ist wahrscheinlich das älteste Gericht überhaupt. Für Abwechslung sorgen Schweinefleisch und Wild, Süßwasserfische aus den vielen Seen und Flüssen. Außerdem gedeihen Obst, Weinreben und

In der Poebene, vor allem im südlichen Piemont wie hier bei Vercelli, erstrecken sich die größten Reisfelder Europas.

Eßkastanien (Maroni), die im Herbst so gut zum Törggelen passen, dem obligatorischen Ausflug zu den Weinhöfen, um den neuen Wein zu probieren.

Gemüse und Trüffel

Im Friaul und im Piemont geht es da schon raffinierter zu. Als Antipasti werden hier die Vielzahl der pikant marinierten Gemüse (Seite 34ff), der Meeresfrüchtesalat Insalata ai frutti di mare (Seite 74), Schinken, das berühmte Carpaccio (Seite 26) und Vitello tonnato (Seite 46) serviert. Schweinefleisch, Rindfleisch und Wild sowie die Fische aus den vielen Flüssen und Seen sind natürlich auch sehr beliebte Zutaten für ein Hauptgericht. Das »gemischte Gekochte«, Bollito misto (Seite 240), stammt ursprünglich aus dem Piemont. Der edle San Daniele Schinken aus dem Friaul gehört schon in die Kategorie gehobene Delikatessen. Und erst recht die köstlichen weißen Trüffel aus dem Piemont, die selbst einfache Reisgerichte und Nudeln zu einem (teuren) Festmahl machen. Ein berühmter Nachtisch ist der Zabaione con bacche (Seite 256), ein luftiger Weinschaum mit Beeren. Und die Amaretti (Seite 273), die gerne in Dessertwein (Vin Santo) gestippt werden.

Reiskammer Italiens

In der fruchtbaren Po-Ebene, die sich die Regionen Venetien, die südliche Lombardei und Emilia-Romagna teilen, stehen Reisgerichte im Vordergrund – schließlich ist hier das Hauptanbaugebiet von Reis. Die Risotti (Seite 138ff) werden hier statt Nudeln gegessen. Aus Venedig stammt das klassische »Risi e bisi«, Reis mit Erbsen (Seite 140). In der Emilia-Romagna ist allerdings hausgemachte Pasta noch beliebter, vor allem mit gehaltvoller Bolognese, der berühmten Hackfleisch-Tomatensauce (Seite 108), serviert oder als Lasagne (Seite 130ff) zubereitet. Auch Parmesan und Parmaschinken, Tortellini, Tagliatelle und Aceto Balsamico stammen aus der Emilia-Romagna. Vor allem in Bologna wird viel Schweinefleisch zu Wurst verarbeitet. Bekannte Spezialität ist die Mortadella, eine riesengroße, würzige Wurst, die in hauchdünne Scheiben aufgeschnitten als Vorspeise oder mit Käse, Brot und Wein als einfaches Mittagessen gegessen wird. Ein typisches Gericht der Lombardei, in der viel Gemüse angebaut wird, ist die Peperonata (Seite 189), ein pikantes Schmorgemüse aus Paprikaschoten, Tomaten und Zwiebeln, und die Zuppa alla Pavese, Brühe mit geröstetem Brot, Ei und Käse (Seite 84). In der Po-Ebene schätzt man Süßwasserfische, Geflügel, Gemüse und Obst. Außerdem wird mit Sahne und Butter, weniger mit Olivenöl gekocht und man liebt deftige Fleischgerichte, die lange in Wein schmoren wie Osso buco, Kalbshaxe (Seite 238), die in Mailand traditionell mit Risotto serviert wird, oder Brasato alla milanese, Schmorbraten in Rotwein (Seite 241). Berühmte Desserts sind Tirami su aus Venetien (Seite 254) und Semifreddo, eine eisgekühlte Torte aus der Emilia-Romagna (Seite 268). Heiter und fröhlich sind die Menschen, sie gelten als Schlemmer oder besser gesagt, als »gute Esser«, denn sie lieben üppige, schwere, reichhaltige Gerichte, die aber immer fantasievoll und bekömmlich sein müssen.

Oliven, Kräuter und Wein

Die Toskana, Ligurien, Umbrien und die Marken kennzeichnet die Vorliebe für eine einfache, bäuerliche Küche, die allerdings anspruchsvolle Zubereitungen und kräftige Würze schätzt. Die besten Olivenöle kommen aus Ligurien und der Toskana, deshalb wird es hier reichlich verwendet. Viel Gemüse und Kräuter, Hülsenfrüchte und vor allem die Tomaten spielen eine wichtige Rolle. Statt der vielen Antipasti, wie man sie im Piemont liebt, serviert man hier Schinken und Wurst oder Crostini, toskanisches Röstbrot mit Tomaten (Seite 29).

Fleisch wird gerne über Holzkohle gegrillt, Geflügel pikant bis scharf gewürzt wie Pollo alla diavola (Seite 242). Berühmte Spezialität der Toskana ist die Bistecca Fiorentina, ein riesiges Rindersteak, über Holzkohle gegrillt und nur mit Salz, Pfeffer und Olivenöl gewürzt. In Umbrien gibt es die Porchetta, das im ganzen gebratene, mit Fenchel gewürzte Jungschwein. Mit wenig Fleisch kommt dagegen die Küche Liguriens aus, der Pesto, die würzige Basilikumpaste, würzt Pasta oder Gemüsetöpfe (Seite 106 und 186), Pansoòti, gefüllte Teigtaschen, werden mit Nußsauce serviert (Seite 124). Die Focaccia, ein pizzaähnlicher Teigfladen, meist nur mit Käse oder Tomaten belegt, ist ein beliebter Imbiß (Seite 156). An den Küsten bestimmt frischer Fisch wie Zahnbrassen (Seite 212) die Speisenkarten, um so verwunderlicher, daß hier auch Stockfisch sehr beliebt ist. Die einfachen Fische landen meist in einer Fischsuppe wie Cacciucco alla livornese (Seite 97).
Zum süßen Abschluß werden gerne Biscotti di Prato, ein hartes Mandelgebäck (Seite 273), in Vin Santo, einem Dessertwein, eingeweicht. Aus der Toskana kommt der bekannteste Rotwein Italiens: Der Chianti, der – jung oder alt – zu vielen Gerichten paßt. Aber auch der Brunello di Montalcino und der Vino Nobile de Montepulciano sind große Weine der Region. Die Menschen sind so unterschiedlich wie die Landschaften – von aufgeschlossen und weltoffen an der Küste bis zu grüblerisch und verschlossen in den Bergen.

Deftig und bäuerlich

Rom und sein Umland, Latium, liebt es herzhaft und deftig. Ein Essen ohne einen großen Teller Pasta vorweg ist undenkbar: Spaghetti alla carbonara (Seite 117) mit Speck, Sahne und Eiern, oder Penne arrabbiata (Seite 114) mit Speck und Chilischoten sind beliebte Spezialitäten – Speck und Schweineschmalz sind typischer als Olivenöl. Allenfalls läßt man noch eine Suppe wie die Stracciatella (Seite 82) oder Crespelle, gefüllte Pfannkuchen (Seite 126), gelten. Fleisch wird gern mit Gemüse in der Kasserolle geschmort, Rind, Lamm und Wild oft mit Rosinen oder getrockneten Pflaumen (Seite 249). Eine Spezialität sind die hauchdünnen Kalbsschnitzelchen, die Scaloppine und Saltimbocca alla romana, wörtlich übersetzt »Spring in den Mund« (Seite 226). In Rom wird mehr Gemüse gegessen als im umliegenden Latium, obwohl es dort erzeugt wird. Am beliebtesten sind Spinat, grüne Bohnen und vor allem Artischocken (Seite 41ff). Zum Nachtisch gibt es meist Obst aus Latium, Erdbeeren, Kirschen, weiße oder gelbe Pfirsiche, Tafeltrauben oder Wassermelonen, wenn es aufwendiger sein soll, auch einmal in einem Soufflé mit Ricotta (Seite 272).

Stolz und mißtrauisch gegenüber allem Fremden, das sind die Römer, die behaupten, gut kochen könne man nur in Rom. Obwohl sie viel häufiger im Umland beim Essen anzutreffen sind.

Käse und Brot

Mit Latium teilt Sardinien die Vorliebe für Pecorino, den würzigen Schafkäse, aber sonst bevorzugen die eigensinnigen, hartnäckigen Sarden eine einfache, bäuerliche Küche mit wenigen Grundzutaten. Typisch sind sättigende Suppen mit Brot, Nudeln oder Hülsenfrüchten wie der Minestrone di ceci (Seite 89). Ungewöhnlich für Inselbewohner: Sie sind eher wasserscheu und meiden lieber die Küsten. Deshalb mögen sie die Erzeugnisse der Schafzucht und des Ackerbaus lieber als den Fisch.

Scharf gewürzt

Auch in den Abruzzen, Molise und in Apulien spielt die Schafzucht eine wichtige Rolle und die Schäfer, die im Frühjahr mit ihren Herden aus dem Tiefland in die Berge zogen, sorgten nicht nur für das Fleisch, sondern lieferten auch gleich die Kochrezepte dazu. So ist die Küche dieser Regionen ziemlich einheitlich. Wie in der Basilikata werden hier die scharfen Peperoncini, getrocknete rote Pfefferschoten, reichlich verwendet, die den ursprünglichen

Gerichten Pep und Feuer geben. An der Küste gibt es viele Fischspezialitäten, auch hier fehlt selten die Schärfe der Peperoncini. Höllisch scharf zum Beispiel müssen die Polpi in purgatorio, »Kraken im Fegefeuer«, sein (Seite 204). Außerdem schätzt man hausgemachte Pasta und Hülsenfrüchte. Eine Besonderheit der Abruzzen sind die Maccheroni alla chitarra: Der ausgerollte Nudelteig wird durch einen Rahmen, der mit dünnen Stahlsaiten bespannt ist, gedrückt. Und zu diesen Nudelteigstreifen gibt es natürlich Lammragout.

Pasta und Pizza

Einfache Zutaten, aber würzige und originelle Gerichte kennzeichnen die Küche Kampaniens. Musterbeispiel ist die Pizza, die ihren Ursprung in Neapel haben soll und von der es bekanntlich unzählige Variationen gibt (Seite 158ff). Dem ungeduldigen Temperament der Neapolitaner entsprechen auch die Pastagerichte, die sie sehr lieben. Obwohl sie erst ziemlich spät zu Nudelessern geworden sind, denn die Teigwaren stammen ursprünglich aus Sizilien. Dafür kann Neapel von sich behaupten, die Tomaten in die italienische Küche eingeführt zu haben. Hier in Süditalien fanden die südamerikanischen Exoten die besten Voraussetzungen und die Konservenindustrie sorgte dafür, daß die roten Früchte auch Mittel- und Norditalien erobern konnten. Kein Wunder, daß kaum ein Gericht Kampaniens ohne Tomaten auskommt. Fritto misto (Seite 206), knusprig-heiß fritierte Meeresfrüchte, und vor allem Käse (Mozzarella, Scamorza, Provolone und Caciocavallo) zählen zu den weiteren Favoriten. Fleisch ist eher eine Beilage und die Desserts sind meist sehr süß und oft mit Honig zubereitet.

Im kargen Hinterland Sardiniens, in den Abruzzen, in Molise und in Apulien spielt die Schafzucht eine wichtige Rolle. Und die Schäfer brachten schon immer Rezepte von einer Region in die andere.

Datteln und Orangen

In Kalabrien und auf Sizilien brennt die Sonne am stärksten. Schaf- und Ziegenzucht, Fischfang und die Vorliebe für sehr scharf gewürzte Gerichte, die oft arabischen Einfluß erkennen lassen, sind typisch für die südlichsten Regionen Italiens. Schwertfisch (Seite 216), Gemüse, Teigwaren in allen Formen und bei Festen ein gefüllter Braten, Farsumagru (Seite 237) sind beliebt, aus den Küchen duftet es nach Kräutern und Orangen, orientalischen Gewürzen, Olivenöl und Honig. Feigen und Mandeln, Granatäpfel und Melonen werden geerntet, kein Wunder, daß die Cassata (Seite 274) hier ihren Ursprung hat. Auch die besten Eissorten, so behaupten jedenfalls die Sizilianer, gibt es auf der Insel.

Eine ausgiebige Mahlzeit ohne einen Aperitif vorweg, das ist für Italiener undenkbar. Deshalb sind sie mindestens zweimal am Tag in einer Bar anzutreffen – mittags, um bei einem kleinen Schluck Abstand von der Arbeit zu finden, und abends, um sich auf das bevorstehende Mahl einzustimmen. Oder im Restaurant als Appetitwecker, während sie die Speisenkarte lesen.

Vom Würzwein zum Aperitif

Wenn wir auch Aperitif mit »f« schreiben und denken, das sei etwas sehr modernes, der »Aperitivo« im heutigen Sinn hat seinen Ursprung in Italien. Würzweine mit Zusätzen von Honig, Wermut, Myrrhe und anderen Kräutern waren als Heilmittel schon im alten Rom sehr beliebt und wurden teuer bezahlt. Aber erst Antonio B. Carpano machte aus der Medizin ein Genußmittel. 1786 stellte er in seinem Laden in der Piazza Castello in Turin aus gehaltvollem, süßen Moscato-Wein, Zucker, Branntwein, Kräutern und Gewürzen den ersten Turiner Vermouth her, der so erfolgreich war, daß sich alle wichtigen Leute der damaligen Zeit in der Bottega Carpano zum Aperitif trafen. Kein Wunder, daß diese Idee von vielen anderen Herstellern aufgegriffen wurde. Die Familie Cinzano, Martini & Rosso, Stock und viele andere folgten. Also ein Getränk mit langer Geschichte, dessen Rezeptur, eine Mischung aus neutralem Weißwein mit Moscato d'Asti (Süßwein), Alkohol und Bitterextrakten aus bis zu 80 verschiedenen Zutaten, jede Firma streng geheim hält.
Vier Sorten gibt es heute aus Italien: den »bianco«, den klassischen piemonteser Vermouth, den »rosso«, beide herb-lieblich. Dann den Vermouth rosé, meist lieblich, und den Vermouth dry mit nur 4% Zucker nach französischem Vorbild. Besonders die herben Sorten eignen sich als appetitweckende Aperitifs, sie werden gekühlt, aber nicht eiskalt pur, auf Eiswürfeln oder mit einem Spritzer Sodawasser und einem Streifen unbehandelter Zitronenschale serviert. Die süßen Sorten passen besser nach dem Essen zum Dessert oder als Digestif.
Der Vermouth wurde bald zu einer beliebten Zutat für Cocktails, zum Beispiel für »Martini«, den ewig jungen Klassiker (»gerührt, nicht geschüttelt!«).

Der Klassiker: Martini dry mit Olive, gerührt und nicht gemixt

Martini dry

3–4 Eiswürfel in ein Mixglas geben, 1 cl Vermouth dry und 5 cl Dry Gin aufgießen und mit dem Barlöffel rühren, bis das Glas beschlagen ist. In ein gekühltes Cocktailglas sieben und mit einer grünen Olive (mit Stein, nicht gefüllt) servieren.

Eineinhalb Punkte

Ein weiterer Klassiker wurde ebenfalls in der Bar von Carpano geboren: der Punt e Mes, was »ein und ein halber Punkt« bedeutet – ein Teil Vermouth und ein halber Teil Bitter. Also ein brauner, leicht bitterer Vermouth, der heute noch zu den beliebtesten Aperitifs in Italien zählt.
Als »Bitter« werden würzig-herbe Aperitifs bezeichnet, die Rezepte dafür brachten reisende Kaufleute aus dem Orient mit. Zuerst wurden sie in Holland beliebt, so bürgerte sich der Name »Holländischer Bitter« ein. In der zweiten Hälfte des 19. Jahrhunderts servierte Gaspare Campari in Mai-

land seinen Gästen einen Bitter nach holländischer Art – der kurz »Bitter Campari« genannt wurde. Der weltberühmte karminrote Aperitif, auf reichlich Eiswürfeln serviert, ist im Prinzip ein herber, klarer Likör aus rein natürlichen Zutaten, aromatischen Extrakten, Alkohol, Zucker und Wasser. Auch er wird nicht nur pur getrunken, sondern mit Sodawasser oder Orangensaft aufgefüllt oder für Mixgetränke genommen wie für den Americano.

Americano

In einem Tumblerglas 5 cl Vermouth rosso und 5 cl Campari mit Sodawasser aufgießen. Mit einer halben Orangenscheibe und etwas unbehandelter Zitronenschale garnieren.

Relativ »junge Klassiker« sind der Apérol und der Cynar. 1919 wurde der Apérol, ein Aperitif mit geringem Alkoholgehalt, in Padua aus der Taufe gehoben. Die Basis dieses aparten, leichten Bitterlikörs sind Auszüge aus Rhabarber, Chinarinde, Bitterorangen, Enzian und aromatischen Kräutern. Der orangefarbene Aperitif wird eiskalt serviert, pur oder mit etwas Sodawasser aufgegossen und einem Stück Zitronen- oder Orangenschale garniert.
Artischocken gelten in der Medizin als bewährtes Naturheilmittel, sie fördern die Gallenproduktion und können hohen Cholesterinwerten entgegenwirken. Besonders der Bitterstoff Cynarin ist von Interesse, und dieser gibt auch dem Cynar, einem braunen Bitterlikör, den unverwechselbaren Geschmack. Neben Kräutern sind Extrakte aus Artischocken der wichtigste Grundstoff. Wegen seiner günstigen, verdauungsfördernden Wirkung wird der Cynar auch nach dem Essen als Digestif getrunken.

Digestifs

Der Aperitif vor dem Essen soll den Appetit anregen, der Digestif nach dem Essen das Mahl ausklingen lassen, die Verdauung anregen. Je nach persönlichen Vorlieben kann das ein hochprozentiger »Acquavite«, ein alkoholisches Destillat wie Grappa oder Brandy, oder ein Likör mit verdauungsfördernden Extrakten sein. Einen rasanten Siegeszug hat die Grappa angetreten. Einst derber Bauernschnaps, heute eine Edelspirituose, die vor allem im Trentino und im Friaul erzeugt wird und für die sich die Erzeuger immer kunstvollere Flaschen einfallen lassen.
Für die Herstellung wird Trester, der Preßrückstand, der bei der Weinbereitung anfällt, destilliert. Das hört sich einfach an, aber es gehört sehr viel Fingerspitzengefühl dazu. Der Trester muß möglichst rasch verarbeitet werden, die Brenntemperatur muß exakt eingehalten, das Destillat ständig auf unerwünschte Begleitstoffe geprüft werden, so daß sich eine großtechnisch erzeugte Grappa von der eines kleinen, engagierten Edelgrappabrenners nicht nur im Preis unterscheidet. Grappa serviert man mit Zimmertemperatur in schmalen Gläsern oder in speziellen »Kamingläsern«, die unten bauchig sind und sich nach oben verjüngen, um den Duft noch zu konzentrieren.
Bei einem Brandy, italienischem Weinbrand, der – wie der Name sagt – aus Wein destilliert wird, ist eine Lagerung von mindesten 12 Monaten in Eichenholzfässern vorgeschrieben. Auch hier ist der Spielraum von einfach bis hochwertig groß.

Süß oder bitter

Neben den Likören, am bekanntesten der Amaretto (mit Extrakten aus Bittermandeln und anderen Fruchtkernen), Maraschino (ein glasklarer, sehr alter Likör aus Maraska-Kirschen), Sambuca (süßer Anislikör) und vielen anderen Fruchtlikören, die auch oft als Zutat bei Dessertrezepten vorkommen, wird gerne ein »Fernet« zum Abschluß getrunken, ein dunkler Amaro (Bitterlikör) mit 40 bis 45%vol. Alkohol und verdauungsfördernden Extrakten aus Chinarinde, Aloe, Rhabarber- und Enzianwurzeln sowie weiteren Gewürz- und Kräuterauszügen.

Italien ist das Weinland schlechthin. Von den Alpen bis zum Ätna, überall gibt es Weinberge, die eine unglaubliche Vielzahl von Weinen hervorbringen. Das Spektrum reicht vom einfachen Tafelwein (Vino da Tavola), der in einer einfachen Osteria aus dem Faß sehr gut sein kann, bis zu den DOCG-Weinen (Denominazione di Origine Controllata e Garantita), den international bekannten Spitzenweinen wie Chianti, Brunello di Montalcino oder Barolo, die inzwischen auch im Preis höchste Positionen erreicht haben. Doch auch in der Fülle der Qualitätsweine bestimmter Anbaugebiete, der DOC-Weine (Denominazione di Origine Controllata), gibt es genügend zu entdecken.

Weißweine

Es scheint, als ob Italien ein Rotweinland wäre. Doch vor allem im Norden, von Südtirol bis zum Friaul, in Venetien und in Latium, gibt es viele Weißweine. Ein fruchtiger Müller-Thurgau oder Gewürztraminer aus Südtirol, der Chardonnay, Pinot Grigio und Bianco aus dem Trentino, Soave aus Venetien oder Frascati und Est! Est!! Est!!! di Montefiascone aus Latium und auch ein frischer, delikater Verdicchio dei Castelli di Jesi aus den Marken passen gut gekühlt zu Vorspeisen, Fisch und Meeresfrüchten sowie Geflügel und Kalbfleisch. Aber sogar in Apulien läßt sich mit moderner Kellereitechnik aus der sonst eher farblosen Trebbianotraube ein fruchtig-frischer, aromatischer Weißwein erzeugen.

Prosecco

Weiß sind auch die Spumante, die italienischen Schaumweine. Allen voran der Prosecco, der nichts mit »secco« (trocken) zu tun hat, sondern der in Venetien aus der Rebsorte Prosecco hergestellt wird. Neben dem leichten, sanft perlenden Frizzante gibt es den fruchtigeren, kräftiger prickelnden Spumante (der allerdings teurer ist, weil bei ihm Sektsteuer anfällt). Beide Varianten passen sehr gut gekühlt als Aperitif, zu leichten Vorspeisen und Fischgerichten oder können im Sommer auch ein ganzes Menü begleiten. Die fruchtig-süßen »Amabile«-Sorten trinkt man vorzugsweise zu süßen Desserts.
Ein klassischer Aperitif mit Prosecco ist der »Bellini«, von Cipriano in »Harry's Bar« in Venedig kreiert und nach dem großen Maler der Stadt benannt.

Bellini

Pro Glas 1/2 weißfleischigen Pfirsich schälen, in Stücke schneiden und mit 1 Barschaufel gestoßenem Eis und 1 cl Apricot Brandy im Mixer pürieren. In einen Sektkelch füllen und mit eiskaltem Prosecco auffüllen.

Noch mehr Spumante

Ein ähnlicher perlender Weißwein, natürlich vergoren, ist der Pagadebit di Romagna aus der alten Rebsorte Mostosa (auch »Pagadebit Zentil« genannt) aus der Emilia-Romagna.
Der Asti Spumante, ein aromatischer, süßer Sekt, und der Moscato d'Asti stammen zwar aus der gleichen Region Piemonts, ähneln sich aber kaum. Der Moscato ist ein leichter Schaumwein (4–6%vol), der mit 10–11°C als Aperitif und zum Essen getrunken wird.
Die Spitze der italienischen Spumante, aus Chardonnay- und

Prickelnder Sekt nach alter Tradition: der Talento

Pinot-Trauben nach dem aufwendigen Flaschengärverfahren hergestellt, nennt sich seit kurzem »Talento«. Diese Schaumweine nach dem Vorbild des Champagners sind fast immer sehr trocken (brut), feinperlig und aromatisch. Vor allem das Trentino, Piemont und Oltrepò Pavese erzeugen diese Edel-Spumante.

Rotweine

In Südtirol, Trentino, Friaul – Julisch-Venetien und Venetien werden auch Rotweine erzeugt, von einfachen Schöppelweinen wie Kalterer See, Valpolicella oder Bardolino bis zu herausragenden wie in kleinen Eichenholzfässern (Barriques) ausgebautem Lagrein und Cabernet Sauvignon aus Südtirol, dem Teroldego Rotaliano und Marzemino aus Trentino oder dem Franciacorta Rosso aus der Lombardei.
In der Toskana, in den Provinzen Florenz und Siena, ist der Chianti der älteste und bekannteste Rotwein. Er wird hauptsächlich aus der Sangiovese-Traube gekeltert, ist trocken und hat einen typischen, an Veilchen erinnernden Duft. Chianti Classico dürfen sich aber nur die Weine nennen, deren Trauben aus dem traditionellen Kerngebiet stammen, sie erhalten das rote Siegel mit schwarzem Hahn, dem »Gallo Nero«. Rund um die Classico-Zone liegen sechs weitere Chianti-Gebiete: Colli Aretini, Colli Fiorentini, Colline Pisane, Solli Senesi, Montalbano und Rufina, die ebenfalls hervorragende Weine hervorbringen. Aber auch Carmignano, Montescudaio, Vino Nobile di Montepulciano, Brunello di Montalcino und der Morellino di Scansano sind kräftige, harmonische Weine, von denen man selten enttäuscht wird. Jüngere Weine lassen sich gut während des ganzen Menüs trinken, ältere passen am besten zu dunklem Fleisch, Schmorgerichten, Braten und Wild.
Aus dem Piemont kommen die Klassiker Barolo und Barbaresco, beides purpurrote, kräftige Weine aus der Nebbiolo-Traube, die sehr gerbstoffreich sind und erst nach einigen Jahren Flaschenreife trinkbar sind. Unkomplizierter ist ein Dolcetto, der nur hier gedeiht und der bestens zu einfachen Gerichten, zu Vorspeisen, Pasta und Risotto paßt und der sich auch gut als Picknick-Wein eignet. Der bekannteste Wein der Emilia-Romagna ist wohl der Lambrusco, daneben der Sangiovese di Romagna, ein harmonischer Wein aus der gleichen Traube, aus der auch der Chianti hauptsächlich bereitet wird. Feiner ist meist der Montepulciano d'Abruzzo, der zu den besten Weinen Mittelitaliens zählt. Sein Geschmack erinnert leicht an Aceto balsamico, er paßt daher sehr gut zu Tomaten und Mozzarella, aber auch zu Maccheroni mit Fleischsauce und zu Lamm. Je weiter man nach Süden kommt, umso weniger bekannt (und bedeutend) sind die Weine. Eine Ausnahme machen der Cirò aus Kalabrien, den es als Weiß- und als Rotwein gibt, und die Weine Siziliens wie der Corvo.

Dessertweine

Viele Weine aus warmen Regionen und gerbstoffarmen Rebsorten wie der Moscato wirken süß, obwohl sie trocken ausgebaut wurden. Aber einige sind echte Dessertweine mit natürlicher Süße wie der Moscatello aus Ligurien, ein herb-süßer Wein, der gut zu Süßspeisen und Gebäck paßt, oder der liebliche Asti Spumante, berühmter Schaumwein aus dem Piemont. Der Marsala Siziliens, bei uns eher als likörähnlicher Wein bekannt, wird aber nicht nur süß, sondern auch trocken (»vergine«) ausgebaut. Auch Sardinien steuert mit seinem Malvasia di Cagliari einen schweren, süßen Wein bei. Weniger bekannt ist, daß es den Est! Est!! Est!!! aus Latium auch als »abboccato«, als süßen Wein gibt, der gut zu Desserts und Käse paßt. Auch ein Vino Santo (oder Vinsanto), ein Meßwein, wie man ihn zum Beispiel in der Toskana, im Piemont oder im Trentino (aus Nosiola-Trauben) findet, eignet sich gut als Begleiter für den Nachtisch oder auch zum Einstippen für Amaretti (Mandelkekse).

Die italienische Küche kommt mit relativ wenigen Töpfen und Geräten aus. Dafür ist es um so wichtiger, daß sie von bester Qualität sind. Zwei bis drei gute, geschmiedete (und immer wieder mit dem Stahl geschärfte) Messer sind besser als ein Sortiment von stumpfen Schneidwerkzeugen. Ein paar Geräte erleichtern allerdings für bestimmte Gerichte die Arbeit.

Vorspeisen und Gemüse

Ein kleines Gemüsemesser (Officemesser) zum Putzen, Schälen und Zerteilen gehört zur Grundausstattung. Zum Zerteilen von Tomaten gibt es spezielle Messer mit gezackter Klinge, ein Sparschäler für Kartoffeln, Möhren und Gurken ist nützlich. Mit einem Buntmesser lassen sich feste Gemüsesorten hübsch in Scheiben schneiden. Und eine gute Knoblauchpresse, die sich leicht reinigen läßt, ist eigentlich ein Muß. Außerdem gehören eine Zitronenpresse, eine Muskatreibe und ein Mörser aus Porzellan (für Gewürze und Pesto) zu den unverzichtbaren Geräten. Und natürlich eine Pfeffermühle mit gutem Stahlmahlwerk.

Salate

Für Blattsalate sollten Sie sich unbedingt eine Salatschleuder anschaffen, denn »Insalata« sollte nie durch anhaftendes Wasser verdünnt sein. Notfalls lassen sich die Salatblätter aber auch in einem Küchenhandtuch trockenschleudern. Zum Anmachen am Tisch sehen hübsche Glasflaschen für Essig und Olivenöl am schönsten aus, dazu ein Salzstreuer und eine Pfeffermühle (mit schwarzen Pfefferkörnern).

Risotto & Co.

Für Risotto und Polenta braucht man schwere Töpfe mit dickem, gut leitendem Boden. Am besten sind Kupfertöpfe, die innen eine Stahlbeschichtung haben, oder gute Edelstahltöpfe geeignet. Für Risotto sollte der Topf mittelgroß und breit sein, für Polenta eher hoch (weil sie beim Kochen leicht spritzt). Dazu einen kräftigen Holzlöffel mit langem Stiel, denn es muß ständig und ausdauernd gerührt werden.

Pizza

Den Hefeteig für eine Pizza zu kneten ist eine recht anstrengende Arbeit. Für größere Teigmengen ist eine starke Küchenmaschine zu empfehlen. Zum Ausrollen des Teiges genügt ein normales Nudelholz, in Italien nimmt man lieber einen dicken, runden Holzstab ohne Griffe, der mit den flachen Händen gut zu rollen ist. Für die Pizzen gibt es spezielle Formen oder runde Bleche, bei denen der Belag nicht herauslaufen kann. Wer seine Pizza fachgerecht formen kann, braucht diese Hilfsmittel aber nicht, genauso wenig wie Pizzaausroller für diese Formen. Recht praktisch ist aber ein Pizzaschneider, ein scharfkantiges Metallrad mit Griff, mit dem sich vor allem Pizzen vom Blech besser zerteilen lassen als mit einem Messer.

Käse reiben

In Italien wird nie abgepackter Reibkäse (Parmesan oder Pecorino) verwendet, sondern immer die benötigte Menge vom Stück frisch gerieben. Nur so entfaltet er sein Aroma, ist viel würziger und nicht so trocken wie Käse aus der Tüte. Zum Reiben gibt es eine ganze Reihe von mehr oder weniger praktischen Geräten. Für kleinere Mengen ist eine Handreibe

(mit auswechselbaren Einsätzen) oder eine Käsereibe zum Drehen ganz praktisch. Größere Mengen werden am besten auf einer Vielzweckreibe oder im Blitzhacker zerkleinert. Überhaupt ist ein elektrischer Blitzhacker für viele Zwecke zu gebrauchen, für die Sie sonst spezielle Geräte benötigen.

Pasta selbstgemacht

Wer erst einmal auf den Geschmack gekommen ist, wird sich die Nudeln, Ravioli, Tortellini und Lasagneplatten selber machen. Dann wäre natürlich die Anschaffung einer Nudelmaschine angebracht. Eine einfache mit Handbetrieb, bei der der Teig mit einer Kurbel durch Stahlrollen gedreht wird, reicht völlig aus. Bei diesen Geräten müssen die Zutaten nur kurz mit den Händen verknetet werden, beim Durchdrehen entsteht von selbst ein weicher Teig (mit größtem Walzenabstand beginnen, dann stufenweise immer enger stellen). Mit einem Nudelholz ist die Arbeit etwas mühsamer und langwieriger.

Fast unverzichtbar für Pastafans ist eine Nudelmaschine

Zum Kochen der Nudeln sollte der Topf sehr groß sein und mindestens 7 Liter fassen, eher hoch als breit sein (wegen der Spaghetti) und einen gut leitenden Boden haben. Zum Umrühren der Nudeln ist eine große Holzgabel praktisch. Und zum Abgießen benötigen Sie ein großes, halbrundes Sieb mit dicken Löchern, aus denen das Wasser rasch abfließen kann.

Für Backofengerichte brauchen Sie Auflauf- oder Gratinierformen, möglichst in verschiedenen Größen und Höhen. Für Lasagne und Cannelloni sind rechteckige Formen am besten geeignet. Sie können aus ofenfester Keramik oder aus Metall sein.

Fisch & Fleisch

Eine große, möglichst beschichtete Pfanne zum Braten von ganzen Fischen und Filets, dazu eine schwere, gußeiserne Pfanne zum Braten von Kalbsschnitzeln und Steaks sind am wichtigsten. Praktisch, wenn es zur Pfanne noch einen Deckel gibt, dann lassen sich darin auch viele Schmorgerichte zubereiten. Ansonsten gilt für die Töpfe zum Schmoren das gleiche wie für die Risotto-Töpfe: Schwer sollten sie sein und einen dicken Boden haben. Und einen fest schließenden Deckel, damit kein Dampf entweichen kann.

Dolci

Für viele Süßspeisen benötigen Sie ein Wasserbad, in dem bei milder Hitze Eischaum oder Cremes aufgeschlagen werden. Am einfachsten: eine Rührschüssel aus Metall mit rundem Boden, die auf einen passenden Topf gesetzt wird. Dazu ein Schneebesen von Profi-Qualität. Das ist kein Luxus, denn ein solches Gerät läßt sich viel besser handhaben und damit gelingen Schlagsahne und Eischnee, Cremes und Saucen wirklich im Handumdrehen. Schließlich ist ein handgeschlagener Schaum viel luftiger und stabiler als einer, der mit dem Handrührgerät geschlagen wurde.

Kleine Förmchen für gestürzte Cremes (praktisch sind sich nach oben erweiternde Timbaleformen, bei denen sich der Inhalt gut stürzen läßt) sowie Backformen für Kuchen und Torten sollten vorhanden sein, für manche Desserts brauchen Sie eine Nußmühle (oder Sie nehmen den Blitzhacker zum Zerkleinern), sonst sind keine besonderen Geräte nötig.

Mit relativ wenigen Zutaten kommt die italienische Küche aus, die aber müssen von bester Qualität sein. Hier eine Reihe von unverzichtbaren Dingen, die auch bei uns leicht erhältlich sind.

Olivenöl

Ohne Olivenöl geht fast nichts in den Küchen Italiens. Gute Öle sind auch teuer, was aber eine italienische Hausfrau nicht davon abhalten wird, nur das beste, kaltgepreßte Olivenöl zu verwenden. Achten Sie beim Einkauf auf den Zusatz »nativ extra« (früher »extra vergine«), das bedeutet, daß das Öl nur durch Pressen frischer Oliven gewonnen wurde. Steht kein »extra« dabei, so ist das ein Olivenöl mit höherem Säuregehalt, steht nicht einmal »nativ« auf dem Etikett, so ist es ein Verschnitt von raffiniertem (chemisch behandeltem) Olivenöl und nativen Olivenölen.

Die Spitzenöle der besten Ölregionen, Venetien, Ligurien, Toskana, Apulien und Sizilien, besitzen nicht mehr als 0,5% Säure. Die kaltgepreßten Öle eignen sich nicht nur für Salate, sondern auch zum Schmoren und Dünsten. Durch seinen hohen Anteil an einfach ungesättigten Fettsäuren (fast 80%) ist das native Olivenöl extra äußerst stabil, lange haltbar (bei kühler, dunkler Lagerung bis zu 18 Monaten) und zersetzt sich bei Erhitzung nicht so schnell.

Probieren Sie selbst, welche Richtung Ihnen am besten zusagt: Eher milde, leichte Öle aus Ligurien und Lucca (Toskana), kräftige und fruchtige aus den höheren Gebieten der Toskana, herbfruchtige aus Sizilien – es gibt viele zu entdecken. Zum Braten und Fritieren eignet sich auch eine Mischung aus Sonnenblumen- und nativem Olivenöl extra (gibt es fertig im Handel).

Oliven

Keine Antipasti, kaum ein Salat ohne die pikanten Oliven, die es im Glas oder Kunststoffpack, aber auch an der Spezialitätentheke gibt. Die eingelegten Früchte sind weniger fettreich als diejenigen, die für die Ölgewinnung verwendet werden. Grüne Oliven werden unreif geerntet und in Salzwasser so lange mariniert, bis die Bitterstoffe entzogen sind. Schwarze Oliven sind am Baum gereift und enthalten weniger Bitterstoffe. Beim Kauf aufpassen: Oft sind es nur grüne Oliven, die schwarz gefärbt wurden. Außer trockenen und in Salzlake eingelegten Oliven finden Sie auch mit Kräutern oder Knoblauch gewürzte sowie mit Paprika oder Sardellen gefüllte. Besser schmecken auf jeden Fall solche mit Stein.

Essig

Die italienische Küche verwendet Essig nicht nur für Salate, sondern auch zum Würzen von Fleisch, Fisch und Saucen. Allerdings nur reinen Weiß- oder Rotweinessig, der aromatischer, aber auch säurereicher als die bei uns üblichen Sorten ist, deshalb sparsamer dosieren. Italienische Weinessige

Alles von einem Baum: grüne Oliven, schwarze Oliven und Olivenöl

finden Sie in jeder gut sortierten Lebensmittelabteilung. Auch der Aceto balsamico, ein dunkelbrauner, würziger Balsamessig aus Modena, fehlt heute kaum noch im Sortiment. Allerdings sind gerade bei ihm die Qualitätsunterschiede enorm. Der Geschmack reicht von säuerlich-bitter bis zu mild-hocharomatisch. Guter Aceto balsamico wird aus eingekochtem Most reifer Trauben gewonnen und lange Zeit in Holzfässern vergoren. Je älter, desto feiner (und teurer) ist er in der Regel und über 25 Jahre alte Balsamessige gelten eher als Medizin denn als Würzmittel.

Schinken & Wurst

Dünn aufgeschnittener Schinken und pikante Wurst gehören in vielen Regionen auf den Vorspeisenteller. Am bekanntesten ist der Parmaschinken (Prosciutto di Parma), der aus dem Gebiet um die Stadt Parma stammt. Sanft rosa, sehr mild, lange an der Luft getrocknet. Hauchdünn geschnitten kommt sein feiner Geschmack richtig zur Geltung.

Der San-Daniele-Schinken mit der charakteristischen Geigenform kommt aus dem Friaul, aus der Gegend um San Daniele. Auch er ist nach alter Tradition luftgetrocknet. Unverwechselbar wie der Parma durch sein eingebranntes Siegel.

Südtiroler Schinkenspeck – nicht nur als Brotzeit, sondern auch viel zum Kochen verwendet – wird vor dem Trocknen erst mit Salz und Kräutern gewürzt und geräuchert. Coppa ist aus der fettdurchzogenen Vorderkeule des Schweins gerollt, wie Schinken gepökelt und luftgetrocknet. Coppa dolce heißt der gerollte Nacken, der in der Höhenluft zwischen Triest und der Adria reift. Er ist besonders mild und aromatisch.

Typischste Wurst ist die Salami (Salame napoletana ist pikanter, Salame di Milano milder). Beliebt sind kleine Wildschweinwürste, Salamini di cinghiale.

Die größte Wurstsorte ist die Mortadella aus Bologna, die aromatisch-appetitanregend duftet, wenn sie in hauchdünne Scheiben aufgeschnitten wird. Auch der Zampone, gefüllter Schweinsfuß, der warm serviert wird, stammt aus Bologna.

Die Bresaola ist ein roher, luftgetrockneter Rinderschinken, ursprünglich in der Lombardei hergestellt, aber in ganz Italien gern als Vorspeise gegessen.

Käse

Er ist Grundmittel aller Regionen und wird fast zu jeder Mahlzeit gegessen. Wichtigster Käse für die Küche ist im Norden der »Grana«, dessen bekanntester Vertreter der Parmesan ist. Im Süden ist es die Mozzarella; die echte ist aus Büffelmilch, doch da es mehr Kühe als Büffel gibt, ist sie heute meist aus Kuhmilch. Büffelmozzarella ist würzig, Kuhmilchmozzarella neutral und eher zum Überbacken geeignet.

Die berühmtesten Hartkäse sind »Parmigiano Reggiano« und der »Grana Padano«, die schon seit Urzeiten als lange haltbares Milchprodukt hergestellt werden. Die Bezeichnung »Grana« kommt von der körnchenähnlichen Struktur des fertigen Käses, der zwischen den Zähnen leicht zu knirschen scheint. Echter Parmigiano Reggiano wird nur von April bis November aus Kuhmilch hergestellt. Nach mindestens 18 Monaten Reifezeit hat er einen würzigen, nußartigen Geschmack und ein intensives Aroma, aber nicht scharf. So schmeckt er auch in kleinen Stücken gut zu Wein. Hartkäse immer am Stück kaufen, nie fertig gerieben, sonst hat er kein Aroma mehr.

Schafkäse wird in vielen Regionen Italiens hergestellt. Toskanischer, römischer, sardischer und sizilianischer Pecorino sind würzige Hartkäse, die sich wie die Grana gut zum Reiben eignen.

Gorgonzola, ein sahnig-würziger Rohmilch-Edelpilzkäse aus Kuhmilch, ist unregelmäßig von dunklen Pilzadern durchzogen und sieht wie Marmor aus. Seinen Namen hat er von einem kleinen Städtchen in der Nähe von Mailand, wo er zum erstenmal hergestellt worden sein soll.

Der bekannteste Käse aus dem Piemont ist die Fontina, nach dem Berg Font bei Quart im Aosta-Tal benannt. Die sehr alte Käsesorte sieht aus wie ein großes Wagenrad und hat einen sattgelben Teig.

Mascarpone, ein Frischkäse der Doppelrahmstufe, ist cremig und mild. Ricotta ist frischer, ungesalzener vollfetter Quark, der aus Kuh- oder Schafmilch in fast allen Regionen Italiens hergestellt wird. Als Brotaufstrich, zu Salaten, für Lasagne und süße Pfannkuchen. Wird als Dessert gern mit Marsala vermischt.

Pasta

Italienische Nudeln werden vor allem aus Hartweizengrieß hergestellt, der genügend Kleber enthält, so daß keine Eier zum Binden nötig sind. Daneben gibt es aber auch Eiernudeln wie bei uns, aber noch wichtiger sind die selbstgemachten Nudeln, die entweder mit der Hand ausgerollt oder mit der Nudelmaschine geknetet und geformt werden. Unerläßlich ist der selbstgemachte Nudelteig für die gefüllten Teigtäschchen. Einen kleinen Überblick über die Vielzahl der italienischen Nudelformen finden Sie auf den Seiten 100 bis 101.

Reis

Italien ist der größte Reiserzeuger Europas. Im Piemont, in der Lombardei und in der Emilia-Romagna wird Reis angebaut, aber vor allem Risotto-Reis mit rundlichen Körnern, die nach dem Garen im Inneren einen festen Kern behalten. Näheres über die Sorten finden Sie auf Seite 134.

Frisch vom Markt

Die meisten italienischen Gemüse- und Obstsorten und praktisch alle frischen Kräuter erhalten Sie auch auf unseren Märkten, schließlich beziehen wir einen großen Teil davon aus Italien. Allerdings haben die Produkte im Land selbst den Vorzug, daß sie direkt vom Feld zum Verbraucher kommen, deshalb frisch und ausgereift sind und mehr Aroma haben.

Tomaten

Man kann die Tomaten, obwohl sie erst nach der Entdeckung Amerikas eingeführt worden sind, als die charakteristischsten Feldfrüchte Italiens bezeichnen. Außer den normalen Tomaten findet man die kernarmen Fleischtomaten und die birnenförmigen Flaschentomaten mit harter Schale, aber sehr würzigem Fruchtfleisch, die sich eigentlich nur für Tomatensaucen eignen. Gibt es keine frischen Tomaten, greift die italienische Hausfrau gern auf Tomaten aus der Dose, kurz »Pelati« (Geschälte) genannt, Tomatenpüree (Passata oder polpa di pomodoro) und Tomatenmark zurück.

Bohnen

Das Angebot ist groß, neben den vielen grünen Sorten (Fagiolini), die jünger und zarter geerntet werden als bei uns, findet man auch frische Bohnenkerne. Sehr beliebt sind die gesprenkelten, würzigen »Borlotti«-Bohnen, bei uns in italienischen Feinkostgeschäften erhältlich, sonst durch Wachtelbohnen zu ersetzen.

Artischocken

Bei vielen italienischen Gerichten werden die kleinen, lilafarbenen Artischocken verwendet, die als »Cimaroli« zunehmend im Frühjahr aus Süditalien auch zu uns kommen und die praktisch ohne Abfall gegessen werden können. Die dicken, runden Artischocken aus Spanien oder Frankreich sind kein Ersatz dafür, eher sind noch Artischockenherzen aus der Dose für die Rezepte geeignet.

Cime di rapa

Heißt bei uns auch Stengelkohl. Eine sehr ursprüngliche Kohlart, die in Italien, zunehmend aber auch bei uns angebaut wird. Die bis zu 80 cm hohe Pflanze sieht ähnlich wie Rüben aus, hat aber kräftiges, grasgrünes Laubwerk und schwache Wurzeln. Geerntet wird sie kurz vor der Blüte. Blätter und geschälte Stengel können verwendet werden (wie Spinat kochen oder in Olivenöl dünsten).

Rucola

Bei uns als Rauke schon immer bekannt, in den letzten Jahren durch Importe aus Italien wieder populär geworden. Sehr aromatisches Salat- und Würzkraut. Achten Sie auf junge, zarte Blätter, größere und ältere können schon bitter sein.

Catalogna

Auch Löwenzahnsalat oder Blattzichorie genannt, ist die südländische Art der Salat-Zichorie (des Chicorées). Die Stauden haben 60 cm lange breitrippige, dunkelgrüne Blätter, die am Rand wie Löwenzahn gezackt sind. Sie sind fleischig und schmecken intensiv würzig. Der hohe Bitterstoffgehalt, der vor allem in den großen, dunkelgrünen Blättern steckt, wirkt sich günstig auf die Verdauung aus. Die herben dunkelgrünen Blätter werden besonders gern in Olivenöl mit Knoblauch gedünstet, die inneren, zarten Blätter eignen sich auch gut für einen gemischten Salat.

Täglich frisch vom Markt: knackiger Salat, reife Tomaten, milde Zwiebeln, aromatisches Gemüse und viele Kräuter zum Würzen

Kräuter

Den typischen Geschmack geben frische Kräuter wie Basilikum, Oregano (Dost), Thymian, Salbei und Rosmarin, die alle gut im Garten oder in Töpfen zu ziehen sind. Von der Petersilie wird in Italien immer nur die glattblättrige Art verwendet. Aber auch Knoblauch und Lorbeerblätter gehören zur typischen Würze. Für Pizza und Pasta können Sie auch gut auf getrocknete Kräuter zurückgreifen (sparsamer dosieren). Getrocknetes Basilikum allerdings hat kein Aroma mehr.

Würziges

Knoblauch und Peperoncini (frische oder getrocknete Chilischoten) werden bei uns nicht so oft gebraucht wie in Italien, sind aber überall erhältlich. Nach Pinienkernen (Pignoli) und nach Sardellenfilets muß man eher suchen. Pinienkerne sind die süßlich schmeckenden Samen der Pinienzapfen, die recht teuer und nicht lange haltbar sind. Man findet sie am ehesten in Bioläden und Reformhäusern. Sardellenfilets werden in Salz oder Öl eingelegt, haben einen kräftigen Geschmack und werden viel zum Würzen verwendet. Gesalzene erst wässern, Sardellen in Öl sind milder und müssen nur abtropfen.

Was koche ich wenn ...? Diese Frage beschäftigt Sie bestimmt öfter. Hier finden Sie einige Menüvorschläge aus der Fülle der Rezepte. Von einfach bis aufwendig, von Schnellgerichten bis zu Spezialitäten. Wählen Sie aus dem Angebot jeweils ein oder zwei Vorspeisen und Salate, ein Pasta- oder Pizzagericht und einen Fisch- oder Fleischgang aus.

Für Ungeübte

Geht schnell

Gut vorzubereiten

Preiswert

Kalorienarm

Für Gäste

Raffiniert

Klassiker

Buffet & Party

Edel & fein

Antipasti

Ein italienisches Menü ohne Antipasti – undenkbar. Je größer die Auswahl desto besser. Schön, daß viele nur wenig Arbeit machen oder sich gut vorbereiten lassen.

Die kleinen Appetitanreger sollen alle Sinne anregen, hübsch angerichtet sein und viele Geschmacksnerven ansprechen.

Tips für Sommerparties oder Feste für viele Gäste: ein großes Antipasti-Buffet. Mag jeder. Dazu gibt's nur Brot, Wein und Mineralwasser. Vielleicht noch Käse und Obst zum Abschluß.

Ein Essen ohne Vorspeisen, das wäre für Italiener undenkbar. Welche Bedeutung sie haben, zeigt sich schon im Wort: »Antipasti« ist Mehrzahl, nur ein einziger Gaumenkitzel, das wäre zu wenig. Es soll schon immer eine Auswahl von verschiedenen kleinen Speisen sein. Und Antipasti sind Gerichte, die vor der Pasta, also dem großen Teller mit Nudeln, Reis oder auch einem Suppentopf serviert werden.

Italienische Menüs

Damit ist eigentlich schon das Wichtigste der Speisenfolge erklärt. Zunächst eine pikante Kleinigkeit, die die Sinne erfreut und den Appetit weckt, danach etwas Sättigendes, den Magen beruhigendes. Darauf folgt das, was wir als Hauptgang bezeichnen würden. Diese »Secondi piatti« sagen aber schon, daß dies beim italienischen Menü bereits der zweite Hauptgang ist. Fisch oder Fleisch, Geflügel oder Wild – aber in kleinen Portionen und oft nur mit etwas Gemüse dabei. Wobei Gemüse, die »Contorni«, nicht unbedingt nur Beilage sein müssen, sondern auch als Vorspeise oder, vor allem im Sommer, einmal als Hauptgericht serviert werden können. Den Abschluß bilden Käse und »Dolce«, ein süßes Dessert, das vor allem erfrischen soll. Hinterher noch einen kleinen, aromatischen Espresso zum Aufmuntern, dann ist die Schlemmerei perfekt.

Die Vielfalt lockt

Wer kann schon am gut sortierten Vorspeisenbuffet eines italienischen Restaurants vorbeigehen, ohne daß ihm das Wasser im Mund zusammenläuft. Marinierte Gemüse, eingelegte Pilze, Muscheln und Garnelen, pikanter kalter Fisch, hauchdünn aufgeschnittenes Fleisch, Oliven, Schinken und Wurst – die Aufzählung könnte man fast endlos fortsetzen. Zuhause wird man sich natürlich mit weniger zufrieden geben, aber die Grundregeln der Zusammenstellung beachten.

Sauer, salzig, bitter & süß

Ein gemischter Vorspeisenteller sollte immer die vier Grundgeschmacksrichtungen sauer, salzig, bitter und süß berücksichtigen. Die Säure von eingelegtem Gemüse mit Essig oder Zitronensaft weckt die Lust am Essen und erfrischt. Etwas Salziges wie Wurst oder Schinken regt den Appetit an und ist besonders im Sommer wichtig, wenn der Körper Mineralstoffe ausschwitzt. Bitterstoffe, die zum Beispiel in Oliven enthalten sind, stimulieren die Produktion von Verdauungsenzymen im Magen und helfen, Fett besser abzubauen.
Und süßes Obst neutralisiert, bringt Abwechslung und ergänzt die harmonische Zusammenstellung. So würden schon sauer marinierte Gemüse (Seite 34), salziger Schinken mit süßer Melone (Seite 26) und herbe Oliven (Seite 28) alle Geschmacksnerven zufriedenstellen. Aber natürlich läßt sich die Auswahl beliebig erweitern, wobei es günstig ist, bei aufwendigeren Gerichten gleich mehr vorzubereiten, so hat man für die nächsten Tage bereits etwas für den Vorspeisenteller im Vorrat. Oder gleich in Gläsern einmachen, damit sind Sie auch für überraschende Gäste gewappnet. Überhaupt gilt: für die Antipasti ist Improvisation gefragt. Bleibt einmal Gemüse übrig, so wird es am nächsten Tag kalt mit Zitronensaft und Olivenöl serviert. Reste von Fisch oder Fleisch lassen sich prima für einen pikanten Salat verwenden, ebenso Nudeln oder gekochter Reis.

Tomaten mit Inhalt

Eine schnelle Vorspeise, die kaum Arbeit macht und jeden Vorspeisenteller ziert: Tomaten aus-

Geht fix: Tomaten aushöhlen, mit Mozzarellawürfeln füllen

höhlen, Mozzarella würfeln und mit Aceto balsamico, Salz, Pfeffer und Olivenöl vermischen, in die Tomaten füllen und zuletzt mit Basilikumblättchen garnieren.

Fürs Buffet

Wenn Sie viele Gäste einladen, aber nicht die ganze Zeit in der Küche stehen wollen – ein kaltes Buffet mit vielen Antipasti ist dafür ideal und sehr beliebt. Vieles läßt sich gut vorbereiten und die kleinen Häppchen lassen sich auch gut im Stehen essen. Denken Sie daran, daß gerade die Antipasti durstig machen. Eiskalter Prosecco oder ein Pagadebit di Romagna sind sehr beliebt, außerdem passen leichte, gekühlte Rotweine gut dazu, zum Beispiel Nebbiolo d'Alba, ein Barbaresco, ein Dolcetto aus der Toskana, ein Sangiovese di Romagna oder ein gut gekühlter Roséwein aus Sizilien oder Sardinien. Und natürlich Mineralwasser.

Paprikaschoten lassen sich nach dem Rösten leicht häuten

Frisch vom Markt

Vor allem bei den Gemüsevorspeisen sollten Sie es den Italienern nachmachen und sich an Jahreszeit und Marktangebot orientieren. Das beliebte »Caprese«, Tomaten mit Mozzarella und Basilikum (Seite 30), schmeckt nur dann, wenn es sonnengereifte Tomaten und würziges Basilikum gibt. Deshalb wird es in Kampanien, der Heimat dieses Gerichtes, eben nur im Sommer serviert. Auch Paprikaschoten schmecken im August, wenn sie auf dem Feld gereift und süß sind, besser als aus dem Treibhaus.

Paprika häuten

Das Häuten der Schoten ist gar nicht so schwierig, wie viele denken. Wichtig ist, die halbierten Schoten wirklich so lange im sehr heißen Ofen (möglichst mit zugeschaltetem Grill) zu backen, bis die Haut überall fast schwarz ist und Blasen wirft. Dann aus dem Ofen nehmen und offen abkühlen lassen (dabei nicht mit einem Tuch abdecken, sonst wird die Haut feucht). Danach lassen sie sich leicht häuten. Da die Schoten im Ofen bereits gegart sind, müssen sie nur noch gewürzt und mit Essig und gutem Olivenöl mariniert werden. Gerade bei den Paprikaschoten lohnt es sich, eine größere Menge herzustellen und in Gläsern einzulegen (Seite 38). Hübsch verpackt sind sie ein beliebtes Mitbringsel.

Den Blütenstempel entfernen, damit mehr Platz zum Füllen ist

Zucchiniblüten füllen

Ein wenig schwieriger ist es, die zarten Zucchiniblüten zu füllen (Seite 44). Sie können vom Frühsommer bis in den Herbst geerntet werden. Wer keinen eigenen Garten hat, erhält sie inzwischen auf vielen Gemüsemärkten oder in Feinkostgeschäften. Die Blüten zum Waschen nur kurz in stehendes Wasser tauchen, abtropfen lassen. Die Blütenblätter vorsichtig (sie brechen leicht) aufbiegen und die gelben Blütenstempel entfernen (nicht wegwerfen, sie eignen sich gut zum Dekorieren). Wenn bereits kleine Zucchini an der Blüte sind, diese mehrmals längs einschneiden, damit sie gleichzeitig gar sind.

Gemischte Vorspeise
Antipasto misto

Gut vorzubereiten

Zutaten für 4 Personen
150 g Parmaschinken, hauchdünn aufgeschnitten
150 g gekochter Schinken in Scheiben
50 g Pökelzungenaufschnitt
100 g grobe Salami in Scheiben
100 g Butter in Röllchen
1 Glas Silberzwiebeln (klein)
1 Glas Artischockenherzen (halbiert und in Öl eingelegt, 345 g)
6 halbe Paprikaschoten (Glas)
100 g gefüllte grüne Oliven

Pro Portion: 3300 kJ/ 790 kcal
Zubereitungszeit: 30 Minuten

Die Parmaschinkenscheiben locker auf einer großen, flachen Servierplatte aufhäufen.

Gekochten Schinken, die Zungen- und die Salamischeiben dekorativ rundum anordnen. Den Schinken mit 3 Butterröllchen krönen. Die restlichen Butterröllchen auf der Platte verteilen.

Alles mit Silberzwiebeln, Artischockenherzen, Paprikaschoten und Oliven garnieren, die übrigen als Beilage servieren.

Mariniertes Rinderfilet
Carpaccio

Etwas teurer

Zutaten für 4 Personen
250 g rohes Rinderfilet, vom Metzger in hauchdünne Scheiben geschnitten · Salz
2 1/2 Eßlöffel Zitronensaft
4 Eßlöffel Olivenöl, kaltgepreßt
weißer Pfeffer aus der Mühle
50 g junger Parmesan am Stück
1 Zitrone
1 Bund krause Petersilie
Pfeffer aus der Mühle

Pro Portion: 880 kJ/ 210 kcal
Zubereitungszeit: 30 Minuten

Die Fleischscheiben auf vier Portionstellern auslegen.

Etwas Salz in dem Zitronensaft auflösen, das Öl dazugießen und kräftig rühren, bis sich alles verbunden hat. Mit weißem Pfeffer würzen und die Marinade gleichmäßig über das Fleisch verteilen. Die Teller mit Klarsichtfolie abdecken und 5–10 Minuten stehen lassen.

Vor dem Servieren mit einem Sparschäler hauchdünne Späne von dem Parmesan reiben und sparsam über dem Fleisch verteilen. Die Zitrone achteln. Den Carpaccio mit Zitronenachteln und der Petersilie garnieren. Die Pfeffermühle bereitstellen.

Schinken mit Melone
Prosciutto con melone

Gelingt leicht

Zutaten für 4 Personen
1 reife Honigmelone
8 Scheiben dünn geschnittener Parmaschinken (etwa 200 g)
Salz
schwarzer Pfeffer aus der Mühle

Pro Portion: 1200 kJ/ 290 kcal
Kühlzeit: 3 Stunden
Zubereitungszeit: 15 Minuten

Die Melone vor dem Servieren 2–3 Stunden in den Kühlschrank stellen.

Melone dann längs halbieren. Die Kerne entfernen. Jede Hälfte in gleich große, nicht zu dicke Schnitze zerteilen.

Das Melonenfleisch von der Schale schneiden. Mit dem Schinken belegen und anrichten. Salzstreuer und eine Pfeffermühle bereitstellen.

Im Bild oben: Gemischte Vorspeise
Im Bild mitte: Schinken mit Melone
Im Bild unten: Mariniertes Rinderfilet

Pikante Oliven
Olive marinate

Gelingt leicht

Zutaten für 2 Gläser von je etwa 300 ml Inhalt
400 g schwarze Oliven
4 Sardellenfilets
4 Knoblauchzehen
4 Zweige frischer Thymian
250 ml Olivenöl, extra nativ

Pro Portion: 9200 kJ/ 2200 kcal
Zubereitungszeit: 15 Minuten

Die Oliven in zwei gut gesäuberte verschließbare Gläser füllen.

Die Sardellenfilets kalt abspülen, um überschüssiges Öl zu entfernen, mit Küchenpapier trockentupfen und in kleine Stücke schneiden oder zerdrücken. Die Knoblauchzehen schälen und halbieren. Den Thymian waschen, trocknen und die Blättchen von den Stielen streifen.

Sardellen, Knoblauch und Thymian mit dem Öl mischen, in die Gläser auf die Oliven füllen. Die Oliven müssen ganz davon bedeckt sein.

Die Gläser verschließen und die Oliven mindestens 1 Woche durchziehen lassen.

Haltbarkeit: 2–3 Monate im Kühlschrank.

»Getrüffelte« Pilze
Funghi trifolati

Schnell

Zutaten für 4 Personen
750 g Austernpilze oder Champignons
3 Knoblauchzehen
1 Bund Petersilie
5 Eßlöffel Olivenöl
Salz
weißer Pfeffer aus der Mühle

Pro Portion: 650 kJ/ 160 kcal
Zubereitungszeit: 35 Minuten

Die Pilze putzen, wenn nötig, kurz kalt abbrausen und trockentupfen. In Streifen oder Scheibchen schneiden. Knoblauch schälen und kleinhacken. Petersilie waschen, trockenschütteln und fein hacken.

In einer Kasserolle Öl leicht erhitzen, den Knoblauch etwa 5 Minuten andünsten (er darf dabei nicht braun werden). Dann die Pilze bei relativ starker Hitze so lange mitbraten, bis die Flüssigkeit verdampft ist und die Pilze gar sind. Das dauert je nach Flüssigkeitsgehalt 10–15 Minuten.

Die Hälfte der Petersilie untermischen und kurz mitdünsten. Die Pilze mit Salz und Pfeffer würzen, dann abkühlen lassen. Vor dem Servieren mit der restlichen Petersilie bestreuen.

Geröstetes Weißbrot mit Olivenöl
Bruschetta

Preiswert

Zutaten für 4 Personen
2 Knoblauchzehen
8 Scheiben Weißbrot, fingerdick geschnitten
reichlich Olivenöl, extra nativ, zum Beträufeln

Pro Portion: 980 kJ/ 230 kcal
Zubereitungszeit: 15 Minuten

Die Knoblauchzehen schälen und quer halbieren.

Das Brot über dem offenen Grill, im Kamin oder im heißen Backofen auf beiden Seiten goldbraun rösten, dann kräftig mit den Schnittflächen der halbierten Knoblauchzehen einreiben.

Das Brot reichlich mit Olivenöl beträufeln, dann sofort zum Wein servieren.

Tip!

Die Bruschetta ist ursprünglich ein Wintergericht, von Olivenbauern in den Abruzzen »erfunden«, die ihr frisch gepreßtes, trübes Olivenöl auf Brot träufelten, um seine Güte zu probieren. Heute paßt es natürlich gut zu anderen Antipasti, sollte aber immer warm serviert werden.

Toast mit Mozzarella und Tomaten
Crostini alla Napoletana

Gelingt leicht

Zutaten für 4 Personen
4 kleine reife, aber feste Tomaten
2 Kugeln Mozzarella zu je 150 g
4 Sardellenfilets
4 Scheiben weißes Kastenbrot
80 g Butter
Salz · schwarzer Pfeffer aus der Mühle
1 Teelöffel getrockneter Oregano
Für das Backblech: Butter

Pro Portion: 1700 kJ/ 410 kcal
Zubereitungszeit: 30 Minuten

Die Tomaten kurz mit kochendem Wasser überbrühen, häuten, dabei Stielansätze und Kerne entfernen. Die Tomaten in 8 gleichmäßige Scheiben schneiden (die Endstücke anderweitig – zum Beispiel für eine Sauce – verwenden), die Tomatenscheiben auf Küchenpapier abtropfen lassen.

Den Backofen auf 200° vorheizen. Ein Backblech mit Butter fetten.

Mozzarella abtropfen lassen und jede Kugel in 4 Scheiben schneiden. Die Sardellenfilets der Länge nach halbieren.

Die Brotscheiben entrinden, mit Butter bestreichen, dann diagonal durchschneiden, so daß 8 Dreiecke entstehen.

Auf jedes Dreieck eine Tomatenscheibe legen und mit einer Käsescheibe bedecken. Einen Sardellenstreifen darüber legen. Mit wenig Salz, Pfeffer und dem Oregano würzen.

Die Crostini auf das Backblech legen und im Backofen (oben, Umluft: 180°) etwa 10 Minuten backen. Dann sofort servieren.

Spargeltoast
Crostini ai asparagi

Für Gäste

Zutaten für 4 Personen
1 kg frischer grüner Spargel
Salz
4 Scheiben weißes Kastenbrot
100 g Butter
3 Eßlöffel Parmesan, frisch gerieben

Pro Portion: 1200 kJ/ 290 kcal
Zubereitungszeit: 30 Minuten

Die Spargelstangen auf die Länge der Brotscheiben zurückschneiden (die Reststücke für eine Suppe verwenden). Die Spargelspitzen mit Küchengarn zu einem Bund zusammenbinden und möglichst aufrecht in einen engen Topf stellen (notfalls kann man auch einen flachen Topf nehmen).

So viel Salzwasser angießen, bis es knapp an die Spargelköpfe reicht. Den Spargel »al dente« kochen (das dauert je nach Dicke der Stangen 10–15 Minuten), dann gut abtropfen lassen.

Inzwischen das Brot entrinden. In einer flachen, breiten Pfanne 50 g Butter erhitzen und die Brotscheiben darin auf beiden Seiten goldbraun braten.

Eine Gratinform mit etwas Butter ausstreichen. Den Backofen auf 200° vorheizen.

Die Brotscheiben in die Form geben, mit den Spargelspitzen belegen, den Parmesankäse darüber streuen und die restliche Butter in kleinen Flöckchen darauf verteilen.

Die Crostini im Backofen (oben, Umluft: 180°) 8–10 Minuten backen, bis der Käse geschmolzen und ganz leicht gebräunt ist.

Tip!

Die Zutaten für die Crostini können Sie gut vorbereiten. Sie sind darum nicht nur eine beliebte Vorspeise, sondern werden auch gern zu später Stunde als kleiner Imbiß gereicht.

Tomaten mit Mozzarella

Caprese

Schnell

Zutaten für 4 Personen
6 feste, aber reife Fleischtomaten mittlerer Größe
300 g Mozzarella
1 Bund frisches Basilikum
1/2 Teelöffel getrockneter Oregano
Salz
schwarzer Pfeffer aus der Mühle
Olivenöl, extra nativ

Pro Portion: 1800 kJ/ 430 kcal
Zubereitungszeit: 15 Minuten

Tomaten waschen, abtrocknen, in etwa 1/2 cm dicke Scheiben schneiden, dabei die Stielansätze entfernen. Mozzarella abtropfen lassen, ebenfalls in gleichmäßig dicke Scheiben schneiden.

Käse und die Tomaten kranzförmig und dachziegelartig abwechselnd auf einer Servierplatte anrichten.

Das Basilikum waschen, trocknen, die Blätter abzupfen und das Gericht damit reichlich garnieren. Den Oregano darüber streuen.

Salzstreuer, Pfeffermühle und eine kleine Karaffe mit Olivenöl bereitstellen, damit jeder nach eigenem Geschmack würzen kann.

Gefüllte Tomaten mit Thunfisch

Pomodori ripieni

Für Gäste

Zutaten für 4 Personen
4 mittelgroße, schöne runde Fleischtomaten
Salz
2 Eier
200 g Thunfisch in Öl (Nettoeinwaage)
1 Bund glatte Petersilie
50 g Kapern
schwarzer Pfeffer aus der Mühle
4 Eßlöffel Salatmayonnaise
125 ml Sahne
1 Bund krause Petersilie

Pro Portion: 1800 kJ/ 430 kcal
Zubereitungszeit: 30 Minuten

Tomaten waschen, abtrocknen, den Stielansatz entfernen, dann die Tomaten quer halbieren und mit einem kleinen Löffel die Kerne und einen Teil des Fruchtfleisches entfernen (siehe Seite 24). Innen leicht salzen. Mit den Schnittflächen nach unten auf Küchenpapier abtropfen lassen.

Die Eier in etwa 10 Minuten hart kochen, kalt abschrecken, schälen und kleinhacken. Den Thunfisch abtropfen lassen, fein hacken und in einer Schüssel gründlich mit den Eiern mischen.

Die glatte Petersilie waschen, trockenschwenken, mit den Kapern (8 Stück beiseite legen) fein hacken, dann mit dem Thunfisch vermengen. Salzen und pfeffern. Die Mayonnaise unterziehen. Die Sahne steif schlagen.

Die Tomatenhälften mit der Masse füllen, mit einer Sahnerosette und 1 Kaper garniert auf einer Servierplatte anordnen. Die krause Petersilie waschen, trockenschleudern und zwischen die Tomaten stecken.

Tip!

Die ausgehöhlten Tomaten eignen sich auch gut dazu, mit anderen Zutaten gefüllt zu werden. Zum Beispiel mit Bratenresten oder Schinken, fein gewürfelt und mit Olivenstreifen, Zitronensaft oder Essig und Mayonnaise vermischt. Oder einem leichten Reis- oder Nudelsalat (aus kleinen Nudeln). Das Fruchtfleisch kommt natürlich nicht in den Mülleimer, sondern in eine Tomatensauce.

Im Bild oben: Tomaten mit Mozzarella
Im Bild unten: Gefüllte Tomaten mit Thunfisch

Süß-saure Möhren
Carote in agro

Gut vorzubereiten

Zutaten für 4 Personen
500 g junge, zarte Möhren
125 ml trockener Weißwein
125 ml Weißweinessig
2 Knoblauchzehen
1 Eßlöffel Zucker
4 Eßlöffel Olivenöl
1 frisches Kräutersträußchen aus Rosmarin, Petersilie, Minze und Lorbeer
Salz
schwarzer Pfeffer aus der Mühle
1 Bund Basilikum

Pro Portion: 670 kJ/ 160 kcal
Zubereitungszeit: 25 Minuten
Marinierzeit: 1 Tag

Möhren putzen, in 1 cm dicke Scheiben oder etwas breitere, schräge Abschnitte teilen. Mit je 1/8 l Wasser, Wein und Essig in einen Topf geben, erhitzen. Knoblauchzehen schälen, halbieren und zusammen mit Zucker und Öl in den Sud rühren.

Das Kräutersträußchen dazugeben, salzen und pfeffern. Deckel auflegen und die Möhren bei schwacher Hitze in 10–15 Minuten bißfest garen.

Etwas abkühlen lassen, Knoblauch und Kräuter aus dem Sud entfernen und wegwerfen. Die Möhren in eine Schüssel geben. Sud durch ein feines Sieb gießen, Möhren damit beträufeln. Zugedeckt im Kühlschrank 1–2 Tage durchziehen lassen. Zum Servieren mit frischen Basilikumstreifchen bestreuen.

Bohnen mit Wurst
Fagioli con cotechino

Gelingt leicht

Zutaten für 4 Personen
100 g getrocknete weiße Bohnen
2 kleine Zwiebeln
30 g Butter
1/2 Teelöffel frischer Majoran (oder 1/4 Teelöffel getrockneter)
Salz
schwarzer Pfeffer aus der Mühle
200 g magere Schweinskochwurst (Cotechino) oder Schlackwurst
2 Eßlöffel bestes Olivenöl (nativ extra)
1 1/2 Eßlöffel Rotweinessig

Pro Portion: 1200 kJ/ 290 kcal
Einweichzeit: 12 Stunden
Zubereitungszeit: 40 Minuten

Die getrockneten Bohnen über Nacht in kaltem Wasser einweichen. Am nächsten Tag im Einweichwasser aufsetzen und zugedeckt bei mittlerer Hitze garen, je nach Alter und Größe dauert das 30 Minuten bis gut 1 Stunde.

Inzwischen die Zwiebeln pellen und achteln. Die Butter in einer Pfanne aufschäumen lassen, Zwiebeln einrühren und glasig dünsten. Die Majoranblättchen einstreuen, salzen und pfeffern.

Wurst in dünne Scheiben schneiden, unter die Zwiebeln mischen, kurz mitbraten. Gegarte Bohnen abgießen, abtropfen lassen und unterheben. Mit Olivenöl und etwas Rotweinessig beträufeln, nochmals mit Salz und Pfeffer abschmecken. Warm servieren.

Sellerie mit Käse
Sedani al formaggio

Vegetarisch

Zutaten für 6 Personen
1 großer Staudensellerie
100 g Gorgonzola
4 Eßlöffel Sahne
100 g Mascarpone (italienischer Doppelrahm-Frischkäse)
weißer Pfeffer aus der Mühle

Pro Portion: 540 kJ/ 130 kcal
Zubereitungszeit: 15 Minuten

Staudensellerie putzen und waschen, das Grün aufbewahren. Die einzelnen Stangen ablösen und in 3–4 lange Stücke schneiden, abtropfen lassen.

Gorgonzola mit einer Gabel zerdrücken, die Sahne unterrühren. Löffelweise den Mascarpone untermischen und rühren, bis eine glatte Creme entsteht.

Käsecreme auf eine flache Schale häufen, pfeffern. Selleriestücke daneben anrichten, mit Selleriegrün garnieren.

Zucchini mit Kräutern

Zucchini all'erbe

Gut vorzubereiten

Zutaten für 4 Personen
600 g möglichst kleine, junge Zucchini
Salz
Olivenöl zum Braten
4 Stengel frische Minze
1/2 Bund Petersilie
4 Knoblauchzehen
100 ml Weißweinessig
weißer Pfeffer aus der Mühle

Pro Portion: 360 kJ/ 110 kcal
Zubereitungszeit: 20 Minuten
Marinierzeit: 2 Stunden

Zucchini waschen und putzen. In 1/2 cm dicke Rädchen schneiden, salzen und etwa 10 Minuten Wasser ziehen lassen. Danach gut abtrocknen und in einer Pfanne im Olivenöl ausbacken. Auf Küchenpapier gut abtropfen lassen. Auf Tellern dekorativ ausbreiten.

Die Kräuter waschen und fein hacken. Knoblauchzehen schälen, fein hacken und mit dem Kräutern vermischen.

Die Hälfte des Kräuter-Knoblauchgemischs mit Essig verrühren, über die Zucchinischeiben verteilen. Salzen und pfeffern, restliche Kräuter darüber geben. Zugedeckt im Kühlschrank zwei Stunden marinieren. Eine halbe Stunde vor dem Essen aus dem Kühlschrank nehmen.

Gemüse vom Grill

Legumi alla griglia

Preiswert

Zutaten für 4 Personen
4 Zucchini
2 Auberginen
2 rote Paprikaschoten
2 gelbe Paprikaschoten
Salz
6 Eßlöffel Olivenöl, extra nativ
2 Teelöffel getrockneter Oregano
schwarzer Pfeffer aus der Mühle
4–5 Eßlöffel Zitronensaft nach Belieben

Pro Portion: 1090 kJ/ 260 kcal
Zubereitungszeit: 45 Minuten

Die Zucchini und die Auberginen waschen, in etwa 1 cm dicke Scheiben schneiden. Paprikaschoten waschen, Kerne und Trennwände entfernen, das Fruchtfleisch längs in breite Streifen schneiden.

Das Gemüse leicht salzen, 20 bis 30 Minuten Wasser ziehen lassen. Dann den Backofengrill vorheizen. Die Gemüsestücke gut trockentupfen, mit Olivenöl bepinseln, mit zerriebenem Oregano und Pfeffer würzen.

Das Gemüse auf den Rost legen, im Backofen (oben) 8–10 Minuten grillen. Gemüse wenden und nochmals 5–8 Minuten grillen, bis es schön gebräunt ist.

Mit dem Zitronensaft nach Belieben beträufeln und warm, lauwarm oder kalt mit Weißbrot servieren. Dazu paßt ein fruchtiger, trockener Weißwein, zum Beispiel ein Vernaccia di San Gimignano.

Tip!

Die Paprikaschoten können Sie nach dem Grillen auch enthäuten (siehe Seite 25), dann schmecken sie noch feiner. Gut schmeckt auch der Radicchio di Treviso (das ist die längliche Sorte mit lockeren Köpfen) vom Grill. Längs halbieren, mit Olivenöl bestreichen und unter öfterem Wenden grillen, bis die Blätter gebräunt sind.

Mariniertes Gemüse

Verdure marinate

Raffiniert

Zutaten für 4 Personen
3 kleine Zucchini (etwa 200 g)
2 kleine Möhren (etwa 150 g)
150 g kleine Champignons
1 Bund Lauchzwiebeln
1 mittelgroße Zwiebel
3 Knoblauchzehen
Salz
30 g Pinienkerne
7 Eßlöffel Olivenöl, extra nativ
schwarzer Pfeffer aus der Mühle
Thymianblättchen
6 Eßlöffel Aceto balsamico (Balsamessig)
1 Teelöffel Honig

Pro Portion: 940 kJ/ 220 kcal
Zubereitungszeit: 40 Minuten
Marinierzeit: 2 Stunden

Die Zucchini waschen und putzen. Die Möhren waschen, schälen und putzen. Beide Gemüse sehr schräg in etwa 1/2 cm dicke Scheiben schneiden.

Die Champignons putzen und mit Küchenpapier säubern. Nur wenn nötig, kurz waschen. Die Lauchzwiebeln waschen, putzen und in 5–6 cm lange Stücke schneiden.

Zwiebel schälen und sehr fein würfeln. Knoblauchzehen schälen und durch die Presse drücken.

In einem Topf reichlich Wasser aufkochen und salzen. Eine Schüssel mit Eiswasser bereitstellen. Die Lauchzwiebeln in das siedende Wasser geben und etwa 1/2 Minute kochen lassen. Mit einem Schaumlöffel herausheben, in das kalte Wasser tauchen und in einem Sieb abtropfen lassen.

Die Möhren in das siedende Wasser geben und etwa 2 Minuten kochen lassen, dann herausheben, in das Eiswasser tauchen und ebenfalls gut abtropfen lassen. Möhren und die Lauchzwiebeln auf eine Servierplatte geben.

In einer breiten Pfanne die Pinienkerne ohne Fett unter ständigem Rühren goldbraun rösten. Die Kerne in eine Schüssel füllen und beiseite stellen.

In der Pfanne 4 Eßlöffel Olivenöl schwach erhitzen. Zwiebelwürfel und den Knoblauch darin glasig werden lassen.

Die Zucchinischeiben und die Pilze in die Pfanne geben, unter Rühren etwa 3 Minuten braten und mit Salz, Pfeffer und Thymian würzen. Die Pfanne von der Herdplatte nehmen, 3 Eßlöffel Essig über die Zucchini und die Pilze träufeln und alles gut vermischen, zu den Möhren und Lauchzwiebeln auf der Platte anrichten.

Die Pfanne zurück auf die Herdplatte stellen. Das restliche Olivenöl und den Honig darin leicht erwärmen und mit Salz und Pfeffer würzen. Die Pfanne von der Herdplatte nehmen und den restlichen Essig einrühren. Die Sauce über die Möhren und die Lauchzwiebeln träufeln.

Das Gemüse mit den Pinienkernen bestreuen und abkühlen lassen. Mit Folie abdecken und bis zum Servieren mindestens 2 Stunden bei Zimmertemperatur durchziehen lassen.

Variante

Auf neapolitanische Art statt Zucchini 2 kleine Auberginen würfeln und im Olivenöl anbraten, bis sie gut gebräunt sind. Nach Belieben auch klein gewürfelte Kartoffeln und Paprikaschoten zugeben, mit getrocknetem Oregano, Salz und Pfeffer würzen, 20 Minuten schmoren lassen, dann 250 g gehäutete und entkernte Tomaten untermischen. Nochmals 15 Minuten schmoren, pikant mit Essig abschmecken, mit dem übrigen Gemüse anrichten und kühl servieren.

Buntes Gemüse mit gerösteten Pinienkernen ist eine eher sättigende Vorspeise

Marinierte Zucchini

Zucchini marinate

Braucht etwas Zeit

Zutaten für 4 Personen
750 g kleine feste Zucchini
4 Knoblauchzehen
3 Eßlöffel frische Pfefferminzblättchen
125 ml Olivenöl zum Braten
Salz
2 1/2 Eßlöffel milder, aromatischer Weißweinessig
1 Messerspitze gemahlener Peperoncino (kleine scharfe Pfefferschote, ersatzweise Cayennepfeffer)
Olivenöl, extra nativ zum Beträufeln

Pro Portion: 2000 kJ/ 480 kcal
Zubereitungszeit: 45 Minuten
Marinierzeit: 2 Tage

Die Zucchini waschen, abtrocknen und in gleichmäßige, etwa 3 mm dicke Scheiben schneiden. Auf Küchenpapier abtropfen lassen. Die Knoblauchzehen fein hacken. Die Pfefferminzblättchen kleinschneiden.

In einer breiten Pfanne etwas Olivenöl erhitzen. Die Zucchinischeibchen portionsweise bei relativ starker Hitze auf beiden Seiten knusprig braten. Herausheben und auf Küchenpapier auslegen. Mit Salz bestreuen.
Die Zucchinischeiben lagenweise in eine flache Schüssel schichten. Jede Lage mit gehacktem Knoblauch, Pfefferminze, Weinessig und einem Hauch Peperoncino würzen. Zum Schluß mit dem Olivenöl beträufeln.

Die Zucchini mit einem passenden Teller bedecken und diesen mit einem Gewicht beschweren. Mindestens 2 Tage im Kühlschrank marinieren lassen. Zum Essen rechtzeitig herausnehmen und zimmerwarm servieren.

Pilze mit Balsamico

Funghi con balsamico

Nettes Mitbringsel

Zutaten für 2 Gläser von je etwa 3/4 Liter Inhalt:
1 kg Champignons oder Egerlinge
4 Knoblauchzehen
4 Lorbeerblätter
4 Zweige frischer Rosmarin
1 Bund Basilikum
100 ml Aceto balsamico
1 Teelöffel Meersalz
4 Eßlöffel Olivenöl, extra nativ
1 Eßlöffel Kapern
4 getrocknete Chilischoten (nach Wunsch)

Pro Portion: 340 kJ/ 80 kcal
Zubereitungszeit: 40 Minuten
Marinierzeit: 2 Tage

Gläser zum Einlegen mit kochendem Wasser ausspülen, umgedreht abtropfen lassen. Die Pilze putzen, Stielenden abschneiden. Pilze möglichst nicht waschen, sondern mit Küchenpapier sauber abreiben oder mit einem festen Pinsel reinigen.

Die Knoblauchzehen schälen. Die Kräuter waschen und trocknen.

Knoblauch und die ganzen Kräuter mit Aceto balsamico, etwa 400 ml Wasser, Salz und Olivenöl in einen Topf geben und zum Kochen bringen. Die Pilze hineingeben und zugedeckt etwa 3 Minuten kräftig kochen lassen. Dabei ein- bis zweimal gründlich umrühren.

Die Pilze mit einem Schaumlöffel herausheben und in die vorbereiteten Gläser füllen. Kapern, Kräuter und nach Wunsch die ganzen Chilischoten zugeben.

Den Sud noch einmal aufkochen, kochendheiß über die Pilze gießen. Die Gläser verschließen und die Pilze etwa 2 Tage durchziehen lassen.

Haltbarkeit: 3–4 Wochen

Tip!

Die eingelegten Pilze schmecken auch gut in gemischten Salaten oder zu kurzgebratenem Fleisch.

Zwiebeln in Weißwein

Cipolline al vino bianco

Gelingt leicht

Zutaten für 4 Personen
500 g kleine Zwiebeln
4 Zweige frischer Estragon
1/2 unbehandelte Zitrone
100 ml trockener Weißwein
2 Eßlöffel Olivenöl, extra nativ
Salz
weißer Pfeffer aus der Mühle

Pro Portion: 430 kJ/ 100 kcal
Zubereitungszeit: 30 Minuten
Marinierzeit: 8 Stunden

Die Zwiebeln schälen und – falls sie größer sind als Walnüsse – halbieren oder vierteln. Estragon waschen, trockentupfen und die Blättchen von den Stielen zupfen.

Die Zitronenhälfte heiß waschen und abtrocknen. Die Schale dünn abschälen und in feine Streifen schneiden. Zitrone auspressen.

Den Zitronensaft mit der -schale, dem Wein, 1/8 l Wasser und dem Öl in einem Topf aufkochen. Mit Salz und Pfeffer würzen. Zwiebeln mit dem Estragon hineingeben und zugedeckt bei mittlerer Hitze in etwa 10 Minuten bißfest garen.

Zwiebeln mit Sud in eine Schüssel füllen und zugedeckt mindestens 8 Stunden bei Zimmertemperatur ruhen lassen. Dazu schmeckt am besten Vollkornbaguette.

Marinierte Sardellen

Acciughe marinate

Etwas schwierig

Zutaten für 4 Personen
500 g ganz frische Sardellen
Salz
1 Messerspitze gemahlener Peperoncino (kleine scharfe Pfefferschote, ersatzweise Cayennepfeffer)
250 ml reiner Zitronensaft (nicht aus Konzentrat) aus der Flasche
1 mittelgroße weiße Zwiebel
125 ml Olivenöl, extra nativ
1 Eßlöffel getrockneter Oregano

Pro Portion: 1900 kJ/ 450 kcal
Zubereitungszeit: 1 Stunde
Marinierzeit: 6 Stunden

Von den Sardellen den Kopf unmittelbar hinter den Kiemen abdrehen und mit den daranhängenden Innereien wegwerfen. Die Unterseite der Fische mit dem Messer von vorne nach hinten aufschlitzen. Die Mittelgräte rechts und links vorsichtig freilegen, ohne die Filets zu verletzen.

Dann die Gräte von vorne nach hinten herausziehen, vor der Schwanzflosse abknipsen, so daß die Filets am Rücken noch zusammenhängen.

Die Sardellen gründlich innen und außen unter fließend kaltem Wasser waschen, mit Küchenpapier gut trockentupfen.

Die Filets dann lagenweise mit der Innenseite nach oben in einen passenden verschließbaren Behälter (zum Beispiel quadratische Frischhaltedose) legen. Jede Lage mit Salz und wenig Peperoncino würzen, reichlich mit Zitronensaft beträufeln. Die Filets sollen damit am Ende bedeckt sein.

Mindestens 6 Stunden im Kühlschrank marinieren lassen. Vor dem Servieren die Zwiebel in sehr feine Ringe schneiden. Die Filets aus der Marinade nehmen und trockentupfen. Sternförmig auf einer runden Platte anordnen, großzügig mit Olivenöl begießen, mit Oregano bestreuen und mit Zwiebelringen garnieren. Am besten mit frisch gerösteten Weißbrotscheiben servieren.

Tip!

Da die Sardellen roh in Zitronensaft »gegart« werden, müssen sie ganz frisch sein. Tiefgekühlte gehen auch, wenn sie langsam (am besten über Nacht im Kühlschrank) aufgetaut werden. Knoblauchfans können statt der Zwiebel einige Knoblauchzehen fein hacken und darüber streuen. Außerdem sehen auch Kapern und gehackte Basilikumblättchen hübsch darauf aus.
Weintip: ein trockener Weißwein, zum Beispiel ein Frascati secco.

Marinierte Paprikaschoten

Peperoni marinate

Gut vorzubereiten

Zutaten für 4 Gläser von je etwa 1/4 Liter Inhalt
2 1/2 kg rote und gelbe Paprikaschoten
250 ml Weißweinessig
1 Teelöffel Meersalz
8 Knoblauchzehen
4 Zweige frischer Rosmarin
4 Lorbeerblätter
600 ml Olivenöl, extra nativ

Pro Glas: 5720 kJ/ 1370 kcal
Zubereitungszeit: 2 Stunden
Marinierzeit: 5 Tage

Den Backofen auf höchster Stufe vorheizen. Die Paprikaschoten waschen und auf ein Backblech legen. Die Paprikaschoten im heißen Ofen (Mitte) 15–20 Minuten backen, bis die Haut Blasen wirft und dunkel gebräunt ist, die Schoten dabei ein- bis zweimal wenden (siehe Seite 25).

Die Schoten aus dem Ofen nehmen und kurz abkühlen lassen. Schoten dann längs vierteln, vom Stielansatz sowie den Trennwänden mit alle Kernen befreien. Die Haut abziehen.

Wenn alle Schoten gehäutet sind, in einem Topf den Essig mit 1/2 l Wasser und Salz zum Kochen bringen. Die Knoblauchzehen schälen, in den Sud geben und etwa 1/2 Minute kochen lassen. Herausheben. Paprikaschoten und gewaschenen Rosmarin portionsweise ebenfalls etwa 1/2 Minute im Sud kochen lassen.

Die Schoten und Rosmarin aus dem Sud heben und auf sauberen Küchentüchern gründlich abtropfen lassen, zusätzlich mit Küchenpapier trockentupfen.

Die Paprikaviertel mit je 1 Zweig Rosmarin, 1 Lorbeerblatt und 2 Knoblauchzehen in vorbereitete Gläser füllen. So viel Öl aufgießen, daß die Schoten ganz davon bedeckt sind. Die Schoten vorm Servieren mindestens 5 Tage ziehen lassen.

Haltbarkeit: 3–6 Monate.

Zucchini in Öl

Zucchini a scapece

Gelingt leicht

Zutaten für 4 Gläser von je etwa 650 ml Inhalt
2 kg junge Zucchini
500 ml Weißweinessig
1 Eßlöffel Meersalz
50 g Zucker
2 frische rote Pfefferschoten
900 ml Olivenöl, extra nativ

Pro Glas: 8200 kJ/ 1960 kcal
Zubereitungszeit: 1 1/2 Stunden
Marinierzeit: 7 Tage

Die Zucchini von den Stielen und Blütenansätzen befreien und waschen. Die Zucchini dann längs vierteln und in etwa 2 cm lange Stücke schneiden.

In einem großen Topf den Essig mit 1 l Wasser, Salz und Zucker aufkochen. Die Zucchinistücke hineingeben, erneut aufkochen und etwa 2 Minuten kochen lassen. Die Zucchini mit einem Schaumlöffel herausheben, auf einem Tuch ausbreiten und abkühlen lassen.

Die Pfefferschoten waschen, vom Stielansatz befreien und längs halbieren. Die Kerne sorgfältig entfernen und die Schotenhälften noch einmal kalt abspülen. Dann sehr gründlich trockentupfen. Mit den Händen dabei nicht in die Augen kommen.

Die Zucchinistücke mit je 1 Pfefferschotenhälfte in vorbereitete Gläser füllen und so viel Öl aufgießen, daß sie ganz bedeckt sind. Gut verschließen und vor dem Öffnen mindestens 1 Woche durchziehen lassen.

Haltbarkeit: 3–6 Monate.

Im Bild oben: Zucchini in Öl
Im Bild unten: Marinierte Paprikaschoten

Gefüllte Pilze

Funghi ripieni

Raffiniert

Zutaten für 6 Personen
20 mittelgroße Champignons (etwa 400 g)
1 kleine Tomate
125 g Mozzarella
2 Teelöffel Pesto (aus dem Glas)
Salz
weißer Pfeffer aus der Mühle

Pro Portion: 350 kJ/ 80 kcal
Zubereitungszeit: 35 Minuten

Die Pilze putzen und, nur wenn nötig, ganz kurz waschen. Die Stiele heraustrennen und für ein anderes Gericht – zum Beispiel eine Suppe – verwenden.

Die Tomate waschen und fein hacken, dabei den Stielansatz entfernen. Mozzarella abtropfen lassen und klein würfeln. Den Backofen auf 200° vorheizen. Die Tomaten- mit den Mozzarellawürfeln und dem Pesto mischen, mit Salz und Pfeffer abschmecken.

Die Pilzköpfe salzen, mit der Mozzarellamasse füllen und in eine feuerfeste Form setzen.

Die Pilze im heißen Ofen (Mitte, Umluft 180°) etwa 20 Minuten backen, bis sie schön gebräunt sind. Dann mit einem Löffel aus der Form heben und auf eine Platte setzen. Warm oder abgekühlt servieren.

Spargel mit Basilikumsauce

Asparagi al basilico

Für Gäste

Zutaten für 4 Personen
1 kg grüner Spargel
Salz
1 Würfelzucker
1/2 Bund Basilikum
1 Zweig Zitronenmelisse
2 hartgekochte Eier
1–2 Teelöffel Aceto balsamico (Balsamessig)
weißer Pfeffer aus der Mühle
4 Eßlöffel Magerjoghurt
100 g Mascarpone (italienischer Frischkäse)

Pro Portion: 790 kJ/ 190 kcal
Vorbereitungszeit: 35 Minuten
Zubereitungszeit: 15 Minuten

Den Spargel waschen, die unteren Hälften der Stangen dünn schälen, die holzigen Enden abschneiden und den Spargel portionsweise mit Küchengarn bündeln.

Etwa 2 l Wasser mit Salz und dem Zuckerwürfel aufkochen, die Spargelbündel hineingeben und zugedeckt in 10 bis 12 Minuten, je nach Dicke der Stangen, »al dente« kochen.

Die Kräuter waschen, trocknen, die Blättchen von den Stielen zupfen und kleinschneiden. Die hartgekochten Eier würfeln und mit dem Essig, Kräutern, Salz, Pfeffer, Joghurt und Mascarpone mischen und in eine Sauciere füllen.

Den Spargel – am besten zwischen Tüchern – gut abtropfen lassen, das Küchengarn entfernen und die Spargelstangen auf einer Platte anrichten.

Lauwarm mit der Basilikumsauce servieren und dazu Weißbrot oder heißen Toast reichen.

Variante

Für Spargel in pikanter Sauce (Asparagi in salsa tartara) den Spargel wie oben bißfest kochen und anrichten. Von 2 hartgekochten Eiern die Eigelbe auslösen und in einen Mixer geben. 1 ganz frisches, rohes Eigelb, je 1 TL Weißweinessig und Senf zugeben, glatt mixen. Bei laufendem Gerät langsam 125 ml Olivenöl (extra nativ) zulaufen lassen, bis eine mayonnaisenartige Sauce entstanden ist. Mit Salz, Pfeffer, gehacktem Basilikum und 1 TL gehackten Kapern würzen. Über die Spargelstangen gießen.

Spinat mit Rosinen

Spinaci alla romana

Gelingt leicht

Zutaten für 4–6 Personen
50 g Rosinen
1 kg frischer Blattspinat
3–4 Eßlöffel Olivenöl
2 Eßlöffel Butter
2 Knoblauchzehen
Salz
schwarzer Pfeffer aus der Mühle
2 Eßlöffel Pinienkerne

Bei 6 Portionen pro Portion: 570 kJ/ 140 kcal
Zubereitungszeit: 35 Minuten

Die Rosinen in Wasser einweichen. Den Blattspinat putzen und mehrmals gründlich waschen.

Die Blätter tropfnaß in einen großen Topf geben. Bei starker Hitze kurz zusammenfallen lassen. Spinatblätter in ein Sieb gießen und gut abtropfen lassen.

In einer großen Pfanne das Olivenöl auf kleiner Stufe erhitzen, die Butter darin schmelzen lassen. Knoblauchzehen schälen und halbieren, bei milder Hitze unter Rühren anbraten, bis die Zehen goldgelb sind, danach aus der Pfanne heben.

Den Spinat zerzupfen und in die Pfanne geben, im heißen Fett wenden. Rosinen abtropfen lassen, unter den Spinat mischen. 10 Minuten unter häufigem Rühren sanft garen. Mit Salz und Pfeffer abschmecken. Zum Schluß die Pinienkerne und nach Belieben auch den gebratenen Knoblauch aufstreuen. Warm mit frischem Weißbrot servieren.

Tip!

Als Hauptgericht reicht die Menge für 4 Personen. Dann Spiegeleier dazu servieren.

Artischocken auf jüdische Art

Carciofi alla giudia

Vegetarisch

Zutaten für 4 Personen
3 Zitronen
8 junge, zarte Artischocken
Salz · Pfeffer aus der Mühle
500 ml Olivenöl

Pro Portion: 1700 kJ/ 410 kcal
Zubereitungszeit: 40 Minuten

Eine Schüssel mit eiskaltem Wasser füllen, den Saft von 1–2 Zitronen untermischen.

Holzige Stiele der Artischocken abschneiden. Äußere harte Blätter entfernen, bei den übrigen Blättern mit einer Küchenschere nur die Spitzen gerade abschneiden. Artischocken sofort ins kalte Zitronenwasser legen. Artischocken aus dem Wasser nehmen, abtropfen lassen und gut abtrocknen. Blätter auflockern, damit sie sich wie bei einer Blüte etwas öffnen. Salzen und pfeffern.

Artischocken in einen breiten Topf setzen, Olivenöl angießen, bis das Gemüse halb bedeckt ist. Langsam erhitzen. Artischocken bei mittlerer Hitze etwa 10 Minuten brutzeln lassen. Dann umdrehen und weitere 10 Minuten braten, das Öl darf nicht zu heiß werden, damit die äußeren Blätter nicht verbrennen, ehe das Artischockenherz richtig gar ist.

Kurz vor Garzeitende die Artischocken vorsichtig mit einigen Spritzern kaltem Wasser benetzen. Knusprig gebackenes Gemüse herausheben, auf Küchenpapier gut abtropfen lassen. Die restlichen Zitronen in Schnitze schneiden, die Artischocken damit servieren.

Tip!

Neben den dicken, fleischig-grünen Artischocken findet man bei uns im Frühjahr oft schon die kleinen Mini-Artischocken (Cimaroli) aus Süditalien, die praktisch ohne Abfall gegessen werden können. Sie eignen sich am besten für dieses Gericht, das aus dem jüdischen Ghetto des alten Roms hervorgegangen ist.

Artischocken mit Eiervinaigrette

Antipasto di carciofi

Raffiniert

Zutaten für 4 Personen
2 Eier
2 Teelöffel scharfer Senf
4 Eßlöffel Weißweinessig
Salz
weißer Pfeffer aus der Mühle
1 Prise Zucker
8 Eßlöffel Oliven- oder Distelöl
1 Bund gemischte Kräuter
4 kleinere, fleischige Artischocken
2 Eßlöffel Zitronensaft

Pro Portion: 1200 kJ/ 290 kcal
Zubereitungszeit: 40 Minuten

Für die Vinaigrette die Eier in etwa 8 Minuten hart kochen. Dann kalt abschrecken und schälen. Das Eiweiß abtrennen und fein hacken. Die Eigelbe mit einer Gabel zerdrücken und mit dem Senf verrühren. Essig, Salz, Pfeffer und eine Prise Zucker untermischen. Das Öl unterschlagen. Die Sauce eventuell mit 2–3 Eßlöffeln heißem Wasser verdünnen.

Die Kräuter waschen, trocknen und die Blättchen fein hacken. Mit dem Eiweiß unter die Vinaigrette mischen. Die Vinaigrette in vier Schälchen verteilen.

Die Artischocken waschen. Die Stiele abschneiden. Die Blattspitzen mit einer Schere kürzen. In einem Topf reichlich Wasser mit Zitronensaft und einer kräftigen Prise Salz aufkochen. Die Artischocken darin 30–45 Minuten kochen lassen. Sie sind gar, wenn sich ein Blatt leicht herausziehen läßt.

Die Artischocken etwas abtropfen lassen, dann mit der Vinaigrette servieren.

Gefüllte Artischocken

Carciofi alla toscana

Braucht etwas Zeit

Zutaten für 4 Personen
8 junge, fleischige Artischocken
Saft von 1 Zitrone
4 Knoblauchzehen
1 Bund Petersilie
125 g gut durchwachsener Speck ohne Schwarte
Salz
schwarzer Pfeffer aus der Mühle
125 ml Olivenöl
6 Eßlöffel trockener Weißwein
1 Zitrone zum Garnieren

Pro Portion: 1900 kJ/ 450 kcal
Zubereitungszeit: 2 Stunden

Von den Artischocken welke und harte Außenblätter entfernen. Die Stiele kürzen. Mit der Schere das obere Drittel der Blätter abschneiden. Die Artischocken in kaltes, mit dem Zitronensaft gesäuertes Wasser legen. Die Knoblauchzehen schälen. Die Petersilie waschen, trocknen und mit dem Knoblauch und dem Speck zusammen fein hacken.

Den Backofen auf 190° vorheizen. Die Artischocken im Zitronenwasser etwa 10 Minuten kochen. Herausnehmen, abkühlen lassen und abtrocknen. Die Blätter auseinanderbiegen und das »Heu« in der Mitte entfernen. Knoblauch, Petersilie und Speck in der Mitte und zwischen den Artischockenblättern verteilen.

In einer Kasserolle mit Deckel, die so groß ist, daß die Artischocken nebeneinander darin Platz finden, die Früchte aufrecht hineinsetzen. Mit Salz und reichlich Pfeffer würzen. Mit dem Olivenöl beträufeln.

Zugedeckt im Backofen (Umluft 170°) etwa 15 Minuten garen. Dann den Wein angießen und in 25–35 Minuten fertig schmoren (die Schmorzeit hängt vom Alter des Gemüses ab). Wenn sich die Blätter leicht herausziehen lassen, sind die Artischocken gar. Warm oder ausgekühlt mit Zitronenachteln servieren.

Im Bild: Artischocken mit Eiervinaigrette

Gefüllte Zucchiniblüten

Fiori di zucca ripieni

Braucht etwas Zeit

Zutaten für 4 Personen
8 Zucchiniblüten mit jungen Früchten
150 g Hähnchenbrustfilet
2 kleine Frühlingszwiebeln
40 g Butter
Salz
schwarzer Pfeffer aus der Mühle
4 Eßlöffel Sahne
Saft und Schale von 1 unbehandelten Zitrone
1 Bund glatte Petersilie
3 Schalotten
2 Knoblauchzehen
50 ml trockener Weißwein
200 ml Geflügelfond (Fertigprodukt)
Zucker
100 g Crème double
Für die Form: Fett

Pro Portion: 1400 kJ/ 330 kcal
Zubereitungszeit: 1 Stunde

Die Zucchiniblüten ausschütteln und die Stempel entfernen (siehe Seite 25). Die anhängenden kleinen Zucchini längs mehrmals einschneiden. Das Hähnchenfleisch kleinschneiden. Die Frühlingszwiebeln waschen, Wurzeln und die grünen Teile entfernen, Zwiebeln in feine Ringe schneiden.

In einer Pfanne 20 g Butter erhitzen, Zwiebeln und Fleisch darin anbraten, mit Salz und Pfeffer würzen. Mit Sahne und 2 Eßlöffeln Zitronensaft aufgießen und im Mixer oder mit dem Schneidstab pürieren. Petersilie waschen, die Blättchen fein hacken und untermischen.

Den Backofen auf 175° (Umluft 160°) vorheizen, eine Fettpfanne mit heißem Wasser füllen und in den Ofen (Mitte) schieben. Eine hitzefeste Form einfetten. Die Fleischmasse mit einem Spritzbeutel in die Zucchiniblüten füllen, die Blüten an den Spitzen vorsichtig zusammendrehen. In die Form legen und diese in die wassergefüllte Fettpfanne stellen. Etwa 10 Minuten garen.

Schalotten und Knoblauch schälen, hacken und in der übrigen Butter anbraten. Den restlichen Zitronensaft, Wein und Fond angießen, bei starker Hitze einkochen lassen. Mit Salz, Pfeffer, Zitronenschale und einer Prise Zucker abschmecken, die Crème double einrühren. Mit den gefüllten Blüten anrichten.

Gebratene Kräuter-Oliven

Olive fritte

Gelingt leicht

Zutaten für 4 Personen
250 g schwarze Oliven
3 Knoblauchzehen
3 Eßlöffel Olivenöl
1 Zweig frischer Oregano (oder 1–2 Teelöffel getrocknete Oreganoblättchen)
6 Eßlöffel guter Weißweinessig
Pfeffer aus der Mühle

Pro Portion: 1170 kJ/ 280 kcal
Zubereitungszeit: 10 Minuten

Oliven kurz abbrausen, abtropfen lassen und abtrocknen. Die Knoblauchzehen in dünne Scheiben schneiden.

In einer Pfanne das Olivenöl mit den Knoblauchscheibchen sachte erhitzen. Oliven einrühren, unter ständigem Rühren 3 Minuten sanft braten. Die Hälfte der Oreganoblättchen einstreuen.

Weißweinessig und 2–3 Eßlöffel Wasser angießen, kräftig aufkochen und den Sud zur Hälfte eindampfen lassen.

Restlichen Oregano untermischen, mit frisch gemahlenem Pfeffer würzen. Oliven heiß aus der Pfanne servieren. Dazu frisches Weißbrot, paßt zu allen Antipasti.

Spinattörtchen
Salatini agli spinaci

Braucht etwas Zeit

Zutaten für 6 Personen
100 g Butter
200 g Mehl
Salz
500 g Spinat
2 Knoblauchzehen
1 Eßlöffel Zitronensaft
weißer Pfeffer aus der Mühle
125 g Mozzarella

Pro Portion: 1300 kJ/ 310 kcal
Zubereitungszeit: 1 1/2 Stunden

Butter in Stückchen schneiden, mit Mehl, einer Prise Salz und etwa 3 Eßlöffeln kaltem Wasser zu einem glatten Teig verkneten.

Mit dem Teig sechs Tortelettförmchen auskleiden, die Förmchen etwa 1 Stunde kühl stellen.

Inzwischen den Spinat verlesen und die groben Stiele entfernen. Die Blätter mehrmals in stehendem kaltem Wasser gründlich waschen. In einem großen Topf reichlich Wasser zum Kochen bringen und salzen. Den Spinat darin etwa 1 Minute blanchieren, bis er zusammengefallen ist. Dann in ein Sieb schütten, kalt überbrausen und gut abtropfen lassen.

Den Backofen auf 220° vorheizen. Die Knoblauchzehen schälen und durch die Presse auf den Spinat drücken. Den Zitronensaft zugeben und alles gut vermischen. Spinat mit Salz und Pfeffer würzen und auf den Teigtörtchen verteilen. Mozzarella abtropfen lassen, in Scheiben schneiden und ebenfalls auf den Törtchen verteilen.

Die Törtchen im Backofen (Mitte, Umluft 200°) etwa 20 Minuten backen, bis der Teig knusprig und der Käse zerlaufen ist. Gleich warm aus dem Ofen servieren.

Lauchkuchen mit Kräutern
Frittata con porri

Auch als Imbiß

Zutaten für 4 Personen
3 Stangen Lauch (etwa 750 g)
3 Eßlöffel Butter
4 Eier
1 Eßlöffel Mehl
1 Bund gemischte Kräuter (Petersilie, Thymian, Rosmarin, Salbei)
Salz
Pfeffer aus der Mühle
Muskatnuß, frisch gerieben

Pro Portion: 1100 kJ/ 260 kcal
Zubereitungszeit: 30 Minuten

Vom Lauch die dunkelgrünen Blatteile entfernen, die hellen Stangen längs aufschneiden und gründlich unter fließendem Wasser waschen, in Halbringe schneiden.

In einer großen, möglichst beschichteten Pfanne 2 Eßlöffel Butter erhitzen, Lauch darin ausbreiten und bei mäßiger Hitze dünsten. Dabei darauf achten, daß die Ringe nicht braun werden.

Die Eier trennen, die Eiweiße steif schlagen. Die Eigelbe mit dem Mehl mischen. Kräuter waschen, die Blättchen abzupfen und fein hacken, unter die Eigelbmasse rühren. Mit wenig Salz, reichlich Pfeffer und Muskat würzen. Dann den Eischnee unterheben.

Den Eierschaum über den Lauch gießen und bei mäßiger Hitze stocken lassen. Den Schaumpfannkuchen in vier Stücke teilen, die Viertel wenden und noch kurz auf der zweiten Seite braten (eventuell noch etwas Butter dazugeben). Mit Salat servieren.

Variante

In Italien werden Omeletts auch kalt als Vorspeise gegessen und mit ein wenig Kräuteressig oder Aceto balsamico beträufelt. Sehr fein: Omelett mit grünem Spargel (Frittata agli asparagi). Etwa 200 g ganz dünne grüne Spargelstangen in Stücke schneiden, in Butter etwa 7 Minuten dünsten, dann die Eiermasse darübergießen und fertigbraten.

Kalbfleisch mit Thunfischsauce

Vitello tonnato

Gut vorzubereiten

Zutaten für 4 Personen
2 Möhren
2 Stangen Staudensellerie
1 Zwiebel
750 g Kalbfleisch (aus der Nuß)
2 Lorbeerblätter
2 Gewürznelken
1 l trockener Weißwein
Salz
weißer Pfeffer aus der Mühle
150 g Thunfisch in Öl (Nettoeinwaage)
4 Sardellenfilets
50 g Kapern
50 g Cornichons
2 ganz frische Eigelbe
Saft von 1 Zitrone
8 Eßlöffel Olivenöl nativ extra
1 Bund krause Petersilie
1 Zitrone
Zum Einrollen: 1 Stück Gaze oder Baumwolltuch

Pro Portion: 2200 kJ/ 530 kcal
Zubereitungszeit: 1 3/4 Stunden
Marinierzeit: 18 Stunden

Möhren schälen und waschen. Selleriestangen putzen und eventuell Fäden abziehen, waschen. Die Zwiebel schälen. Möhren, Sellerie und Zwiebel in dünne Scheiben schneiden.

Das Fleisch kurz abbrausen, trocknen, mit dem Gemüse, Lorbeerblättern und Gewürznelken in eine passende Schüssel legen. Mit Weißwein begießen und zugedeckt über Nacht marinieren.

Am nächsten Tag das Fleisch fest in ein Stück Gaze oder Baumwolltuch einrollen und mit einem Faden an mehreren Stellen umbinden, damit es beim Kochen die Form behält.

Das Fleisch in eine Kasserolle mit Deckel geben, die gerade so groß sein soll, daß das Fleisch darin Platz hat. In einem anderen Topf die Marinade aufkochen und über das Fleisch gießen. Es soll gut mit Flüssigkeit bedeckt sein. Falls nötig, noch etwas kochendes Wasser nachgießen.

Den Sud mit Salz und Pfeffer würzen. Das Fleisch bei schwacher Hitze zugedeckt so lange ganz leise sieden lassen, bis es gar, aber noch fest ist. Das dauert etwa 1 1/4 Stunden. Anschließend in der Brühe abkühlen lassen.

Inzwischen abgetropften Thunfisch, abgespülte Sardellenfilets, Kapern und Cornichons ganz fein hacken (das geht am besten mit dem Blitzhacker).

Eigelbe und Zitronensaft mit dem Handrührgerät schaumig rühren, dann tropfenweise das Öl dazufließen lassen und so lange rühren, bis eine dick-cremige Sauce entsteht.

Die fein gehackten Zutaten untermischen und so viel Kochflüssigkeit einrühren, daß die Sauce wie Sahne fließt. Mit Salz und Pfeffer abschmecken.

Das Fleisch auswickeln, mit Küchenpapier trocknen und mit einem scharfen Messer in etwa 3 mm dünne Scheiben schneiden. Auf einer Platte schuppenförmig anrichten.

Die Sauce nochmals gut durchrühren, dann gleichmäßig über dem Fleisch verteilen. Die Platte mit Klarsichtfolie bedecken und 5–6 Stunden kühl stellen.

Zum Servieren die Petersilie waschen und die Blättchen abzupfen. Die Zitrone heiß abwaschen und in Scheiben schneiden. Das Vitello tonnato mit Petersilie und Zitronenscheiben garnieren.

Tip!

Wenn es mal schnell gehen soll: fertig gegarte Truthahnbrust (gibt es beim Metzger oder im Supermarkt) in dünne Scheiben schneiden, mit der Sauce übergießen und kurz marinieren. Dazu: Weißbrot und ein trockener Weißwein (Pinot Grigio oder Orvieto secco).

Klassiker auf italienischen Vorspeisenbuffets: Kaltes Kalbfleisch mit einer pikanten Thunfischsauce

Gratinierte Miesmuscheln

Cozze alla tarantina

Gelingt leicht

Zutaten für 4 Personen
2 kg frische Miesmuscheln
2 Zwiebeln
10 Eßlöffel Olivenöl
1/2 l trockener Weißwein
2 Bund glatte Petersilie
8 Knoblauchzehen
160 g Parmesan, frisch gerieben
10 Eßlöffel Semmelbrösel
Salz
schwarzer Pfeffer aus der Mühle

Pro Portion: 2600 kJ/ 620 kcal
Zubereitungszeit: 45 Minuten

Muscheln vorbereiten. Bereits geöffnete Muscheln wegwerfen. Zwiebeln schälen und fein hacken. In einem großen Topf 2 Eßlöffel Olivenöl erhitzen, Zwiebelwürfel goldgelb dünsten. Muscheln zugeben und den Wein aufgießen. Zugedeckt 5–7 Minuten bei starker Hitze kochen, dabei ab und zu rütteln, damit die Muscheln gleichmäßig garen.

Geschlossene Muscheln wegwerfen, sie sind verdorben. Von den übrigen die leeren Schalenhälften entfernen. Die vollen Muschelhälften auf eine große, feuerfeste Platte setzen.

Den Backofen auf 250° vorheizen. Die Petersilie waschen, Blättchen fein hacken. Knoblauch schälen und dazupressen. Parmesan, Semmelbrösel und das restliche Olivenöl daruntermischen. Die Masse mit Salz und Pfeffer würzen und auf den Muscheln verteilen.

Die Muscheln in den Backofen (Mitte, Umluft 220°) oder unter den Grill stellen und 5–8 Minuten überbacken, bis sich eine goldgelbe Kruste gebildet hat. Heiß mit Weißbrot servieren.

Thunfischmousse auf Kapernsauce

Spuma di tonno su salsa di capperi

Raffiniert

Zutaten für 4 Personen
2 Dosen Thunfisch im eigenen Saft (300 g Abtropfgewicht)
4 Sardellenfilets
1 Eßlöffel milder Senf
1 Eßlöffel Zitronensaft
100 g milder Joghurt
250 g Mascarpone
1/2 Teelöffel grüne Pfefferkörner
1 Bund glatte Petersilie
60 g kleine Kapern
2 mehligkochende Kartoffeln (etwa 100 g)
2 Tomaten (etwa 100 g)
100 ml Öl
Weißweinessig · Meersalz
weißer Pfeffer aus der Mühle

Pro Portion: 3100 kJ/ 740 kcal
Zubereitungszeit: 45 Minuten

Den Thunfisch abtropfen lassen und grob zerpflücken. Die Sardellenfilets in Stücke schneiden, mit Thunfisch, Senf, Zitronensaft, Joghurt, Mascarpone und dem grünen Pfeffer im Mixer oder mit dem Pürierstab pürieren.

Die Petersilie waschen, die Blättchen abzupfen und fein hacken. 20 g Kapern fein hacken, mit 2 Eßlöffeln Petersilienblättchen unter die Mousse ziehen und etwa 15 Minuten kalt stellen.

Die Kartoffeln waschen, in einem Topf knapp mit Wasser bedecken und zugedeckt bei mittlerer Hitze in 20–30 Minuten weich kochen. Tomaten waschen, Stielansätze entfernen, die Tomaten klein würfeln. Die Kartoffeln abgießen, pellen und mit einer Gabel zu einem Brei zerdrücken.

Das Öl in einer kleinen Pfanne erhitzen und die restlichen Kapern bei starker Hitze 6–8 Minuten anschmoren. Mit ein paar Spritzern Weißweinessig, Tomatenwürfeln und der restlichen Petersilie unter den Kartoffelbrei mischen. Die Sauce mit Salz und Pfeffer abschmecken. Auf eine Platte oder Portionsteller füllen.

Einen Eßlöffel oder Eisportionierer in kaltes Wasser tauchen, damit von der Mousse Nocken abstechen und auf der Sauce anrichten. Dazu frisches Stangenweißbrot und einen fruchtigen Weißwein (Est! Est!! Est!!! di Montefiascone) servieren.

Carpaccio vom Seewolf

Carpaccio di lupo di mare

Etwas teurer

Zutaten für 4 Personen
600 g Seewolf-Filet
1 Knoblauchzehe
2 Bund glatte Petersilie
1/2 Bund Thymian
1/2 Bund Oregano
100 g Sardellenfilets
250 ml Olivenöl
Salz
schwarzer Pfeffer aus der Mühle
1 Eßlöffel Brandy oder Cognac nach Belieben

Pro Portion: 3300 kJ/ 790 kcal
Zubereitungszeit: 30 Minuten
Kühlzeit: 2 Stunden

Das Seewolf-Filet mit einer Pinzette sorgfältig entgräten und für etwa 2 Stunden in den Gefrierschrank legen, bis es fest genug zum Schneiden ist.

Den Knoblauch schälen. Petersilie, Thymian und den Oregano waschen, trocknen und die Blättchen abzupfen.

Die Sardellenfilets kalt abspülen (salzige einige Zeit wässern) und mit den Kräutern und 200 ml Olivenöl im Mixer glatt pürieren. Die Sauce mit Salz, Pfeffer und nach Belieben einem kleinen Schuß Brandy abschmecken.

Seewolf-Filet aus dem Gefriergerät nehmen und mit der Brotschneidemaschine oder einem scharfen Messer in hauchdünne Scheiben schneiden.

Vier Teller mit dem restlichen Olivenöl einpinseln. Die Seewolfscheiben rosettenartig darauf anrichten und die Sauce dazu reichen. Mit Weißbrot und einem gut gekühlten, trockenen Prosecco oder Spumante servieren.

Marinierte Kräutermakrelen

Sgombri alla marinara

Preiswert

Zutaten für 6 Personen
4 frische Makrelen (küchenfertig, jeweils etwa 300 g)
Salz
1/2 Teelöffel schwarze Pfefferkörner
2 Lorbeerblätter
1 Zitrone (3–4 Eßlöffel Saft)
1 Bund frische Minze
1 Bund glatte Petersilie
2 Knoblauchzehen
125 ml Weißweinessig
4 Eßlöffel Olivenöl
Pfeffer aus der Mühle
Kräuterblättchen zum Garnieren

Pro Portion: 2000 kJ/ 480 kcal
Zubereitungszeit: 1 Stunde
Marinierzeit: 1 Tag

Den Backofen auf 200° vorheizen. Makrelen gründlich waschen. In eine feuerfeste Form legen, mit Salz, Pfefferkörnern und zerbröselten Lorbeerblättern bestreuen. 3–4 Eßlöffel Zitronensaft darüber träufeln und soviel Wasser angießen, daß die Makrelen knapp bedeckt sind.

Im vorgeheizten Backofen (Mitte, Umluft 180°) 10–15 Minuten garen. Fische aus dem Sud nehmen und abtropfen lassen. Die noch warmen Makrelen an den Längsseiten aufschneiden, die Haut abziehen. Etwas abkühlen lassen, danach die Filets auslösen. Eine flache, dekorative Form bereitstellen.

Kräuter waschen und trocknen. Knoblauch schälen. Die Minze in feine Streifen schneiden, Petersilie und Knoblauchzehen fein hacken. Kräuter und Knoblauch mit Weißweinessig mischen, Olivenöl unterrühren. Mit Salz und Pfeffer abschmecken.

Einige Makrelenfilets nebeneinander in die Form legen, mit einem Teil der Kräutermarinade bestreichen. Restliche Fischfilets darüberlegen, mit Marinade beträufeln. Die Form abdecken und die Makrelen im Kühlschrank mindestens 1 Tag durchziehen lassen. Vorm Servieren mit frischen Kräuterblättchen garnieren. Frisches Weißbrot und einen trockenen Prosecco oder einen fruchtigen Pagadebit di Romagna frizzante dazu servieren.

Garnelensalat

Insalata di gamberi

Schnell

Zutaten für 4 Personen
4 kleine, feste Tomaten
Salz
1 Kopfsalat
250 g gekochte, ausgelöste Garnelen
1/2 Zitrone
6 Eßlöffel Olivenöl nativ extra
weißer Pfeffer aus der Mühle

Pro Portion: 830 kJ/ 200 kcal
Zubereitungszeit: 20 Minuten

Die Tomaten waschen, trocknen und ohne Stielansätze in Scheiben schneiden. Salzen und etwa 10 Minuten abtropfen lassen.

Den Kopfsalat putzen, waschen, trockenschleudern und in mundgerechte Stücke zerpflücken.

Vier Portionsschälchen mit etwas Salat auslegen. Die Tomatenscheiben darauflegen und die Garnelen darüber verteilen.

Die Zitrone auspressen. Den Saft mit Olivenöl verrühren, mit Salz und Pfeffer kräftig abschmecken. Salat mit der Sauce übergießen.

Venusmuscheln in pikanter Sauce

Vongole alla camogliana

Etwas teurer

Zutaten für 4 Personen
2 Knoblauchzehen
1 Bund Petersilie
3 Sardellenfilets
6 Eßlöffel Olivenöl
4 Eßlöffel trockener Weißwein
400 g Dosentomaten
1 Messerspitze gemahlener Peperoncino (kleine scharfe Pfefferschote), ersatzweise Cayennepfeffer
750 g Venus- oder Trogmuscheln
schwarzer Pfeffer aus der Mühle
Salz
4 Scheiben Kastenweißbrot
1 Zitrone

Pro Portion: 1300 kJ/ 310 kcal
Zubereitungszeit: 1 Stunde

Den Knoblauch schälen. Petersilie waschen, Blättchen abzupfen. Knoblauch, Petersilie und Sardellen getrennt ganz fein hacken.

In einer breiten Kasserolle mit Deckel das Öl nicht zu stark erhitzen, den Knoblauch mit der Hälfte der Petersilie etwa 5 Minuten unter Rühren braten. Dann die Sardellen kurz mitbraten. Wein angießen und bei starker Hitze verdampfen lassen, dann die Hitze wieder reduzieren.

Die Tomaten mit dem Saft dazugeben und mit einer Gabel zerdrücken. Mit dem Peperoncino würzen und bei schwacher Hitze eindicken lassen.

Die Muscheln unter fließendem Wasser gründlich waschen (offene und beschädigte Exemplare wegwerfen). Dann die Muscheln in die Sauce geben. Kasserolle zudecken und die Muscheln bei mittlerer Hitze etwa 10 Minuten dämpfen, bis sich alle Schalen geöffnet haben. Zwischendurch die Kasserolle ab und zu kräftig rütteln, damit die Muscheln gleichmäßig garen.

Die Sauce mit Pfeffer und, falls nötig, mit Salz abschmecken. Die Brotscheiben toasten.

Die geöffneten Muscheln (noch geschlossene wegwerfen) mit der Sauce in vorgewärmte Teller verteilen, mit der restlichen Petersilie bestreuen und servieren. Das Brot extra dazu reichen. Die Pfeffermühle und eine Schüssel für die leeren Muschelschalen bereitstellen.

Nach dem Essen kleine Schüsseln mit Wasser und jeweils einer Zitronenscheibe bereitstellen, um die Finger zu säubern.

Im Bild oben:
Venusmuscheln in pikanter Sauce
Im Bild unten: Garnelensalat

Basilikum-Forellenfilets

Filetti di trota al basilico

Braucht etwas Zeit

Zutaten für 6 Personen
6 frische Forellenfilets
3 Eßlöffel Zitronensaft (oder Limettensaft)
3 Eßlöffel milder Weißweinessig
2 Teelöffel weiße Pfefferkörner
2 große Bund Basilikum
1 Eßlöffel Salz
1/2 Eßlöffel Zucker

Pro Portion: 920 kJ/ 220 kcal
Zubereitungszeit: 30 Minuten
Marinierzeit: 1 Tag

Die Forellenfilets in eine flache Schale (möglichst aus Porzellan) legen. Den Zitronensaft mit Essig und 1/4 l Wasser vermischen, über die Filets gießen. Die Filets etwa 8 Stunden im Kühlschrank ruhen lassen.

Pfefferkörner im Mörser oder mit einem großen schweren Messer grob zerkleinern. Basilikum waschen und trockentupfen. Die Blättchen von den Stielen zupfen und fein hacken.

Die marinierten Forellenfilets abtropfen lassen und mit Küchenpapier trockentupfen. Porzellanschale trocknen. Die Hälfte der Filets wieder in die Schale geben. Die Pfefferkörner und Basilikum mit Salz und Zucker mischen. Die Hälfte der Mischung über die Filets streuen. Die übrigen Filets darauf legen und mit restlicher Basilikum-Mischung bedecken. Die Filets mit Folie abdecken und mit einem Holzbrett und einem Gewicht (zum Beispiel einem mit Wasser gefüllten Einmachglas) beschweren. Die Forellenfilets 12–24 Stunden im Kühlschrank marinieren.

Zum Servieren Forellenfilets mit Zitronenschnitzen und frischen Basilikumblättern garnieren. Dazu schmeckt knuspriges Weißbrot.

Gegrillte Sardinen mit Fenchel

Sarde arrosto

Gelingt leicht

Zutaten für 4 Personen
8 kleine, frische Sardinen
Salz
3 Knoblauchzehen
50 ml Olivenöl
1 Eßlöffel Fenchelsamen
125 ml trockener Weißwein
3 Fenchelknollen
4 Eßlöffel Zitronensaft
Pfeffer aus der Mühle

Pro Portion: 1700 kJ/ 410 kcal
Zubereitungszeit: 35 Minuten
Marinierzeit: 2 Stunden

Die Sardinen mit der Küchenschere am Bauch aufschneiden, die Eingeweide vorsichtig herausnehmen, die Bauchhöhle ausspülen, dabei alle dunklen Häute entfernen. Gründlich waschen und mit Küchenpapier trocknen. Innen und außen mit Salz bestreuen, in eine flache Schüssel legen.

Die Knoblauchzehen fein hacken, mit dem Olivenöl verquirlen, Fenchelsamen einrühren. Über die Fische träufeln. Wein angießen, zugedeckt im Kühlschrank mindestens 2 Stunden ziehen lassen.

In einem Topf etwa 1 l Salzwasser aufkochen, Fenchelknollen putzen, 5 Minuten im kochenden Wasser blanchieren. Herausheben, kalt abschrecken und gut abtropfen lassen. Quer in 2 cm dicke Scheiben schneiden. Von beiden Seiten salzen und pfeffern.

Holzkohlengrill anheizen (oder eine große Grillpfanne bereitstellen). Fische aus der Marinade heben, abtropfen lassen und etwas abtrocknen, den Sud auffangen. Sardinen mit den Fenchelscheiben auf ein Grillgitter legen, mit etwas Marinade einstreichen.

Überm Holzkohlengrill langsam 10–15 Minuten garen (oder statt dessen 10 Minuten in einer Grillpfanne braten). Fische und Gemüse ab und zu mit Marinade bestreichen, 1–2 mal wenden. Vorm Servieren mit Zitronensaft beträufeln und mit Salz und Pfeffer würzen.

Thunfischpastete
Mattonella di tonno

Preiswert

Zutaten für 4 Personen
2 Eier
100 g frische oder tiefgekühlte Erbsen
Salz
2 Eigelbe
1 Prise Zucker
weißer Pfeffer aus der Mühle
1 Teelöffel mittelscharfer Senf
3 Eßlöffel Zitronensaft
250 ml Olivenöl, extra nativ
400 g Thunfisch in Öl (Nettoeinwaage)
1 Bund Petersilie
2 Eßlöffel Kapern
Zum Bestreichen: Olivenöl

Pro Portion: 2200 kJ/ 530 kcal
Zubereitungszeit: 1 Stunde
Kühlzeit: 3 Stunden

Die Eier in etwa 10 Minuten hart kochen, dann kalt abschrecken und schälen.

Die Erbsen in leicht gesalzenem Wasser »al dente« (bißfest) kochen, in einem Sieb abtropfen und auskühlen lassen.

Für die Mayonnaise in einer Schüssel die Eigelbe mit 1 Prise Salz, Zucker und etwas Pfeffer, Senf und 1/2 Teelöffel Zitronensaft mit dem Schneebesen schaumig rühren. Unter ständigem Rühren das Öl zuerst tropfenweise, dann teelöffelweise zufließen lassen. Das Öl muß immer völlig untergemischt sein, bevor weiteres Öl zugegeben wird. Wenn die Sauce dicklich wird, einige Tropfen Zitronensaft unterrühren. Langsam unter ständigem Rühren das restliche Öl und den restlichen Zitronensaft zugeben. Mit Salz und Pfeffer abschmecken, die Mayonnaise kühl stellen.

Den Thunfisch gut abtropfen lassen, so daß das ganze Konservenöl entfernt wird, dann in eine Schüssel geben, mit einer Gabel zerdrücken, dann mit dem Handrührgerät zu einer gleichmäßigen Paste verrühren.

Die Petersilie waschen, trockenschwenken und fein hacken. Mit der Hälfte der Mayonnaise und drei Viertel der Erbsen unter die Thunfischpaste mischen.

Eine passende Kastenform mit Pergamentpapier auskleiden, das Papier gut mit Öl bestreichen, dann die Thunfischmasse einfüllen. Die Form ein paarmal auf der Tischplatte aufklopfen, damit Luftblasen entweichen können. Die Oberfläche glattstreichen. Mit geöltem Papier abdecken. Die Form für etwa 3 Stunden in den Kühlschrank stellen.

Kurz vor dem Servieren die Thunfischpastete auf eine Servierplatte stürzen, das Papier abziehen. Die Pastete nach Geschmack mit der restlichen Mayonnaise überziehen oder diese getrennt dazu servieren. Die Eier in Scheiben schneiden und auf der Oberfläche der Pastete schuppenartig anordnen. Mit den Kapern bestreuen. Die restlichen Erbsen als Garnierung um die Pastete verteilen.

Variante

Spuma di tonno

Für die Thunfisch-Mousse 300 g Thunfisch abtropfen lassen, dann fein pürieren. 2–3 Sardellenfilets und etwa 75 g Kapern fein hacken. Mit dem Thunfisch und 300 g Mascarpone in einer Schüssel mit dem Handrührgerät zu einer gleichmäßigen Paste rühren. Mit Salz, Pfeffer und etwas Zitronensaft abschmecken. Eine passende Kastenform mit gut geöltem Pergamentpapier auskleiden, die Thunfischmasse einfüllen und glattstreichen. Mit geöltem Papier abdecken.
Mindestens 6 Stunden kühl stellen. Zum Servieren stürzen und das Papier abziehen. Mit gefüllten Oliven in Scheiben und mit Cornichons garnieren.

Tip!

Zu beiden Vorspeisen passen geröstete Weißbrotscheiben und ein trockener, fruchtiger Weißwein, zum Beispiel ein Vernacchia di San Gimignano.

Bunte Salate

Was Salat betrifft, so ist Italien natürlich ein gesegnetes Land. Das ganze Jahr über gedeihen irgendwo Salat- und Gemüsesorten, so daß sie immer frisch und aromatisch auf dem Markt zu finden sind.

So gehört hier täglich eine Schüssel Salat zum Essen dazu, je nach Angebot munter gemischt und mit Oliven, Thunfisch oder Käse angereichert. Das ergibt auch einmal ein leichtes sommerliches Essen.

Der Aufsteiger unter den Salatpflanzen ist in den letzten Jahren zweifellos Rucola, auch Rauke genannt. Dabei wucherte diese Pflanze aus der Familie der Kohlgewächse auch bei uns in früheren Zeiten in vielen Hausgärten und hieß (weniger fein) Senfkohl, Runke oder Raukenkohl. Dann wurde sie einfach vergessen und erst die Importe aus Italien machten die scharf nach Meerrettich schmeckenden Blätter zum Renner der Salatabteilung.

Herb bevorzugt

Warum gerade diese pfeffrig schmeckende Pflanze so beliebt ist, mag daran liegen, daß sie einen sehr ursprünglichen Gaumenkitzel vermittelt, der in einer Zeit, in der fast alle Salatsorten auf einen neutralen Geschmack getrimmt werden, selten geworden ist. Nicht so in Italien. Hier schätzt man das Herbe, ja fast Bittere beim Salat, das erfrischt, belebt und den Appetit weckt. Aber nicht nur das, der herbe Milchsaft vieler Salatsorten enthält einen Stoff, der beruhigend auf das vegetative Nervensystem, also gegen Streß wirkt. Ob das schon die alten Römer wußten, die den Endiviensalat sehr liebten? Auf jeden Fall machten sie ihn bereits mit gehackten Zwiebeln, Essig, Honig und natürlich mit Olivenöl an und nannten ihn »lactuca«, Milchpflanze, wegen seines weißen Milchsaftes.

Innere Werte

Ein Salat – »Insalata« – wird in Italien nicht wie bei uns als Beilage gegessen, sondern ist ein eigener Gang, der je nach Jahreszeit und Marktangebot bunt zusammengestellt wird und, wie die Antipasti, das Wasser im Mund zusammenlaufen lassen soll. Die Ernährungswissenschaft sagt uns ja oft genug, daß Frischkost ein wichtiger Vitalstofflieferant ist, vorausgesetzt, sie enthält noch genügend Vitamine und bioaktive Substanzen. Deshalb sollten Sie beim Einkauf mehr auf die inneren Werte (auf Frische, Saison und Anbaumethoden) als auf Schönheit und Preis achten. Ein schlaffer Treibhaussalat aus nördlichen Gefilden hätte auf einem italienischen Gemüsemarkt keine Chance …

Grüne Blätter allein werden Sie bei einem italienischen Salat kaum finden. Außer Tomaten sind Zwiebeln, roh in Scheiben gehobelte Gemüse wie Möhren, Zucchini, Champignons, Paprikaschoten oder Fenchelknollen, Oliven und vielleicht noch Thunfisch, Eier oder Sardellen dabei. Das sieht nicht nur schön aus, sondern entspricht auch der Grundregel der Antipasti, möglichst viele Geschmackssinne anzusprechen (siehe Seite 24).

Zucchini roh in Scheiben gehobelt passen zu jedem Blattsalat

Richtig anmachen

Einfach raffiniert, so sollte ein Vorspeisensalat sein. Einfach in seiner Zusammenstellung, raffiniert in der Art, wie er angemacht und angerichtet wird. Neben knackig-frischem Salat und Gemüse sind vor allem bestes Olivenöl und ein guter Weinessig (siehe Seite 16) nötig. Die Grundregel »Essig wie ein Geiziger, Öl wie ein Verschwender« gilt vor allem für die italienischen Salatsaucen: Reiner Weinessig hat viel mehr Säure als der bei uns übliche Branntweinessig. Deshalb muß er sehr sparsam verwendet werden. Das Olivenöl dagegen, natürlich ein extra natives, wird reichlich verwendet. Einerseits mildert es die Säure vom Essig, andererseits gibt es die mediterrane Würze. Und es liefert essentielle Fettsäuren, das wichtige Vitamin E und erschließt die fettlöslichen Vitamine im Salat. Bleiben noch Salz und schwarzer oder weißer Pfeffer und möglichst Knoblauch, schon sind die Zutaten für eine italienische Salatsauce zusammen.

Träufeln statt mischen

Die bunten Salate werden selten heftig mit einem Salatbesteck umgewendet, sondern nur mit der Salatsauce beträufelt, so sehen sie schöner aus und fallen nicht so leicht zusammen. Erster Schritt: Blattsalate nach dem Waschen gut trocknen. Entweder mit einer Salatschleuder (siehe Seite 14) oder die Blätter locker in ein Küchentuch legen, die Enden zusammenfassen und das Bündel kräftig in der Luft schwenken.

Salatblätter in Streifen sehen gut aus und sind leichter zu essen

Dann die Blätter in Streifen schneiden, so halten sie besser ihre Form als beim Zerzupfen. Zum Anrühren der Salatsauce gibt es zwei Methoden. Erstens: Den Essig mit Salz und Pfeffer verrühren, bis sich die Salzkörnchen ganz aufgelöst haben, nach Belieben Knoblauch dazupressen. Diesen gewürzten Essig gleichmäßig über den Salat träufeln, dann mit Olivenöl übergießen.

Zweite Methode: Essig, Salz, Pfeffer mit Knoblauch verrühren, erst tropfenweise, dann in dünnem Strahl das Olivenöl zulaufen lassen, dabei kräftig mit dem Schneebesen quirlen. So entsteht eine cremige, dicke Sauce (vorausgesetzt, Sie haben ein gutes Olivenöl genommen). Diese Sauce kurz vorm Servieren gleichmäßig über den Salat träufeln.

Radicchio und Romana

Drei Salatsorten sind besonders typisch für Italien: Catalogna (Zuchtlöwenzahn), grüner Romana und violettroter Radicchio, alles robuste Typen, die im Süden auch im Winter gedeihen.
Den Radicchio gibt es als festen runden Kopf mit mildem bis leicht bitterem Geschmack und als länglichen Radicchio di Treviso, der keinen festen Kopf bildet und kräftig herb-bitter ist. Der letztere eignet sich weniger für Salat, sondern wird gebraten oder gegrillt. Beim Einkauf darauf achten, daß die Blätter keine schlaffen, angetrockneten Ränder haben. Günstig ist es, wenn noch ein Stück Wurzel an den Köpfen ist – schälen, ganz fein würfeln und unter den Salat mischen, das macht ihn herber und appetitanregender. Radicchio hält sich, in Papier eingewickelt, einige Zeit im Gemüsefach des Kühlschranks.

Der Romanasalat hat gerade, dickrippige Blätter, die einen knackigen, etwas rauhen Salat ergeben. Obwohl sie, im Gegensatz zum Radicchio, keine Bitterstoffe enthalten, schmecken sie herzhaft-aromatisch. Die äußeren, dunkelgrünen Blätter werden auch gerne wie Spinat gedünstet. Beim Einkauf auf frische, knackige Blätter achten, rasch verwenden (im Gemüsefach ein bis zwei Tage haltbar). Die gewaschenen Blätter müssen sehr gründlich trockengeschleudert werden, weil in den tiefen Blattrippen das Wasser hängenbleibt.

Eine Art Löwenzahn

Zuchtlöwenzahn, Catalogna oder Blattzichorie ist eine Salatpflanze, die wie ein in die Höhe geschossener Löwenzahn aussieht und noch im Winter aus Italien auf unsere Märkte kommt. Ähnlich wie der Radicchio ist der Zuchtlöwenzahn (ein Verwandter des Chicorées) sehr herb bis bitter, aber deswegen besonders gesund und verdauungsfördernd. Die äußeren Blätter werden meist wie Spinat gekocht, dann in Olivenöl mit Knoblauch kurz geschmort. Die inneren, zarten Blätter sind aber bestens für einen Salat geeignet, vor allem, wenn sie mit milderen Zutaten gemischt werden. Sie sind reich an Mineralstoffen, enthalten fast so viel Betacarotin wie Möhren und viel mehr Vitamin C als jeder andere grüne Salat.

Rohkostplatte aus der Toskana

Pinzimonio

Gelingt leicht

Zutaten für 4 Personen
1 gelbe Paprikaschote
3 kleine feste Zucchini
1 große feste Fleischtomate
1/2 Staude Bleichsellerie
2 kleine junge Fenchelknollen (schlanke Sorte)
6 Lauchzwiebeln
1 kleiner Radicchio
1 Chicoréestaude
Olivenöl, extra nativ
aromatischer Weinessig (z.B. Aceto balsamico)
Salz
weißer Pfeffer aus der Mühle

Pro Portion: 1300 kJ/ 310 kcal
Zubereitungszeit: 45 Minuten

Die Paprikaschoten halbieren, Stielansätze, Kerne und helle Rippen entfernen. Die Schotenhälften waschen, abtrocknen und längs in schmale Streifen schneiden.

Von den Zucchini die Blütenansätze und die Stielenden entfernen. Die Früchte waschen, abtrocknen und ungeschält längs vierteln. Die Viertel einmal quer durchschneiden.

Die Fleischtomate waschen, längs halbieren, dabei den Stielansatz, die Kerne und den Saft entfernen. Die Tomatenhälften längs in Streifen schneiden und zum Abtropfen auf Küchenpapier legen.

Die halbe Staude Sellerie in Stangen teilen, waschen, falls nötig, die Fäden vom unteren Teil der Stangen abziehen. Die Stangen abtrocknen.

Von den Fenchelknollen die Stengel kürzen und den Wurzelansatz zurückschneiden. Eventuell die harten Außenblätter großzügig entfernen. Die Knollen waschen, abtrocknen und längs in mundgerechte Viertel oder Sechstel schneiden, so daß sie noch am Wurzelansatz zusammenhängen.

Die Lauchzwiebeln gründlich waschen, Wurzelansätze und unansehnliche Außenblätter entfernen. Die grünen Blätter um ein Viertel zurückschneiden.

Vom Radicchio und vom Chicorée unansehnliche Außenblätter entfernen. Die Salate in einzelne Blätter zerlegen, diese nach Sorten getrennt waschen und trockenschleudern.

Das ganze Gemüse auf einer großen Platte anordnen. Olivenöl und Weinessig in Karaffen, einen Salzstreuer und eine Pfeffermühle bereitstellen.

Jeder Gast erhält ein Schälchen, in dem er nach Geschmack eine Salatsauce mixt. In diese Sauce werden die rohen Gemüse gedippt und gegessen.

Dazu dünne Brotstangen (Grissini) und einen frischen, trockenen Weißwein, zum Beispiel einen Orvieto oder einen Verdicchio dei Castelli di Jesi servieren.

Tip!

Der klassische Pinzimonio besteht nur aus bestem Olivenöl, Salz und frisch gemahlenem Pfeffer. Diese Sauce wird in einfachen Wirtschaften zu jungem Wein und zartem Fenchel serviert. Zum Dippen eignet sich jedes Gemüse, das roh gegessen werden kann, also auch Möhren, Salatgurken, milde Gemüsezwiebeln, Zuchtlöwenzahn (Catalogna) oder dünne grüne Spargelstangen. In Rom werden sogar ganz zarte, junge Artischocken roh in die Olivenöl-Sauce gedippt. Leider kommen sie außerhalb Italiens fast nie auf die Märkte, aber gekochte dicke Artischocken könnte man statt mit Mayonnaise auch einmal mit Pinzimonio als Dip servieren.

Eine gesunde Knabberei: Rohes Gemüse wird in Olivenöl und Essig gestippt

Gemüse-Carpaccio

Carpaccio di verdure

Vegetarisch

Zutaten für 4 Personen
1 Eßlöffel Zitronensaft
2 Eßlöffel Aceto balsamico
Salz
weißer Pfeffer aus der Mühle
4 Eßlöffel Olivenöl, extra nativ
1 Bund Radieschen
4 Zucchini
16 weiße Champignons
8 Basilikumblätter
2 Eßlöffel fein gehackte Petersilie

Pro Portion: 670 kJ/ 160 kcal
Zubereitungszeit: 20 Minuten
Marinierzeit: 30 Minuten

Zitronensaft, Essig, Salz und Pfeffer verrühren, mit Olivenöl zu einer cremigen Sauce aufschlagen (siehe Seite 57).

Das Gemüse waschen und putzen. Die Radieschen, die Zucchini und die Champignons in Scheiben schneiden und zu Kreisen anordnen, restliche Champignonscheiben in der Mitte anhäufen.

Sofort mit der Sauce beträufeln. Mindestens eine halbe Stunde zugedeckt ziehen lassen, vor dem Servieren mit der Petersilie bestreuen.

Artischockensalat mit Schinken

Carciofi con prosciutto

Raffiniert

Zutaten für 4 Personen
2 Dosen Artischockenherzen (je 240 g Inhalt)
1 kleine Zwiebel
2 Eßlöffel Olivenöl
1 Knoblauchzehe
Salz
Pfeffer aus der Mühle
1 Prise Cayennepfeffer
1 Prise Zucker
1 Zweig Thymian
100 ml trockener Weißwein (ersatzweise Fleischbrühe)
4 Eßlöffel Weißweinessig
1 rote Paprikaschote
1 gelbe Paprikaschote
150 g roher Schinken (möglichst Parmaschinken) in nicht zu dünnen Scheiben
Salatblätter zum Anrichten

Pro Portion: 880 kJ/ 210 kcal
Zubereitungszeit: 30 Minuten

Die Artischockenherzen in einem Sieb abtropfen lassen und je nach Größe halbieren und oder vierteln. Dann in eine Schüssel füllen.

Die Zwiebel schälen und fein hacken. Das Öl in einem kleinen Topf erhitzen und die Zwiebelwürfel darin glasig braten. Den Knoblauch schälen und dazupressen. Mit Salz, Pfeffer, einer Prise Cayennepfeffer und Zucker würzen und den Thymianzweig dazugeben. Weißwein und 2 Eßlöffel Weißweinessig aufgießen und einmal aufkochen lassen. Heiß über die Artischocken gießen und abkühlen lassen.

Inzwischen die Paprikaschoten putzen, waschen, erst in schmale Streifen, dann in kleine Würfel schneiden. Den Schinken in schmale Streifen schneiden.

Die Artischocken mit einem Schaumlöffel aus dem Sud nehmen und mit den Paprikawürfeln und den Schinkenstreifen in eine Salatschale füllen.

Von dem Sud 3 Eßlöffel abnehmen, mit dem restlichen Essig, Salz und Pfeffer zu einer Marinade verrühren und über die Salatzutaten gießen. Alles durchmischen und bis zum Servieren kühl stellen.

Zum Servieren vier Teller mit Salatblättern auslegen und den Salat dekorativ darauf anrichten. Als Beilage knuspriges Weißbrot und als Getränk einen trockenen Weißwein, zum Beispiel einen Pinot Grigio del Veneto, reichen.

Gemischter Salat
Insalata mista

Preiswert

Zutaten für 4 Personen
1 zarte Fenchelknolle (200 g)
1 rote Paprikaschote (150 g)
150 g junge Möhren
2 kleine Zucchini (150 g)
4 Stangen Staudensellerie
7 Eßlöffel Olivenöl, extra nativ
2–3 Eßlöffel Weißweinessig
Salz
Pfeffer aus der Mühle

Pro Portion: 870 kJ/ 210 kcal
Zubereitungszeit: 45 Minuten

Fenchelknolle putzen, die harten Teile wegschneiden. Fenchelherz in hauchdünne Scheiben schneiden. Zartes Grün beiseite legen.

Paprikaschote halbieren, Kerne und Trennwände entfernen. Schotenhälften waschen, in feine Streifchen schneiden.

Die Möhren schälen oder schrappen, die Zucchini und den Staudensellerie waschen. In dünne Scheibchen oder in sehr feine Stifte schneiden, Selleriegrün grob hacken.

Alle Salatzutaten in einer großen, flachen Schüssel anrichten. Zartes Selleriegrün und Fenchelgrün darüber streuen.

Für die Sauce das Olivenöl mit 2–3 Eßlöffeln Weißweinessig, Salz und Pfeffer kräftig verquirlen, abschmecken. Über den Salat träufeln und mit frischem Weißbrot (oder Ciabatta) servieren.

Tomatensalat mit Mozzarella
Insalata di pomodori

Schnell

Zutaten für 4 Personen
750 g Tomaten
2 Schalotten
1 Kugel Mozzarella (150 g)
100 g schwarze Oliven
3–4 Eßlöffel Rotweinessig
5 Eßlöffel Olivenöl
Salz
schwarzer Pfeffer aus der Mühle
2 Knoblauchzehen
1 Bund Basilikum

Pro Portion: 1440 kJ/ 340 kcal
Zubereitungszeit: 25 Minuten

Die Tomaten waschen, längs achteln, dabei die Stielansätze entfernen. Die Tomatenachtel in eine flache Schüssel füllen.

Die Schalotten schälen und fein hacken. Die Mozzarella erst in Scheiben, dann in kleine Würfel schneiden. Mit den Oliven zu den Tomaten geben.

In einer zweiten Schüssel den Essig mit dem Olivenöl, Salz und Pfeffer mit einem Schneebesen zu einer cremigen Sauce verrühren (siehe Seite 57). Knoblauch schälen, durch die Presse dazudrücken und unterrühren.

Diese Sauce gleichmäßig über die Salatzutaten in der Schüssel träufeln, nach Belieben vorsichtig vermischen und 10 Minuten durchziehen lassen.

Inzwischen Basilikum waschen, große Blättchen in schmale Streifen schneiden, kleine ganz lassen. Die kleingeschnittenen Blättchen unter den Salat mischen. Die unzerteilten Basilikumblättchen vor dem Servieren zum Garnieren darauf streuen. Dazu Weißbrot oder Toast und einen trockenen Rotwein, zum Beispiel einen Montepulciano d'Abruzzo, servieren.

Tip!

In Italien nimmt man für den beliebten Tomatensalat sonnengereifte, aromatische Früchte, vermischt sie mit gehackten Schalotten und würzt nur mit Salz, Pfeffer und gutem Olivenöl, weil sie von Natur aus genügend Säure mitbringen. Statt Basilikum können Sie auch getrockneten Oregano zum Würzen nehmen.

Mozzarella-Rucola-Salat

Insalata di mozzarella

Schnell

Zutaten für 4 Personen
2 Bund Rucola (etwa 100 g)
300 g schnittfeste Tomaten
1 Kugel Büffelmilch-Mozzarella (etwa 250 g)
1 Eßlöffel Aceto balsamico
Salz
weißer Pfeffer aus der Mühle
2 Eßlöffel Olivenöl, kaltgepreßt

Pro Portion: 840 kJ/ 200 kcal
Zubereitungszeit: 10 Minuten

Rucola waschen, trockenschwenken und nicht zu klein zerzupfen. Die Tomaten waschen und in Schnitze schneiden, dabei die Stielansätze entfernen. Die Mozzarella abtropfen lassen und in kleine Würfel schneiden.

Die Rucolablätter mit den Tomaten und der Mozzarella auf Tellern anrichten.

Aceto balsamico mit Salz und Pfeffer verrühren. Das Olivenöl unterschlagen (siehe Seite 57). Den Salat mit Sauce beträufeln und sofort servieren. Dazu paßt frisches Weißbrot.

Bunter gemischter Salat

Insalata di tutti colori

Gut vorzubereiten

Zutaten für 4 Personen
3 Eier
Salz
150 g Prinzeßbohnen
250 g Tomaten
1 kleiner Kopfsalat
1 DoseThunfisch naturell (150 g Inhalt)
5 Sardellenfilets
1/2 Salatgurke
100 g schwarze Oliven
4 Eßlöffel Weißweinessig
1 Teelöffel scharfer Senf
Pfeffer aus der Mühle
6 Eßlöffel Olivenöl

Pro Portion: 1480 kJ/ 350 kcal
Zubereitungszeit: 30 Minuten

Die Eier in 10 Minuten hart kochen, gleich eiskalt abschrekken und pellen.

Inzwischen Salzwasser aufkochen lassen. Die Bohnen putzen, in etwa 3 cm lange Stücke schneiden und im kochenden Wasser in 10 Minuten bißfest garen. In einem Sieb eiskalt abschrecken und gut abtropfen lassen.

Die Tomaten waschen, vierteln oder achteln und dabei die Stielansätze entfernen. Den Kopfsalat putzen, waschen, gut abtropfen lassen und zerpflücken oder in Streifen schneiden. Den Thunfisch abtropfen lassen und zerpflücken. Die Sardellenfilets kalt abbrausen, trockentupfen und halbieren. Die Gurke waschen und in Scheiben schneiden.

Bohnen, Tomaten, Gurke, Thunfisch, Sardellen und die Oliven in einer großen Schüssel locker vermischen.

Aus Essig, Senf, Salz, Pfeffer und Olivenöl eine cremige Salatsauce rühren, über die Zutaten gießen und mischen. Eine Salatschüssel oder vier Portionsschüsseln mit den Salatblättern auslegen und den Salat darin anrichten. Die Eier vierteln und den Salat damit garnieren.

Tip!

Bei diesem Salat läßt sich gut aus Dosen improvisieren: Statt grüner Bohnen passen auch abgetropfte weiße Bohnen, statt Thunfisch und Sardellen könnte man auch in Öl eingelegte kleine Champignons nehmen. Außerdem schmeckt ein weicher, in Streifen geschnittener Käse gut dazu.

Im Bild: Bunter gemischter Salat mit Bohnen, Tomaten, Gurken und Thunfisch, ein schöner Appetitanreger

Spargelsalat mit Rucola

Asparagi al rucola

Für Gäste

Zutaten für 4 Personen
750 g grüner oder weißer Spargel
Salz
1 Prise Zucker
1 Bund Rucola
1 Teelöffel scharfer Senf
1 Eßlöffel Weißweinessig
weißer Pfeffer aus der Mühle
2–3 Eßlöffel Oliven- oder Sonnenblumenöl

Pro Portion: 310 kJ/ 70 kcal
Zubereitungszeit: 30 Minuten

In einem Topf reichlich Wasser erhitzen. Den Spargel waschen und abtropfen lassen. Bei grünen Spargelstangen nur das untere Drittel, bei weißen die ganzen Stangen bis knapp unter die Köpfe schälen, dabei oben weniger, unten mehr Schale entfernen. Die holzigen Enden abschneiden. Jeweils 5–6 Stangen mit Küchengarn zu Bündeln schnüren.

In das kochende Wasser Salz und Zucker geben. Den Spargel darin zugedeckt in 10–15 Minuten bißfest kochen. Inzwischen Rucolablätter waschen, trocknen und grob hacken.

Den Senf mit dem Essig, Salz und Pfeffer verrühren. Zwei Eßlöffel vom Spargelkochwasser und das Öl darunterschlagen (siehe Seite 57). Rucola in die Marinade geben und umwenden. Alles in eine Schüssel geben.

Die Spargelbündel mit einem Schaumlöffel aus dem Kochwasser heben, abtropfen lassen und das Küchengarn entfernen. Spargel auf einer Platte anrichten.

Die Rucolamarinade nochmals abschmecken und über den Spargel träufeln, sofort servieren.

Radicchiosalat mit Orangen und Pilzen

Radicchio con arance e funghi

Schnell

Zutaten für 4 Personen
1 großer Radicchio (etwa 300 g)
2 mittelgroße Orangen
150 g Champignons
1 Bund Petersilie
1 Eßlöffel Butterschmalz
1 Eßlöffel Pinien- oder Sonnenblumenkerne
1 Eßlöffel Zitronensaft
1 Eßlöffel trockener Weißwein
Salz
weißer Pfeffer aus der Mühle
2 Eßlöffel Olivenöl

Pro Portion: 640 kJ/ 150 kcal
Zubereitungszeit: 30 Minuten

Den Radicchio in die einzelnen Blätter zerteilen, waschen, trocknen und in Streifen schneiden. Die Orangen schälen, dabei so viel weiße Haut wie möglich entfernen. Die Orangen in Würfel schneiden oder die Filets aus den Trennwänden lösen, dabei den Saft auffangen und alle Kerne entfernen.

Die Pilze mit Küchenpapier säubern, nur im Notfall kurz waschen. Die Stielenden abschneiden und die Pilze vierteln. Die Petersilie waschen und fein hacken.

Das Butterschmalz in einer Pfanne erhitzen. Die Pilze darin bei starker Hitze unter Wenden etwa 2 Minuten braten. Die Pinienkerne untermischen und kurz mitrösten. Die Pilze mit Zitronensaft, Wein und dem aufgefangenen Orangensaft ablöschen, mit Salz und Pfeffer würzen. Die Petersilie untermischen.

Radicchio, Orangenwürfel und die Pilze mit der Sauce in eine Schüssel geben. Mit dem Olivenöl vermischen und mit Salz und Pfeffer abschmecken.

Tip!

Salate mit Zitrusfrüchten sind in Sizilien beliebt, wo ein einfacher Orangen-Zwiebel-Salat gern als Beilage zu Fleischgerichten serviert wird. Besonders interessant sieht er mit Blutorangen aus, die es bei uns Februar und März gibt.

Zucchini-Salat

Insalata di zucchini

Gelingt leicht

Zutaten für 4 Personen
4 kleine Zucchini (etwa 400 g)
1 Bund Basilikum
250 g Kirschtomaten
2 Eßlöffel Weißweinessig
Salz
weißer Pfeffer aus der Mühle
1 Messerspitze scharfer Senf
4 Eßlöffel Olivenöl

Pro Portion: 430 kJ/ 100 kcal
Zubereitungszeit: 25 Minuten

Die Zucchini waschen und trocknen. Stielansätze abschneiden. Die Zucchini auf einer Gemüsereibe in etwa 1/2 cm dicke Scheiben hobeln (siehe Seite 56).

Das Basilikum abspülen und trocknen. Die Blättchen abzupfen, die größeren in feine Streifen schneiden, kleine ganz lassen. Kirschtomaten waschen und vierteln.

Essig mit Salz, Pfeffer und Senf kräftig verrühren, bis sich das Salz aufgelöst hat. Das Olivenöl mit einem Schneebesen unterschlagen, bis eine cremige Marinade entsteht (siehe Seite 57).

Zucchini gründlich mit der Marinade vermischen. Basilikumstreifen und Tomaten unterheben. Den Salat kurz durchziehen lassen, nochmals abschmecken und mit Basilikumblättchen garnieren.

Artischockenherzen-Salat

Insalata di carciofi

Braucht etwas Zeit

Zutaten für 4 Personen
16 kleine, sehr zarte Artischocken
Salz
1/2 unbehandelte Zitrone
250 g Nordseegarnelen
4 hartgekochte Eier
16 grüne Oliven ohne Stein
1 Bund Petersilie
4 Eßlöffel Weißweinessig
weißer Pfeffer aus der Mühle
1 Prise Zucker
1 Knoblauchzehe
6 Eßlöffel Olivenöl, extra nativ oder Distelöl

Pro Portion: 1800 kJ/ 430 kcal
Zubereitungszeit: 1 1/4 Stunden

Die Stiele aus den Artischocken herausdrehen. Die Blütenblätter mit der Küchenschere um gut zwei Drittel kürzen. Reichlich Salzwasser aufkochen.

Die Artischocken mit der Zitronenhälfte ins Wasser geben, zugedeckt etwa 30 Minuten kochen, bis sich ein Außenblatt leicht herausziehen läßt. Die Artischocken abtropfen und auskühlen lassen.

Garnelen kalt abbrausen, dann abtropfen lassen. Die Eier schälen und achteln. Die Oliven abtropfen lassen und halbieren. Die Petersilie waschen, die Blättchen abzupfen und grob hacken.

Den Essig mit Salz, Pfeffer und Zucker verrühren. Die Knoblauchzehe schälen und durch die Presse dazudrücken. Das Olivenöl mit einem Schneebesen unterschlagen (siehe Seite 57). Die Petersilie zugeben.

Von den Artischocken die harten Außenblätter und das Heu im Inneren entfernen. Die Böden an der Unterseite glattschneiden. Die so entstandenen Artischockenherzen halbieren oder vierteln und mit den übrigen Salatzutaten und der Sauce vermengen.

Tip!

Neben den dicken, fleischig-grünen Artischocken findet man bei uns zunehmend ab Ende Januar bis ins Frühjahr die kleinen Mini-Artischocken (Cimaroli) aus Süditalien, die in 15–20 Minuten gar sind und praktisch ohne Abfall gegessen werden können. Schneller geht es natürlich mit Artischockenherzen aus der Dose.

Toskanischer Brotsalat

Panzanella

Preiswert

Zutaten für 4 Personen
200 g Toskanabrot (vom Vortag), in Scheiben
3 reife Tomaten
1 kleine gelbe Paprikaschote
1 Stück Salatgurke (150 g)
2 Lauchzwiebeln
1 Knoblauchzehe
3 Eßlöffel Rotweinessig
Salz · Pfeffer aus der Mühle
5 Eßlöffel Olivenöl, extra nativ
1 Bund Basilikum
1 Eßlöffel Kapern

Pro Portion: 1414 kJ/ 340 kcal
Zubereitungszeit: 25 Minuten
Marinierzeit: 30 Minuten

Brotscheiben toasten und abkühlen lassen. Dann mit Wasser, pro Scheibe 2 Eßlöffel, beträufeln und 15 Minuten ziehen lassen.

Inzwischen die Stielansätze der Tomaten entfernen. Tomaten kurz überbrühen, häuten, quer halbieren und entkernen. Das Fruchtfleisch würfeln. Die Paprikaschote waschen, halbieren, putzen und klein würfeln.

Die Gurke waschen, längs halbieren, entkernen und ebenfalls fein würfeln. Die Lauchzwiebeln waschen, putzen und mit dem Grün in feine Scheibchen schneiden. Den Knoblauch schälen. Brot ausdrücken und in Stücke zupfen. Aus 2 Eßlöffeln Essig, Salz, Pfeffer und Öl eine Marinade rühren. Knoblauch dazupressen. Brot, Gemüse und Marinade vermengen. Den Salat zugedeckt 30 Minuten ziehen lassen.

Vor dem Servieren die Basilikumblätter abreiben, in Stücke zupfen, mit den Kapern unter den Salat heben. Mit Salz, Pfeffer und restlichem Essig abschmecken.

Marinierte Möhren und Zucchini

Carote e zucchini marinate

Gelingt leicht

Zutaten für 4 Personen
500 g Bundmöhren
2 Knoblauchzehen
125 ml trockener Weißwein
125 ml Weißweinessig
1 Eßlöffel Zucker
1 Zweig Rosmarin
300 g kleine Zucchini
7 Eßlöffel Olivenöl, extra nativ
Salz · Pfeffer aus der Mühle
2 Eßlöffel Pinienkerne
1 Zweig Minze (ersatzweise Basilikum)

Pro Portion: 410 kJ/ 100 kcal
Zubereitungszeit: 30 Minuten
Marinierzeit: 30 Minuten

Die Möhren waschen und schälen, etwa 1 cm vom Grün dranlassen. Möhren längs halbieren. Den Knoblauch schälen und halbieren. In einem breiten Topf 1/8 l Wasser, Wein, Essig, Zucker, Knoblauch und Rosmarin aufkochen. Möhrenhälften darin zugedeckt bei mittlerer Hitze in 10–15 Minuten bißfest kochen.

In der Zwischenzeit die Zucchini waschen und putzen. Zuerst längs vierteln, dann in 5–6 cm lange Stücke schneiden.

In einer Pfanne 3 Eßlöffel Olivenöl erhitzen und die Zucchinistücke bei starker Hitze rundum anbraten. Aus der Pfanne nehmen, in eine flache Schüssel legen, das Fett mit Küchenpapier abtupfen. Zucchini salzen und pfeffern.

Die Möhren aus dem Topf heben, abtropfen lassen und zu den Zucchini geben. Vom Kochsud 1/8 l abmessen, durch ein feines Sieb gießen und mit dem restlichen Olivenöl vermischen.

Diese Mischung über das Gemüse löffeln und alles zugedeckt mindestens 30 Minuten marinieren.

Kurz vorm Servieren die Pinienkerne in einem Pfännchen ohne Fett bei mittlerer Hitze hellbraun rösten. Minzeblättchen in Streifen schneiden und mit den Pinienkernen über das Gemüse streuen.

Im Bild vorne: Toskanischer Brotsalat
Im Bild hinten: Marinierte Möhren und Zucchini

Pilzsalat

Insalata di funghi

Gelingt leicht

Zutaten für 4 Personen
450 g kleine, frische Steinpilze oder braune Champignons
1 Bund Petersilie
8 Pfefferminzblättchen
1 Knoblauchzehe
Saft von 1 Zitrone
Salz
weißer Pfeffer aus der Mühle
4 Eßlöffel Olivenöl, extra nativ

Pro Portion: 400 kJ/ 100 kcal
Zubereitungszeit: 30 Minuten

Die Pilze gründlich putzen, die erdigen Stellen sorgfältig entfernen. Die Pilze nur wenn nötig, kurz abbrausen und trockentupfen.

Petersilie und Pfefferminzblättchen waschen und trocknen. Die Knoblauchzehe schälen und mit den Kräutern zusammen hacken.

Den Zitronensaft mit Salz, Pfeffer, Petersilie, Minze, Knoblauch und dem Olivenöl zu einer Salatsauce verrühren (siehe Seite 57).

Die Pilze feinblättrig schneiden (das geht gut mit dem Gemüsehobel), mit der Sauce vermischen und sofort servieren.

Fenchelsalat mit Mandeln

Insalata di finocchi

Schnell

Zutaten für 4 Personen
4 kleine, ganz frische Fenchelknollen
3 neue schlanke Möhren
2 Kopfsalate
1/2 Bund Petersilie
1/2 Bund Basilikum
Saft von 2 Zitronen
Salz
weißer Pfeffer aus der Mühle
6 Eßlöffel Olivenöl, extra nativ
100 g Mandelstifte

Pro Portion: 1400 kJ/ 330 kcal
Zubereitungszeit: 30 Minuten

Von den Fenchelknollen die Stengel und die Wurzelansätze abschneiden. Unschöne Außenblätter entfernen. Die Knollen unter fließendem Wasser gut waschen, abtrocknen, halbieren und längs in ganz dünne Scheiben schneiden.

Die Möhren waschen, schaben und in ganz dünne Scheibchen schneiden oder hobeln.

Vom Salat die äußeren grünen Blätter großzügig entfernen. Die inneren zarten Blätter und die Herzen grob zerpflücken, gründlich waschen und gut abtropfen lassen oder trockenschleudern. Petersilie und Basilikum waschen, trocknen und fein hacken.

Aus Zitronensaft, Salz, Pfeffer und dem Olivenöl eine Salatsauce rühren (siehe Seite 57).

Gemüse und Salat mit den Mandeln in eine Salatschüssel füllen, gründlich mit der Sauce vermischen, dann die Kräuter darüber streuen und sofort servieren.

Variante

Wenn die Fenchelknollen nicht ganz zart sind, werden sie auch gern gekocht und süßsauer mariniert (Finocchio all'agrodolce). Dafür etwa 500 g Fenchelknollen waschen und putzen, durch den Wurzelansatz vierteln. In Salzwasser 10 Minuten kochen, dann abtropfen lassen. In eine Schüssel füllen. 100 ml Weißwein, 6 Eßlöffel Weißweinessig, 3 Eßlöffel Zucker, 1 getrocknete Chilischote (Peperoncino), Salz und 2 geschälte Knoblauchzehen zusammen aufkochen, über die Fenchelstücke gießen und abkühlen lassen. Zugedeckt 1–2 Tage im Kühlschrank marinieren, dann als Vorspeise oder zu geschmortem Fleisch als Beilage servieren.

Rustikaler Lauchsalat

Insalata di porri

Preiswert

Zutaten für 4 Personen
1 kg gleichmäßige, mitteldicke Lauchstangen
100 g durchwachsener Räucherspeck
750 ml Fleischbrühe
3 Zweige Petersilie
1/2 Zwiebel
3 Zweige Estragon
5 Eßlöffel Olivenöl, extra nativ
Saft von 1 Zitrone
weißer Pfeffer aus der Mühle
Salz

Pro Portion: 1400 kJ/ 330 kcal
Zubereitungszeit: 45 Minuten

Vom Lauch die dunkelgrünen Blätter und die Wurzelansätze abschneiden und die verbliebenen hellen Stangen in etwa 4 cm lange Stücke schneiden. Diese gründlich waschen und in eine Kasserolle legen.

Den Speck in kleine Würfel schneiden und zum Lauch geben. So viel Brühe angießen, daß das Gemüse gerade bedeckt ist. Die gewaschenen Petersilienzweige dazugeben und das Gemüse zugedeckt bei schwacher Hitze etwa 30 Minuten köcheln lassen, bis es »al dente« (bißfest) gegart ist.

Inzwischen die halbe Zwiebel schälen und klein würfeln. Den Estragon waschen, trocknen und die Blättchen kleinhacken.

In einem Pfännchen 1 Eßlöffel Öl erhitzen, Zwiebelwürfel und den Estragon zusammen etwa 5 Minuten bei schwacher Hitze braten.

Den garen Lauch in einem Sieb abtropfen lassen, Petersilienzweige entfernen. Lauch und Speck in eine Salatschüssel geben, mit restlichem Öl, Zitronensaft, Pfeffer und Salz würzen. Die Zwiebel-Estragon-Mischung darüber verteilen. Zimmerwarm servieren.

Blumenkohlsalat

Insalata di cavolfiore

Gut vorzubereiten

Zutaten für 4 Personen
1 Blumenkohl (etwa 1 kg) · Salz
50 g schwarze Oliven
50 g grüne Oliven ohne Stein
50 g Cornichons
1 in Essig eingelegte rote Paprikaschote
8 Sardellenfilets
2 Knoblauchzehen
1 Eßlöffel Kapern
3 Eßlöffel milder Weinessig
8 Eßlöffel Olivenöl, extra nativ
weißer Pfeffer aus der Mühle

Pro Portion: 1400 kJ/ 330 kcal
Zubereitungszeit: 30 Minuten
Marinierzeit: 1 Stunde

Den Blumenkohl in gleichmäßige Röschen zerteilen, putzen, waschen und in Salzwasser knapp »al dente« kochen (er muß noch recht fest sein). Die Blumenkohlröschen in ein Sieb abgießen und gut abtropfen lassen.

Inzwischen die schwarzen Oliven entkernen. Die grünen nach Belieben halbieren. Die Essiggurken in Scheibchen, die Paprikaschote in feine Streifen und die Sardellenfilets in Stücke schneiden. Den Knoblauch schälen und durch die Presse in ein Schälchen drücken.

Den Blumenkohl in eine Schüssel geben. Oliven, Gurken, Paprika, Sardellen und Kapern dazugeben.

Den Knoblauch mit Weinessig, Salz, Pfeffer und Olivenöl zu einer Sauce verrühren (siehe Seite 57), über das Gemüse gießen und vorsichtig mischen. Bei Zimmertemperatur etwa 1 Stunde ziehen lassen. Mit frischem Weißbrot servieren. Dazu paßt ein gut gekühlter Prosecco oder Pagadebit di Romagna).

Tip!

Statt der eingelegten können Sie natürlich auch eine frische, in feine Streifen geschnittene Paprikaschote verwenden. Eine Prise Cayennepfeffer oder etwas zerstoßener Peperoncino macht die Sauce noch rassiger.

Brokkolisalat

Insalata di broccoli

Gelingt leicht

Zutaten für 4 Personen
800 g Brokkoli
Salz
2 Eier
1 große reife, aber feste Fleischtomate
1 mittelgroße Lauchstange
1/2 Bund kleine feste Radieschen
Saft von 1/2 Zitrone
6 Eßlöffel Olivenöl, extra nativ
weißer Pfeffer aus der Mühle

Pro Portion: 1100 kJ/ 260 kcal
Zubereitungszeit: 45 Minuten

Den Brokkoli in Röschen teilen. Die Stiele, soweit nötig, schälen und von unten kreuzweise tief einschneiden. Gemüse in leicht gesalzenem Wasser zugedeckt bei schwacher Hitze 10–12 Minuten »al dente« kochen. Dann herausnehmen, gut abtropfen lassen und in eine Schüssel geben.

Die Eier in etwa 10 Minuten hart kochen, kalt abschrecken, schälen und grob hacken. Den Stielansatz der Tomate entfernen, Tomate kurz überbrühen, häuten und ohne Saft und Kerne in 2 cm große Stücke schneiden.

Vom Lauch die grünen Blätter und den Wurzelansatz abschneiden. Die helle Stange längs halbieren, gründlich waschen, trocknen und in ganz dünne Scheibchen schneiden. Radieschen waschen, ohne Blätter und Wurzelansatz grob hacken. Die Petersilie waschen, trocknen und kleinhacken.

Aus Zitronensaft, Salz, Pfeffer und dem Olivenöl eine pikante Salatsauce rühren (siehe Seite 57).

Die Eier, Lauch, Tomatenstücke, Radieschen und die Petersilie in einer Schüssel mischen, dann über dem Broccoli verteilen.

Die Sauce über den Salat träufeln, diesen erst bei Tisch vorsichtig mischen.

Auberginensalat

Insalata di melanzane

Gut vorzubereiten

Zutaten für 4 Personen
800 g kleine längliche Auberginen
Saft von 1 Zitrone
250 ml trockener Weißwein
Salz
3 Knoblauchzehen
1 Eßlöffel Pfefferminzblättchen
3 Eßlöffel Aceto balsamico
6 Eßlöffel Olivenöl, extra nativ
1 Messerspitze gemahlener Peperoncino (kleine scharfe Pfefferschote), ersatzweise Cayennepfeffer

---

Pro Portion: 900 kJ/ 220 kcal
Zubereitungszeit: 30 Minuten
Marinierzeit: 2 Stunden

Die Auberginen waschen, die Stielansätze entfernen. Die Früchte in Scheiben schneiden. Die Auberginen in eine Kasserolle geben, mit dem Zitronensaft und dem Wein begießen. So viel Wasser dazugeben, daß das Gemüse bedeckt ist, salzen und zugedeckt so lange kochen, bis es knapp gar ist, das dauert 10–20 Minuten. Die Haut soll dann weich sein (mit einem spitzen Messer prüfen).

Die Knoblauchzehen schälen und durchpressen. Minze waschen, trocknen und fein schneiden.

Aus dem Essig, etwas Salz, Knoblauch, Peperoncino und Öl eine Sauce rühren (siehe Seite 57).

Die Auberginen in einem Sieb gut abtropfen lassen. Noch warm in eine Schüssel geben, vorsichtig mit der Sauce und der Minze mischen. Den Salat etwa 2 Stunden bei Zimmertemperatur durchziehen lassen.

Tip!

Oft werden die rohen Auberginenscheiben in Olivenöl gebraten und mariniert, dann sind sie aber wesentlich kalorienreicher.

Im Bild: Brokkolisalat – vitaminreich mit Lauch und Radieschen

Rucolasalat mit Bresaola

Rucola con bresaola

Gelingt leicht

Zutaten für 4 Personen
2 Bund Rucola
250 g Kirschtomaten
2–3 Eßlöffel Weißweinessig
Salz · Pfeffer aus der Mühle
1 Prise Zucker
5 Eßlöffel Olivenöl
1 Bund Petersilie
2 Knoblauchzehen
1 Ei
8 dünne Scheiben Baguette
8 Scheiben Bresaola (gesalzenes, luftgetrocknetes Rindfleisch) oder Bündner Fleisch

---

Pro Portion: 970 kJ/ 230 kcal
Zubereitungszeit: 25 Minuten

Rucola putzen, dicke Stiele abknipsen. Salat waschen und in einem Sieb gut abtropfen lassen. Tomaten waschen, halbieren und mit Rucola auf Tellern anrichten.

Essig mit Salz, Pfeffer, Zucker und 3 Eßlöffeln Olivenöl zu einer cremigen Sauce schlagen (siehe Seite 57), über den Salat träufeln.

Petersilie waschen, Blättchen fein hacken und auf einen flachen Teller geben. Knoblauch schälen, dazupressen und untermischen.

Das Ei in einem Teller verquirlen, mit Salz und Pfeffer würzen. Die Baguettescheiben erst durch Ei ziehen, dann in der Petersilie wenden. Das restliche Olivenöl in einer Pfanne erhitzen und die Brotscheiben bei mittlerer Hitze darin in 5 Minuten goldbraun braten, dabei einmal wenden.

Die Bresaola locker auf dem Salat anrichten und mit den warmen Kräuterbaguettes sofort servieren.

Bunter Salat mit Hähnchenstreifen

Insalata mista con pollo

Raffiniert

Zutaten für 4 Personen
1 doppeltes Hähnchenbrustfilet
1 Knoblauchzehe
1/2 Teelöffel getrockneter Thymian
1 Eßlöffel Zitronensaft
100 g zarter Blattspinat
1 Bund Rucola
2 mittelgroße Tomaten
2 Möhren
1 weißer Rettich (etwa 100 g)
1/2 Salatgurke
1 Bund Dill
1 Eßlöffel Sahne
1 Eßlöffel Weißweinessig
1 Eßlöffel Aceto balsamico
Salz · Pfeffer aus der Mühle
3 Eßlöffel Olivenöl
1 Eßlöffel Butterschmalz

Pro Portion: 880 kJ/ 210 kcal
Zubereitungszeit: 30 Minuten

Hähnchenfleisch waschen, trocknen und in schmale Streifen schneiden. Knoblauch schälen und durch die Presse dazudrücken. Thymian und Zitronensaft zugeben, alles sorgfältig mischen und zugedeckt beiseite stellen.

Blattspinat und Rucola verlesen, mehrmals in kaltem Wasser gründlich waschen, dann trockenschwenken. Rucola eventuell etwas kleiner zupfen.

Tomaten waschen, trocknen und würfeln, dabei die Stielansätze entfernen. Möhren und Rettich putzen, schälen und auf der Rohkostreibe fein raspeln. Gurke waschen oder schälen und auf dem Gurkenhobel in dünne Scheiben schneiden. Den Dill waschen, trocknen und ohne die groben Stiele fein hacken.

Für die Salatsauce Sahne, Weißweinessig und Aceto balsamico mit Salz und Pfeffer verrühren. Das Öl mit dem Schneebesen unterschlagen (siehe Seite 57). Gemüse und Dill mit dem Dressing mischen. Den Salat eventuell nochmals abschmecken und auf vier Teller verteilen.

Das Butterschmalz in einer Pfanne erhitzen. Das Hähnchenfleisch hineingeben und bei starker Hitze unter Rühren etwa 5 Minuten braten, bis es schön gebräunt ist. Die Fleischstreifen mit Salz und Pfeffer würzen und auf dem Salat verteilen. Sofort servieren. Dazu schmeckt frisches Weißbrot.

Reissalat »Pesto«

Insalata di riso al pesto

Gut vorzubereiten

Zutaten für 4 Personen
250 g Parboiled-Reis
1/2 l milde Fleischbrühe
250 g Kirschtomaten
1 kleiner Zucchino von etwa 200 g
2 Scheiben luftgetrockneter Schinken von je etwa 75 g
50 g Pinienkerne
1 Bund Basilikum
2 Knoblauchzehen
50 g Parmesan am Stück
3 Eßlöffel Weißweinessig
6 Eßlöffel Olivenöl, kaltgepreßt
Salz · Pfeffer aus der Mühle

Pro Portion: 1800 kJ/ 430 kcal
Zubereitungszeit: 1 1/4 Stunden

Den Reis mit der Fleischbrühe aufkochen, zugedeckt bei schwacher Hitze in etwa 20 Minuten ausquellen lassen. In eine Schüssel füllen, mit einer Gabel auflockern und abkühlen lassen.

Inzwischen die Tomaten waschen und halbieren. Den Zucchino waschen, Blüten- und Stengelansatz entfernen und das Fruchtfleisch fein würfeln. Den Schinken ebenfalls würfeln.

Die Pinienkerne in einer Pfanne ohne Fett bei mittlerer Hitze leicht rösten und abkühlen lassen. Basilikum abspülen, trocknen, die Blättchen abzupfen und in den Mixer geben. Die Knoblauchzehen schälen, Parmesan grob würfeln und beides mit den Pinienkernen zugeben. Alles zu einer feinen Paste pürieren, dabei nach und nach zuerst den Essig, dann das Öl einlaufen lassen. Die Sauce eventuell mit lauwarmem Wasser verdünnen, salzen und pfeffern.

Reis, Tomaten, die Zucchiniwürfel und den Schinken mit der Sauce vermischen und zugedeckt etwa 30 Minuten kühl stellen.

Reis-Salami-Salat

Insalata di riso e salame

Braucht etwas Zeit

Zutaten für 4 Personen
1 große Zwiebel
6 Eßlöffel Olivenöl, extra nativ
250 g Risottoreis (Rundkornreis)
1/2 l heiße Hühnerbrühe
2 rote Paprikaschoten
1 kleine italienische Salami von etwa 125 g
2 gekochte Hühnerbrüstchen von je etwa 125 g
20 paprikagefüllte grüne Oliven
3 Knoblauchzehen
150 g Sahne
3 Eßlöffel Aceto balsamico
Salz
Paprikapulver, rosenscharf

Pro Portion: 3300 kJ/ 790 kcal
Zubereitungszeit: 1 Stunde

Die Zwiebel schälen. In einem schweren Topf 3 Eßlöffel Öl erhitzen, die Zwiebel darin glasig dünsten. Dann die Zwiebelwürfel zur Seite schieben und den Reis im Öl kurz anrösten. Mit der Brühe aufgießen, aufkochen und zugedeckt bei schwacher Hitze in etwa 25 Minuten ausquellen lassen, abkühlen lassen.

Inzwischen den Backofen auf 250° vorheizen. Die Paprikaschoten auf dem Rost in den heißen Ofen (Mitte) geben und etwa 10 Minuten rösten, bis die Haut Blasen wirft. Die Schoten aus dem Ofen nehmen, kurz abkühlen lassen, dann häuten, entkernen und von den Stielansätzen befreien (siehe Seite 25).

Die Salami und die Hühnerbrüstchen häuten und in kleine Würfel schneiden. Die abgetropften Oliven in Scheiben schneiden. Diese Zutaten mit dem Reis vermischen.

Die Knoblauchzehen schälen und mit den Paprikaschoten im Mixer pürieren. Dabei nach und nach die Sahne, das restliche Öl und den Essig hinzufügen. Die Sauce mit Salz und Paprika würzen und unter den Salat mischen.

Tip!

Am besten gleich noch mehr Paprikaschoten backen und häuten – die übrigen mit Olivenöl und Aceto balsamico marinieren.

Salat aus Meeresfrüchten

Insalata ai frutti di mare

Gut vorzubereiten

Zutaten für 4 Personen
400 g küchenfertige Tintenfische (Calamari oder Sepie, eventuell tiefgefroren und aufgetaut)
1 Zwiebel
1 Möhre
1 Lorbeerblatt
3 Gewürznelken
125 ml trockener Weißwein
3–4 Eßlöffel Weißweinessig
750 g Miesmuscheln
2 Knoblauchzehen
1 Bund Petersilie
Saft von 1 Zitrone
Salz
8 Eßlöffel Olivenöl, extra nativ
1 Prise gemahlener Peperoncino (kleine scharfe Pfefferschote), ersatzweise Cayennepfeffer
250 g gekochte, ausgelöste Garnelen
1 Zitrone
Für die Tintenfische: Mulltuch

Pro Portion: 1600 kJ/ 380 kcal
Zubereitungszeit: 1 1/4 Stunden
Marinierzeit: 1 Stunde

Die Tintenfische in Ringe schneiden, dabei eventuelle Fischbeinreste entfernen. Die Ringe in ein Sieb geben und kurz mit Wasser abbrausen, abtropfen lassen.

Die Zwiebel schälen. Die Möhre waschen und schälen, beide in Scheiben schneiden und mit dem Lorbeerblatt, den Gewürznelken, dem Weißwein und dem Essig in eine Kasserolle geben. Die Tintenfische in das Mulltuch binden und dieses in den Sud legen. Alles zugedeckt so lange bei ganz schwacher Hitze kochen lassen, bis die Tintenfische weich sind. Das dauert je nach Qualität 40 Minuten bis 1 Stunde.

Inzwischen die Muscheln unter fließendem kaltem Wasser gut bürsten und entbarten (geöffnete Muscheln, die sich auch beim Antippen nicht schließen, wegwerfen). Die Muscheln in einen Topf geben. 1/4 l Wasser angießen, zugedeckt bei starker Hitze etwa 5 Minuten dämpfen, bis sich fast alle Schalen geöffnet haben. Dann die Muscheln herausnehmen (ungeöffnete wegwerfen) und das Muschelfleisch aus den Schalen lösen.

Den Knoblauch schälen, die Petersilie waschen, trocknen und mit dem Knoblauch zusammen fein hacken.

Aus Zitronensaft, Salz, Olivenöl, Peperoncino, Knoblauch, Petersilie und 1 Eßlöffel Kochsud von den Tintenfischen eine pikante Salatsauce aufschlagen (siehe Seite 57).

Sobald die Tintenfische weich sind, aus dem Sud heben, aus dem Mulltuch nehmen und gut abtropfen lassen. Mit den Muscheln und Garnelen in eine Salatschüssel füllen und mit der Salatsauce vermischen. Zugedeckt mindestens 1 Stunde kühl stellen. Den Salat zimmerwarm mit Zitronenachteln garniert servieren.

Tip!

Für den pikanten Salat aus Meeresfrüchten hat jede Küstenregion ihr eigenes Rezept. Sehr beliebt sind auch Venusmuscheln (Vongole), die es auch tiefgekühlt gibt. Frische Venusmuscheln wie die Miesmuscheln vorbereiten, aber nur 3 Minuten garen. Tiefgekühlte nach Packungsaufschrift zubereiten. Gegarte Muscheln aus den Schalen lösen und unter den Salat mischen.

An allen Küstenregionen Italiens sehr beliebt: ein pikanter Salat aus Meeresfrüchten

Bohnensalat mit Thunfisch

Insalata di fagioli

Braucht etwas Zeit

Zutaten für 4 Personen
200 g getrocknete weiße Bohnen
1 weiße Gemüsezwiebel
1 Eßlöffel Kapern
200 g Thunfisch in Öl (Nettoeinwaage)
2 Eßlöffel Weißweinessig
Salz
weißer Pfeffer aus der Mühle
6 Eßlöffel Olivenöl, extra nativ
1 Bund Petersilie
das Herz von 1 Kopfsalat

Pro Portion: 1700 kJ/ 410 kcal
Einweichzeit: 12 Stunden
Zubereitungszeit: 1 3/4 Stunden
Marinierzeit: 1 Stunde

Die Bohnen etwa 12 Stunden in Wasser einweichen. Im Einweichwasser bei schwacher Hitze etwa 1 1/2 Stunden garen. Die gekochten Bohnen in einem Sieb gut abtropfen lassen, dann in eine Salatschüssel geben.

Inzwischen die Zwiebel schälen und mit den Kapern zusammen sehr fein hacken. Den Thunfisch abtropfen lassen, dann in kleine Stücke zerpflücken.

Aus Essig, Salz, Pfeffer und dem Olivenöl eine gut gewürzte Sauce rühren (siehe Seite 57) und mit den noch warmen Bohnen vermischen. Dann Zwiebel und Kapern mit dem Salat vermengen. Mindestens 1 Stunde marinieren lassen.

Vor dem Servieren Petersilie und das Salatherz waschen. Petersilie hacken. Das Salatherz in Streifen schneiden und mit den Thunfischstückchen unter die Bohnen heben, den Salat mit der Petersilie bestreuen.

Tintenfischsalat

Insalata di calamari

Raffiniert

Zutaten für 4 Personen
600 g küchenfertige Tintenfische (Calamari)
1 Zwiebel
2 Knoblauchzehen
2 Lorbeerblätter
2 Teelöffel schwarze Pfefferkörner
Salz
1 Salatgurke
2 gelbe Paprikaschoten
300 g kleine, möglichst gleich große Tomaten
1 Bund glatte Petersilie
6 Eßlöffel Weißweinessig
schwarzer Pfeffer aus der Mühle
10 Eßlöffel Olivenöl
2 Zweige Thymian oder
1 Teelöffel getrockneter Thymian

Pro Portion: 1500 kJ/ 360 kcal
Zubereitungszeit: 1 Stunde

Die Tintenfische längs halbieren, dann quer in schmale Streifen schneiden. Die Zwiebel und die Knoblauchzehen schälen, grob hacken und mit den Calamari in einen Topf geben. Lorbeerblätter, die Pfefferkörner und etwas Salz zugeben. Alles knapp mit Wasser bedecken und 30 Minuten zugedeckt köcheln lassen, bis der Tintenfisch weich ist.

Inzwischen die Gurke schälen, entkernen und kleinschneiden. Die Stücke in eine Schüssel füllen.

Die Paprikaschoten waschen, vierteln und Kerne und Trennwände entfernen. Die Paprikaviertel in schmale Streifen schneiden. Zu den Gurkenstückchen geben.

Tomaten waschen, vom Stielansatz befreien, achteln und ebenfalls in die Schüssel geben. Die Tintenfischstreifen aus dem Sud heben und untermischen.

Die Petersilie abbrausen, trocknen und die Blättchen von den Stengeln zupfen.

Aus Essig, Salz, Pfeffer und dem Olivenöl mit dem Schneebesen eine cremige Marinade rühren (siehe Seite 57). Thymianzweige waschen, Blättchen abzupfen und hacken, zur Salatsauce rühren.

Die Sauce über den Salat gießen. Gut durchmischen und mit der Petersilie bestreuen. Nach Belieben im Kühlschrank etwas durchziehen lassen.

Romanasalat mit Garnelen

Insalata con gamberi

Gelingt leicht

Zutaten für 4 Personen
250 g Prinzeßbohnen · Salz
2 rosa Grapefruits
1 Kopf Romanasalat
2 Schalotten
4 Eßlöffel Aceto balsamico
5 Eßlöffel Olivenöl · Pfeffer
1 Prise Cayennepfeffer
150 g gegarte und geschälte Garnelen

Pro Portion: 870 kJ/ 210 kcal
Zubereitungszeit: 30 Minuten

Salzwasser aufsetzen. Bohnen waschen, putzen und im kochenden Wasser in 5–8 Minuten bißfest garen, eiskalt abschrecken und gut abtropfen lassen.

Die Grapefruits so schälen, daß die innere Haut mit entfernt wird. Mit einem Messer die Filets auslösen und in Stücke schneiden.

Romanasalat putzen, in Streifen schneiden, waschen und sehr gut abtropfen lassen.

Schalotten schälen und fein würfeln. Aus Essig, Öl, Salz, Pfeffer, Cayennepfeffer mit dem Schneebesen eine cremige Salatsauce rühren (siehe Seite 57) und die Schalotten untermischen.

Bohnen mit Grapefruitstücken und Romanasalat in der Sauce wenden und auf Teller verteilen. Die Garnelen darauf anrichten und mit der restlichen Sauce beträufeln.

Grüner Nudelsalat mit Scampi

Insalata di farfalle verdi

Etwas teurer

Zutaten für 4 Personen
16 rohe Scampi ohne Kopf
2 große Knoblauchzehen
8 Eßlöffel Olivenöl, extra nativ
4 Eßlöffel Zitronensaft
2 Eßlöffel Cognac · Salz
schwarzer Pfeffer aus der Mühle
250 g grüne Farfalle (Schleifchennudeln)
400 g Zucchini
1 Bund Petersilie
1 Handvoll Kerbel
20 grüne Oliven, ohne Stein
1 kleine rote Pfefferschote
2 Eßlöffel Aceto balsamico
2 Eßlöffel Weißweinessig
1 Prise Zucker

Pro Portion: 2500 kJ/ 600 kcal
Zubereitungszeit: 1 Stunde

Scampi kalt abspülen und abtropfen lassen. Dann aus der Schale lösen und den Darm entfernen. Die Scampi mit Küchenpapier gründlich trocknen.

Knoblauch schälen und längs vierteln. Das Öl in einer Pfanne nicht zu stark erhitzen, den Knoblauch hellgelb braten. Dann rasch aus dem Öl heben und die Scampi unter Wenden braten, bis sie rundum rötlich sind.

Zitronensaft mit Cognac verrühren, salzen. Die warmen Scampi hineingeben, mit reichlich Pfeffer übermahlen und etwa 30 Minuten bei Zimmertemperatur marinieren. Das Öl aufbewahren.

Die Farfalle in reichlich Salzwasser »al dente« (bißfest) kochen, in ein Sieb gießen, kalt überbrausen und gründlich abtropfen lassen.

Die Zucchini waschen, Blüten- und Stengelansätze entfernen. Die Zucchini mittelgrob raspeln oder in streichholzgroße Stifte schneiden.

Petersilie und Kerbel abspülen, trocknen und nicht zu fein hacken. Die Oliven in Scheiben schneiden. Pfefferschote längs aufschlitzen, von den Samensträngen befreien, abspülen, trocknen und quer in hauchfeine Streifen schneiden.

Beide Essigsorten mit Zucker und Salz verrühren. Nach und nach das Bratöl einrühren. Nudeln und Zucchinistreifen mit Kräutern, Oliven und der Sauce verrühren.

Die Scampi abtropfen lassen, den Salat in einer Schale anrichten und die Scampi sternförmig darauf anrichten.

Suppen & Eintöpfe

Eine Suppe kann leicht und fein sein, dann ist sie in Italien Auftakt einer Mahlzeit. Aber der Übergang zum sättigenden Eintopf, der als erster Hauptgang serviert wird, ist fließend.

Vor allem an Winterabenden gibt es nach den Vorspeisen eine heiße, gehaltvolle Suppe mit Nudeln oder Reis. Berühmter Vertreter: der Minestrone (männlich!), für den jede Region ihre eigenen Rezepte hat. Außerdem kann dieser Gemüsetopf alles aufnehmen, was noch im Vorrat ist.

Mit den Suppen und vor allem den Eintöpfen beginnt das größte Kapitel der italienischen Kochkunst, nämlich der erste Hauptgang, der »Primo piatto«, der keineswegs immer aus Pasta besteht. Suppen sind vor allem in bäuerlichen Gebieten beliebt, da sie sich gut vorkochen lassen, mit reichlich Gemüse und einer sättigenden Einlage, Hülsenfrüchte, Nudeln oder Reis, auch tatsächlich eine Hauptspeise sind.

Pasta-Alternative

In der Po-Ebene kocht man die Suppen selbstverständlich mit Reis, aber auch in Umbrien liebt man die Minestra di riso, eine Reissuppe mit Linsen (Seite 92). Selbst in Rom und dem umliegenden Latium, wo es eigentlich kaum eine Alternative zu Pasta gibt, wird gerne die Stracciatella, eine leichte Suppe mit Ei und Käse oder ein Minestrone aus Gemüse und Nudeln gegessen. Eine Eiercremesuppe gibt es auch in der Toskana: die Ginestrata (Seite 82), die einen außergewöhnlich interessanten Kontrast von süß und pikant bietet.

Frisches Gemüse

Während bei uns die Suppen zwar beliebt, aber eher aus der Tüte stammen als selbstgekocht sind, werden sie in Italien mit viel Liebe und Sorgfalt zubereitet. Der erste Weg geht immer zum Markt, denn vor allem viel frisches, aromatisches Gemüse gehört hinein. In Italien gibt es auch viele Sorten, die bei uns selten zu finden sind: frische kleine Bohnenkerne, dicke Bohnen in der Hülse, Erbsenschoten zum Auspalen.

Brokkoli gibt es auch bei uns, aber für eine Brokkolisuppe (Seite 92) werden die Röschen abgetrennt, die Stengel sorgfältig geschält und in feine Scheiben geschnitten. Das macht zwar alles Arbeit, schmeckt dafür aber köstlich.

Bei den Kochzeiten zeigt sich, daß es in der italienischen Küche nicht mit Eile zugeht. Ein richtiger Suppentopf muß eben bei ganz schwacher Hitze lange vor sich hin ziehen, damit sich die Aromen gegenseitig durchdringen können, das Gemüse aber trotzdem nicht zerkocht und die Brühe kleistrig macht. Am besten schmeckt es sogar aufgewärmt. Hier ist eben »al dente« nicht angesagt.

Für die Suppe Brokkoliröschen und geschälte Stengel nehmen

Erbsen, Linsen, Bohnen

Seit überall Ballaststoffe gelobt werden, haben auch in Italien die Hülsenfrüchte ein neues Image. Aber vor allem in Süditalien wurden sie immer schon viel gegessen, zum Beispiel die beliebten »fagioli«, weiße Bohnen, im Minestrone. Auch wenn jede Region ihre eigene Gemüsesuppe mit Hülsenfrüchten kennt, die Heimat des Minestrone ist Ligurien, so behaupten jedenfalls die Genuesen. Da mag etwas daran sein, den gerade in Ligurien schätzt man wie kaum anderswo das Gemüse und kocht hier eine besonders reichhaltige, dicke Suppe, in die auch noch ein großer Löffel Pesto, die berühmte würzige Basilikumpaste, gehört.

Schneller gar

Die getrockneten Hülsenfrüchte haben eine lange Garzeit und müssen vorher einige Stunden, am besten über Nacht, in kalkarmem Wasser eingeweicht werden. Gerade Bohnen und die im Süden Italiens beliebten Kichererbsen brauchen, wenn sie schon etwas älter sind, sehr lange zum Weichwerden. Die Garzeit können Sie beträchtlich abkürzen, wenn Sie die Hülsenfrüchte nicht in kaltem, sondern in warmem Wasser einweichen. Am besten geht es so: Waschen und in einen Topf füllen, etwa die doppelte Menge kalkarmes Wasser (gefiltertes oder mit einer Messerspitze Speisenatron versetztes Leitungswasser) zugießen und bei mittlerer Hitze auf dem Herd erwärmen, bis der Topf gerade noch mit der Hand anzufassen ist. Auf keinen Fall zu heiß werden lassen, sonst werden die Hülsenfrüchte erst recht hart. Dann zugedeckt in Tücher einschlagen oder den Topf auf dem Herd lassen und dann, wenn er abgekühlt ist, wieder erwärmen. Nach etwa vier Stunden können Sie die Hülsenfrüchte im Einweichwasser aufsetzen und fertig garen.

Brotsuppen

Daß auch aus altbackenem Brot etwas Gutes entstehen kann, zeigen die Brotsuppen, die es in vielen Regionen Italiens gibt. Meist heißen sie einfach »Pancotto«, gekochtes Brot. Eine besonders raffinierte (und praktische) Art findet man in derToskana: die Ribollita, eine aufwendige Gemüse-

Als Suppeneinlage Brotscheiben rösten, mit Knoblauch einreiben

Brotsuppe, die schon am Vortag zubereitet und dann aufgewärmt wird. Überhaupt sind geröstete Brotscheiben, mit Knoblauch eingerieben, eine beliebte Suppeneinlage.

Fleischbrühe selbst gekocht

Eine selbstgekochte Brühe sollte eigentlich immer die Grundlage einer guten Suppe sein. Sie benötigen dafür etwa 500 g Suppenfleisch mit Knochen oder (preiswerte) Fleischknochen. Mit kaltem Wasser abspülen, um Knochenreste zu entfernen, mit gut 1 1/2 l kaltem Wasser aufsetzen und langsam aufkochen. Sobald sich der Schaum, der sich an der Oberfläche absetzt, verfestigt hat, mit einem Schaumlöffel oder einer Suppenkelle abschöpfen und wegwerfen. Wenn sich kein Schaum mehr bildet, kommt das Gemüse dazu: 1 Zwiebel, 1 kleine Lauchstange (mit den grünen Blättern), 2 Möhren, 2 Stangen Staudensellerie, alles gewaschen, geputzt und in grobe Stücke geschnitten. Dazu 1 Lorbeerblatt, 1 Gewürznelke, 1 Teelöffel schwarze Pfefferkörner und Salz. Zugedeckt bei ganz schwacher Hitze etwa 2 Stunden leise köcheln lassen. Dann die Brühe durch ein Sieb gießen, abkühlen lassen und das Fett abschöpfen. Sie läßt sich 3–4 Tage im Kühlschrank aufheben, aber auch in Beuteln oder Plastikdosen einfrieren (gut 3 Monate haltbar).

Fischsuppen

An allen Küsten Italiens werden Fischsuppen gekocht. Meist aus den einfachen Fischen, die sich nicht zum Braten oder Grillen eignen. Berühmte Eintöpfe mit Meeresfrüchten gibt es an den Küsten der Toskana (Cacciucco alla livornese, Seite 97) und in Apulien, wo sie einfach »Zuppa di pesce« genannt werden. Aber auch im Binnenland, zum Beispiel in Umbrien, wo es viele Flüsse und Seen mit schönen Fischen gibt, werden solche Eintöpfe gekocht, hier aber ausschließlich aus Süßwasserfischen.

Fischfond kochen

Eine gute Fischbrühe läßt sich leicht aus etwa 1 kg Fischabschnitten von Magerfischen (Köpfe, Flossen und Gräten von Scholle, Heilbutt oder Zander, gibt es preiswert im Fischgeschäft) kochen. Bei den Köpfen aber erst die Kiemen mit dem Finger entfernen, sie machen den Sud bitter. Die Abschnitte kalt abspülen und wie bei der Fleischbrühe aufsetzen, abschäumen. Das Gemüse aber in kleine Stücke schneiden, weil die Brühe nur knapp eine halbe Stunde köcheln soll, sonst wird sie schleimig. Klassische Gewürze für eine Fischbrühe sind Lorbeerblatt, Pfeffer- und Pimentkörner, Gewürznelken und Zitronenschale. Nach dem Garen durch ein Sieb gießen und wie die Fleischbrühe aufbewahren.

Suppe mit Eierflocken
Stracciatella

Schnell

Zutaten für 4 Personen
4 Eier
4 Eßlöffel Parmesan, frisch gerieben
1 l Fleischbrühe
Salz
schwarzer Pfeffer aus der Mühle
Muskatnuß, frisch gerieben

Pro Portion: 540 kJ/ 130 kcal
Zubereitungszeit: 15 Minuten

Die Eier in einer Schüssel kräftig schaumig schlagen. Den Parmesan und 1/8 l kalte Fleischbrühe unterrühren. Mit Salz, Pfeffer und Muskatnuß würzen.

Die übrige Fleischbrühe in einem Topf aufkochen, vom Herd nehmen und unter ständigem Rühren die Eiermasse dazugeben.

Den Topf zurück auf die Herdplatte stellen und nochmals etwa 5 Minuten ziehen lassen. Mit dem Schneebesen rühren, bis Flöckchen entstehen. Sofort in vorgewärmten Tellern servieren.

Eiercremesuppe
Ginestrata

Für Gäste

Zutaten für 4 Personen
4 frische Eigelbe
500 ml kalte Geflügelbrühe
2 cl Marsala oder Vin Santo (italienische Dessertweine)
1/4 Teelöffel Zimtpulver
Salz
50 g Butter
1 Prise Zucker
Muskatnuß, frisch gerieben

Pro Portion: 780 kJ/ 190 kcal
Zubereitungszeit: 20 Minuten

Die Eigelbe in eine Schüssel geben, nach und nach die kalte Geflügelbrühe und den Marsala einrühren, kräftig verquirlen. Mit Zimtpulver und einer Prise Salz würzen. Durch ein Sieb in einen Topf umgießen (und nun am besten im Wasserbad oder Simmertopf weiterarbeiten).

Die Mischung unter ständigem Rühren langsam erhitzen. Die Butter in kleinen Flöckchen hinzugeben und kräftig einrühren. Auf keinen Fall kochen lassen, sonst gerinnt die Eiercreme.

Wenn die Suppe richtig heiß und schön cremig geworden ist, mit Zucker und frisch geriebener Muskatnuß abschmecken. In vorgewärmte Tassen oder Teller umfüllen und sofort servieren.

Tomatensuppe
Crema di pomodoro

Preiswert

Zutaten für 4 Personen
800 ml Tomatensaft (ersatzweise Tomaten in der Dose oder auch passierte Tomaten)
6 getrocknete Tomaten
1 Bund glatte Petersilie
Salz
schwarzer Pfeffer aus der Mühle
4 Eßlöffel Vollmilch-Joghurt

Pro Portion: 1070 kJ/ 255 kcal
Zubereitungszeit: 20 Minuten

Den Tomatensaft aufkochen. Die getrockneten Tomaten in feine Streifen schneiden und dazugeben. Etwa 10 Minuten leise köcheln lassen.

Die Petersilie waschen, die Blättchen abzupfen und fein schneiden, 4 Zweige als Garnitur zurückbehalten. Die Suppe mit Pfeffer, Salz und der Petersilie würzen und auf Suppenteller verteilen. Jeweils 1 Eßlöffel Joghurt in die Mitte der Teller geben und mit der Petersilie garnieren.

Im Bild oben:
Suppe mit Eierflocken
Im Bild unten: Tomatensuppe

Fleischbrühe mit Brot und Ei

Zuppa pavese

Schnell

Zutaten für 4 Personen
1 l entfettete Fleischbrühe (siehe Seite 81)
60 g Butter
4 Scheiben italienisches Weißbrot (Ciabatta) oder Toastbrot
50 g Parmesan, frisch gerieben
4 Eier
Salz

Pro Portion: 1600 kJ/ 380 kcal
Zubereitungszeit: 20 Minuten

Suppenteller im Ofen bei 75° vorwärmen. Die Fleischbrühe in einem Topf fast bis zum Siedepunkt erhitzen. In einer breiten Pfanne die Butter heiß, aber nicht braun werden lassen.

Die Brotscheiben in der Butter auf beiden Seiten goldgelb braten, so daß sie außen knusprig, innen aber noch weich sind.

Die gebratenen Brotscheiben mit etwas geriebenem Parmesan bestreuen und in die vorgewärmten Suppenteller legen.

Je 1 Ei über den Tellern aufschlagen und vorsichtig auf das Brot gleiten lassen, so daß das Eigelb nicht ausläuft. Das Ei leicht salzen und den restlichen Käse darüber streuen.

Die kochendheiße Fleischbrühe von der Seite her in die Suppenteller gießen. Die Suppe sofort servieren.

Tip!

Wenn Sie die Eier nicht so flüssig mögen wie beim Originalrezept, können Sie sie auch in siedendem Essigwasser kurz pochieren oder in etwas Butter als Spiegeleier braten und dann auf die Toastscheiben legen.

Deftige Zwiebelsuppe

Cipollata

Gelingt leicht

Zutaten für 6 Personen
400 g frische Schweinerippchen
1 kg milde weiße Zwiebeln
2 Möhren
2 Stangen Staudensellerie · Salz
50 g durchwachsener Speck
50 g Knoblauchwurst
5 Eßlöffel Olivenöl
schwarzer Pfeffer aus der Mühle
6 Scheiben Bauernbrot
2 Knoblauchzehen

Pro Portion: 2200 kJ/ 530 kcal
Zubereitungszeit: 1 3/4 Stunden

Die Schweinerippchen abspülen. 1 Zwiebel, Möhren und Selleriestangen schälen, putzen und grob zerteilen. Mit den Rippchen in einen Topf geben. 1 1/2 l Wasser angießen, salzen und zum Kochen bringen. 15 Minuten garen.

Die restlichen Zwiebeln in dünne Scheiben schneiden, kurz in eine Schüssel mit kaltem Wasser legen. Speck und Knoblauchwurst in Würfelchen schneiden.

In einem großen Topf das Olivenöl erhitzen. Speck und Wurst unter Rühren einige Minuten sanft anbraten. Zwiebeln sehr gut abtropfen lassen, portionsweise dazugeben und glasig dünsten.

Die Rippchenbrühe durch ein Sieb dazugießen, bei schwacher Hitze zugedeckt etwa 1 Stunde köcheln lassen. Dann das Fleisch von den Knochen lösen, kleinschneiden und in die Suppe rühren, heiß werden lassen. Mit Salz und Pfeffer abschmecken.

Die Brotscheiben rösten (siehe Seite 81), mit Knoblauch einreiben und zur Zwiebelsuppe servieren oder in die Suppenteller legen und die Suppe darüberschöpfen.

Variante

Für eine Südtiroler Bauernsuppe die Zwiebelscheiben nach dem Andünsten mit Mehl bestäuben, in Streifen geschnittenen Schinkenspeck zugeben, mit Brühe und etwas Milch aufgießen. Zugedeckt 1–2 Stunden bei schwacher Hitze köcheln lassen.

Brühe mit Kräuteromelett

Zuppa alla genovese

Preiswert

Zutaten für 4 Personen
1 Kopf Endiviensalat (250 g)
Salz
1 Bund gemischte Kräuter (Basilikum, Schnittlauch, Petersilie, Borretsch, Thymian)
3 Eßlöffel Olivenöl
1 kleine Zwiebel
1 Teelöffel Zitronensaft
schwarzer Pfeffer aus der Mühle
Muskatnuß, frisch gerieben
3 Eier
3 Eßlöffel Parmesan, frisch gerieben
1 l kräftige Fleischbrühe (siehe Seite 81)

Pro Portion: 980 kJ/ 230 kcal
Zubereitungszeit: 45 Minuten

Den Endiviensalat putzen und waschen, in kochendem Salzwasser 2 Minuten überbrühen, kalt abschrecken und in einem Sieb gut abtropfen lassen.

Die gewaschenen Kräuter und die geschälte Zwiebel fein hacken. In einer Pfanne das Olivenöl erhitzen, Kräuter und Zwiebel andünsten. Salat fest auspressen, in feine Streifen schneiden. 3/4 davon mit Zwiebel und Kräutern 10 Minuten garen. Mit Zitronensaft, Salz, Pfeffer und Muskat würzen.

Die Eier mit geriebenem Parmesan verquirlen. Über das Gemüse gießen, vorsichtig mischen und bei sehr milder Hitze stocken lassen. Aus der Pfanne nehmen und etwas abkühlen lassen. Die Fleischbrühe aufkochen.

Omelett in feine Streifen schneiden. Mit den restlichen Salatstreifen in die Brühe legen, heiß werden lassen und sofort servieren.

Gemüseeintopf

Minestra maritata

Gut vorzubereiten

Zutaten für 8 Personen
1/2 kleiner Weißkohl (300 g)
1 Fenchelknolle (300 g)
300 g Möhren
3 Chicoréestauden
3 Stangen Staudensellerie
1 Stange Lauch
Salz
100 g durchwachsener Speck
6 Eßlöffel Olivenöl
2 Knoblauchzehen
2 l kräftige, heiße Fleischbrühe (siehe Seite 81)
50 g Pecorino (oder Parmesan), frisch gerieben
Pfeffer aus der Mühle

Pro Portion: 950 kJ/ 230 kcal
Zubereitungszeit: 1 1/2 Stunden

Gemüse putzen und waschen. Vom Weißkohl den Strunk ausschneiden. Fenchelknolle quer in dünne Scheiben schneiden, Fenchelgrün aufbewahren. Möhren, Chicorée, Staudensellerie und Lauch in Scheiben, den Weißkohl in schmale Streifen schneiden.

In einem großen Topf reichlich Salzwasser erhitzen. Die Gemüsesorten portionsweise 2 Minuten darin kochen, mit einem Schaumlöffel herausheben, kalt abschrecken und gut abtropfen lassen. Topf ausspülen und abtrocknen.

Speck in feine Streifen schneiden. Den großen Topf mit 2 Eßlöffeln Olivenöl ausstreichen und erhitzen. Die Speckstreifen darin knusprig braten. Knoblauchzehen schälen und durch die Presse dazudrücken, untermischen. Die Speckstreifen wieder herausnehmen und beiseite legen.

Fleischbrühe in einem anderen Topf erhitzen. Inzwischen das Gemüse lagenweise in den großen Topf schichten. Jede Schicht mit Knoblauchspeck und etwas geriebenem Käse bestreuen, mit etwas Olivenöl beträufeln und kräftig aus der Mühle pfeffern.

Die Fleischbrühe über das eingeschichtete Gemüse gießen, mit restlichem Käse bestreuen. Topf zudecken und die Minestra etwa 45 Minuten sachte köcheln lassen. Heiß aus dem Topf servieren.

Frühlingssuppe mit Spinat

Brodo alla primavera

Gelingt leicht

Zutaten für 4 Personen
600 g frischer junger Spinat
4 Eßlöffel Butter
1 l Fleischbrühe (siehe Seite 81)
2 Eier
100 g junger Parmesan, frisch gerieben
Salz
weißer Pfeffer aus der Mühle
Muskatnuß, frisch gerieben
2 Scheiben Weißbrot

Pro Portion: 1600 kJ/ 380 kcal
Zubereitungszeit: 50 Minuten

Den Spinat verlesen, grobe Stiele entfernen und die Blätter gut waschen. Tropfnaß in eine Kasserolle geben und zugedeckt bei schwacher Hitze einige Minuten dünsten, bis die Blätter zusammenfallen. In einem Sieb abtropfen lassen. Sobald der Spinat abgekühlt ist, gut ausdrücken. Dann fein hacken.

In einer Pfanne 1 Eßlöffel Butter erhitzen und den Spinat bei schwacher Hitze etwa 5 Minuten darin andünsten. Die Brühe in einem Topf erhitzen.

In einer Schüssel Eier mit 2 Eßlöffeln Parmesan gut verschlagen, den Spinat untermischen. Die Masse mit Salz, Pfeffer und Muskat würzen.

Die Brotscheiben in Würfel schneiden, in der restlichen Butter goldgelb braten und in Suppenteller verteilen.

Das Spinatpüree in die kochende Brühe geben, dabei mit dem Schneebesen kräftig schlagen. Topf vom Herd nehmen, zugedeckt etwa 5 Minuten stehen lassen.

Die Suppe in einer vorgewärmten Terrine auftragen und bei Tisch über die Brotwürfel gießen. Den restlichen Käse extra reichen.

Erbsensuppe mit Nudeln

Minestra con piselli

Für Gäste

Zutaten für 4 Personen
1 kleine Zwiebel
1 kleine Möhre
1/2 Bund Petersilie
1 kleine Stange Staudensellerie
50 g durchwachsener Speck
2 Eßlöffel Olivenöl
1 Eßlöffel Tomatenmark
1 1/2 l Gemüsebrühe
200 g Erbsen, tiefgefroren
150 g Quadrucci (Teigquadrate)
Salz
50 g Parmesan, frisch gerieben

Pro Portion: 1500 kJ/ 360 kcal
Zubereitungszeit: 1 Stunde

Zwiebel, Möhre, die Petersilie und den Staudensellerie putzen, waschen und fein hacken.

Den Speck eventuell entschwarten, in feine Würfel schneiden.

In einer Kasserolle das Öl erhitzen, das Gemüse und den Speck bei schwacher Hitze unter ständigem Rühren etwa 5 Minuten sachte anbraten.

Das Tomatenmark mit etwas Wasser verrühren, dann in die Kasserolle gießen. Alles zugedeckt etwa 10 Minuten köcheln lassen. Die Gemüsebrühe dazugießen und aufkochen lassen. Die Erbsen und die Nudeln in die Suppe streuen und darin »al dente«, bißfest, kochen. Die Suppe mit Salz abschmecken. Den Parmesan extra dazu reichen.

Tip!

In Italien nimmt man für die Erbsensuppe frische Palerbsen und pult sie aus den Schoten. Sie finden sie auch bei uns ab Ende Juni auf den Märkten. Kaufen Sie gut 600 g Schoten ein, um 200 g Erbsen zu erhalten.

Im Bild:
Frühlingssuppe mit Spinat, darüber werden geröstete Brotwürfel und Parmesan gestreut

Brotsuppe mit Tomaten

Pancotto al modo mio

Preiswert

Zutaten für 4 Personen
2 Knoblauchzehen
1 Stange Staudensellerie
1 Bund Petersilie
1 Bund Basilikum
450 g Dosentomaten
6 Eßlöffel Olivenöl
1 1/2 l Fleisch- oder Knochenbrühe (siehe Seite 81)
150 g altbackenes Weißbrot, in dünne Scheibchen geschnitten
Salz
schwarzer Pfeffer aus der Mühle
60 g Parmesan, frisch gerieben

Pro Portion: 1300 kJ/ 310 kcal
Zubereitungszeit: 2 Stunden

Die Knoblauchzehen schälen. Sellerie, Petersilie und Basilikum waschen und trocknen. Mit dem Knoblauch zusammen fein hacken. Die Tomaten mit dem Saft durch ein Sieb passieren.

In einem Topf das Öl erhitzen. Knoblauch, Sellerie, Petersilie und Basilikum darin etwa 5 Minuten bei schwacher Hitze anbraten, dann die Tomaten dazugeben und etwa 15 Minuten zugedeckt sanft schmoren lassen.

In der Zwischenzeit die Fleisch- oder Knochenbrühe in einem passenden Topf erhitzen. Das Brot zum Gemüse geben und unter Rühren kurz andünsten, dann die kochende Brühe aufgießen.

Die Suppe zugedeckt bei schwacher Hitze knapp 1 1/2 Stunden kochen lassen. Zwischendurch oft umrühren, damit die Suppe nicht anbrennt. Zum Schluß mit Salz und Pfeffer abschmecken.

Heiß servieren, den geriebenen Parmesan extra reichen.

Aufgewärmte Gemüsesuppe

Ribollita

Gut vorzubereiten

Zutaten für 6 Personen
250 g getrocknete weiße Bohnen
100 g durchwachsener Speck
1 kleine Stange Lauch
2 Stangen Staudensellerie
2 Möhren
1 Zwiebel
2 Knoblauchzehen
6 Eßlöffel Olivenöl
2 l Fleischbrühe oder -fond
2 Zweige frischer Thymian
1 Schinkenknochen (eventuell beim Metzger bestellen)
1/2 Wirsing (400 g)
300 g Weißbrot vom Vortag
Salz
Pfeffer aus der Mühle

Pro Portion: 2300 kJ/ 550 kcal
Einweichzeit: 12 Stunden
Zubereitungszeit: 2 Stunden
Kühlzeit: 12 Stunden

Die Bohnen mit kaltem Wasser bedeckt 12 Stunden einweichen. Danach im Einweichwasser aufkochen, zugedeckt bei geringer Hitze 1 1/2 Stunden garen.

Inzwischen den Speck eventuell entschwarten, klein würfeln. Lauch, Selleriestangen und Möhren waschen und putzen, in kleine Stücke schneiden. Zwiebel und die Knoblauchzehen schälen und fein hacken.

In einem großen Topf 3 Eßlöffel Öl erhitzen. Speck und Gemüse anbraten, Fleischbrühe angießen, 1 Thymianzweig und den Schinkenknochen hineingeben. Zugedeckt bei kleinster Hitze 30 Minuten garen.

Wirsing putzen und waschen, die Blätter in grobe Streifen schneiden. In den Topf geben, weitere 30 Minuten mitgaren.

Die Hälfte der gekochten Bohnen pürieren. Zusammen mit den ganzen Bohnenkernen untermischen, noch 15 Minuten ohne Deckel weiterköcheln lassen.

Den Knochen herausnehmen, die Suppe mit Salz und Pfeffer abschmecken. Mit Brotscheiben lagenweise in einen Topf schichten. Über Nacht kühl stellen.

Zum Servieren nochmals aufkochen. Mit dem restlichen frischen Öl beträufeln, mit den Blättchen vom zweiten Thymianzweig, Salz und Pfeffer würzen.

Graupensuppe

Minestra di orzo

Preiswert

Zutaten für 4 Personen
80 g durchwachsener Speck ohne Schwarte
1 kleine Stange Lauch
2 Stangen Staudensellerie
2 Möhren
2 Kartoffeln (150 g)
1 Zwiebel
2 Knoblauchzehen
2 Eßlöffel Öl
200 g Perlgraupen
1 Lorbeerblatt
knapp 2 l Fleisch- oder Knochenbrühe (siehe Seite 81)
Salz · Pfeffer aus der Mühle
1 Bund Petersilie

Pro Portion: 1800 kJ/ 430 kcal
Zubereitungszeit: 1 Stunde 20 Minuten

Den Speck in feine Streifen schneiden. Lauch und die Selleriestangen putzen und waschen, in Streifen schneiden. Möhren und Kartoffeln waschen und schälen. Möhren in dickere Scheiben, Kartoffeln in Würfel schneiden. Zwiebel und Knoblauchzehen schälen und fein hacken.

In einem großen Topf die Speckstreifen auslassen, das Öl angießen und das Gemüse zugeben, unter Rühren 5 Minuten dünsten. Perlgraupen mit dem Lorbeerblatt zugeben, mit Brühe auffüllen und zum Kochen bringen.

Danach die Temperatur zurückschalten und die Suppe zugedeckt etwa 1 Stunde leicht köcheln lassen, bis die Graupen gar sind. Das Lorbeerblatt entfernen, mit Salz und Pfeffer würzen. Die Petersilie waschen, Blättchen abzupfen und unter die Suppe mischen.

Kichererbsensuppe

Minestrone di ceci

Braucht etwas Zeit

Zutaten für 6 Personen
300 g getrocknete Kichererbsen
1 l Fleischbrühe (siehe Seite 81)
50 g durchwachsener Speck
4 Stangen Staudensellerie
2 Möhren
1 Zwiebel
2 Knoblauchzehen (eventuell mehr für das Röstbrot)
3 Eßlöffel Olivenöl
2 Eßlöffel Tomatenmark
Salz · Pfeffer aus der Mühle
1 Bund glatte Petersilie
12 kleine Weißbrotscheiben

Pro Portion: 1500 kJ/ 360 kcal
Einweichzeit: 12 Stunden
Zubereitungszeit: 2 1/4 Stunden

Die Kichererbsen über Nacht in 3/4 l kaltem Wasser einweichen. Am nächsten Tag die kalte Fleischbrühe zugießen und langsam aufkochen, Kichererbsen zugedeckt bei schwacher Hitze etwa 2 Stunden köcheln lassen.

Nach 1 1/2 Stunden die übrigen Zutaten vorbereiten: den Speck eventuell entschwarten, in feine Streifen schneiden. Selleriestangen und Möhren waschen, putzen und in feine Scheiben schneiden. Zwiebel und Knoblauchzehen schälen und fein hacken.

In einer Pfanne die Speckstreifen mit dem Olivenöl erhitzen und sanft anbraten. Zwiebel, Knoblauch, Möhren und Sellerie einrühren, bei milder Hitze 5 Minuten anbraten. Das Tomatenmark mit einigen Eßlöffeln Kichererbsenbrühe glattrühren und unter das Gemüse mischen.

Sobald die Kichererbsen gar sind, den Pfanneninhalt in den Topf geben und alles gründlich vermischen, kräftig mit Salz und Pfeffer abschmecken, noch ein paar Minuten durchziehen lassen.

Die Petersilie waschen, die Blättchen abzupfen und die Suppe damit garnieren. Die Brotscheiben im Ofen rösten (siehe Seite 81) oder toasten, nach Belieben mit Knoblauch einreiben und zur Suppe servieren.

Tip!

Schneller geht es mit Kichererbsen aus der Dose (rechnen Sie 3 Dosen für 6 Portionen), dann ist die Suppe in einer knappen halben Stunde fertig.

Zwiebelsuppe
Zuppa di cipolle

Gelingt leicht

Zutaten für 4 Personen
500 g milde weiße Zwiebeln
1 Möhre
50 g durchwachsener Speck ohne Schwarte
3 Eßlöffel Olivenöl
1 Dose geschälte Tomaten (klein, 400 g Inhalt)
600 ml Fleischbrühe (siehe Seite 81)
Salz · Pfeffer aus der Mühle
2 Eigelbe
4 Eßlöffel Parmesan, frisch gerieben
2 Eßlöffel gehackte Petersilie
1 Knoblauchzehe
2 Scheiben Bauernbrot

Pro Portion: 1267 kJ/ 300 kcal
Zubereitungszeit: 30 Minuten

Zwiebeln schälen und in dünne Scheiben schneiden. Die Möhre waschen und schälen, mit dem Speck fein würfeln. Öl in einem breiten Topf erhitzen, Möhre und Speck anbraten. Zwiebeln zugeben und unter Rühren bei mittlerer Hitze dünsten, bis sie glasig, aber nicht gebräunt sind.

Tomaten in einem Sieb abtropfen lassen, Tomatensaft anderweitig verwenden. Tomaten zerdrücken und zu den Zwiebeln geben. Mit Brühe aufgießen, salzen und pfeffern. Zugedeckt bei schwacher Hitze 1 Stunde köcheln lassen.

Die Zwiebelsuppe sollte zum Schluß dickflüssig sein. Dann vom Herd nehmen. Die Eigelbe verquirlen und unter kräftigem Rühren hineingießen. Käse und Petersilie in die legierte Suppe rühren, mit Salz und Pfeffer abschmecken.

Knoblauch schälen, halbieren. Die Brotscheiben halbieren, rösten oder toasten, mit dem Knoblauch abreiben (siehe Seite 81) und zur Suppe servieren.

Gemüsesuppe mit Nudeln
Minestrone

Vegetarisch

Zutaten für 6 Personen
200 g getrocknete weiße Bohnen
1 Zwiebel
3 Eßlöffel Olivenöl
2 Möhren
2 festkochende Kartoffeln
2 kleine Zucchini
2 Stangen Staudensellerie · Salz
3 Tomaten
150 g Suppennudeln (z.B. Maccheroni, Farfallini, Ditalini)
Pfeffer aus der Mühle
3 Eßlöffel Pesto (siehe Seite 106) oder aus dem Glas
5 Eßlöffel Parmesan, frisch gerieben (ersatzweise Pecorino)

Pro Portion: 1502 kJ/ 360 kcal
Einweichzeit: 12 Stunden
Zubereitungszeit: 1 1/4 Stunden

Die Bohnen über Nacht in Wasser einweichen. Am nächsten Tag in ein Sieb schütten, abspülen und abtropfen lassen.

Die Zwiebel schälen und klein würfeln. 1 Eßlöffel Öl in einem Suppentopf erhitzen und die Zwiebel goldgelb dünsten. Die Bohnen und 2 l Wasser zugeben, aufkochen und zugedeckt bei mittlerer Hitze 45 Minuten vorgaren.

Inzwischen Möhren und Kartoffeln waschen, schälen und klein würfeln. Zucchini und Staudensellerie putzen, waschen und in Scheiben schneiden. Alles zu den Bohnen geben, salzen und zugedeckt bei schwacher Hitze noch 20 Minuten köcheln lassen.

Inzwischen die Stielansätze der Tomaten entfernen. Tomaten kurz überbrühen, häuten, quer halbieren und entkernen. Tomatenfleisch in Stücke schneiden.

Etwa 10 Minuten vor Ende der Garzeit die Suppe kräftig aufkochen, Tomaten und Nudeln hineinrühren und die Nudeln »al dente« (bißfest) kochen. Die Suppe mit Salz und Pfeffer abschmecken, das restliche Öl unterrühren.

Den Minestrone in tiefe Teller füllen. Am Tisch mit etwas Pesto verrühren und mit Käse bestreuen.

Im Bild oben: Zwiebelsuppe
Im Bild unten: Minestrone

DI OLIVA
ITALIEN

Reissuppe mit Linsen

Minestra di riso

Preiswert

Zutaten für 6 Personen
100 g braune Linsen
100 g durchwachsener Speck ohne Schwarte
1 Bund glatte Petersilie
1 kleine Zwiebel
2 Knoblauchzehen
6 schwarze Pfefferkörner
2 Eßlöffel Olivenöl
400 g geschälte Tomaten (aus der Dose)
1 l kräftige Fleischbrühe (siehe Seite 81)
150 g Reis
Salz · Pfeffer aus der Mühle

Pro Portion: 1200 kJ/ 290 kcal
Einweichzeit: 12 Stunden
Zubereitungszeit: 35 Minuten

Die Linsen in einen Topf geben, mit kaltem Wasser bedecken und über Nacht einweichen.

Am nächsten Tag die Linsen im Einweichwasser aufkochen, zugedeckt bei schwacher Hitze etwa 15 Minuten garen.

Inzwischen den Speck in sehr feine Würfel schneiden. 1/2 Bund Petersilie waschen, die Blättchen abzupfen, fein hacken. Die Zwiebel schälen und fein würfeln. Die Knoblauchzehen schälen und mit den Pfefferkörnern im Mörser zerstoßen. Alles mit dem Speck vermischen. In einem großen Topf das Olivenöl erhitzen, die Speckmischung hineingeben und sanft anbraten.

Tomaten abtropfen lassen, den Saft auffangen. Die Tomaten grob hacken und mit dem Saft und der Fleischbrühe in den Topf geben. Aufkochen, den Reis einstreuen und in 15–20 Minuten ausquellen lassen. Salzen und pfeffern.

Gegarte Linsen mit dem Kochwasser in die Reissuppe rühren. Weitere 2 Minuten leicht köcheln, kräftig abschmecken. Restliche Petersilie hacken, die Suppe damit bestreuen und servieren.

Brokkolisuppe

Minestra di broccoli

Für Ungeübte

Zutaten für 6 Personen
500 g Brokkoli
100 g durchwachsener Speck ohne Schwarte
1 große Fleischtomate
2 Knoblauchzehen
1 1/2 l Fleischbrühe (siehe Seite 81)
1 Eßlöffel Schweineschmalz
Salz · Pfeffer aus der Mühle
150 g Spaghetti
1–2 Teelöffel Zitronensaft
1 Bund glatte Petersilie
50 g Parmesan, frisch gerieben

Pro Portion: 1200 kJ/ 290 kcal
Zubereitungszeit: 30 Minuten

Den Brokkoli putzen, in Röschen zerlegen, waschen und abtropfen lassen. Stiele eventuell schälen, in Scheibchen schneiden (siehe Seite 80). Den Speck in feine Streifen schneiden.

Stielansatz der Fleischtomate entfernen, Tomate kurz überbrühen, häuten, quer halbieren und entkernen. Das Fruchtfleisch grob zerkleinern. Die Knoblauchzehen schälen und in dünne Scheibchen schneiden.

In einem passenden Topf die Fleischbrühe aufkochen. In einem größeren Topf die Speckstreifen mit dem Schmalz sachte erhitzen und leicht anbraten. Knoblauch zugeben und kurz andünsten. Brokkoliröschen und Stiele einrühren und 2 Minuten mitdünsten. Tomatenstücke dazugeben, mit Salz und Pfeffer würzen.

Kochendheiße Brühe angießen, aufwallen lassen. Die Spaghetti in 3 cm lange Stücke brechen, in die Suppe rühren und etwa 10 Minuten mitgaren. Sobald die Nudeln und der Brokkoli bißfest gegart sind, die Suppe würzig mit Salz, Pfeffer und Zitronensaft abschmecken.

Die Petersilie waschen, Blättchen abzupfen und sehr fein hacken, über die Suppe streuen. Den frisch geriebenen Parmesan extra dazu servieren.

Pilzsuppe mit Brot
Acquacotta

Vegetarisch

Zutaten für 4 Personen
250 g Steinpilze oder braune Champignons
2 vollreife Fleischtomaten
2 Stangen Staudensellerie
1 Zwiebel
4 Eßlöffel Olivenöl
1 Knoblauchzehe
1 l kräftige, heiße Gemüsebrühe
1 Eßlöffel frische Thymianblättchen (oder 1 Teelöffel getrocknete)
Salz · Pfeffer aus der Mühle
1 Bund Schnittlauch
8 kleine Scheiben Weißbrot
50 g Parmesan, frisch gerieben

Pro Portion: 1500 kJ/ 360 kcal
Zubereitungszeit: 45 Minuten

Die Pilze putzen und in feine Scheibchen schneiden. Tomaten kurz überbrühen, häuten und quer halbieren, Stielansätze und Kerne entfernen, das Fruchtfleisch fein hacken. Selleriestangen putzen, Zwiebel schälen, beides in kleine Würfel schneiden.

In einem Topf Olivenöl erhitzen. Zwiebel und Selleriewürfel andünsten. Die Knoblauchzehe schälen und dazupressen. Die heiße Gemüsebrühe angießen, gehackte Tomaten einrühren. Mit 1/2 Eßlöffel Thymian, Salz und Pfeffer würzen. 20 Minuten im offenen Topf sanft köcheln.

Die Pilzscheibchen in die Suppe rühren, weitere 10 Minuten bei milder Hitze garen. Schnittlauch waschen und in feine Röllchen schneiden.

Weißbrotscheiben anrösten oder toasten, auf 4 Suppenteller verteilen. Suppe abschmecken und über die Brotscheiben gießen. Mit restlichem Thymian, Schnittlauch und Parmesan bestreut servieren.

Suppe mit Pilzen und Gemüse
Minestra di funghi

Preiswert

Zutaten für 4 Personen
1 1/2 l Fleisch- oder Gemüsebrühe (siehe Seite 81)
1 große Zwiebel
200 g Möhren
3 Stangen Staudensellerie
3 große Fleischtomaten
250 g Champignons
4 Scheiben Weißbrot
1 1/2 Eßlöffel Olivenöl
Salz
weißer Pfeffer aus der Mühle
60 g Parmesan, frisch gerieben

Pro Portion: 900 kJ/ 220 kcal
Zubereitungszeit: 1 Stunde

Die Brühe in einem großen Topf aufsetzen. Die Zwiebel und die Möhren schälen, die Zwiebel in Ringe, die Möhren in Scheibchen schneiden.

Die Selleriestangen putzen, waschen und in 3 cm lange Stücke teilen.

Die Tomaten mit kochendem Wasser überbrühen, häuten und vierteln, dabei die Stielansätze und Kerne entfernen. Das Fruchtfleisch grob zerkleinern.

Das ganze Gemüse samt Zwiebel und Tomaten in den Suppentopf geben und zugedeckt bei ganz schwacher Hitze etwa 45 Minuten kochen lassen.

Inzwischen die Pilze säubern, nur wenn nötig kurz abbrausen und trockentupfen. In Scheiben schneiden, zum Gemüse geben und zugedeckt weitere 20 Minuten ganz leise sieden lassen.

Die Brotscheiben im Ofen rösten (siehe Seite 80) oder toasten, in Suppenteller legen und mit dem Olivenöl beträufeln.

Die Suppe mit Salz und Pfeffer würzen und in eine Terrine füllen. Bei Tisch sehr heiß über die Brotscheiben gießen. Den Käse extra reichen.

Tip!

Am besten schmeckt diese Suppe mit frischen Waldpilzen. Sie können aber auch gemischte Zuchtpilze wie Shiitake, Austernpilze und helle und braune Champignons dafür nehmen.

Lauchsuppe mit Rotbarsch

Zuppa di porri ai sebaste

Preiswert

Zutaten für 4 Personen
250 g mehligkochende Kartoffeln
2 Eßlöffel Butter
500 g Lauch
100 ml trockener Weißwein
Salz
weißer Pfeffer aus der Mühle
500 g Rotbarschfilet
Saft von 1/2 Zitrone
1/2 Bund Dill

Pro Portion: 1100 kJ/ 260 kcal
Zubereitungszeit: 45 Minuten

Kartoffeln schälen und grob raspeln. Butter in einem großen Topf erhitzen und die Kartoffeln darin bei mittlerer Hitze weich braten.

Lauch putzen, längs halbieren, gut waschen und in feine Scheiben schneiden. Zu den Kartoffeln geben und kurz mitdünsten.

Den Weißwein und 600 ml Wasser aufgießen, salzen, pfeffern und 15 Minuten bei mittlerer Hitze köcheln lassen.

Inzwischen das Rotbarschfilet kurz abspülen, trocknen und in mundgerechte Stücke schneiden, mit dem Zitronensaft beträufeln und leicht salzen.

Die Suppe im Mixer oder mit dem Pürierstab fein zerkleinern. Nochmals aufkochen und abschmekken. Die Fischstücke einlegen und bei schwacher Hitze zugedeckt etwa 5 Minuten ziehen lassen. Inzwischen den Dill abbrausen, trocknen und von den Stengeln zupfen. Suppe damit bestreuen.

Seelachssuppe mit Zucchini

Zuppa di merluzzo nero

Gelingt leicht

Zutaten für 4 Personen
800 g Seelachsfilet
Saft von 1/2 Zitrone
Salz
weißer Pfeffer aus der Mühle
1 große Zwiebel
1 Knoblauchzehe
2 Eßlöffel Butter
250 ml trockener Weißwein
1 Lorbeerblatt
2 Gewürznelken
1/2 Bund Petersilie
1 l Gemüsebrühe
300 g Zucchini
100 g Kirschtomaten
1 Bund Basilikum

Pro Portion: 1200 kJ/ 290 kcal
Zubereitungszeit: 1 Stunde

Seelachsfilet abspülen, trocknen, mit dem Zitronensaft beträufeln, salzen und pfeffern. Zugedeckt im Kühlschrank bis zur Verwendung ziehen lassen.

Die Zwiebel schälen und in feine Scheiben schneiden. Knoblauch schälen. Butter in einem großen Topf erhitzen und die Zwiebel darin glasig braten. Den Knoblauch durch die Presse dazudrücken.

Den Weißwein aufgießen, Lorbeerblatt, Nelken und Petersilie hineingeben. Im offenen Topf bei mittlerer Hitze um etwa die Hälfte einkochen lassen. Dann die Gemüsebrühe dazugießen, alles aufkochen lassen und mit Salz und Pfeffer würzen.

Inzwischen die Zucchini waschen, trocknen, putzen und in dünne Scheiben schneiden. Die Scheiben in die siedende Suppe rühren und zugedeckt bei mittlerer Hitze etwa 10 Minuten garen.

Die Tomaten mit kochendem Wasser überbrühen und häuten. Den Fisch in mundgerechte Stücke schneiden und mit den Tomaten in die Suppe geben. Bei schwacher Hitze zugedeckt noch 8 Minuten ziehen lassen.

Das Basilikum waschen, trocknen und die Blättchen abzupfen. Die Seelachssuppe damit bestreuen und gleich servieren.

Im Bild oben:
Seelachssuppe mit Zucchini
Im Bild unten:
Lauchsuppe mit Rotbarsch

Muschelsuppe
Zuppa di cozze

Raffiniert

Zutaten für 4 Personen
2 kg Miesmuscheln
1 Bund glatte Petersilie
2 Knoblauchzehen
3 Eßlöffel Olivenöl
200 ml trockener Weißwein
125 ml Brühe
Salz
1 Eßlöffel Butter
1 Eßlöffel Mehl
1 Zitrone
8 kleine Scheiben Weißbrot

Pro Portion: 1900 kJ/ 450 kcal
Zubereitungszeit: 45 Minuten

Muscheln gründlich putzen und entbarten, unter fließendem Wasser abbürsten. Bereits geöffnete Muscheln wegwerfen. Die Petersilie waschen, grob hacken. Knoblauchzehen schälen.

In einem großen Topf das Olivenöl erhitzen, die Knoblauchzehen durch die Presse dazudrücken. Die Hälfte der Petersilie einrühren und alles kurz andünsten.

Gesäuberte Muscheln tropfnaß dazugeben und bei starker Hitze zugedeckt so lange garen, bis sich die Schalen öffnen (etwa 5 Minuten). Mit dem Weißwein und der Brühe übergießen, salzen und – jetzt bei schwacher Hitze – in knapp 10 Minuten fertiggaren.

Die Butter mit Mehl verkneten und zu einer Kugel formen, in der Brühe auflösen und glattrühren. Den Sud abschmecken.

Die Zitrone achteln, die Weißbrotscheiben im Toaster rösten. Geschlossene Muscheln wegwerfen, nur die geöffneten auf Suppenteller verteilen, mit der Brühe übergießen und mit der restlichen Petersilie bestreuen. Mit den Zitronenachteln und geröstetem Weißbrot servieren.

Fischsuppe mit Garnelen
Zuppa di pesce

Für Gäste

Zutaten für 4 Personen
1 kg gemischte Fischfilets (z.B. Rotbarsch, Schellfisch, Seehecht, Kabeljau, Rotbarben)
250 g geschälte Garnelen
2 Eßlöffel Zitronensaft
Salz
4 Stangen Staudensellerie
2 Zwiebeln
4 Knoblauchzehen
1/2 Teelöffel Pfefferkörner
6 EL Olivenöl
1 große Dose geschälte Tomaten (800 g)
350 ml trockener Weißwein
weißer Pfeffer aus der Mühle
1/2 Bund glatte Petersilie

Pro Portion: 2200 kJ/ 530 kcal
Zubereitungszeit: 1 Stunde

Die Fischfilets in Portionsstücke schneiden, die Garnelen auf der Rückenseite aufschneiden und den dunkleren Darm mit der Messerspitze entfernen. Alles mit Zitronensaft beträufeln, etwas salzen und zugedeckt kühlstellen.

Selleriestangen waschen, in 1 cm breite Stücke schneiden, das Grün zur Seite legen. Zwiebeln schälen und grob hacken. Die Knoblauchzehen pellen, grob zerschneiden und mit den Pfefferkörnern im Mörser zerstampfen. 2 Eßlöffel vom Olivenöl unterrühren.

Das restliche Olivenöl in einem großen Topf auf mittlerer Stufe erhitzen, Zwiebel- und Selleriestücke darin 3 Minuten unter Rühren andünsten. Die Tomaten aus der Dose zugeben, den Weißwein aufgießen und 5 Minuten bei starker Hitze kräftig kochen, dabei die Tomaten mit dem Kochlöffel zerdrücken.

Die Knoblauchmischung und die Fischstücke mit den Garnelen zugeben, salzen und pfeffern, zugedeckt bei schwacher Hitze noch 7–10 Minuten garen.

Die Petersilie waschen und mit dem zur Seite gelegten Selleriegrün hacken, über die fertige Suppe streuen und sofort sehr heiß servieren. Dazu paßt geröstetes Weißbrot, mit Knoblauch eingerieben (siehe Seite 80) und ein trockener Weißwein, zum Beispiel ein Soave oder ein Sauvignon blanc.

Gemischter Fisch-Eintopf

Cacciucco alla livornese

Braucht etwas Zeit

Zutaten für 6 Personen
1 1/2 kg gemischte Fische (z.B. Seezunge, Knurrhahn, Meerbarbe, Dorsch, Heilbutt, Makrele)
250 g kleine Tintenfische
500 g Miesmuscheln
2 Stangen Staudensellerie
1 Möhre
1 große Zwiebel
5 Knoblauchzehen
Salz
100 ml Olivenöl
600 g reife Tomaten
250 ml trockener Weißwein
schwarzer Pfeffer aus der Mühle
1 Bund glatte Petersilie
1 kleines frisches Weißbrot

Pro Portion: 2100 kJ/ 500 kcal
Zubereitungszeit: 1 3/4 Stunden

Die Fische, soweit nötig, ausnehmen und innen und außen unter fließendem Wasser abspülen, in Portionsstücke teilen. Die Köpfe und die Flossen abschneiden.

Seezunge filetieren: Den Flossensaum mit einer Schere rundum abschneiden, die dunkle Haut abziehen und die Filets auf Ober- und Unterseite von der Mittelnaht aus mit einem scharfen Messer an den Gräten entlang ablösen. Filets und Fischstücke zugedeckt in den Kühlschrank stellen.

Tintenfische putzen, vor allem die Beißwerkzeuge auf der Innenseite des Kopfes entfernen, abspülen und kleinschneiden. Die Muscheln waschen, kräftig abbürsten, geöffnete Muscheln wegwerfen, sie könnten verdorben sein.

Die Fischabschnitte in einen Topf geben, 1/2 l Wasser aufgießen und erhitzen. Selleriestangen, die Möhre, 1/2 Zwiebel und 2 Knoblauchzehen waschen bzw. schälen und kleinschneiden, zu den Fischabschnitten in den Topf geben. 1/2 Teelöffel Salz einstreuen, die Brühe 30 Minuten leise köcheln lassen (siehe Seite 81). Danach durch ein feines Sieb gießen und beiseite stellen.

In einer großen, breiten Kasserolle 6 Eßlöffel Olivenöl erhitzen. Restliche 1/2 Zwiebel und 2 Knoblauchzehen kleinschneiden, mit den Tintenfischen in den Topf geben und andünsten. Stielansätze der Tomaten entfernen. Tomaten kurz überbrühen, häuten, zerkleinern und dazugeben. Den Wein dazugießen und offen bei mittlerer Hitze 15 Minuten köcheln lassen. Mit Salz und Pfeffer würzen.

Nun als erstes die festfleischigen Fischsorten (Knurrhahn, Seehecht, Dorsch, Heilbutt, Makrele) in die Tomatensauce einlegen, die Hälfte der vorbereiteten Fischbrühe angießen und bei schwacher Hitze 10 Minuten sachte garen.

Zuletzt die Muscheln, Meerbarben und ausgelöste Seezungenfilets hineingeben, die übrige Brühe angießen und alles in weiteren 10–15 Minuten fertiggaren. Petersilie waschen, die Blättchen fein hacken und untermischen, mit Salz und Pfeffer abschmecken.

Das Weißbrot in Scheiben schneiden und die Scheiben im Toaster rösten, mit der übrigen Knoblauchzehe einreiben und mit restlichem Olivenöl beträufeln. Als Beilage zum Fischeintopf reichen.

Tip!

Verschiedene Fischsorten, Schal- und Krustentiere machen den Reiz dieses toskanischen Eintopfs aus und sorgen für das Aroma. Mischen Sie ruhig alles, was der Fischhändler zu bieten hat. Es müssen nicht die teuersten Fischsorten sein, achten Sie auf preisgünstige Angebote.
Beim Garen unbedingt beachten, die ausgelösten Filets erst ganz zum Schluß in den Topf zu geben und nur wenige Minuten ziehen lassen, sonst werden sie hart.
Weintip: ein trockener Weißwein, zum Beispiel ein Bianco di Pitigliano oder ein Weißwein aus Cinqueterre.

Pasta

Die Nudelgerichte Italiens sind das Köstlichste, was sich jemals eine einfache bodenständige Küche ausgedacht hat. Und die meisten Rezepte gehen auch noch schnell.

Ob unkompliziert und preiswert für den Alltag, ob aufwendig und schön für den Sonntag – die Welt der Pasta ist bunt, vielfältig und kann täglich etwas Neues bieten.

Es gibt wohl nichts, was unsere Koch- und Eßgewohnheiten in den letzten Jahrzehnten so umgekrempelt hätte wie die italienischen Nudelgerichte, kurz »Pasta« genannt. Das klingt so schön nach Süden, erinnert an »basta« und ist auch fast genauso schnell fertig. Seit der Entdeckung der »Pasta asciutta«, der Nudelgerichte mit wenig Sauce, auf gut deutsch »Pasta schutta« genannt und zuerst aus kurzen Spaghetti mit einer roten Sauce aus Tomatenmark, getrockneten Kräutern und Parmesankäse aus der Tüte bereitet, waren auch die Kinder an den Eßtisch zu locken.

Lang, kurz, dick, dünn

Inzwischen gibt es bei uns in jedem Supermarkt mehr italienische Nudel- als deutsche Kartoffelsorten. Zu den Klassikern wie Spaghetti und Makkaroni kommen immer wieder neue Formen hinzu, so daß auch ein Experte nicht alle kennen kann. Hier ein Versuch, die wichtigsten Sorten und ihre Verwendung aufzuzählen. Übrigens sind die meisten italienischen Nudeln, die es im Handel gibt, nur aus Hartweizengrieß, also ohne Eier, hergestellt.

Die Langen

Spaghetti kennt nun jeder, auch die Makkaroni. Zu Spaghetti und Makkaroni (italienisch »maccheroni«) paßt fast jede Sauce, auch gehaltvolle Fleischsaucen. Seltener zu finden sind die »Zite«, makkaroniähnliche, aber sehr dicke Nudeln, die zu kräftigen Fleischsaucen passen. Sie werden, wie die Makkaroni, vor dem Kochen in handbreite Stücke gebrochen – so nehmen sie besser die Sauce auf. Bucatini sind ebenfalls lange Röhrennudeln, etwas dicker als Spaghetti, die gut zu kräftiger Sauce mit Fleisch oder Schinken, Gemüse oder Eiern schmecken (siehe Seite 108).

Pappardelle sind etwa 2,5 cm breite Nudelbänder, glatt oder mit gewellten Rändern. Sie werden besonders gern zu dunklen Fleischsaucen gegessen.

Die ganz dünnen Spaghettini schmecken gut zu Fischsaucen (vor allem mit »vongole«, Venusmuscheln), aber auch ganz einfach mit Knoblauch und Olivenöl (siehe die Seiten 108 und 102).

Trenette sehen aus wie lange, sehr flache Spaghetti und werden ebenfalls gern zu Saucen aus Meeresfrüchten gegessen. Die Vermicelli sind eigentlich auch Spaghetti, nur ein wenig dünner. Sie werden mit Tomaten- oder anderen Gemüsesaucen serviert (siehe Seite 105).

Die Halblangen

Fettuccine (schmäler) und Tagliatelle (breiter) sind Bandnudeln, die als lockere Knäuel verpackt sind. Beide passen zu vielen Gemüse-, Fisch- und Fleischsaucen und werden auch gerne selbst hergestellt. Vor allem die Tagliatelle gibt es auch in Grün, mit Spinat gefärbt (schön zu hellen Saucen). »Paglia e fieno« (Heu und Stroh) heißen die schmalen gelben und grünen Bandnudeln, die man gern mit Sahnesauce serviert (siehe Seite 117).

Eine Sonderstellung nehmen die Lasagne-Teigblätter und die runden Cannelloni-Röhren ein, die beide für die gleichnamigen Ofengerichte verwendet werden.

Die Kurzen

Allerweltsnudeln sind die Penne, kurze, dicke Röhrennudeln mit schrägen Enden. Es gibt sie glatt oder gerillt (»rigate«), besonders die gerillten nehmen die Sauce gut auf. Man serviert sie zu Fleischsaucen oder Saucen aus Fleisch und Gemüse.

Fusilli, die »Korkenzieher-Nudeln«, findet man lang und auch kurz, in kompakter und in Röhrenform. Sie lassen sich mit vielen Gemüse-, Tomaten- und Fleischsaucen kombinieren (siehe Seite 105).

Dite sind sehr kurze Röhrennudeln, glatt oder gerillt, die zu Gemüsesaucen passen.

Die Schönen

Farfalle, die schleifchenförmigen »Schmetterlingsnudeln«, gibt es in bunten Farben, die besonders zu leichten, hellen Saucen gut passen. Conchiglie und Conchiglione sind muschelförmige Nudeln. Die kleinen Conchiglie werden mit leichten Tomaten- oder Käsesaucen serviert, die dicken Conchiglione werden gefüllt und im Ofen überbacken (siehe Seite 113).

Orecchiette sind »Öhrchennudeln«, klein, rund und in der Mitte eingedrückt. Sie werden mit Gemüsesaucen gegessen. Ruote sind schließlich rädchenförmige Nudeln, deren »Speichen« die Sauce gut aufnehmen und die mit Tomaten- und nicht zu dicken Fleischsaucen kombiniert werden.

Die Hausgemachten

Nudeln selbst zu machen ist gar nicht schwierig und aus dem Teig lassen sich viele Formen leicht selbst herstellen. Grundrezept: In einer Schüssel 300 g Mehl (oder 200 g Mehl und 100 g Hartweizengrieß) mit 2 Eiern, etwas Salz und 2 Eßlöffeln Olivenöl vermischen, gut kneten und tropfenweise Wasser zugeben, bis der Teig weich ist. 30 Minuten zugedeckt ruhen lassen, dann in eigroße Stücke teilen und auf der dünn bemehlten Arbeitsfläche etwa messerrückendick ausrollen oder durch die Nudelmaschine drehen. Die Teigplatten einige Minuten antrocknen lassen. Für Bandnudeln dünn mit Mehl bestäuben, aufrollen und dünne oder dicke Scheiben abschneiden, auflokkern. Oder rechteckige Teigflecken ausradeln. Oder für die gefüllten Teigtäschchen (Ravioli oder Tortellini, siehe Seite 118 bis 124) verwenden.

Bißfest kochen

Inzwischen hat es sich ja herumgesprochen, daß Pasta »al dente« gekocht werden soll. Das heißt, die Zähne müssen noch etwas zum Beißen haben. Doch wann dieser Punkt erreicht ist, darüber streiten sich die Gelehrten. Selbst die Packungsangabe ist nur ein grober Anhaltspunkt. Da hilft nur eins: probieren.

Nudeln müssen in viel Wasser sprudelnd kochen, öfter rühren

Grundregeln: Vorm Nudelkochen sollte die Sauce fertig (oder fast fertig) sein, denn die Sauce muß auf die Nudeln warten, nicht umgekehrt. Der Kochtopf muß mindestens vicr, besser fünf Liter Wasser fassen. Nicht ganz füllen, sondern nur bis etwa eine Handbreit unter den Rand. Das Wasser zugedeckt bei starker Hitze aufkochen, bis es sprudelt. Jetzt salzen (1 gehäufter Teelöffel voll auf 1 Liter Wasser) und die Nudeln hineinwerfen. Spaghetti an einem Ende packen und im Wasser so lange umrühren, bis sie weich genug sind und ganz in den Topf passen. Das Wasser muß jetzt weiter sprudelnd kochen, sonst kleben die Nudeln zusammen. Und immer mit einem Löffel oder einer großen Holzgabel umrühren. Ein Schuß Olivenöl im Kochwasser kann, muß aber nicht sein.

In der Spüle ein Nudelsieb bereitstellen. Achtung: Selbstgemachte Nudeln brauchen nur 2–3 Minuten Garzeit. Sonst kurz vor der Zeit, die auf der Packung angegeben ist, eine Nudel herausheben und probieren. Wenn der Kern noch hart ist, weiterkochen. Kurz darauf noch einmal probieren: Sobald die Nudel im Inneren gerade nicht mehr roh ist, ist sie »al dente« gegart. Jetzt sofort den ganzen Topfinhalt in das Sieb gießen, warten, bis das Wasser abgelaufen ist und dann im Sieb schwenken. Nicht überbrausen, sondern sofort in eine (möglichst vorgewärmte) Schüssel gießen, mit der Sauce vermischen und auftragen.

Spaghetti mit Gorgonzolasauce
Spaghetti al gorgonzola

Klassiker

Zutaten für 4 Personen
400 g Spaghetti
Salz
200 g Gorgonzola
4 frische Salbeiblätter
1 Eßlöffel Butter
250 g Sahne
weißer Pfeffer aus der Mühle

Pro Portion: 3200 kJ/ 760 kcal
Zubereitungszeit: 30 Minuten

In einem großen Topf reichlich Wasser aufkochen, salzen und die Nudeln »al dente« kochen (siehe Seite 101).

Inzwischen den Gorgonzola in kleine Würfel schneiden. Die Salbeiblätter waschen und gut mit Küchenpapier trocknen.

In einer Pfanne (die so groß sein soll, daß später auch die Nudeln darin Platz haben) die Butter erhitzen, den Salbei kurz aufschäumen lassen, dann den Gorgonzola einrühren und bei schwacher Hitze erwärmen, bis er geschmolzen ist. Langsam unter ständigem Rühren zwei Drittel der Sahne dazugießen. Mit Salz und reichlich Pfeffer würzen. Die Sauce leicht eindicken lassen.

Die Nudeln abtropfen lassen und in die Pfanne geben. Die restliche Sahne darüber gießen und alles gut durchmischen. Die Salbeiblätter nach Belieben entfernen. Die Nudeln sofort servieren. Dazu paßt ein frischer, trockener Weißwein, zum Beispiel ein Trebbiano di Romagna.

Spaghetti mit Knoblauch und Olivenöl
Spaghetti aglio e olio

Schnell

Zutaten für 4 Personen
400 g Spaghetti
Salz
3 Knoblauchzehen
1 Bund Petersilie
150 ml Olivenöl, extra nativ
1 kleiner Peperoncino (kleine scharfe Pfefferschote, frisch oder getrocknet)

Pro Portion: 3000 kJ/ 720 kcal
Zubereitungszeit: 20 Minuten

In einem großen Topf reichlich Wasser aufkochen, salzen und die Nudeln »al dente« kochen (siehe Seite 101).

Inzwischen die Knoblauchzehen schälen und durch die Presse drücken. Die Petersilie waschen, trocknen und fein hacken.

In einer kleinen Pfanne das Öl mit dem Knoblauch, Petersilie und dem Peperoncino bei schwacher Hitze erwärmen, etwa 3 Minuten ziehen lassen. Nach Belieben etwas salzen.

Die Nudeln in ein Sieb schütten, abtropfen lassen und in eine vorgewärmte Schüssel geben.

Peperoncino aus der Sauce entfernen, diese gut mit den Spaghetti mischen. Sofort servieren.

Tip!

Noch schneller ist der Klassiker (der übrigens ohne Käse serviert wird) mit den dünnen Spaghettini fertig, die nur gut 5 Minuten kochen müssen. In den Abruzzen, der Heimat des Gerichtes, werden die Knoblauchzehen (die Menge darf beliebig erhöht werden) nur halbiert oder in grobe Stücke geschnitten, der Peperoncino wird zerbröselt und bleibt in der Sauce – so wird sie natürlich viel schärfer. Dazu trinkt man einen kräftigen Rotwein, zum Beispiel einen Montepulciano d'Abruzzo.

Im Bild oben:
Spaghetti mit Gorgozolasauce
Im Bild unten:
Spaghetti mit Knoblauch und Olivenöl

Spaghetti mit Kräutern und Tomaten

Spaghetti agli odori

Braucht etwas Zeit

Zutaten für 4 Personen
600 g reife feste Tomaten, möglichst Eiertomaten
1 Stange Staudensellerie
1/2 Zwiebel
2 Knoblauchzehen
1 großes Bund Basilikum
1 Bund Petersilie
1 Teelöffel frische Oreganoblättchen
5 Eßlöffel Olivenöl, extra nativ
Salz
schwarzer Pfeffer aus der Mühle
400 g dünne Spaghetti (oder Spaghettini)

Pro Portion: 2000 kJ/ 480 kcal
Zubereitungszeit: 30 Minuten
Marinierzeit: 4 Stunden

Die Tomaten mit kochendem Wasser überbrühen, häuten, vierteln, dabei Stielansätze und Kerne entfernen. Das Fruchtfleisch klein würfeln.

Den Sellerie putzen, mit der halben Zwiebel und dem Knoblauch zusammen sehr fein hacken. Basilikum-, Petersilien- und Oreganoblättchen fein schneiden.

In einer großen Schüssel Tomaten, Sellerie, Zwiebel, Knoblauch und die Kräuter gut mit dem Olivenöl vermischen, mit Salz und viel Pfeffer kräftig würzen. Die Gemüsemischung etwa 4 Stunden zugedeckt marinieren lassen.

Dann die Nudeln in reichlich Salzwasser »al dente« (siehe Seite 101) kochen, kurz abtropfen lassen. In die Schüssel geben und mit der kalten Tomatensauce vermischen. Ohne Käse servieren.

Makkaroni mit Brokkoli

Maccheroni col broccolo

Raffiniert

Zutaten für 4 Personen
50 g Sultaninen
1 kg Brokkoli · Salz
1 Zwiebel
3 Knoblauchzehen
6 Sardellenfilets
500 g reife Fleischtomaten
8 Eßlöffel Olivenöl, extra nativ
50 g Pinienkerne
400 g Makkaroni
1/2 Bund Basilikum
60 g Pecorino (Schafkäse), frisch gerieben

Pro Portion: 3300 kJ/ 790 kcal
Zubereitungszeit: 1 3/4 Stunden

Die Sultaninen etwa 15 Minuten in warmem Wasser einweichen. Brokkoli putzen. Stiele schälen und unten kreuzweise einschneiden. Das Gemüse in Salzwasser knapp »al dente« kochen. Abgießen und in Röschen teilen.
Die Zwiebel in feine Ringe schneiden. Den Knoblauch durchpressen. Die Sardellenfilets fein wiegen. Tomaten überbrühen, häuten, halbieren, ohne Stielansätze und Kerne fein hacken.

Die Hälfte des Öls erhitzen, die Zwiebelringe darin etwa 5 Minuten bei schwacher Hitze anbraten. Dann die Tomaten dazugeben, salzen und zugedeckt etwa 30 Minuten köcheln lassen. Dann den Brokkoli noch 5-10 Minuten zugedeckt in der Sauce ziehen lassen.

Das restliche Öl erhitzen. Den Knoblauch darin etwa 5 Minuten bei schwacher Hitze braten, dann die Sardellen noch 2–3 Minuten mitbraten. Die Sultaninen ausdrücken, mit den Pinienkernen in der Sardellensauce etwa 5 Minuten mitbraten.

Die Makkaroni in 4–5 cm lange Stücke brechen. In Salzwasser »al dente« garen (siehe Seite 101). Das Basilikum klein schneiden. Eine Schüssel für die Nudeln vorwärmen. Die Nudeln abtropfen lassen. Zuerst mit der Sardellensauce mischen, dann die heiße Brokkoli-Tomaten-Mischung unterheben. Das Basilikum und den Käse darüber streuen. Alles kurz durchrühren und servieren.

Dünne Nudeln in Basilikumsauce

Vermicelli al basilico

Schnell

Zutaten für 4 Personen
3 große Bund Basilikum
Salz
400 g Vermicelli oder Linguine (dünne Spaghetti, siehe Seite 100)
100 g Butter
250 ml Sahne
weißer Pfeffer aus der Mühle
40 g Pecorino (Schafkäse), frisch gerieben

Pro Portion: 3300 kJ/ 790 kcal
Zubereitungszeit: 30 Minuten

Die Basilikumblättchen abzupfen, möglichst nur mit Küchenpapier säubern (durch Waschen verliert es an Aroma) und fein hacken.

Reichlich Salzwasser aufsetzen und die Nudeln »al dente« kochen (siehe Seite 101).

Inzwischen in einem Pfännchen bei schwacher Hitze die Butter schmelzen lassen (sie darf nicht bräunen). In einem zweiten Pfännchen die Sahne erwärmen.

Die Nudeln gut abtropfen lassen und in eine feuerfeste Servierschüssel oder eine Kasserolle (die man zu Tisch bringen kann) füllen. Die Nudeln mit geschmolzener Butter, erwärmter Sahne, Basilikum, reichlich Pfeffer, etwas Salz und dem Käse gründlich mischen. Zugedeckt auf der noch warmen (nicht heißen!) Kochplatte etwa 5 Minuten ziehen lassen, dann gleich servieren.

Spiralnudeln mit Spinat

Fusilli agli spinaci

Vegetarisch

Zutaten für 4 Personen
1 Bund Petersilie
1 Bund Basilikum
750 g junger Spinat
400 g Fusilli (Spiralnudeln, siehe Seite 100)
Salz
60 g Butter
2 Eßlöffel Olivenöl, extra nativ
1 Prise Muskatnuß, frisch gerieben
250 ml Sahne
80 g Parmesan, frisch gerieben

Pro Portion: 3400 kJ/ 810 kcal
Zubereitungszeit: 1 Stunde

Petersilie und das Basilikum nur kurz waschen, die Blättchen fein schneiden. Spinat putzen, welke Blätter und dicke Stiele entfernen. Die Blätter mehrmals gründlich in kaltem Wasser waschen.

Den Spinat tropfnaß in eine Kasserolle geben und zugedeckt bei schwacher Hitze garen bis die Blätter zusammenfallen. Spinat in ein Sieb gießen und auskühlen lassen. Den abgekühlten Spinat gut auspressen und die Blätter fein hacken.

Die Spiralnudeln in reichlich Salzwasser »al dente« kochen (siehe Seite 101).

Die Butter und das Öl etwas erhitzen. Die Kräuter 2–3 Minuten bei schwacher Hitze anbraten, dann den Spinat untermischen. Alles mit Salz und Muskat würzen, umrühren und zugedeckt etwa 5 Minuten ziehen lassen. Sahne zum Spinat gießen und heiß werden lassen. Die Kasserolle vom Herd nehmen. Eine Schüssel im Backofen bei 75° vorwärmen.

Die Nudeln abgießen und abtropfen lassen. In der vorgewärmten Schüssel mit dem Spinat und dem Parmesan verrühren. Die Schüssel zudecken und 3-4 Minuten ziehen lassen. Nach Belieben eine Pfeffermühle bereitstellen.

Tip!

Schneller geht es mit tiefgekühltem Spinat: 300 g Blattspinat nach Vorschrift auftauen und garen, ebenfalls abkühlen lassen, ausdrücken und hacken. Ein bis zwei durchgepreßte Knoblauchzehen passen auch gut dazu.

Spaghetti mit Pesto

Spaghetti al pesto

Klassiker

Zutaten für 4 Personen
5 Bund Basilikum (ca. 200 g)
4 Knoblauchzehen · Salz
weißer Pfeffer aus der Mühle
2 Eßlöffel Pinienkerne
80 g Pecorino (Schafkäse), frisch gerieben
200 ml Olivenöl, extra nativ
400 g Spaghetti

Pro Portion: 3800 kJ/ 910 kcal
Zubereitungszeit: 45 Minuten

Das Basilikum möglichst nur mit Küchenpapier abreiben (durch Waschen verliert es an Aroma) und die Blätter abzupfen. Knoblauchzehen schälen und hacken.

Basilikum im Mörser mit etwas Salz zerreiben. Pfeffer, Knoblauch und die Pinienkerne dazugeben. Mit dem Stößel zu einer gleichmäßigen Paste zerstoßen. Nach und nach den Käse und tropfenweise das Öl zugeben, weiterrühren, bis die Sauce cremig wird.

Inzwischen die Nudeln in reichlich Salzwasser »al dente« kochen (siehe Seite 101), abgießen, dabei 1 Tasse Kochwasser auffangen.

Pesto mit 2 Eßlöffeln davon verdünnen, in einer vorgewärmten Schüssel mit den abgetropften Nudeln mischen, sofort servieren.

Spaghetti mit Tomatensauce

Spaghetti al pomodoro

Ideal für Kinder

Zutaten für 4 Personen
1 mittelgroße Möhre
1 Stange Staudensellerie
1 große Zwiebel
2 Knoblauchzehen
1 kg reife aromatische Fleischtomaten (ersatzweise 1 große Dose Tomaten, 800 g)
2 Eßlöffel Olivenöl
3 Eßlöffel Tomatenmark
1 Lorbeerblatt
1 Teelöffel Oregano, frisch oder getrocknet
Salz
schwarzer Pfeffer aus der Mühle
400 g Spaghetti
1 Bund Basilikum
nach Belieben Parmesan, frisch gerieben

Pro Portion: 1860 kJ/ 440 kcal
Zubereitungszeit: 1 Stunde

Möhre schälen, waschen und auf der Gemüsereibe grob raspeln. Staudensellerie putzen, waschen und in dünne Scheiben schneiden. Die Zwiebel schälen und fein hacken. Den Knoblauch schälen.

Die Tomaten kurz mit kochendem Wasser überbrühen, häuten, die Stielansätze und Kerne entfernen, das Fruchtfleisch grob in Stücke zerschneiden.

In einem breiten Topf das Olivenöl erhitzen. Die Zwiebel andünsten, Möhrenraspel und Sellerie zugeben. Den Knoblauch darüber pressen und alles bei mittlerer Hitze etwa 5 Minuten dünsten, dabei ab und zu umrühren.

Das Tomatenmark unterrühren. Tomatenstücke und Lorbeerblatt zugeben, mit dem Oregano, Salz und Pfeffer würzen. Alles zugedeckt bei schwacher Hitze etwa 30 Minuten köcheln lassen.

Die Spaghetti in reichlich kochendem Salzwasser in etwa 8 Minuten »al dente« garen (siehe Seite 101). Das Basilikum mit Küchenpapier abreiben oder kurz abbrausen und trocknen, die Blättchen abzupfen und in schmale Streifen schneiden.

Die Tomatensauce abschmecken und, falls nötig, nachwürzen. Lorbeerblatt herausnehmen und wegwerfen. Das geschnittene Basilikum unterrühren.

Die Spaghetti in ein Sieb schütten, gut abtropfen lassen und mit der Tomatensauce in einer vorgewärmten Schüssel mischen, sofort servieren. Nach Belieben Parmesan zum Bestreuen dazu reichen.

Zu den Spaghetti (gekauft oder selbstgemacht) passen Pesto (im Bild Mitte) und die klassische Tomatensauce (im Bild hinten), bei der Parmesan nie fehlen darf

Spaghetti mit Hackfleischsauce

Spaghetti alla bolognese

Ideal für Kinder

Zutaten für 4 Personen
1 kleine Zwiebel
1 kleine Möhre
1 Stange Staudensellerie
50 g durchwachsener Räucherspeck ohne Schwarte
400 g Dosentomaten
4 Eßlöffel Olivenöl
20 g Butter
200 g Rinderhackfleisch
100 g Schweinehackfleisch
50 ml trockener Rotwein (1/2 Weinglas)
5 Eßlöffel Fleischbrühe
Salz
schwarzer Pfeffer aus der Mühle
1 Gewürznelke
1 Lorbeeblatt
Muskatnuß, frisch gerieben
1/2 Teelöffel Öl
400 g Spaghetti
80 g Parmesan, frisch gerieben

Pro Portion: 3600 kJ/ 860 kcal
Zubereitungszeit: 1 3/4 Stunden

Zwiebel und die Möhre schälen. Den Sellerie putzen und waschen. Das ganze Gemüse kleinhacken. Den Speck sehr fein würfeln.

Die Tomaten in ein Sieb gießen und abtropfen lassen, den Saft auffangen. Tomaten mit einer Gabel zerdrücken.

In einem Schmortopf das Olivenöl mit der Butter erhitzen. Gemüse und den Speck darin unter Rühren bei mittlerer Hitze etwa 10 Minuten anbraten.

Beide Hackfleischsorten dazugeben und unter Rühren bei starker Hitze etwa 5 Minuten braten. Mit dem Wein ablöschen und diesen verdampfen lassen. Die Brühe angießen, kurz einkochen lassen, dann die Tomaten untermischen.

Das Ragout mit Salz, Pfeffer, Nelke, Lorbeerblatt und Muskat würzen. Gut durchmischen und zugedeckt bei ganz schwacher Hitze noch etwa 1 Stunde schmoren lassen. Bei Bedarf etwas Tomatensaft angießen. Zum Schluß das Lorbeerblatt aus der Sauce nehmen.

Reichlich Wasser aufkochen, Salz und 1/2 Teelöffel Öl zugeben, die Nudeln darin »al dente« kochen (siehe Seite 101), dann in einem Sieb abtropfen lassen. Vier Teller vorwärmen.

Die Nudeln in die Teller geben und das Ragout darauf verteilen. Mit dem Käse bestreuen und gleich servieren.

Spaghettini mit Venusmuscheln

Spaghettini vongole

Berühmtes Rezept

Zutaten für 4 Personen
4 mittelgroße Tomaten
2 Möhren
600 g frische Venusmuscheln
250 ml trockener Weißwein
1 Zwiebel
3 Knoblauchzehen
1 Peperoncino (getrocknete Chilischote) · Salz
400 g Spaghettini
3 Eßlöffel Olivenöl
Pfeffer aus der Mühle
1/2 Bund glatte Petersilie

Pro Portion: 3000 kJ/ 720 kcal
Zubereitungszeit: 1 Stunde

Tomaten kurz überbrühen, häuten und entkernen. Das Fruchtfleisch ohne die Stielansätze klein würfeln. Die Möhren waschen, putzen und schälen, in winzigkleine Würfel schneiden.

Die Venusmuscheln waschen und sauber putzen. Geöffnete, die sich auch auf Antippen mit dem Finger nicht schließen oder beschädigte Muscheln wegwerfen.

Muscheln mit Wein und der Hälfte der Möhrenwürfel in einen Topf geben. Bei milder Hitze zugedeckt 5–10 Minuten garen, bis sich die Schalen öffnen.

Zwiebel und Knoblauchzehen schälen, Zwiebel fein hacken, Knoblauch in Scheiben schneiden. Peperoncino fein hacken. Danach die Hände gründlich waschen.

In einem großen Topf etwa 4 l Salzwasser für die Spaghetti zum Kochen bringen.

Die gegarten Muscheln aus dem Topf nehmen. Noch geschlossene Muscheln wegwerfen, sie können verdorben sein. Die übrigen abgedeckt warm halten.

In einer Pfanne das Öl erhitzen. Zwiebel, restliche Möhrenwürfel und gehackten Peperoncino hineingeben und unter Rühren etwa 5 Minuten anbraten.

Alles an den Pfannenrand schieben, den Knoblauch in die Mitte geben und unter Rühren nur leicht anbräunen. Mit dem Muschelsud ablöschen, Tomaten einrühren und die Sauce etwa 10 Minuten kräftig einköcheln lassen.

Inzwischen die Spaghettini im kochenden Salzwasser in etwa 7 Minuten bißfest kochen (siehe Seite 101).

Die Sauce mit Salz und Pfeffer abschmecken. Petersilie waschen, fein hacken und einrühren. Die Muscheln untermischen und zugedeckt nochmals heiß werden lassen. Die Spaghettini abgießen, sofort mit der Sauce vermengen und auftragen.

Dünne Makkaroni mit Schinken und Tomaten

Bucatini alla calabrese

Gelingt leicht

Zutaten für 4 Personen
3 Knoblauchzehen
1 Möhre
1 Stange Staudensellerie
12 große Basilikumblätter
150 g nicht zu magerer roher Schinken ohne Schwarte
50 g Schweineschmalz
400 g reife Fleischtomaten
Salz
1 Prise gemahlener Peperoncino (kleine, scharfe Pfefferschote), ersatzweise Cayennepfeffer
400 g Bucatini (dünne Makkaroni, siehe Seite 100), ersatzweise Spaghetti
50 g Parmesan, frisch gerieben
50 g Pecorino (Schafkäse), frisch gerieben

Pro Portion: 3100 kJ/ 740 kcal
Zubereitungszeit: 1 Stunde

Die Knoblauchzehen schälen und durchpressen. Möhre schälen und mit dem Sellerie ganz fein hacken. Die Basilikumblätter grob zerkleinern. Den Schinken in kleine Würfel schneiden.

In einer großen Kasserolle (später müssen auch die Nudeln noch darin Platz haben) das Schmalz erhitzen. Knoblauch, Möhre und den Sellerie darin bei mittlerer Hitze unter Rühren in 8-10 Minuten weich braten.

Inzwischen die Tomaten kurz mit kochendem Wasser überbrühen, häuten und vierteln. Dabei Stielansätze und Kerne entfernen. Das Fruchtfleisch grob zerkleinern.

Die Schinkenwürfel zum Gemüse geben und etwa 5 Minuten bei etwas reduzierter Hitze mitbraten. Die Tomaten untermischen. Alles mit Salz, Peperoncino und dem Basilikum würzen. Die Sauce 15–20 Minuten bei schwacher Hitze zugedeckt köcheln lassen.

Inzwischen die Nudeln in reichlich Salzwasser »al dente« kochen (siehe Seite 101). In ein Sieb abgießen, abtropfen lassen und in der Kasserolle gründlich mit der Sauce verrühren. In eine vorgewärmte Schüssel füllen. Den Käse extra dazu reichen.Dazu paßt ein nicht zu trockener Rotwein, zum Beispiel ein Cirò rosso.

Tip!

Der deftige Sugo – italienischer Name für eine Nudelsauce – wird in Kalabrien scharf-pikant mit reichlich Peperoncini gewürzt.

Bandnudeln mit Kaninchenragout

Tagliatelle al coniglio

Raffiniert

Zutaten für 4 Personen
Für das Ragout:
1 Kaninchen (etwa 1200 g)
2 Stangen Staudensellerie
2 Möhren
2 Fleischtomaten
1 große Zwiebel
2 Knoblauchzehen
2 Zweige Rosmarin
2 Zweige Thymian
1 Zweig Salbei
2 Eßlöffel Olivenöl
250 ml trockener Weißwein
Salz · Pfeffer aus der Mühle
1 Messerspitze Zimtpulver
2 Teelöffel kleine Kapern
1 Eßlöffel Pinienkerne
Für die Nudeln:
200 g Hartweizengrieß
200 g Mehl
Salz
4 Eier

Pro Portion: 4200 kJ/ 1000 kcal
Zubereitungszeit: 2 Stunden
Ruhezeit: 30 Minuten

Kaninchen waschen, mit Küchenpapier trocknen und in Stücke zerteilen. Den Staudensellerie und die Möhren waschen, putzen und würfeln. Die Tomaten kurz überbrühen, häuten und ohne Stielansätze in Würfel schneiden.

Zwiebel und Knoblauchzehen schälen und fein hacken. Die Kräuter waschen, Blättchen von den Stielen zupfen.

Im Schmortopf das Öl erhitzen. Kaninchenstücke darin rundherum kräftig anbraten. Staudensellerie-, Möhren-, Zwiebel- und Knoblauchwürfel kurz mitbraten. Die Kräuter, Tomaten und den Wein zugeben. Das Ragout mit Salz, Pfeffer und Zimt würzen, zugedeckt bei ganz schwacher Hitze etwa 1 Stunde garen.

Dann die Kaninchenstücke aus dem Topf heben, etwas abkühlen lassen. Das Fleisch von den Knochen lösen und in kleine Stücke schneiden. Mit den Kapern wieder unter die Sauce mischen und abkühlen lassen.

Für die Nudeln (siehe Seite 101) den Hartweizengrieß mit Mehl und 1 Teelöffel Salz in einer Schüssel mischen. Die Eier zugeben und alles zu einem geschmeidigen, glatten Teig kneten, bei Bedarf tropfenweise etwas Wasser zugeben. Den Teig in Plastikfolie einpacken und bei Zimmertemperatur etwa 30 Minuten ruhen lassen.

Dann den Teig noch einmal durchkneten und mit Nudelmaschine oder Nudelholz so dünn wie möglich ausrollen. Den Teig in 1–2 cm breite Streifen schneiden. Nudeln auf Küchentüchern ausbreiten und etwas antrocknen lassen.

Reichlich Salzwasser aufkochen. Die Nudeln darin in etwa 3 Minuten »al dente« kochen.

Inzwischen das Kaninchenragout erwärmen. Pinienkerne in einer Pfanne ohne Fett unter Rühren goldgelb rösten. Die garen Nudeln abtropfen lassen und in vorgewärmte Teller geben. Das Ragout darauf verteilen und mit den Pinienkernen bestreut servieren.

Tip!

Das Originalrezept aus der Toskana wird mit einem Wildhasen zubereitet. Sie können aber auch das Kaninchen etwas »wilder« machen, indem Sie die Fleischstücke über Nacht in eine Marinade aus kräftigem Rotwein, Knoblauch, Nelken, schwarzen Pfefferkörnern und etwas getrocknetem Thymian einlegen. Zur Zubereitung die Fleischstücke gut trocknen und die Marinade zum Aufgießen verwenden.

Besonders in der Toskana und in Umbrien sehr geschätzt: Bandnudeln mit Kaninchenragout

Spaghetti mit Garnelen

Spaghetti con gamberetti

Gelingt leicht

Zutaten für 4 Personen
350 g ausgelöste Garnelen, frisch oder tiefgefroren
3 Knoblauchzehen
5 Zweige Basilikum
1/2 Bund Petersilie
300 g reife Fleischtomaten
100 g Butter
Salz
weißer Pfeffer aus der Mühle
400 g dünne Spaghetti oder Bucatini (dünne Makkaroni)
1 Eßlöffel Olivenöl

Pro Portion: 2600 kJ/ 620 kcal
Zubereitungszeit: 45 Minuten

Tiefgekühlte Garnelen auftauen lassen. Knoblauch schälen und ganz fein hacken. Basilikum und die Petersilie getrennt fein hacken. Die Tomaten überbrühen, häuten und vierteln. Das Fruchtfleisch ohne Stielansätze und Kerne fein hacken.

Die Garnelen waschen und grob zerkleinern. Die Butter nicht zu stark erhitzen. Den Knoblauch unter Rühren etwa 5 Minuten bei schwacher Hitze braten, bis er ganz leicht gelb wird.

Die Garnelen zugeben; ein paarmal umrühren. Tomaten und Basilikum unterrühren. Alles salzen und pfeffern, etwa 15 Minuten zugedeckt bei schwacher Hitze leise köcheln lassen.

Die Nudeln in Salzwasser mit dem Öl »al dente« (siehe Seite 101) garen. Abtropfen lassen und mit der Petersilie und dem Garnelensugo vermischen oder beides getrennt servieren.

Spaghetti mit Fischsugo

Spaghetti con pesce

Raffiniert

Zutaten für 4 Personen
450 g Goldbarschfilet
Saft von 1 Zitrone
2 Knoblauchzehen
50 g grüne Oliven ohne Stein
3 Sardellenfilets
1 Eßlöffel Kapern
1 Bund Petersilie
400 g Dosentomaten
5 Eßlöffel Olivenöl, extra nativ
125 ml trockener Weißwein
Salz
1 gute Prise gemahlener Peperoncino (kleine, scharfe Pfefferschote), ersatzweise Cayennepfeffer
400 g Spaghetti
1 Eßlöffel Olivenöl

Pro Portion: 2700 kJ/ 650 kcal
Zubereitungszeit: 1 Stunde

Die Fischfilets waschen, trocknen und mit Zitronensaft beträufeln. Den Knoblauch schälen und durchpressen. Die Oliven grob zerkleinern. Sardellen, Kapern und die gewaschene Petersilie kleinhacken. Tomaten etwas abtropfen lassen, den Saft dabei auffangen. Die Tomaten danach durch ein Sieb passieren.

Das Öl erhitzen. Knoblauch, Oliven, Sardellen und Kapern etwa 5 Minuten darin bei schwacher Hitze anbraten. Mit Wein ablöschen und die Flüssigkeit unter Rühren bei mittlerer Hitze verdampfen lassen. Die passierten Tomaten dazugeben. Mit Salz und Peperoncino würzen und etwa 15 Minuten zugedeckt köcheln lassen, bei Bedarf etwas Tomatensaft zugeben. Die Petersilie unterrühren. Die Fischfilets leicht salzen. In die Sauce geben und zugedeckt bei schwacher Hitze etwa 10 Minuten garen. Zwischendurch einmal wenden.

Die Spaghetti in Salzwasser mit dem Öl »al dente« kochen (siehe Seite 101), in ein Sieb gießen und abtropfen lassen.

Das Fischfilet im Topf mit zwei Gabeln zerzupfen und durchmischen. Die Nudeln gründlich mit dem »sugo« vermengen oder beides getrennt servieren.

Conchiglione mit Lachscreme

Conchiglione farcite di salmone

Braucht etwas Zeit

Zutaten für 4 Personen
150 g frisches Lachsfilet
Salz
Pfeffer
Cayennepfeffer
125 g Crème double
1 kleines Ei (Gewichtsklasse S)
2 Eßlöffel Semmelbrösel
12 Conchiglione (große Muschelnudeln zum Füllen)
50 g geschälte, gegarte Garnelen
2 Eßlöffel frisch gehackte Petersilie
40 g kalte Butter und Butter für die Form
250 g reife Tomaten
1 Zweig Estragon
1 Schalotte
1 Eßlöffel trockener Vermouth nach Belieben
100 ml Weißwein (ersatzweise Fischfond aus dem Glas)
3 Eßlöffel Sahne
Und: 1 breite, feuerfeste Form

Pro Portion: 2100 kJ/ 500 kcal
Zubereitungszeit: 1 1/2 Stunden

Den Lachs waschen, trocknen und in Stücke schneiden, mit Salz, Pfeffer und Cayennepfeffer würzen, im Mixer oder mit dem Blitzhacker pürieren. Die Crème double, das Ei und die Semmelbrösel untermischen. Etwa 20 Minuten kühl stellen.

Inzwischen reichlich Salzwasser aufkochen lassen. Die Muschelnudeln (lieber einige mehr nehmen und dann die schönsten füllen) darin nach Packungsanleitung »al dente« kochen (siehe Seite 101), abgießen, mit kaltem Wasser überbrausen und mit der Öffnung nach unten gut abtropfen lassen. Den Backofen auf 220° vorheizen. Eine flache Auflaufform mit Butter ausstreichen.

Die Garnelen kleinschneiden und mit der Petersilie unter die Lachsmasse rühren. Die Mischung vorsichtig mit einem Teelöffel in die Nudeln füllen, in die gebutterte Auflaufform setzen.

Die Tomaten kurz mit kochendem Wasser überbrühen, häuten und entkernen, ohne die Stielansätze fein würfeln. Den Estragon und die Schalotte fein hacken.

In einer Kasserolle den Vermouth mit Weißwein aufkochen lassen, die Schalotten zugeben und die Flüssigkeit bei starker Hitze offen zur Hälfte einkochen lassen.

Die Tomaten und den Estragon unterrühren, 5 Minuten zugedeckt kochen lassen. Die Sahne und nach und nach die kalte Butter in kleine Flöckchen unterschlagen. Mit Salz und Cayennepfeffer abschmecken. Die Sauce über die Nudeln gießen. Im Ofen (Mitte, Umluft 200°) in etwa 15 Minuten goldgelb überbacken.

In der Form auftragen. Dazu frisches Weißbrot und einen trockenen Weißwein, zum Beispiel Vernaccia di San Gimignano, oder gut gekühlten Prosecco servieren.

Variante

Für eine Zucchinifüllung 1 kleinen Zucchino auf der Rohkostreibe raspeln, etwas salzen und kurz ziehen lassen. Dann die Raspel fest ausdrücken und mit 100 g Ricotta (italienischer Frischkäse) und 1 kleinen Ei vermischen, mit gehackter Petersilie, Salz und weißem Pfeffer würzen. In die gekochten Muschelnudeln füllen. Aus gehackten Tomaten (Pizza-Tomaten aus der Dose) und etwas durchgepreßtem Knoblauch eine schnelle Tomatensauce kochen, über die Nudeln gießen und wie oben kurz überbacken.

Nudeln mit scharfer Tomatensauce

Penne arrabbiata

Klassiker

Zutaten für 4 Personen
75 g geräucherter Bauchspeck in Scheiben
1 Zwiebel
2 Knoblauchzehen
3 Eßlöffel Olivenöl
2 getrocknete Peperoncini (Chilischoten)
1 Dose Pizza-Tomaten (Abtropfgewicht 400 g)
50 ml trockener Rotwein (ersatzweise Tomatensaft)
Salz
350 g Penne (siehe Seite 100)
3 Zweige Basilikum
1/2 Teelöffel Pimentkörner
Pfeffer aus der Mühle
75 g Pecorino (Schafkäse), frisch gerieben

Pro Portion: 2300 kJ/ 550 kcal
Zubereitungszeit: 30 Minuten

Speck in feine Streifen schneiden. Zwiebel und Knoblauch pellen und würfeln. 2 Eßlöffel Öl erhitzen. Speck, Zwiebel und Knoblauch darin anbraten. Die Peperoncini zerbröseln, mit Tomaten und dem Rotwein zugeben. Zugedeckt bei schwacher Hitze etwa 15 Minuten köcheln lassen.

Inzwischen reichlich Wasser aufsetzen, die Nudeln mit Salz und 1 Eßlöffel Öl darin »al dente« (siehe Seite 101) kochen. Basilikum waschen und fein hacken. Piment zerstoßen. Unter die Sauce rühren. Salzen, pfeffern.

Die Nudeln abgießen und abtropfen lassen. Mit der Sauce vermischen. Käse extra dazu servieren.

Nudeln mit Linsen

Pasta e lenticchie

Aus Apulien

Zutaten für 4 Personen
160 g getrocknete grüne Linsen
2 Zwiebeln
2 Knoblauchzehen
20 g fetter Speck
60 g Schinkenspeck
6 Stangen Staudensellerie
8 Eßlöffel Olivenöl
1 l Fleischbrühe
200 ml trockener Rotwein (ersatzweise Fleischbrühe)
4 Eßlöffel Aceto balsamico
3 getrocknete Peperoncini (Chilischoten)
7 Pimentkörner
1 Teelöffel Korianderkörner
Salz · Pfeffer aus der Mühle
500 g Tomaten
300 g Spaghetti
2 Eßlöffel Tomatenmark
2 Eßlöffel frisch gehackte glatte Petersilie

Pro Portion: 3200 kJ/ 760 kcal
Einweichzeit: 12 Stunden
Zubereitungszeit: 1 Stunde

Die Linsen abspülen und in kaltem Wasser mindestens 8 Stunden, besser über Nacht einweichen. Am nächsten Tag in ein Sieb gießen und abtropfen lassen.

Zwiebeln und Knoblauch pellen. Speck, Schinkenspeck, Zwiebeln und Knoblauch fein würfeln. Den Staudensellerie waschen. 2 Stangen in Streifen schneiden.

In einem großen Topf 2 Eßlöffel Öl erhitzen, Speckwürfel anbraten. Zwiebel, Knoblauch und Sellerie zugeben und mitbraten. Linsen und die Brühe zugeben, zugedeckt 30–40 Minuten bei schwacher Hitze köcheln lassen. Wein und Aceto balsamico unterrühren. Bei Bedarf noch etwas Wasser zugießen, das Gemüse soll suppig sein. Peperoncini, Piment und Koriander zerstoßen, in die Sauce rühren. Salzen und pfeffern.

Die restlichen Selleriestangen in Streifen schneiden, die Tomaten ohne Stielansätze würfeln. Die Spaghetti in etwa 3 cm lange Stücke brechen. Alles zu den Linsen geben. Tomatenmark einrühren, noch etwa 10 Minuten köcheln lassen. Mit Salz und Pfeffer abschmecken, mit dem restlichen Olivenöl beträufeln und mit Petersilie bestreut servieren.

Im Bild oben: Nudeln mit Linsen
Im Bild unten: Nudeln mit scharfer Tomatensauce

Bandnudeln mit Mangold

Fettuccine di bietole

Vegetarisch

Zutaten für 4 Personen
600 g Mangold
2 Bund Lauchzwiebeln
2 Knoblauchzehen
400 g Vollkorn-Bandnudeln
Salz
2 Eßlöffel Olivenöl, extra nativ
2 Eßlöffel Pinienkerne
200 g Sahne
weißer Pfeffer aus der Mühle
2 Eßlöffel Parmesan, frisch gerieben

Pro Portion: 2600 kJ/ 620 kcal
Zubereitungszeit: 30 Minuten

Mangold waschen und abtropfen lassen. Die Blätter von den Stielen streifen und fein hacken, die Stiele in feine Streifen schneiden. Lauchzwiebeln putzen, waschen und mit dem zarten Grün in feine Ringe schneiden. Den Knoblauch schälen und fein hacken.

Für die Nudeln reichlich Wasser zum Kochen bringen, salzen und die Nudeln bei starker Hitze »al dente« (siehe Seite 101) garen.

Das Öl in einem Topf erhitzen. Lauchzwiebeln und Knoblauch darin andünsten. Die Pinienkerne und die Mangoldstiele hinzufügen und kurz anbraten.

Die Mangoldblätter und die Sahne hinzufügen. Das Gemüse mit Salz und Pfeffer pikant abschmecken und zugedeckt bei mittlerer Hitze etwa 4 Minuten garen, bis die Mangoldstiele bißfest sind.

Den Parmesan unter das Mangoldgemüse mischen und unter Rühren weitergaren bis der Käse geschmolzen ist.

Die Nudeln gründlich abtropfen lassen, dann mit dem Mangold mischen und in vorgewärmten Tellern servieren.

Spaghetti in pikanter Tomatensauce

Spaghetti alla puttanesca

Raffiniert

Zutaten für 4 Personen
3 Knoblauchzehen
10 Sardellenfilets
150 g schwarze Oliven
1 1/2 Eßlöffel Kapern
500 g reife Fleischtomaten
7 Eßlöffel Olivenöl, extra nativ
Salz
1 Messerspitze gemahlener Peperoncino (kleine, scharfe Pfefferschote), ersatzweise Cayennepfeffer
400 g Spaghetti

Pro Portion: 3000 kJ/ 720 kcal
Zubereitungszeit: 1 Stunde

Die Knoblauchzehen schälen und in dünne Scheibchen schneiden. Die Sardellenfilets fein hacken oder wiegen. Die Oliven entkernen und grob hacken. Die Kapern ebenfalls fein hacken.

Die Tomaten kurz mit kochendem Wasser überbrühen, häuten und vierteln, dabei die Stielansätze und die Kerne entfernen. Das Fruchtfleisch grob zerkleinern.

Das Öl erhitzen. Knoblauch bei schwacher Hitze kurz anbraten. Die Sardellen dazugeben und zu Brei zerdrücken. Oliven, Kapern und die Tomaten dazugeben. Mit wenig Salz und dem Peperoncino würzen. Zugedeckt etwa 30 Minuten bei schwacher Hitze leise köcheln lassen.

Inzwischen in einem großen Topf reichlich Salzwasser zum Kochen bringen. Die Spaghetti »al dente« kochen (siehe Seite 101). Die Nudeln in ein Sieb gießen und gut abtropfen lassen. Eine Schüssel vorwärmen. Die Nudeln darin gründlich mit der Sauce mischen. Ohne Käse servieren.

Tip!

Die Sauce mit dem seltsamen Namen (»auf Dirnenart«) paßt auch gut zu schmalen Bandnudeln oder zu gerillten Penne.

Spaghetti mit Speck und Eiern
Spaghetti alla carbonara

Klassiker

Zutaten für 4 Personen
3 Knoblauchzehen
150 g durchwachsener Räucherspeck ohne Schwarte
2 Eßlöffel Schweineschmalz
400 g Spaghetti
Salz
3 Eier
50 g Pecorino (Schafkäse), frisch gerieben
50 g Parmesan, frisch gerieben
weißer Pfeffer aus der Mühle

Pro Portion: 3700 kJ/ 880 kcal
Zubereitungszeit: 40 Minuten

Den Knoblauch schälen. Den Speck fein würfeln.

In einer großen breiten Pfanne (die sich auch zum Servieren eignet) das Schmalz erhitzen. Den Knoblauch darin bei mittlerer Hitze schön braun braten. Dann aus der Pfanne nehmen. Nun die Speckwürfel knusprig braten, in der Pfanne warm halten.

Reichlich Wasser für die Nudeln aufsetzen. Wenn es kocht, salzen und die Spaghetti »al dente« kochen (siehe Seite 101).

Die Eier mit beiden Käsesorten, Salz und Pfeffer mit dem Schneebesen kräftig verschlagen.

Die Spaghetti abtropfen lassen. In der Pfanne mit dem Speck vermischen. Dann die Pfanne vom Herd nehmen, die Eimasse hineingeben und schnell und gründlich mit zwei Gabeln durchrühren, bis alle Nudeln mit der Eiercreme überzogen sind. Die Spaghetti alla carbonara dann sofort in der Pfanne zu Tisch bringen.

»Heu und Stroh«
Paglia e fieno

Schnell

Zutaten für 4 Personen
150 g magerer gekochter Schinken · Salz
400 g gelbe und grüne Tagliatelle (»Paglia e fieno«, schmale Bandnudeln, siehe Seite 100)
80 g Butter
200 g Sahne
100 g Parmesan, frisch gerieben
weißer Pfeffer aus der Mühle
Muskatnuß, frisch gerieben

Pro Portion: 3400 kJ/ 810 kcal
Zubereitungszeit: 20 Minuten

Den Schinken in ganz kleine Würfel schneiden. Reichlich Wasser aufsetzen. Wenn es kocht, salzen und die Nudeln »al dente« garen (siehe Seite 101). In ein Sieb gießen und abtropfen lassen.

In einer großen Kasserolle (möglichst ein »gutes Stück«, damit man sie auch zu Tisch bringen kann) die Butter schmelzen, Sahne zugießen. Den Parmesan gleichmäßig unter die leicht erwärmte Buttersahne rühren. Mit Salz, Pfeffer und Muskatnuß würzen.

Den Schinken und die Nudeln in die Sauce geben und gut untermischen. Zugedeckt bei ganz schwacher Hitze 1–2 Minuten ziehen lassen, dann in der Kasserolle servieren.

Variante

Für eine vegetarische Version statt des Schinkens 200 g Steinpilze (oder auch braune Champignons) putzen und mit Küchenpapier säubern, in feine Scheiben schneiden. In der Kasserolle in Butter braten, bis der austretende Saft ganz verdampft ist. Sahne zugießen, mit zerdrücktem Knoblauch, Salz, Pfeffer und gehackter Petersilie würzen. Kurz aufkochen, dann unter die gegarten Tagliatelle mischen. Den geriebenen Parmesan extra dazu servieren.

Grüne Ravioli mit Zitronen-Hack-Füllung

Ravioli verde al limone

Raffiniert

Zutaten für 4 Personen
Für den Teig:
1 Bund glatte Petersilie
1 Eßlöffel Öl
Salz
400 g Mehl
4 Eier
Mehl zum Ausrollen
Für die Füllung:
1 Schalotte
1 Knoblauchzehe
1 Eßlöffel Öl
300 g Lammhackfleisch
Salz
Pfeffer aus der Mühle
50 ml trockener Weißwein
5 Zweige Zitronenmelisse
1 Bund glatte Petersilie
2 Teelöffel geriebene Zitronenschale (von einer unbehandelten Zitrone)
2 Eßlöffel Parmesan, frisch gerieben
2 Eßlöffel Semmelbrösel
2 Eier
Außerdem:
100 g Butter
75 g Parmesan

Pro Portion: 3886 kJ/ 930 kcal
Zubereitungszeit: 1 1/2 Stunden

Für den Nudelteig die Petersilie waschen, die Blättchen von den Stengeln zupfen und grob hacken. Mit dem Öl und einer guten Prise Salz sehr fein pürieren.

Aus Mehl, Eiern, 1/4 Teelöffel Salz, 1 Eßlöffel Wasser und dem Petersilienpüree einen glatten Teig kneten. In Frischhaltefolie wickeln und 30 Minuten bei Zimmertemperatur quellen lassen.

Inzwischen für die Füllung die Schalotte und den Knoblauch schälen, beides sehr fein hacken. Öl in einer Pfanne stark erhitzen. Das Lammhackfleisch unter Rühren anbraten, Schalotte und Knoblauch dazugeben und kurz mitdünsten. Das Fleisch salzen, pfeffern und den Wein dazugießen. Alles zusammen noch 5 Minuten offen bei mittlerer Hitze köcheln, dann abkühlen lassen.

Zitronenmelisse und die Petersilie waschen und bis auf ein paar Blättchen zum Garnieren fein hacken. Kräuter mit der Zitronenschale, Käse, Semmelbröseln und den Eiern unter das Hackfleisch mischen und kräftig abschmecken.

Den Nudelteig auf einer nur leicht bemehlten Arbeitsfläche dünn ausrollen oder durch eine Nudelmaschine drehen. Auf die Hälfte des Teiges im Abstand von 3 cm je 1 Teelöffel der Zitronen-Hackfleisch-Füllung setzen. Die andere Teighälfte mit Wasser bestreichen und über die Füllung legen.

Die Teigzwischenräume gut andrücken, dann mit einem Ausstecher runde Ravioli ausstechen. Auf ein bemehltes Küchentuch legen und etwa 10 Minuten antrocknen lassen.

In einem großen Topf reichlich Salzwasser aufkochen. Die Ravioli portionsweise hineingeben und offen bei schwacher Hitze 10–12 Minuten sanft garen.

Inzwischen die Butter erhitzen und den Käse reiben. Die Ravioli herausheben, abtropfen lassen und mit Butter, Kräuterblättchen und Käse auf vorgewärmten Tellern anrichten.

Tip!

Die grünen Ravioli passen auch gut als Einlage in einer kräftigen Fleisch- oder Gemüsebrühe. Die Menge reicht dann als Suppe für 6–8 Personen.

Sie sehen nicht nur schön aus, sie schmecken auch gut: Selbstgemachte grüne Ravioli mit einer pikanten Füllung aus Lammhackfleisch, mit Butter und Parmesan serviert

Ravioli in Tomatensauce
Ravioli al pomodoro

Gelingt leicht

Zutaten für 4 Personen
1 Zwiebel
1/2 Bund Basilikum
800 g Dosentomaten
8 Eßlöffel Olivenöl, extra nativ
Salz
2 Prisen gemahlener Peperoncino (kleine, scharfe Pfefferschote), ersatzweise Cayennepfeffer
1 Prise Zucker
1 Lorbeerblatt
500 g Ravioli aus der Tüte (mit Fleisch- oder Frischkäsefüllung); bei Frischware 800 g nehmen
80 g Parmesan, frisch gerieben

Pro Portion: 2300 kJ/ 550 kcal
Zubereitungszeit: 1 Stunde

Die Zwiebel schälen und klein würfeln. Das Basilikum möglichst nur mit Küchenpapier abreiben, die Blättchen grob zerkleinern. Die Tomaten zerdrücken.

In einer Kasserolle 5 Eßlöffel Öl erhitzen. Die Zwiebelwürfel bei mittlerer Hitze etwa 5 Minuten anbraten, dann die Tomaten dazugeben. Mit Salz, Peperoncino, Zucker, Lorbeerblatt und Basilikum würzen. Die Sauce offen etwa 30 Minuten eindicken lassen.

Dann in einem großen Topf reichlich Salzwasser mit 1 Eßlöffel Olivenöl zum Kochen bringen, die Ravioli darin »al dente« garen (siehe Seite 101).

Das Lorbeerblatt aus der Sauce entfernen. Das restliche Öl untermischen und die Sauce nachwürzen. Eine Schüssel vorwärmen.

Die Ravioli vorsichtig in der Schüssel mit der Sauce mischen oder beides getrennt servieren. Den Käse extra dazu reichen.

Ravioli mit Ricottafüllung
Ravioli di ricotta

Vegetarisch

Zutaten für 4 Personen
160 g Mehl
160 g Hartweizengrieß
2 mittelgroße Eier (Gewichtsklasse L)
Salz
2 Teelöffel Olivenöl
100 g zarter Blattspinat
2 Knoblauchzehen
400 g weiche Ricotta (Frischkäse)
Muskatnuß, frisch gerieben
weißer Pfeffer aus der Mühle
4 Zweige frischer Salbei
6 Eßlöffel Butter
Außerdem: Parmesan, frisch gerieben

Pro Portion: 3000 kJ/ 720 kcal
Zubereitungszeit: 2 Stunden

Für den Teig Mehl mit Grieß vermischen. Mit Eiern, 1 kräftigen Prise Salz und Olivenöl zu einem glatten, geschmeidigen Teig verkneten. Zu einer Kugel formen, in ein feuchtes Tuch wickeln und etwa 30 Minuten ruhen lassen.

Den Spinat verlesen und in stehendem kaltem Wasser gründlich waschen. Dann in kochendem Salzwasser etwa 1 Minute blanchieren. Spinat kalt abschrecken, abtropfen lassen und die Flüssigkeit mit den Händen so gut wie möglich ausdrücken. Den Spinat dann fein hacken. Knoblauchzehen schälen und durch die Presse drücken.

Ricotta mit dem Spinat und durchgepreßtem Knoblauch mischen und mit Salz, Muskat und Pfeffer pikant abschmecken.

Den Nudelteig noch einmal kräftig durchkneten, dann in 4–6 Portionen teilen und mit der Nudelmaschine (oder dem Nudelholz) zu dünnen Platten ausrollen. Die Teigstücke, die noch nicht in Arbeit sind, im feuchten Tuch lassen, sonst trocknen sie aus.

Eine Teighälfte in Abständen von etwa 4 cm mit je 1 Teelöffel Füllung belegen. Mit der zweiten Teighälfte abdecken. Den Teig um die Füllung herum leicht andrükken und mit einem Teigrädchen oder Messer Nudeltaschen ausschneiden. Die Ränder mit einer Gabelspitze rundum zusammendrücken.

Für die Sauce den Salbei waschen und trockentupfen. In einem großen Topf reichlich Salzwasser zum Kochen bringen.

Die Ravioli im kochenden Wasser etwa 3 Minuten ohne Deckel leise köcheln lassen. Inzwischen die Butter schmelzen und leicht braun werden lassen. Die Salbeiblätter darin schwenken.

Die Ravioli abtropfen lassen, in vorgewärmte Teller geben und mit der Salbeibutter übergießen. Den frisch geriebenen Parmesan extra dazu servieren.

Ravioli mit Salbeibutter

Ravioli al burro e salvia

Schnell

Zutaten für 4 Personen
4 Portionen Ravioli (Fertigfrischprodukt, 500 g)
Salz
2 Schalotten
2 Knoblauchzehen
60 g Butter
2 Teelöffel getrockneter Salbei
Pfeffer aus der Mühle
4 Eßlöffel Parmesan, frisch gerieben

Pro Portion: 2200 kJ/ 530 kcal
Zubereitungszeit: 20 Minuten

Reichlich Wasser in einem Topf aufkochen, salzen. Die Ravioli darin nach Packungsanweisung nicht zu weich kochen.

Die Schalotten schälen und sehr fein hacken. Die Knoblauchzehen schälen und durch die Knoblauchpresse drücken. Die Butter in einem Topf erhitzen. Schalotten und Knoblauch darin bei schwacher Hitze etwa 5 Minuten dünsten. Den Salbei zugeben und mit Salz und Pfeffer abschmecken.

Die Ravioli in ein Sieb abgießen und gut abtropfen lassen. Auf vorgewärmte Teller verteilen und mit der Buttersauce übergießen. Zum Schluß mit Parmesan bestreuen.

Tortellini mit Tomatensahne

Tortellini cardinale

Gelingt leicht

Zutaten für 4 Personen
300 g reife Tomaten
2 Knoblauchzehen
4 Portionen Tortellini (Fertigfrischprodukt, 500 g) · Salz
2 Eßlöffel Olivenöl
250 g Crème fraîche
Pfeffer aus der Mühle
1 Eßlöffel frisch gehackter Oregano

Pro Portion: 1920 kJ/ 460 kcal
Zubereitungszeit: 30 Minuten

Stielansätze der Tomaten entfernen. Tomaten kurz überbrühen, häuten, quer halbieren und entkernen. Das Fruchtfleisch klein würfeln. Knoblauch schälen und fein hacken.

Für die Nudeln reichlich Wasser aufsetzen, salzen und 1 Eßlöffel Olivenöl zugeben. Die Tortellini nach Packungsangabe kochen.

In einer Kasserolle 1 Eßlöffel Olivenöl erhitzen, Knoblauch glasig andünsten. Die Tomaten zugeben und etwa 5 Minuten sachte dünsten, bis sie zerfallen. Die Crème fraîche in die Sauce rühren, etwas einkochen lassen, mit Salz, Pfeffer und gehacktem Oregano würzen.

Die Tortellini abgießen, abtropfen lassen und mit der Sauce vermischen. Sofort servieren (dazu keinen Käse reichen).

Tip!

Wenn die Tomaten nicht sehr reif sind, noch etwas Tomatenmark in die Sauce rühren, bis sie schön kardinalrot gefärbt ist.

Tortellini in Sahnesauce

Tortellini alla panna

Berühmtes Rezept

Zutaten für 4 Personen
Für den Teig:
250 g Mehl und Mehl zum Ausrollen
1 Ei · Salz
1 Eßlöffel Olivenöl
Für die Füllung:
1/8 l Hühnerbrühe
150 g Hähnchenbrustfilet
1 Eßlöffel Crème fraîche
3 Eßlöffel Parmesan, frisch gerieben
1 Eigelb
1/2 Teelöffel abgeriebene Schale von einer unbehandelten Zitrone
Salz · Pfeffer aus der Mühle
Muskatnuß, frisch gerieben
Für die Sauce:
40 g Butter
250 g Sahne
Muskatnuß, frisch gerieben
80 g Parmesan, frisch gerieben

Pro Portion: 2840 kJ/ 680 kcal
Zubereitungszeit: 1 1/4 Stunden

Das Mehl in eine Schüssel geben, mit 5–6 Eßlöffeln Wasser, dem Ei, Salz und Olivenöl vermischen und zu einem glatten, weichen Teig kneten. Mit Mehl bestäuben, in Folie wickeln und bei Zimmertemperatur 20 Minuten ruhen lassen.

Für die Füllung die Brühe aufkochen, das Hähnchenfilet hineinlegen und zugedeckt 15 Minuten leise sieden lassen. Herausheben und abtropfen lassen. Mit einem großen Messer oder im Blitzhakker sehr fein zerkleinern. In eine Schüssel füllen und mit der Crème fraîche, Parmesan und Eigelb vermischen, mit Zitronenschale, Salz, Pfeffer und Muskat würzen.

Ein Viertel des Nudelteiges abreißen und auf der bemehlten Arbeitsfläche (oder mit der Nudelmaschine) hauchdünn ausrollen. Aus dem Teig Kreise von 5 cm Ø ausstechen.

Jeweils 1/2 Teelöffel Füllung auf die Mitte der Teigkreise geben, die Kreisränder anfeuchten und jedes Teigstück in der Mitte zu einem Halbkreis falten, die Ränder fest zusammendrücken. Die Ecken jedes Halbkreises etwas auseinanderziehen, um den Zeigefinger wickeln und die Spitzen überlappend zusammendrücken.

Die fertigen Tortellini auf ein mit Mehl bestreutes Tuch legen und etwas antrocknen lassen. Den übrigen Teig nach und nach ebenso verarbeiten.

Reichlich Salzwasser aufsetzen. Die Tortellini ins kochende Wasser streuen, vorsichtig umrühren, damit sie nicht zusammenkleben. Bei mittlerer Hitze etwa 8 Minuten ohne Deckel kochen.

In der Zwischenzeit in einer großen Kasserolle (später müssen auch die Tortellini noch darin Platz haben) die Butter und etwa 100 ml Sahne erwärmen und mit Salz und Muskat würzen.

Die Tortellini mit einem Schaumlöffel aus dem Wasser heben, in einem Sieb abtropfen lassen. Dann vorsichtig in die Sahnesauce gleiten lassen und unter Rütteln der Kasserolle mit der Sauce mischen. Löffelweise abwechselnd den Käse und die restliche Sahne nach und nach dazugeben. Dabei die Kasserolle immer bewegen, damit die Sauce glatt wird und sich gleichmäßig um die Tortellini legt. Gleich auf vorgewärmten Tellern servieren.

Tip!

Für eine vegetarische Füllung etwa 150 g Ricotta (oder sehr gut abgetropften Sahnequark) mit fein gehacktem Spinat oder Mangold, 1 Eigelb, geriebenem Parmesan und Semmelbröseln nach Bedarf vermischen, mit zerdrücktem Knoblauch, Salz, Pfeffer und Muskat würzen.

Die Tortellini in Sahnesauce machen zwar etwas Arbeit, aber so köstlich gibt es sie nicht fertig zu kaufen

Nudeltaschen mit Schafkäse

Culingionis

Vegetarisch

Zutaten für 6 Personen
Für den Teig:
200 g Mehl und Mehl zum Ausrollen
200 g Hartweizengrieß
3 Eier · Salz
Für die Füllung:
300 g Blattspinat
2 Eßlöffel Butter
Muskatnuß, frisch gerieben
200 g frischer, weicher Schafkäse (oder 100 g reiferer Schafkäse und 100 g Frischkäse)
Außerdem:
500 g vollreife Tomaten
2 Eßlöffel Olivenöl
Pfeffer aus der Mühle
50 g Pecorino oder Parmesan, frisch gerieben

Pro Portion: 2300 kJ/ 550 kcal
Zubereitungszeit: 1 1/2 Stunden

Für den Teig das Mehl mit Hartweizengrieß, Eiern und 1 Prise Salz zu einem glatten Nudelteig kneten (bei Bedarf etwas Wasser zugeben). Zur Kugel formen, mit einem feuchten Tuch bedecken und 30 Minuten ruhen lassen.

Für die Füllung den Blattspinat putzen und waschen. Tropfnaß in einen heißen Topf geben, zusammenfallen lassen. Etwas abkühlen lassen, fest auspressen und fein hacken. Butter in einer Pfanne zerlassen und den Spinat kurz andünsten, mit Salz, Pfeffer und Muskat würzen.

Frischen Schafkäse fein zerkrümeln (reiferen Schafkäse mit Frischkäse glattrühren), in einer Schüssel gründlich mit dem Spinat mischen. Abschmecken.

Stielansätze der Tomaten entfernen. Tomaten kurz überbrühen, häuten, quer halbieren und entkernen. Das Fruchtfleisch klein würfeln. In einem Topf 2 Eßlöffel Olivenöl erhitzen, die Tomatenwürfel zugeben und bei milder Hitze zu einer dicken Sauce einköcheln, salzen und pfeffern.

Nudelteig halbieren, auf bemehlter Fläche so dünn wie möglich ausrollen. Auf eine Teigplatte im Abstand von 4 cm je 1 Teelöffel Füllung setzen. Zweite Teigplatte vorsichtig darüber legen. Mit einem Teigrädchen eckige oder runde Ravioli ausschneiden. Kurz antrocknen lassen.

Inzwischen in einem großen Topf 4 l Salzwasser aufkochen. Teigtäschchen portionsweise hineingeben und nach dem Aufwallen 7 Minuten ziehen lassen. Herausheben, gut abtropfen lassen. Tomatensauce untermischen, mit geriebenem Käse bestreuen und servieren.

Gefüllte Teigecken mit Nußsauce

Pansoòti con salsa di noci

Braucht etwas Zeit

Zutaten für 4 Personen
100 g Borretsch
150 g Basilikum und Petersilie
2 Knoblauchzehen
1 Ei
100 g Ricotta (italienischer Frischkäse)
40 g Parmesan, frisch gerieben
Salz
Pfeffer aus der Mühle
300 g Weizenmehl und Mehl zum Ausrollen
125 ml trockener Weißwein
100 g Walnußkerne und Walnußkerne zum Garnieren
4 Eßlöffel Weißbrotkrume
4 Eßlöffel Olivenöl
4 Eßlöffel Dickmilch

Pro Portion: 3100 kJ/ 740 kcal
Zubereitungszeit: 1 1/2 Stunden

Für die Füllung Kräuter waschen, Borretsch in wenig Salzwasser kurz aufkochen. In einem Sieb abtropfen lassen, ausdrücken. Alle Kräuter sehr fein hacken.

Die Knoblauchzehen schälen und zu den Kräutern pressen, mit dem Ei, Ricotta und der Hälfte vom Parmesan gründlich vermengen. Mit Salz und Pfeffer würzen.

Für den Teig das Mehl mit Wein, 1 Prise Salz und etwas Wasser zu einem festen, elastischen Teig kneten. 20 Minuten bedeckt ruhen lassen. Danach auf leicht bemehlter Fläche 2–3 mm dick ausrollen und in Quadrate von 5–6 cm Kantenlänge schneiden.

Auf jedes Teigstückchen eine Portion der Füllung setzen. Teigränder mit Wasser bestreichen, zu Dreiecken zusammenklappen und die Ränder leicht andrücken.

Für die Sauce die Walnußkerne kurz überbrühen und die feine Haut abziehen. Die Brotkrume in Wasser einweichen, gut ausdrücken. Mit den Nußkernen und etwas Salz im Mörser zu einer Creme zerreiben (oder im Mixer zerkleinern). Durch ein Sieb streichen, eßlöffelweise Olivenöl und Dickmilch unterrühren.

Reichlich Salzwasser aufkochen. Die Pansoòti etwa 15 Minuten garen, abtropfen lassen und mit der Nußsauce mischen. Sofort heiß servieren, mit restlichem Parmesan bestreuen. Nach Belieben noch mit halbierten Walnußkernen garnieren.

Nudelauflauf mit Tomatensauce

Maccheroni al forno

Ideal für Kinder

Zutaten für 6 Personen
Für den Auflauf:
400 g Putenbrustfilet
4 Eßlöffel Pesto (Basilikumpaste, siehe auch Seite 106)
400 g Makkaroni
Salz
je 1 rote, gelbe und grüne Paprikaschote
1 Bund Basilikum
100 g Parmesan, frisch gerieben
1 Eßlöffel Kapern
4 Eier
100 g Mascarpone
5 Eßlöffel Milch
Pfeffer aus der Mühle
Für die Tomatensauce:
1 kleine Zwiebel
1 Knoblauchzehe
2 Eßlöffel Olivenöl
1 Eßlöffel Tomatenmark
1 Dose geschälte Tomaten (400 g Inhalt)
1 Teelöffel getrockneter Oregano
Salz · Pfeffer aus der Mühle
Zucker
Außerdem: Öl für die Form

Pro Portion: 2910 kJ/ 700 kcal
Zubereitungszeit: 1 1/2 Stunden

Das Fleisch in 2 cm dicke Streifen schneiden, mit Pesto einreiben und 30 Minuten marinieren lassen. Die Nudeln in Salzwasser in 8–10 Minuten bißfest kochen. Die Paprikaschoten waschen, halbieren, putzen und in 2 cm breite Streifen schneiden. Basilikum waschen, die Blätter in Streifen schneiden.

Backofen auf 200° vorheizen. Eine 2 l fassende Auflaufform einölen. Die Nudeln abgießen, abtropfen lassen und mit Basilikum vermischen. Ein Drittel in der Form verteilen, ein Drittel vom Parmesan darüber streuen. Fleisch, Paprika und Kapern vermischen, zur Hälfte auf die Nudeln geben. Auf diese Weise die Form füllen, den Abschluß bilden Nudeln und Käse.

Eier, Mascarpone und Milch verquirlen, mit Salz und Pfeffer würzen und über die Nudeln gießen.

Den Auflauf im Ofen (Mitte, Umluft 180°) 30–40 Minuten garen, bis er gestockt ist und eine schöne Kruste hat.

Inzwischen für die Sauce Zwiebel und Knoblauch schälen, würfeln und im Öl andünsten. Tomatenmark zugeben und kurz mitdünsten. Tomaten unterrühren und alles 20 Minuten kochen lassen.

Oregano einstreuen und 10 Minuten mitkochen lassen. Die Sauce mit Salz, Pfeffer und 1 Prise Zucker abschmecken und mit dem Pürierstab etwas zerkleinern; eventuell durch ein Sieb streichen. Die Sauce getrennt zu dem Auflauf servieren.

Pfannkuchen mit Gemüse

Crespelle di magro

Vegetarisch

Zutaten für 4 Personen
80 g Mehl
200 ml Milch
2 Eier
Salz
2 Eßlöffel Sonnenblumenöl
1 Zwiebel
2 Möhren (etwa 200 g)
1 große Fenchelknolle (etwa 250 g)
100 g Crème fraîche
150 g Quark (20% Fett)
75 g Sauerampfer
75 g Parmesan, frisch gerieben
Pfeffer aus der Mühle
1 Dose Pizza-Tomaten (400 g)
1 Bund Basilikum
1 Bund Thymian
etwas Öl für die Pfanne
Fett für die Form

Pro Portion: 2100 kJ/ 500 kcal
Zubereitungszeit: 1 Stunde

In einer Schüssel Mehl mit der Milch verquirlen, dann die Eier, eine Prise Salz und 1/2 Eßlöffel Öl unterrühren, etwa 15 Minuten quellen lassen.

Inzwischen die Zwiebel und die Möhren schälen, die Fenchelknolle putzen und waschen. Alles sehr fein würfeln. In einem mittelgroßen Topf in 1/2 Eßlöffel Öl andünsten.

Die Crème fraîche einrühren und fast einkochen lassen. Den Topf vom Herd nehmen, den Quark einrühren. Den Sauerampfer entstielen, die Blätter hacken und mit der Hälfte des geriebenen Parmesans unters Gemüse mischen. Mit Salz und Pfeffer abschmecken.

Den Backofen auf 220° vorheizen. Eine beschichtete Pfanne mit Öl ausstreichen, aus dem Teig nacheinander 4 dünne Pfannkuchen (Crespelle) backen, sie sollen nur wenig bräunen. Fertige Pfannkuchen auf Küchenpapier legen und abkühlen lassen.

Auf jeden Pfannkuchen ein Viertel der Gemüsemischung geben und aufrollen. Eine flache Auflaufform mit Fett ausstreichen, die Crespelle nebeneinander hineinlegen.

Die Pizza-Tomaten erhitzen. Die Blättchen von Basilikum und Thymian einrühren, mit wenig Salz und Pfeffer abschmecken. Die Mischung über die Crespelle streichen und mit dem restlichen Parmesan bestreuen.

Die Crespelle im Backofen (Mitte, Umluft 200°) etwa 15 Minuten überbacken, bis der Käse leicht gebräunt ist. Mit einem grünen Salat servieren.

Variante

Crespelle, die dünnen, zarten Pfannkuchen, findet man in vielen Variationen in ganz Italien. Für gefüllte Pilzpfannkuchen (Crespelle ai funghi) werden etwa 400 g braune Champignons geputzt und in Scheiben geschnitten, mit gehackter Zwiebel und Knoblauch angedünstet. Abkühlen lassen und mit 250 g Ricotta (Frischkäse), gehackter Petersilie und 1 Ei vermischen. 3 Eßlöffel Pinienkerne in einer Pfanne ohne Fett hellbraun rösten, zur Ricottamischung geben, in die Pfannkuchen füllen. 150 g Gorgonzola mit etwas Milch cremig rühren und darüber gießen, nach Belieben einige Butterflöckchen darauf verteilen. Wie die Gemüse-Crespelle überbacken.

Die köstlichen gefüllten Pfannkuchen sind eigentlich eine Vorspeise. Wenn Sie aber die doppelte Menge – wie auf dem Bild – zubereiten, können Sie sie als Hauptgericht servieren

Gefüllte Nudelrollen
Cannelloni

Gut vorzubereiten

Zutaten für 4 Personen
2 kleine Zwiebeln
2 Knoblauchzehen
400 g Dosentomaten
1 Bund Petersilie
6 Eßlöffel Olivenöl, extra nativ
Salz
weißer Pfeffer aus der Mühle
250 g Spinat
100 g gekochter Schinken ohne Schwarte
350 g Hackfleisch (gemischt von Kalb und Schwein)
2 Eier
100 g Parmesan, frisch gerieben
20 Cannelloni (mit Vorkochen; oder 18 vorgekochte Cannelloni)
50 g Butter
25 g Mehl
175 ml Milch
Für die Form: Butter

Pro Portion: 4300 kJ/ 1030 kcal
Zubereitungszeit: 2 1/4 Stunden

Die Zwiebeln und den Knoblauch schälen. Die Zwiebel fein hacken. Den Knoblauch durch die Knoblauchpresse drücken. Die Tomaten mit einer Gabel zerdrücken. Die Petersilie waschen, trocknen und kleinhacken.

In einer Kasserolle 3 Eßlöffel Öl erhitzen, die Hälfte der Zwiebeln und des Knoblauchs sowie die Petersilie darin bei mittlerer Hitze etwa 5 Minuten anbraten. Dann die Tomaten dazugeben. Alles salzen, pfeffern und bei schwacher Hitze zugedeckt etwa 30 Minuten leise köcheln lassen.

Inzwischen den Spinat mehrmals gründlich waschen, tropfnaß in einen Topf geben und bei schwacher Hitze zugedeckt so lange dämpfen, bis die Blätter zusammenfallen. Dann in einem Sieb abtropfen lassen, gut ausdrücken und kleinhacken. Den Schinken ebenfalls kleinhacken.

Das restliche Öl erhitzen. Die restlichen Zwiebeln und Knoblauch bei mittlerer Hitze etwa 5 Minuten anbraten. Dann das Hackfleisch bei starker Hitze etwa 5 Minuten mitbraten. Das Fleisch dabei mit einer Gabel zerdrücken, damit es nicht klumpt. Dann mit Spinat und dem Schinken in eine Schüssel geben, etwas abkühlen lassen. Für die Füllung diese Zutaten mit den Eiern und der Hälfte des Käses, Salz und Pfeffer gründlich vermischen.

Wenn die Cannelloni vorgekocht werden müssen: In reichlich Salzwasser knapp »al dente« (siehe Seite 101) garen. Mit einem Schaumlöffel in ein Sieb heben, abtropfen lassen und nebeneinander auf ein Tuch legen.

Für die Béchamelsauce 25 g Butter schmelzen. Das Mehl darin kurz anschwitzen lassen. Die Milch unter Rühren mit dem Schneebesen langsam dazugießen, aufkochen und bei schwacher Hitze ein paar Minuten ziehen lassen; dann die Sauce salzen und pfeffern.

Den Backofen auf 200° vorheizen. Eine rechteckige feuerfeste Form mit Butter ausstreichen.

Die vorgekochten oder rohen Cannelloni mit der Fleisch-Spinat-Masse füllen.

Die Hälfte der Tomatensauce auf dem Boden der Form verteilen. 10 Cannelloni nebeneinander darauflegen. Die Hälfte der Béchamelsauce darüberlöffeln. Darauf die restlichen Cannelloni legen und mit der übrigen Tomaten- und Béchamelsauce übergießen. Den restlichen Parmesan darüber streuen. Die übrige Butter in Flöckchen darauf setzen.

Die Cannelloni in den Backofen (Mitte, Umluft 180°) schieben und so lange backen, bis der Käse zerlaufen ist und leicht bräunt. Das dauert etwa 20–30 Minuten (bei Cannelloni ohne Vorkochen etwa 30–35 Minuten).

Cannelloni mit Mozzarella und Tomaten

Cannelloni alla napoletana

Vegetarisch

Zutaten für 6 Personen
250 g Weizenmehl (oder Dinkel, fein gemahlen) und Mehl für die Arbeitsfläche
1 Ei
1 Eigelb
1 Eßlöffel Olivenöl, extra nativ
Salz
750 g reife Tomaten
2 Bund Basilikum
1 Bund frischer Thymian
4 Knoblauchzehen
450 g Mozzarella
weißer Pfeffer aus der Mühle
50 g Parmesan, frisch gerieben

Pro Portion: 1700 kJ/ 410 kcal
Zubereitungszeit: 2 Stunden

Für den Teig das Mehl in eine Schüssel geben und mit Ei, dem Eigelb, Öl, 1 kräftigen Prise Salz und 5 Eßlöffel lauwarmem Wasser mischen und zu einem glatten, geschmeidigen Teig verkneten. Der Teig soll weich sein, darf aber nicht an den Fingern kleben. Ist er zu trocken, noch etwas lauwarmes Wasser untermischen; ist er zu weich, noch etwas mehr Mehl unterarbeiten.

Den Teig zu einer Kugel formen, in ein feuchtes Tuch oder in Pergamentpapier wickeln und bei Zimmertemperatur etwa 30 Minuten ruhen lassen.

Stielansätze der Tomaten entfernen. Tomaten kurz überbrühen, häuten, quer halbieren und die Kerne entfernen. Das Fruchtfleisch klein würfeln.

Die Kräuter waschen und trocknen. Einen Teil des Basilikums zum Bestreuen des fertigen Gerichts beiseite legen, das restliche Basilikum ohne die groben Stiele fein hacken. Die Thymianblättchen von den Stielen streifen. Die Knoblauchzehen schälen und sehr fein hacken. Den Mozzarella abtropfen lassen und in kleine Würfel schneiden.

Die Tomaten mit dem gehackten Basilikum, Thymian, Knoblauch und Mozzarella mischen. Die Masse mit Salz und Pfeffer pikant abschmecken.

Den Nudelteig noch einmal durchkneten, dann in Portionen teilen. Den Teig auf der leicht bemehlten Arbeitsfläche oder mit der Nudelmaschine zu dünnen Platten ausrollen. Die Platten in 15 x 10 cm große Stücke schneiden.

Teigplatten jeweils mit etwas Füllung belegen und zusammenrollen. Die Rollen mit der Nahtstelle nach unten nebeneinander in eine längliche ofenfeste Auflaufform geben.

Die restliche Füllung mit dem Parmesan mischen und über die Nudelrollen verteilen.

Die Form in den kalten Backofen (Mitte) schieben. Den Backofen auf 200° (Umluft 180°) schalten und die Cannelloni etwa 45 Minuten backen, bis die Oberfläche schön gebräunt ist.

Kurz vor Ende der Garzeit das restliche Basilikum fein hacken. Die Cannelloni damit bestreuen und in der Form servieren.

Variante

In Neapel ist auch eine Ricotta-Schinkenfüllung sehr beliebt. Dafür 200 g Ricotta (Frischkäse) mit 2 Kugeln klein gewürfeltem Mozzarella, 75 g gekochtem, fein gehacktem Schinken, 2 Eiern und etwa 80 g frisch geriebenem Parmesan vermischen, mit Salz und Pfeffer abschmecken. Die Nudelrollen mit der Käsemasse füllen. Die Tomatenwürfel über die Cannelloni verteilen, mit Parmesan bestreuen und im Ofen überbacken.

Lasagne mit Auberginen und Tomaten

Lasagne alle melanzane

Vegetarisch

Zutaten für 6 Personen
250 g Weizenmehl (oder Dinkel, fein gemahlen) und Mehl für die Arbeitsfläche
Salz
1 Ei
1 Eigelb
1 Eßlöffel Olivenöl, extra nativ
2 kleine Auberginen (etwa 400 g)
600 g vollreife Tomaten
300 g junge Zucchini
1/2 Bund frischer Rosmarin
Für die Sauce:
50 g Weizenmehl (oder Dinkel, fein gemahlen)
500 ml Milch
200 g Sahne
100 g Parmesan, frisch gerieben
weißer Pfeffer aus der Mühle
Cayennepfeffer
150 g Mozzarella

Pro Portion: 2200 kJ/ 530 kcal
Zubereitungszeit: 2 1/4 Stunden

Für den Nudelteig das Mehl in einer Schüssel mit 1 kräftigen Prise Salz, dem Ei, Eigelb und Öl vermischen und mit den Händen oder den Knethaken des Handrührgerätes zu einem glatten, geschmeidigen Teig verkneten. Er soll weich sein, aber nicht an den Händen kleben. Bei Bedarf etwas Wasser oder Mehl unterarbeiten. Den Teig zu einer Kugel formen, in ein feuchtes Tuch oder in Pergamentpapier wickeln und bei Zimmertemperatur ruhen lassen, bis die restlichen Zutaten vorbereitet sind.

Die Auberginen waschen, putzen und längs in dünne Scheiben schneiden. Stielansätze der Tomaten entfernen. Tomaten kurz überbrühen, häuten, quer halbieren und entkernen, das Fruchtfleisch in kleine Würfel schneiden. Die Zucchini waschen, putzen und längs in Scheiben schneiden. Den Rosmarin waschen, die Nadeln abzupfen und fein hacken.

Für die Béchamelsauce das Mehl in einem Topf bei mittlerer Hitze ohne Fett anrösten, bis es würzig duftet, aber noch nicht bräunt. Die Milch unter kräftigem Rühren langsam dazugießen. Die Sauce bei schwacher Hitze etwa 10 Minuten leise köcheln lassen. Dann die Sahne und die Hälfte des Parmesans untermischen. Die Sauce so lange unter Rühren weitergaren, bis der Käse geschmolzen ist. Die Béchamelsauce mit Salz, Pfeffer und Cayennepfeffer pikant abschmecken.

Den Nudelteig noch einmal durchkneten und in Portionen teilen. Den Teig auf der leicht bemehlten Arbeitsfläche oder mit der Nudelmaschine zu dünnen Platten ausrollen. Wenn Sie die Nudelmaschine verwenden, drehen Sie den Teig zuerst so lange durch die weiteste Walzenöffnung, bis er glatt ist. Formen Sie ihn dann, die Walzen etwa 4 Stufen enger gestellt, zu dünnen Platten.

Eine größere feuerfeste Form mit etwas Béchamelsauce ausgießen. Die Form mit Teigplatten auslegen und diese mit einigen Zucchini- und Auberginenscheiben belegen. Auf das Gemüse einige Tomatenwürfel geben, mit Salz und Pfeffer würzen und mit etwas Rosmarin bestreuen. Das Gemüse mit etwas Sauce beträufeln.

Auf diese Weise alle Zutaten in die Form schichten. Dabei mit Nudelblättern abschließen. Die restliche Sauce über die eingeschichteten Zutaten füllen. Den Mozzarella abtropfen lassen und in dünne Scheiben schneiden. Mozzarella und restlichen Parmesan auf der Lasagne verteilen.

Die Form in den kalten Backofen (Mitte) schieben. Den Ofen auf 220° (Umluft 200°) schalten und die Lasagne etwa 45 Minuten backen, bis die Oberfläche schön gebräunt ist.

Eine fleischlose Lasagne, mit Auberginen, Zucchini und Tomaten gefüllt, schmeckt nicht nur Vegetariern

Geflügel-Spinat-Lasagne

Lasagne con pollo

Raffiniert

Zutaten für 4 Personen
130 g Mehl und Mehl zum Ausrollen
70 g Hartweizengrieß
2 Eier
1 Eßlöffel Olivenöl · Salz
500 g Spinat
2 Stangen Staudensellerie
100 g braune Chamignons
Saft von 1/2 Zitrone
200 g Hähnchenbrustfilet oder Putenschnitzel
1 Zwiebel
1 Knoblauchzehe
2 Eßlöffel Butter
100 ml Geflügelfond oder Brühe
200 g Crème fraîche
getrockneter Thymian
Pfeffer aus der Mühle
Muskatnuß, frisch gerieben
100 g würziger Hartkäse, möglichst Parmigiano Reggiano
2 Tomaten
1 Kugel Mozzarella

Pro Portion: 3100 kJ/ 740 kcal
Zubereitungszeit: 1 Stunde

Das Mehl mit Grieß mischen, die Eier, Olivenöl und 1 Teelöffel Salz einrühren und zu einem festen Teig kneten. In Folie wickeln.

Spinat gründlich waschen, dicke Stiele entfernen, tropfnaß in einen Topf geben, salzen und 3–5 Minuten zugedeckt kochen. Auf einem Sieb abtropfen lassen. Staudensellerie waschen, längs in Streifen schneiden. Champignons säubern, blättrig schneiden und mit dem Zitronensaft beträufeln.

Hähnchenfleisch in kleine Würfel schneiden. Zwiebel und Knoblauch schälen, fein würfeln. Alles in 1 Eßlöffel Butter anbraten.

Sobald das Fleisch leicht gebräunt ist, Staudensellerie und Champignons dazu geben, durchrühren, Fond und Crème fraîche zugießen. Mit Salz, Thymian, Pfeffer und Muskat abschmecken, zugedeckt etwa 5 Minuten köcheln lassen.

Den Nudelteig vierteln, jedes Stück auf leicht bemehlter Fläche millimeterdünn ausrollen. Auf einem Küchentuch ausbreiten. Den Backofen auf 225° vorheizen.

Den Hartkäse reiben, Tomaten waschen, Stielansätze entfernen und in Scheiben schneiden. Eine flache Auflaufform mit 1 Eßlöffel Butter ausstreichen, abwechselnd Spinat, darauf Ragout, darüber Käse einfüllen, jeweils mit einer Teigplatte abdecken.

Die letzte Teigplatte mit Tomatenscheiben belegen. Mozzarella in Scheiben schneiden und darauf verteilen. Leicht salzen und in den Backofen (Mitte, Umluft 200°) schieben. In etwa 25 Minuten goldbraun backen.

Mangold-Lasagne

Lasagne di bietole

Vegetarisch

Zutaten für 4 Personen
2 mittelgroße Eier
2 Eßlöffel Olivenöl, extra nativ
Meersalz
50 g Grünkern, feingemahlen
170 g Weizenvollkornmehl
450 g Mangold
170 g grüne Paprikaschoten
100 g Zwiebeln
1 Handvoll Petersilie
20 g Butter
1 1/2 Teelöffel gekörnte Gemüsebrühe
500 g reife, aromatische Tomaten
200 g Ricotta oder Doppelrahm-Frischkäse
3 Knoblauchzehen
10 Salbeiblätter
125 g saure Sahne
80 g Parmesan, frisch gerieben
schwarzer Pfeffer aus der Mühle
1 Eßlöffel Thymianblättchen
Für die Form: Butter

Pro Portion: 2600 kJ/ 620 kcal
Zubereitungszeit: 1 1/2 Stunden

Eier, 1 Eßlöffel Öl, 3 Eßlöffel lauwarmes Wasser und 1/2 Teelöffel Salz mit den Knethaken der Küchenmaschine oder des Handrührgerätes leicht verrühren. Das Grünkernmehl und das Weizenmehl (bis auf 1 Eßlöffel) dazugeben und alles zu einem elastischen, nicht zu festen Teig verkneten. Falls er noch klebt, das zurückbehaltene Mehl von Hand unterkneten. Den Teig zu einer Kugel rollen und unter einem angewärmten Topf ruhen lassen.

Die Mangoldblätter von den Stielen trennen und beides gründlich waschen. Die Stiele in 1/2 cm breite Stücke, die Blätter in feine Streifen schneiden.

Die Paprikaschoten vierteln, entkernen und in schmale Streifen schneiden. Die Zwiebeln schälen und mittelfein würfeln. Die Petersilie waschen, Stiele fein schneiden; die Blättchen beiseite legen.

Die Butter, den restlichen Eßlöffel Öl und 1 Eßlöffel Wasser in einem breiten Topf bei schwacher Hitze erwärmen. Die Zwiebeln, die Paprikastreifen und die Mangoldstiele darin zugedeckt etwa 5 Minuten dünsten.

Mangoldblätter, die Petersilienstiele und die gekörnte Brühe zu den Zwiebeln geben. Das Gemüse zugedeckt bei schwacher Hitze in 3–4 Minuten knapp weich garen.

Inzwischen die Tomaten waschen und klein würfeln, dabei die Stielansätze ausschneiden. Tomaten zum Gemüse geben und etwa 3 Minuten ziehen lassen.

100 g Frischkäse in Stückchen auf dem warmen Gemüse verteilen. Den Knoblauch schälen und dazupressen. Salbei und Petersilienblättchen hacken, mit 2 Eßlöffeln saurer Sahne und 60 g Parmesan unter das Gemüse mischen. Mit Salz abschmecken. Den Backofen auf 200° vorheizen. Eine Auflaufform mit Butter einfetten.

Den Teig durchkneten und auf der leicht bemehlten Arbeitsfläche messerrückendick ausrollen. Aus dem Teig Platten in Größe der Form ausschneiden. Abwechselnd Teig und Gemüse in die Form schichten, dabei mit einer Teigplatte abschließen.

Den restlichen Frischkäse in einem kleinen Topf leicht erwärmen, damit er sich besser verrühren läßt. Die restliche saure Sahne unterrühren, mit Salz und Pfeffer würzen. Die Käsecreme so auf den Teigplatten verteilen, daß sie bedeckt sind. Den restlichen Parmesan und den Thymian darüber streuen.

Die Lasagne im Backofen (Mitte, Umluft 180°) etwa 35 Minuten backen, bis die Oberfläche leicht gebräunt ist.

Frühlingsauflauf

Parmigiana primavera

Gelingt leicht

Zutaten für 6 Personen
400 g Farfalle
(Schmetterlingsnudeln) · Salz
6 Eier
150 g tiefgekühlte Erbsen
1 Eßlöffel Butter · Zucker
8 Sardellenfilets (aus dem Glas)
150 g Ricotta
50 g Parmesan, frisch gerieben
2 Eßlöffel gehackte Kräuter (wie Petersilie, Schnittlauch, Kerbel, Basilikum)
Butter für die Form

Pro Portion: 1920 kJ/ 460 kcal
Zubereitungszeit: 1 Stunde

Die Nudeln »al dente« garen (siehe Seite 101), abgießen. 3 Eier in 10 Minuten hart kochen, pellen und sechsteln. Die Erbsen in der Butter andünsten, mit je 1 Prise Salz und Zucker würzen und zugedeckt 5 Minuten garen. Den Backofen auf 200° vorheizen.

Sardellen abspülen und in Stücke schneiden. Die übrigen Eier mit Ricotta und der Hälfte vom Parmesan verrühren. Alle vorbereiteten Zutaten, bis auf die Eisechstel, vermischen. Die Hälfte in eine gebutterte Form geben, die Eier darauf verteilen. Die restliche Masse darüber geben, mit übrigem Käse bestreuen. Den Auflauf im Ofen garen (siehe links).

Risotto & Co.

Risotto, Gnocchi und Polenta haben unsere Küchen nicht so leicht erobern können wie die Pasta. Das liegt wohl daran, daß sie zeitaufwendiger sind.

Aber wer einmal auf den Geschmack gekommen ist, weiß, daß die italienische Fantasie wahre Köstlichkeiten aus Reis, Kartoffeln oder Mais zaubert.

Vorweg: Der Risotto ist männlich (nicht »das« Risotto). Die Polenta ist weiblich, vielleicht weil sie bei der Zubereitung viel Hingabe erfordert. Und die zarten Kartoffelklößchen, Gnocchi, verwandt mit unserem Wort »Nocken«, treten nur in der Mehrzahl auf (nur einen »Gnoccho« wird auch wohl keiner essen).

Alle drei sind die Pasta des Nordens. Risotto wird vor allem in der Po-Ebene, Gnocchi im Piemont und Polenta in den Alpengebieten als erster Hauptgang anstelle der Nudeln serviert, also nie als Beilage. Mit einer Ausnahme: Der Risotto alla milanese (Seite 140), der traditionell als Beilage zum Osso buco (Seite 238) serviert wird. Manche spötteln, das sei typisch für die Mailänder: Nur keine wertvolle Zeit mit einem Pastagang vergeuden.

Risotto

Italien ist der größte Reiserzeuger Europas. Im Piemont, in der Lombardei und in der Emilia-Romagna wird Reis angebaut, aber vor allem Risottoreis mit rundlichen Körnern. »Superfino« ist die klassische italienische Sorte mit relativ kurzen, gerundeten Körnern, nach dem Kochen haben die Reiskörner eine cremige Oberfläche, behalten aber einen herzhaften »al dente«-Kern im Inneren.

Arborio (nicht mit Avorio verwechseln) ist ein beliebter Fino-Reis, aus Rundkornreis gezüchtet. Er bildet sehr große Körner, die 3–4mal so groß sind wie bei unserem Milchreis. Die Körner sind geschliffen und »perlig«, das heißt, in der Mitte des Reiskorns schimmert wie eine Perle ein heller Kern. Besonders gute Sorten sind noch Carnaroli (Fino) und Vialone Nano (Semifino-Sorte), beide fein und perlig.

Avorio ist ein Parboiled-Mittelkornreis, die Körner sind etwas kleiner als beim Arborio und kochen durch die Vorbehandlung besonders körnig. Risotto-Puristen nehmen aber lieber einen Reis, der nicht parboiled-behandelt ist.

Im Gegensatz zu unserem Rundkornreis, dem Milchreis, ist italienischer Risottoreis nicht extra poliert, das heißt, er trägt auf der Oberfläche noch einen feinen Stärkefilm, der wichtig für das Gelingen des echten Risottos ist.

Für Risotto Zwiebel und Gemüse andünsten, bis sie glasig sind

Deshalb ist Milchreis auch nicht unbedingt, wie oft behauptet wird, als Ersatz geeignet. Aber zum Glück gibt es inzwischen fast überall italienischen Risottoreis zu kaufen.

Erster Schritt: Andünsten

Risottoreis nicht waschen! Er muß seinen Stärkefilm behalten und soll beim Andünsten trocken sein. Zunächst aber der Topf: Er sollte mittelgroß, möglichst breit und schwer sein. Darin wird Butter geschmolzen (seltener Olivenöl oder Schweineschmalz). Zunächst fein gehackte Zwiebel und meist noch feinst gewürfeltes Gemüse bei schwacher bis mittlerer Hitze andünsten, bis die Zwiebelwürfel glasig aussehen (»soffritto« sagen die Italiener dazu). Jetzt den Reis einstreuen und unter Rühren dünsten, bis er das Fett aufgenommen hat und ebenfalls glasig ist.

Heiße Brühe

Zu diesem Zeitpunkt sollte die heiße, nicht zu kräftige Brühe bereitstehen, denn sie wird jetzt schöpflöffelweise zugegossen, nie auf einmal. Die Reiskörner sollen gerade mit Flüssigkeit bedeckt sein und müssen ständig gerührt werden, damit sie nicht anhängen. Da immer ohne Deckel gekocht wird, verdampft ein Teil der Brühe, sie wird konzentrierter und man braucht mehr Flüssigkeit für einen Risotto als für einen normal gekochten Reis. Und mehr Kraft, denn es dauert zwischen 15 und 30 Minuten je nach Sorte und Korngröße, bis der Rundkornreis gar ist. Mit »gar« ist aber nicht weich gemeint, sondern – wie bei Pasta – »al dente«, das heißt, die Reiskörner sollen in der Mitte einen kleinen festen Kern haben, der beim Draufbeißen den Zähnen noch einen Widerstand bietet. Also öfter probieren. Falls nach 30 Minuten der Reis noch nicht gar, die Brühe aber schon aufgebraucht ist, können Sie einfach heißes Wasser nachgießen, die Würze der Brühe steckt ja bereits in den Reiskörnern. Im Gegensatz zu Reis als Beilage soll der Risotto zum Schluß schön saftig, fast flüssig sein.

Butter und Käse

Jetzt kommt der letzte Akt: Butter und natürlich frisch geriebener Parmesan. Damit der Risotto schön cremig wird, noch einmal ein gutes Stück Butter zugeben und kräftig durchrühren. Den Käse entweder ganz oder nur zu einem Teil untermischen, den Rest dann zum Bestreuen am Tisch bereitstellen. Mit Salz und Pfeffer abschmecken, auf (vorgewärmte) tiefe Teller verteilen und sofort servieren.

Kleine Klößchen

Vor allem im Piemont, aber auch in anderen Regionen findet man diese kleinen Klößchen, die aus nicht anderem als mehligen Kartoffeln, Mehl und Salz bereitet werden. Manchmal gibt man noch ein bis zwei Eier unter den Teig, um ihn lockerer zu machen. Am wichtigsten ist aber immer die Qualität der Kartoffeln: es muß eine wirklich mehlig kochende Sorte sein, sonst hält der Teig nicht zusammen. Und die Kartoffeln sollten möglichst gleich groß sein, sonst platzen kleine schon auf und werden wässrig, während die großen noch nicht gar sind. Die garen Kartoffeln heiß pellen und durch die Kartoffelpresse drücken, ausdampfen und abkühlen lassen. Auf die mit Mehl bestreute Arbeitsfläche häufen, salzen und nach und nach Mehl einarbeiten, die Masse aber nicht zu sehr bearbeiten, sonst wird sie kleistrig. Und nur so viel Mehl verwenden, bis der Kartoffelteig nicht mehr klebt. Lange Rollen daraus formen, in 2–3 cm lange Stücke teilen und nach Belieben mit einer Gabel Rillen eindrücken, damit sie die Sauce besser aufnehmen. Portionsweise in sprudelnd kochendem Salzwasser garen, bis sie an die Oberfläche steigen.

Für Gnocchi die garen Kartoffeln durchpressen, abkühlen lassen

Pasta der Alpen

Polenta ist die Pasta der Alpenländer, einfach, deftig und sättigend. Doch bis aus dem goldgelben Maisgrieß ein zarter Brei entsteht, braucht es viel Geduld. Polentagrieß erhalten Sie zwar überall, aber auf das Haltbarkeitsdatum achten, zu alter Grieß schmeckt bitter. Wer nicht lange rühren mag, für den gibt es einen vorgegarten Maisgrieß, der in gut 5 Minuten gar ist.

Grundregel: In einem großen, schweren Topf Wasser aufkochen, salzen und den Maisgrieß in feinem Strahl einfließen lassen, dabei muß das Wasser weiter kochen, sonst gibt es Klümpchen. Mit Pfeffer und Muskat würzen und unter ständigem (!) Rühren mit einem Holzlöffel 30 bis 45 Minuten kochen, bis der Brei sich vom Topfrand löst und am Topfboden eine feste Kruste bildet. Wird die Masse zu trocken, immer wieder ein wenig Wasser zugeben. Zuletzt die Polenta in eine vorgewärmte Schüssel gießen, die Kruste vom Topfboden lösen und extra dazu servieren.

Risotto mit Rucola

Risotto con rucola

Vegetarisch

Zutaten für 4 Personen
Für den Risotto:
1 kleine Zwiebel
4 Eßlöffel Butter
400 g Risotto-Reis (Arborio, Carnaroli oder Vialone Nano)
100 ml trockener Weißwein
750 ml kräftige, heiße Gemüsebrühe
50 g Parmesan, frisch gerieben
Salz · Pfeffer aus der Mühle
Außerdem:
100 g Rucola
Parmesan zum Bestreuen

Pro Portion: 2350 kJ/ 560 kcal
Zubereitungszeit: 35 Minuten

Zwiebel schälen und fein hacken. Im breiten Topf 3 Eßlöffel Butter erhitzen. Zwiebel bei schwacher Hitze hellgelb andünsten.

Den Reis zugeben und 2–3 Minuten andünsten. Dabei ständig rühren, die Reiskörner sollen glänzen, vom Fett überzogen sein und fast glasig aussehen, sie dürfen dabei aber nicht braun werden (siehe Seite 136).

Wein zum Reis gießen, unter Rühren einkochen lassen. Dann soviel heiße Brühe zugießen, daß der Reis gerade davon bedeckt ist. Unter ständigem Rühren leicht brodelnd köcheln lassen, bis die Flüssigkeit fast verdampft ist. Dies wiederholen, bis der Reis gar ist, das dauert je nach Reissorte 15–25 Minuten. Die Körner müssen gar sein, aber noch einen winzigen bißfesten Kern haben.

Kurz vor Garzeitende den Rucola waschen, trocknen und in Stücke zupfen. 3/4 der Rucolablätter unter den Risotto heben und noch 2 Minuten mitgaren.

Topf vom Herd ziehen, restliche Butter, den Käse und restlichen Rucola unter den Reis rühren. Mit Salz und Pfeffer abschmecken. Den Risotto noch 2 Minuten zugedeckt ziehen lassen, mit Parmesan bestreut sofort servieren.

Risotto mit Radicchio

Risotto di treviso

Raffiniert

Zutaten für 4 Personen
1 Zwiebel
3 Eßlöffel Butter
400 g Risotto-Reis (siehe Seite 136)
2 Eßlöffel feingehackte Petersilie
125 ml Rotwein
750 ml heiße Fleischbrühe
50 g Parma-Schinken
500 g Radicchio
50 g Parmesan, frisch gerieben
Salz · Pfeffer aus der Mühle

Pro Portion: 2451 kJ/ 590 kcal
Zubereitungszeit: 35 Minuten

Die Zwiebel schälen, fein hacken und bei mittlerer Hitze in 2 Eßlöffeln Butter glasig dünsten. Reis und Petersilie einrühren, andünsten und mit Wein ablöschen, den Wein fast einkochen lassen.

Anschließend soviel heiße Brühe aufgießen, daß der Reis gerade davon bedeckt ist. Unter ständigem Rühren brodelnd köcheln lassen, bis die Flüssigkeit fast verdampft ist. Diesen Vorgang wiederholen, bis der Reis gar ist, das dauert je nach Reissorte und Körnung 15–25 Minuten.

Schinken in Streifen schneiden. Den Radicchio putzen, waschen, ebenfalls streifig schneiden und in der restlichen Butter 5 Minuten bei mittlerer Hitze dünsten.

Schinken, Radicchio und 3 Eßlöffel Käse unter den Reis heben, mit Salz und Pfeffer abschmecken. Den übrigen Käse darüber streuen. Den Risotto kurz ziehen lassen, dann sofort servieren.

Im Bild: Risotto mit Rucola, fein und würzig. Als Vorspeise reicht die Menge auch für 8 Personen. Dazu paßt ein trockener Weißwein, zum Beispiel ein Frascati

Reis mit Erbsen

Risi e bisi

Berühmtes Rezept

Zutaten für 4 Personen
50 g durchwachsener Speck ohne Schwarte
1 Zwiebel
1 Bund Petersilie
3 Eßlöffel Butter
300 g tiefgekühlte Erbsen
1 l Fleischbrühe
250 g Risotto-Reis (siehe Seite 136)
60 g Parmesan, frisch gerieben
Salz
schwarzer Pfeffer aus der Mühle

Pro Portion: 2100 kJ/ 500 kcal
Zubereitungszeit: 55 Minuten

Speck ohne Knorpel und die geschälte Zwiebel klein würfeln. Petersilie waschen, trocknen und die Hälfte davon fein hacken.

In einem breiten Topf 2 Eßlöffel Butter zergehen lassen. Speck, Zwiebel und gehackte Petersilie hineingeben, unter Rühren bei schwacher Hitze anbraten.

Die Erbsen aus der Packung in die Kasserolle schütten, etwa 1/4 l Fleischbrühe angießen und erhitzen. Bei schwacher Hitze etwa 5 Minuten offen garen.

Die restliche Brühe angießen, aufkochen. Den Reis einstreuen, bei mittlerer Hitze offen unter häufigem Rühren in etwa 25 Minuten ausquellen lassen. Die restliche Butter und die Hälfte vom geriebenen Parmesan unter den Risotto mischen. Mit Salz und Pfeffer abschmecken. Die restliche Petersilie hacken und aufstreuen. Den übrigen Parmesan getrennt dazu servieren.

Mailänder Risotto

Risotto alla milanese

Für Gäste

Zutaten für 4 Personen
1 Markknochen
1 Zwiebel
1 l Fleischbrühe
4 Eßlöffel Butter
300 g Risotto-Reis (siehe Seite 136)
1 Döschen Safranfäden
50 g Parmesan, frisch gerieben
Salz
schwarzer Pfeffer aus der Mühle

Pro Portion: 2000 kJ/ 480 kcal
Zubereitungszeit: 50 Minuten

Den Markknochen kurz in eiskaltes Wasser legen, von Blut und Knochensplittern befreien, danach das Mark herausdrücken und in kleine Würfel schneiden.

Die Zwiebel schälen, fein hacken. Die Fleischbrühe in einem Topf erhitzen.

In einem breiten Topf 2 Eßlöffel Butter aufschäumen lassen. Das Rindermark und die Zwiebel hineingeben, bei schwacher Hitze unter Rühren anbraten.

Nun den Reis einstreuen und gründlich mit dem Fett mischen. Einen Schöpflöffel heiße Brühe angießen, die Flüssigkeit unter ständigem Rühren verdampfen lassen. Immer wieder so wenig Brühe angießen, daß der Reis gerade bedeckt ist. Unter ständigem Rühren sanft köcheln lassen.

Nach 20–25 Minuten den Safran in etwas heißer Brühe auflösen, unter den Reis mischen. Die Konsistenz der Reiskörnchen prüfen: sie sollen gar sein, aber noch einen sanften Biß haben. Der Risotto ist perfekt, wenn er feucht und cremig aussieht und in der schräg gehaltenen Kasserolle langsam zum Rand fließt.

Die restliche Butter und den frisch geriebenen Parmesan unter den fertigen Risotto mischen, mit Salz und Pfeffer abschmecken. Vom Herd nehmen, einen Deckel auflegen und noch etwa 1 Minute quellen lassen. Heiß servieren und nach Geschmack noch etwas frisch geriebenen Parmesan extra dazu reichen.

Tip!

Mailänder Risotto wird klassisch als Beilage zum Osso buco (siehe Seite 238) serviert.

Pilz-Risotto

Risotto ai funghi

Vegetarisch

Zutaten für 4 Personen
350 g gemischte Pilze (Egerlinge, Austernpilze, Pfifferlinge)
Salz
Pfeffer aus der Mühle
etwas Zitronensaft
1 Zwiebel
1 Knoblauchzehe
3 Eßlöffel Butter
400 g Risotto-Reis (siehe Seite 136)
125 ml trockener Weißwein
1 Teelöffel getrockneter Thymian
750 ml heiße Gemüsebrühe
1 Handvoll Spinat (30-40 g)
75 g Parmesan, frisch gerieben

Pro Portion: 3418 kJ/ 820 kcal
Zubereitungszeit: 40 Minuten

Die Pilze putzen, in Scheiben schneiden. In einer Pfanne ohne Fett bei starker Hitze anbraten. Salzen, pfeffern und mit Zitronensaft beträufeln.

Zwiebel und Knoblauch schälen, hacken und in einem schweren, breiten Topf bei mittlerer Hitze in 2 Eßlöffeln Butter anbraten. Reis einrühren, andünsten und mit Wein ablöschen. Thymian zugeben und soviel heiße Brühe aufgießen, daß der Reis gerade davon bedeckt ist. Unter ständigem Rühren leicht brodelnd köcheln lassen, bis die Flüssigkeit fast verdampft ist. Diesen Vorgang wiederholen, bis der Reis gar, aber noch bißfest ist, das dauert je nach Sorte und Korngröße 15–25 Minuten.

Den Spinat waschen und streifig schneiden. Mit den Pilzen unter den Reis heben und heiß werden lassen. Die übrige Butter und den Käse untermischen, salzen, pfeffern. Den Risotto kurz ziehen lassen, dann servieren.

Risotto mit Leber

Risotto alla finanziera

Für Gäste

Zutaten für 4 Personen
1 kleine Möhre
1 Zwiebel
1 Knoblauchzehe
3 Eßlöffel Butter
250 g Risotto-Reis (siehe Seite 136)
100 ml trockener Weißwein
2 Teelöffel Tomatenmark
750 ml heiße Hühnerbrühe
250 g frische Hühnerleber
50 g durchwachsener Speck ohne Schwarte
8 Salbeiblätter
Salz · Pfeffer aus der Mühle
4 Eßlöffel Parmesan, frisch gerieben

Pro Portion: 3418 kJ/ 820 kcal
Zubereitungszeit: 40 Minuten

Möhre, Zwiebel und Knoblauch schälen, fein würfeln, in 2 Eßlöffeln Butter bei mittlerer Hitze andünsten. Den Reis einrühren, andünsten, mit Wein ablöschen. Tomatenmark einrühren und anschließend soviel heiße Brühe aufgießen, daß der Reis gerade davon bedeckt ist. Unter ständigem Rühren leicht brodelnd köcheln lassen, bis die Flüssigkeit fast verdampft ist. Diesen Vorgang wiederholen, bis der Reis gar ist, das dauert je nach Sorte und Korngröße 15–20 Minuten.

Die Leber waschen, putzen, mit Küchenpapier trocknen, in Stücke schneiden. Speck in der übrigen Butter ausbraten. Leber und Salbei einrühren, die Leberstücke in 3 Minuten bei mittlerer Hitze braun braten. Salzen und pfeffern.

Parmesan unter den Reis rühren, mit Salz und Pfeffer abschmecken. Risotto kurz ziehen lassen, in tiefe Teller verteilen, die Leber darauf anrichten und servieren.

Tip!

Pilz- und Leber-Risotto reichen als Vorspeise gut für 8 Personen. Sehr beliebt ist im Herbst der Pilz-Risotto mit frischen Steinpilzen. Entweder solo oder mit Zuchtpilzen gemischt verwenden. Zum Risotto wird in Italien am liebsten ein Rotwein, zum Beispiel ein Dolcetto aus dem Piemont, getrunken.

Kartoffelklößchen

Gnocchi di patate

Braucht etwas Zeit

Zutaten für 6 Personen
Für den Teig:
1 kg Kartoffeln (mehligkochende Sorte)
Salz
250 g Mehl
Für die Sauce:
750 g reife Tomaten
1 Zwiebel
1 Eßlöffel Butter
Salz
Pfeffer aus der Mühle
Außerdem:
12 frische Salbeiblättchen
2 Eßlöffel Butter
50 g Parmesan, frisch gerieben

Pro Portion: 1500 kJ/ 360 kcal
Zubereitungszeit: 1 Stunde

Für den Teig Kartoffeln waschen, in Salzwasser aufsetzen und weichkochen. Während die Kartoffeln kochen, bereits die Tomatensauce zubereiten.

Für die Sauce die Stielansätze der Tomaten entfernen. Tomaten kurz überbrühen, häuten, quer halbieren, entkernen und kleinhacken. Die Zwiebel schälen und fein hacken, in der zerlassenen Butter hellgelb andünsten. Die Tomatenstücke einrühren, salzen und pfeffern, langsam bei schwacher Hitze ohne Deckel zu einer sämigen Sauce einköcheln.

Die garen Kartoffeln pellen und noch heiß durch die Kartoffelpresse auf die dünn mit Mehl bestreute Arbeitsfläche drücken.

Das Kartoffelpüree leicht salzen, nach und nach soviel Mehl unterkneten, bis ein glatter, homogener Teig entstanden ist. Die Menge des benötigten Mehls hängt stark von der Kartoffelsorte ab – der Teig soll gerade nicht mehr an den Fingern kleben. Und nicht zuviel kneten, sonst wird der Teig feucht und zäh und braucht zuviel Mehl.

Zum Formen der Gnocchi eigroße Portionen vom Teig abnehmen und auf bemehlter Fläche zu fingerdicken Röllchen drehen. In 2–3 cm lange Stücke schneiden. Jedes Teigstückchen mit Daumen oder Zeigefinger auf die Innenseite einer Gemüsereibe oder einer Gabel drücken.

Fertige Gnocchi auf die leicht mit Mehl bestreute Arbeitsplatte oder ein Tuch legen. Inzwischen in einem großen Topf 2 l Salzwasser zum Kochen bringen.

Die Gnocchi nach und nach in das kochende Wasser geben, bei schwacher Hitze etwa 4 Minuten garziehen lassen. Ab und zu vorsichtig umrühren, damit die Klößchen nicht aneinander kleben bleiben. Sobald die Gnocchi oben schwimmen, mit einem Schaumlöffel herausnehmen und gut abtropfen lassen.

Zum Schluß die Salbeiblättchen mit Küchenpapier abreiben und in 2 Eßlöffeln heißer Butter zart anbraten. Gnocchi in der Salbeibutter schwenken, zur Tomatensauce servieren. Mit frisch geriebenem Parmesan bestreuen.

Tip!

Vor allem im Piemont, aber auch in anderen Regionen begegnet man den kleinen, eher unscheinbaren Klößchen, die aus nichts anderem als durchgepreßten Kartoffeln, Mehl und Salz bereitet werden. Manchmal werden noch ein bis zwei Eier unter den Teig gemischt, um ihn lockerer zu machen. Am wichtigsten ist aber immer die Qualität der Kartoffeln: Es muß eine wirklich mehlig kochende Sorte sein, sonst hält der Teig nicht zusammen.
Weintip: ein weicher, leichter Rotwein, zum Beispiel ein Barbaresco oder ein Barbera.

Köstlich aus einfachsten Zutaten: Gnocchi aus Kartoffelteig mit Tomatensauce und Parmesan

Gratinierte Gnocchi

Gnocchi gratinate

Raffiniert

Zutaten für 4 Personen
500 g junger Spinat
1 Knoblauchzehe
3 Eßlöffel Butter
Salz · Pfeffer aus der Mühle
100 g durchwachsener Räucherspeck ohne Schwarte
1 unbehandelte Orange
6 getrocknete Feigen
50 ml Rotwein
500 g frische Gnocchi (aus der Kühltheke oder nach dem Rezept auf Seite 142 zubereitet)
Butter für die Form
200 g Fontina (ersatzweise Raceletteкäse)
50 g Mandelblättchen

Pro Portion: 3120 kJ/ 750 kcal
Zubereitungszeit: 1 Stunde

Den Spinat gründlich putzen, mehrmals waschen und verlesen, abtropfen lassen. Den Knoblauch schälen und fein hacken. In einem breiten Topf 2 Eßlöffel Butter erhitzen und den Knoblauch darin glasig dünsten.

Die Spinatblätter dazugeben und 2 Minuten mitdünsten, bis sie zusammengefallen sind. Mit Salz und Pfeffer abschmecken. Falls nötig, auf ein Sieb geben und gut ausdrücken.

Den Speck fein würfeln. Orange heiß waschen, ein Viertel der Schale dünn abreiben, die Frucht auspressen. Feigen vierteln.

Den Speck in der übrigen Butter anbraten. Orangenschale und ausgepreßten Saft, den Wein und die Feigen dazugeben und die Flüssigkeit fast vollständig einkochen lassen.

Die Gnocchi in Salzwasser nach Packungsanweisung oder Grundrezept (Seite 142) garen und abtropfen lassen.

Den Backofen auf 225° vorheizen. Eine Gratinform mit Butter ausstreichen. Den Spinat darin verteilen. Darauf die Gnocchi und die abgetropften Feigen geben. Den Käse grob darüber reiben, mit den Mandelblättchen bestreuen.

Das Gratin im Backofen (Mitte, Umluft 200°) 15-20 Minuten garen, bis der Käse zerlaufen ist. Sofort heiß in der Form servieren.

Trentiner Spinatnocken

Strangolapreti

Braucht etwas Zeit

Zutaten für 6 Personen
250 g Weißbrot vom Vortag
150 ml Milch
500 g frischer Blattspinat
Salz
2 Eier
4–5 Eßlöffel Mehl (eventuell mehr)
Pfeffer aus der Mühle
Muskatnuß, frisch gerieben
50 g Butter
einige frische Salbeiblättchen
50 g Bergkäse (oder Parmesan), frisch gerieben

Pro Portion: 1400 kJ/ 330 kcal
Zubereitungszeit: 1 Stunde
Ruhezeit: 2 Stunden

Das altbackene Weißbrot in kleine Würfel schneiden. Mit der Milch übergießen, gut durchmischen. Mit einem Teller abdecken, ein Gewicht darauf stellen und mindestens 2 Stunden durchziehen lassen.

Den Blattspinat putzen und mehrmals gründlich waschen, grobe Stiele entfernen. Reichlich Salzwasser aufkochen, Spinatblätter darin 2 Minuten blanchieren. Abgießen, in kaltem Wasser abschrecken, gut abtropfen und abkühlen lassen. Danach fest auspressen und mit einem Messer so fein wie möglich hacken.

Den gehackten Spinat mit dem eingeweichten Brot, Eiern und 4–5 Eßlöffeln Mehl gründlich verkneten. Mit Salz, Pfeffer und geriebener Muskatnuß würzen.

In einem großen Topf 2 l Salzwasser aufkochen. Mit zwei Eßlöffeln einen Probenocken aus der Brotmasse abstechen, ins kochende Wasser geben und in etwa 5 Minuten garziehen lassen. Je nach Konsistenz die übrige Brotmasse mit Mehl (wenn der Knödel zu locker ist) oder Milch (wenn der Knödel zu fest ist) ergänzen. Dann Nocken abstechen, ins kochende Wasser geben und in 5 Minuten garziehen lassen.

Mit dem Schaumlöffel herausnehmen, abtropfen lassen und auf einer vorgewärmten Platte anrichten. In einer großen Pfanne die Butter zerlassen, Salbeiblättchen darin schwenken. Nocken in die Pfanne geben und gründlich mit der Salbeibutter vermischen. Mit dem geriebenem Käse bestreuen und heiß servieren.

Tip!

Die Spinatnocken eignen sich auch gut als Beilage zu einem Gericht mit viel Sauce wie einem Ragout oder Schmorfleisch.

Möhren-Gnocchi mit Gorgonzola-Sauce

Gnocchi arancioni al gorgonzola

Vegetarisch

Zutaten für 4 Personen
Für die Gnocchi:
600 g mehligkochende Kartoffeln
Salz
300 g Möhren
2 Eigelbe
Muskatnuß, frisch gerieben
3 Eßlöffel Parmesan, frisch gerieben
225 g Mehl
etwas Mehl für die Arbeitsfläche
Für die Sauce:
200 g Gorgonzola
150 ml Milch
100 g Sahne
Pfeffer aus der Mühle
2 Eßlöffel Petersilienblättchen

Pro Portion: 2836 kJ/ 680 kcal
Zubereitungszeit: 1 1/2 Stunden

Die Kartoffeln waschen, ungeschält in Salzwasser zugedeckt in 25–30 Minuten weich kochen. Die Möhren putzen, schälen, in grobe Stücke schneiden und in wenig Salzwasser in 20–25 Minuten weich kochen, dann abgießen und abtropfen lassen. Die garen Kartoffeln pellen, zusammen mit den Möhren noch heiß durch eine Kartoffelpresse drücken, etwas abkühlen lassen.

Eigelbe mit etwas Salz und Muskatnuß verquirlen, zur Kartoffel-Möhren-Mischung geben. Das Ganze mit Parmesan und soviel Mehl verkneten, daß ein glatter, homogener Teig entsteht, der nicht mehr an den Fingern klebt.

Teig zu fingerdicken Rollen formen und in 2–3 cm lange Stücke schneiden. Die Stücke mit dem Daumen auf einem Gabelrücken behutsam etwas flach drücken. Gnocchi auf einer leicht bemehlten Arbeitsfläche 15 Minuten ruhen lassen.

Inzwischen für die Sauce den Käse entrinden und würfeln. Mit Milch und Sahne in einen Topf geben, bei schwacher Hitze unter gelegentlichem Rühren zu einer sämigen Sauce köcheln lassen. Mit Pfeffer abschmecken.

Gnocchi portionsweise in reichlich kochendes Salzwasser geben und in 3–5 Minuten gar ziehen lassen, bis sie oben schwimmen. Herausheben, abtropfen lassen, mit der Sauce auf Tellern anrichten und mit Petersilienblättchen bestreut sofort servieren.

Tip!

Zu den Möhren-Gnocchi passen auch Salbeibutter und Käse wie bei den Spinatnocken.

Maisgrieß

Polenta

Braucht etwas Zeit

Zutaten für 4 Personen
1 Eßlöffel Salz
350 g gröberer Maisgrieß (Polenta)

Pro Portion: 1200 kJ/ 290 kcal
Zubereitungszeit: 1 Stunde

In einem hohen Topf 1 1/4 l Wasser aufkochen, salzen. Den Maisgrieß unter ständigem Rühren mit dem Schneebesen so langsam einlaufen lassen, daß keine Klümpchen entstehen. Dann etwa 45 Minuten bei schwacher Hitze leise köcheln lassen, dabei ständig mit einem festen Kochlöffel umrühren, damit der Grieß nicht anbrennt. Er soll gut ausquellen, bis ein fester Brei entsteht.

Den fertig gekochten Brei auf eine angefeuchtete Platte oder ein Holzbrett stürzen, glattstreichen und zugedeckt kurz ruhen lassen.

Die noch warme Polenta – am besten mit einem Faden – in Scheiben schneiden. Entweder sofort als Beilage verwenden oder kurz in Butter aufbraten.

Maisgrießnockerl mit Gorgonzola

Gnocchi di polenta al gorgonzola

Raffiniert

Zutaten für 4 Personen
1 Eßlöffel Salz
350 g gröberer Maisgrieß (Polenta)
180 g Gorgonzola
100 g gekochter Schinken
100 g Butter
100 g Parmesan, frisch gerieben
5 Eßlöffel Sahne
Für die Form: Butter

Pro Portion: 3600 kJ/ 860 kcal
Zubereitungszeit: 1 1/4 Stunden

In einem hohen Topf 1 1/4 l Wasser aufkochen, salzen. Den Maisgrieß unter ständigem Rühren einrieseln lassen und wie im Rezept links unter Rühren eine feste Polenta kochen.

Eine flache Auflaufform mit Butter ausstreichen. Den Gorgonzola und den Schinken klein würfeln. Den Backofen auf 200° vorheizen.

Mit einem nassen Eßlöffel kleine Nocken, »gnocchi«, aus dem fertigen Maisbrei abstechen und in die gebutterte Form geben. Drei Lagen bilden. Die erste mit den Gorgonzolawürfeln bestreuen und Butterflöckchen dazwischen setzen. Auf der zweiten Lage den Schinken verteilen und den Parmesan darüber streuen. Auf die oberste Lage die restliche Butter in Flöckchen verteilen und die Sahne darüber träufeln.

Im Backofen (Mitte, Umluft 180°) schön braun backen. Das dauert etwa 30 Minuten. Heiß in der Form servieren. Dazu paßt eine große Schüssel gemischter Salat.

Tip!

Gröberer Maisgrieß wird beim Kochen leichter fest und schmeckt kerniger. Er darf aber nicht zu grob gemahlen sein, sonst gart er nicht richtig durch und ist schwer verdaulich. Zu fein gemahlener Maisgrieß macht die Polenta klumpig und klebrig.
Wer sich vor der langen Garzeit scheut, kann auch einen vorgarten Polentagrieß nehmen, der bereits nach 5 Minuten fertig ist.

Im Bild oben: Maisgrießnockerl mit Gorgonzola, im Ofen knusprig überbacken.
Im Bild unten: Die fertig gekochte und auf ein Brett gestrichene Polenta. Sie kann so serviert oder in Butter gebraten werden

Überbackene Polenta

Polenta gratinata

Für Gäste

Zutaten für 6 Personen
Für die Polenta:
400 ml Gemüsebrühe
400 ml Milch
Salz
200 g Polentagrieß (grober Maisgrieß)
etwas Öl zum Einfetten von Platte und Form
Außerdem:
3 Eßlöffel Butter
1 Ei
weißer Pfeffer aus der Mühle
Muskatnuß, frisch gerieben
250 g Champignons
400 g Tomaten
400 g Mozzarella
4 Eßlöffel Parmesan, frisch gerieben
3 Stengel Basilikum

Pro Portion: 2008 kJ/ 480 kcal
Zubereitungszeit: 1 Stunde
Kühlzeit: 1 Stunde

Die Gemüsebrühe zusammen mit der Milch und 1 gestrichenen Teelöffel Salz in einen breiten, hohen Topf füllen und aufkochen.

Den Polentagrieß unter ständigem Rühren langsam einrieseln lassen. Bei schwacher Hitze in 25 Minuten unter Rühren zu einem Brei kochen, der sich zum Schluß vom Topfboden lösen soll. Wird der Brei zu fest, löffelweise heißes Wasser hinzufügen, ist er zu weich, noch ein wenig Maisgrieß unterrühren.

Dann 1 Eßlöffel Butter und das Ei rasch und kräftig unterrühren und die Polentamasse mit Salz, Pfeffer und Muskatnuß abschmecken. Anschließend 1 cm hoch auf eine geölte Platte (aus Porzellan oder Metall) streichen. Die Polenta zur Seite stellen und in etwa 1 Stunde kalt und fest werden lassen.

Inzwischen die Pilze mit Küchenpapier putzen und blättrig schneiden. 1 1/2 Eßlöffel Butter in einer Pfanne bei mittlerer Hitze schmelzen lassen. Pilze darin unter Rühren so lange braten, bis alle Flüssigkeit verdampft ist, leicht salzen und pfeffern.

Die Tomaten waschen und in Scheiben schneiden, dabei die Stielansätze entfernen. Mozzarella abtropfen lassen und in Scheiben schneiden.

Backofen auf 200° (Umluft 180°) vorheizen. Eine feuerfeste Form einfetten. Die festgewordene Polenta zunächst in 6 cm große Quadrate, dann diagonal in Dreiecke schneiden.

In die Form dachziegelartig die Polentadreiecke, Tomaten-, Käsescheiben und Pilze schichten. Mit dem Parmesan bestreuen und mit der restlichen Butter in kleinen Flöckchen belegen.

Die Polenta im Ofen (Mitte) etwa 15 Minuten überbacken, bis der Mozzarella zerlaufen und die Oberfläche goldgelb ist.

Vor dem Servieren die Basilikumblättchen kleinzupfen und die Polenta damit bestreuen.

Variante

Für gefüllte Polentaschnitten die Polenta genauso kochen und abkühlen lassen. In Quadrate schneiden und zwischen jeweils zwei Quadrate eine gleichgroße Scheibe Fontina-Käse legen, die Polentaschnitten leicht zusammendrücken, nacheinander in verquirltem Ei und Semmelbröseln wenden und in einer Pfanne in reichlich Olivenöl auf beiden Seiten goldbraun und knusprig braten. Dazu eine große Schüssel Salat servieren.

Polenta mit Sardellen

Polenta smalzada trentina

Preiswert

Zutaten für 4 Personen
Salz
250 g grober Maisgrieß (Polenta)
100 g Butter und Butter für die Form
10 eingelegte Sardellenfilets
80 g Parmesan, frisch gerieben

Pro Portion: 2300 kJ/ 550 kcal
Zubereitungszeit: 1 Stunde

In einem großen Topf 1 l Salzwasser aufkochen, den Maisgrieß einrieseln lassen und unter öfterem Rühren etwa 40 Minuten köcheln lassen.

Backofen auf 225° (Umluft 200°) vorheizen. Die Butter zerlassen, aber nicht bräunen. Eine Auflaufform ausfetten.

Wenn der Maisbrei gar ist und sich vom Topfboden und den Wänden löst, in die Form füllen und glattstreichen.

Die Sardellenfilets abspülen und mit Küchenpapier trocknen, kleinschneiden und auf der Polenta verteilen. Mit der Hälfte der zerlassenen Butter beträufeln und die Hälfte vom geriebenen Parmesan aufstreuen.

Im heißen Ofen in etwa 10 Minuten goldbaun überbacken. Die restliche zerlassene Butter und Parmesan extra dazu servieren.

Tip!

Original wird diese Spezialität aus dem Trentino aus Buchweizenmehl zubereitet. Schmeckt noch herzhafter, sieht aber nicht so schön aus.

Gemüsegratin mit Polenta

Verdure gratinate con polenta

Vegetarisch

Zutaten für 6 Personen
2 Auberginen (etwa 500 g)
3 Zucchini (etwa 400 g)
Salz
3 Tomaten (etwa 300 g)
250 g Mozzarella
2 Bund Basilikum
8 Eßlöffel Olivenöl
50 g Schnellkoch-Maisgrieß (5-Minuten-Polenta)
500 ml Gemüsebrühe
150 g Parmesan, frisch gerieben
Pfeffer aus der Mühle
2 Eier
Öl für die Form
Paprikapulver zum Bestreuen

Pro Portion: 3030 kJ/ 720 kcal
Zubereitungszeit: 1 1/2 Stunden

Die Auberginen und die Zucchini waschen, putzen, in 1 cm dicke Scheiben schneiden. Mit 1/2 Teelöffel Salz vermischen und etwa 20 Minuten ziehen lassen.

Inzwischen die Tomaten waschen, in Scheiben schneiden, die Stielansätze entfernen. Mozzarella abtropfen lassen und in 1 cm dicke Scheiben schneiden. Das Basilikum waschen, die Blättchen von den Stengeln zupfen.

In einer großen Pfanne 4 Eßlöffel Öl erhitzen. Die Auberginen und Zucchinischeiben trockentupfen, in dem Öl kurz anbraten, abkühlen lassen. Eine Auflaufform mit etwas Öl ausstreichen. Die gebratenen Gemüsescheiben abwechselnd mit Mozzarella und Tomaten in die Form schichten.

Backofen auf 200° (Umluft 180°) vorheizen. Den Maisgrieß im übrigen Olivenöl anrösten. Unter Rühren die Gemüsebrühe aufgießen und aufkochen, bei schwacher Hitze etwa 5 Minuten garen, dabei öfter umrühren. Den Topf vom Herd nehmen und den Parmesan untermischen. Mit Salz und Pfeffer abschmecken, die Eier kräftig unterrühren.

Das Gemüse mit der Polentamasse übergießen, im heißen Ofen (Mitte) 15–20 Minuten überbacken, bis die Oberfläche schön gebräunt ist. Das Gratin mit Paprika bestreuen und servieren.

Pizza & Pane

Praktisch, preiswert, einfach und immer wieder neu, so könnte man den Erfolg der Pizza bei uns auf eine Kurzform bringen.

Mit wenigen Zutaten, die eigentlich in jedem Vorratsschrank zu finden sind, lassen sich eine Vielzahl von Pizzen zaubern, mal ohne Belag als Pizza pane oder Focaccia, mal offen oder mal geschlossen als Calzone. Das Thema ist fast unerschöpflich.

Alle lieben Pizza. An fast jeder Ecke gibt es bei uns eine Pizzeria, der Pizza-Express bringt sie ins Haus und notfalls hat der Supermarkt ja auch ein großes Sortiment in der Tiefkühltruhe. Dabei ist die Pizza weder die italienische Nationalspeise noch ein Hauptgericht. Ursprünglich war sie einzig und allein die lokale Spezialität Neapels und nur ein Zwischendurch-Imbiß, nie eine vollständige Mahlzeit.

Kampaniens Fladen

In alten italienischen Kochbüchern sucht man oft vergeblich nach Pizzarezepten – es sei denn, es handelt sich um eines über die Küche Kampaniens, dessen Hauptstadt Neapel die Heimat unserer Pizza ist. Früher waren es vor allem die Bewohner des armen Umlandes von Neapel, die aus wirtschaftlicher Not in alle Welt als »Gastarbeiter« zogen und die auch die ersten Restaurants eröffneten. Sie waren es, die die belegten Fladen in den nördlichen Gefilden populär machten.

Wer die allererste Pizza gebacken hat, das weiß niemand. Ihre Geschichte verliert sich im Dunkel der Frühzeit, denn flache Teigfladen, die in einem mit Holzkohle beheizten runden Ofen gebacken werden, aßen schon die alten Ägypter. Um das Jahr 1000 v. Chr. kannte man bereits die »Picea«, einen würzig belegten Teigfladen, was später zu »Pizza« wurde.

Eine Sonderform ist die Focaccia, ein einfacher Brotfladen aus Ligurien, der mit Öl oder Schmalz und Kräutern, oft auch mit Käse oder Schinken, aber selten mit Tomaten gebacken wird und der gut zu Wein und Käse paßt.

Keine Pizza ohne Tomaten

Die Pizza heutiger Art gibt es erst seit dem 18. Jahrhundert. Möglich wurde sie ja erst, nachdem die Eroberer Amerikas die Tomate aus Mexiko in Europa einführten und die zunächst als botanische Kuriosität angesehene Pflanze sich zu einer der Säulen der italienischen Küche entwickelt hatte. Bei der Verwendung von Tomaten hatten die Süditaliener schon immer die Nase vorn, und Neapel kann sich rühmen, als erste Stadt industriell die Tomaten in Konservendosen gepackt zu haben.

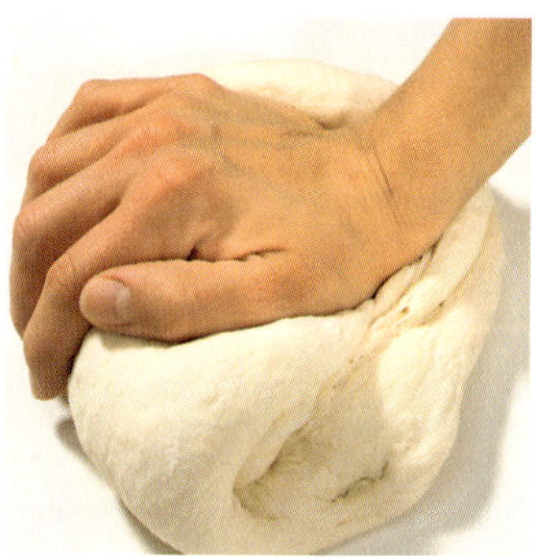

Weich und elastisch wird der Pizzateig durch kräftiges Kneten

Pizza Margherita

Und noch eines ist den Neapolitanern nicht streitig zu machen: ihre Pizza Margherita (siehe Seite 158). Zu ihrer Entstehung gibt es natürlich wieder mehrere Versionen, eine davon sei erzählt: Als die Gemahlin des Königs Umberto von Savoyen, Königin Margherita, im späten 19. Jahrhundert auf ihrem Sitz in Capodimonte weilte, verspürte sie Appetit auf eine Pizza. Der berühmteste »pizzaiuolo« (Pizzabäcker) Neapels, Don Raffaele Esposito, wurde gerufen. Voller Patriotismus bereitete er eine Pizza ihr zu Ehren in den Landesfarben Italiens: Aus roten Tomaten, grünem Basilikum und weißer Mozzarella, dem bekannten Büffelmilchkäse, eine typische Spezialität von Neapel. Und mit diesen einfachen Zutaten – Mehl, Hefe, Wasser, Tomaten, Kräutern, Käse und Olivenöl – konnte die Pizza ihren internationalen Siegeszug antreten. Und wenn Sie heute selbst eine Pizza backen, so denken Sie daran, daß eigentlich Büffelmozzarella darauf gehört und kein Reibkäse.

Mehl, Hefe, Wasser

Auch wenn es unzählig viele Variationsmöglichkeiten für den Belag gibt, der Teig besteht (fast) immer nur aus Mehl, Wasser, einem Schuß Öl und etwas Hefe. Und doch hat jeder Pizzabäcker sein persönliches Rezept, auf das er schwört. Profis nehmen nur ganz wenig Hefe und lassen den Teig lange gehen. So wird er weich und elastisch und läßt sich so hauchdünn ausziehen, daß er im heißen Ofen in wenigen Minuten durchgebacken ist. Aber eine Pizza gelingt auch mit mehr Hefe und kürzerer Gehzeit.

Kneten & warmhalten

Wichtig ist nur das gründliche Kneten des Teiges, das mindestens 5, besser 10 Minuten dauern soll. Und am besten mit der Hand auf der Arbeitsfläche, so wird er besonders geschmeidig.

Doch im Prinzip ist der Pizzateig geduldig. Er gelingt auch in der Küchenmaschine oder mit dem Handrührgerät. Hauptsache, es ist ihm (besser gesagt, der Hefe) immer warm genug. Also handwarmes Wasser nehmen und den Teig bis zum Ausrollen an einem warmen Fleck ruhen lassen. Und immer gut abdecken, sonst trocknet die Oberfläche aus und wird hart und rissig.

Auch der Backofen muß gut warm sein. Grundregel: Je heißer der Ofen, desto knuspriger und saftiger die Pizza. Also rechtzeitig auf höchster Stufe vorheizen (auch einen Umluftherd vorheizen, es dauert sonst zu lange, bis er die Backtemperatur erreicht hat). Die Pizzen werden meist in der Mitte des Ofens eingeschoben. Soll der Boden knuspriger werden, können Sie das Blech auch auf die untere Schiene stellen. Und ganz wichtig: Nicht auf die angegebene Backzeit verlassen. Je nach Herd, Teigdicke und Belag variieren die Backzeiten. Überwachen Sie den Backvorgang beständig, ohne den Ofen weit zu öffnen (sonst entweicht zuviel Hitze). Sobald der Rand eine schöne Kruste hat und der Käse bräunt, das Blech herausnehmen und die Pizza sofort servieren.

Pizza-Party

Für eine größere Runde ist es praktischer, keine runden Pizzen zu formen sondern ein Backblech ganz mit dem Teig auszulegen. Dafür das Blech einschließlich Rand gut einfetten, den Teig auf wenig Mehl in Größe des Blechs ausrollen und auf das Blech legen. Den Rand mit dem Daumen etwas zum Blechrand hochziehen, damit die Füllung nicht auslaufen kann. Backen Sie immer nur ein Blech auf einmal und verteilen Sie kleine Portionen auf die Teller Ihrer Gäste, denn Pizza schmeckt nur ganz frisch und heiß aus dem Ofen. Bereiten Sie also lieber mehrere Bleche (mit verschiedenen Belägen) vor und schieben Sie das nächste erst dann in den Ofen, wenn die letzten Stücke aufgegessen sind. Ihre Gäste werden garantiert begeistert sein.

Für eine große Pizza Backblech auslegen, den Rand höher formen

Pizzatrick für zwei

Schneller als der Pizza-Express ist mit diesem Trick die Pizza für zwei fertig: Backofen vorheizen. In eine feste Plastiktüte 250 g Mehl einwiegen, 1/2 Päckchen Hefe und 1 knappen Teelöffel Salz zugeben, die Tüte schütteln, 160 bis 170 ml warmes Wasser zugießen, die Tüte zudrehen und den Inhalt durchkneten, bis der Teig glatt ist. Die Tüte an einen warmen Platz (notfalls in eine Schüssel mit warmem Wasser) legen, bis der Ofen heiß und der Belag vorbereitet ist. Ein Backblech ölen oder mit Backpapier auslegen, den Teig aus der Tüte darauf drücken und mit geölten Händen dünn ausbreiten. Tomatenpüree oder stückige Tomaten (aus dem Päckchen) darauf ausstreichen. Salamischeiben, Oliven und was sonst noch da ist darauf verteilen, Käse darüber geben, würzen und in den Ofen schieben. Nach gut 10 Minuten ist die Pizza ohne großen Abwasch und schmutzige Küche fertig.

Pizzabrot

Pizza pane

Gut vorzubereiten

Zutaten für 4 Personen
250 g Mehl
Salz
15 g frische Hefe
4 Eßlöffel Olivenöl
1 Tomate
2 Knoblauchzehen
3 Zweige frischer Rosmarin
Fett für das Backblech
Mehl zum Ausrollen
schwarzer Pfeffer aus der Mühle

Pro Portion: 1200 kJ/ 290 kcal
Zubereitungszeit: 30 Minuten
Ruhezeit: 1 Stunde

Das Mehl mit 1 Teelöffel Salz in einer Schüssel mischen, in die Mitte eine Vertiefung drücken. Die Hefe zerbröckeln und mit knapp 1/8 l lauwarmem Wasser verrühren. Mit 2 Eßlöffeln Öl zum Mehl geben und alles kräftig verkneten. Den Teig an einem warmen Ort zugedeckt etwa 1 Stunde gehen lassen, bis sich sein Volumen etwa verdoppelt hat.

Den Backofen auf 250° (Umluft 220°) vorheizen. Von der Tomate den Stielansatz entfernen. Tomate kurz überbrühen, häuten, quer halbieren und entkernen, Fruchtfleisch klein würfeln. Den Knoblauch schälen und klein hacken. Den Rosmarin waschen und trocknen. Die Nadeln von den Stielen zupfen, klein hacken.

Ein Backblech einfetten. Den Teig noch einmal durchkneten, dann auf wenig Mehl zu einem runden Fladen ausrollen, die Ränder dabei dicker formen. Den Teig auf das Backblech legen. Gleichmäßig mit Tomatenwürfeln, Knoblauch und dem Rosmarin belegen, salzen und pfeffern. Das restliche Öl darüber träufeln.

Das Pizzabrot im Backofen (Mitte) etwa 12 Minuten backen, bis der Teig schön gebräunt ist. Die Pizza in tortengroße Stücke schneiden und heiß servieren. Dazu paßt ein leichter, trockener Rotwein.

Variante

Fast schon eine richtige Pizza ist das Tomaten-Pizzabrot: Dafür den Hefeteig genauso vorbereiten und gehen lassen. Inzwischen 500 g vollreife Tomaten häuten, entkernen und würfeln. 3–4 Knoblauchzehen schälen und fein würfeln, in 1 Eßlöffel Olivenöl andünsten. Die Tomaten zugeben und bei mittlerer Hitze ohne Deckel etwa 10 Minuten einköcheln lassen, bis eine dicke Sauce entstanden ist. Mit Salz und Pfeffer würzen, zur Seite stellen. Den Teig mit einem Teigroller auf bemehlter Fläche zu ganz dünnen Fladen ausrollen, von der Mitte zum Rand hin in Stücke wie eine Torte aufteilen, aber nicht ganz durchschneiden, sondern innen und außen 2 cm Teigrand ganz lassen. Die Fladen mit Tomatensauce bestreichen, mit 2 Teelöffeln getrocknetem Oregano und 1 Teelöffel Thymian bestreuen und mit 2 Eßlöffeln Olivenöl beträufeln. In den heißen Ofen schieben und 10–12 Minuten backen. In Stücke teilen und sofort ganz heiß servieren.

Aus übriggebliebenem Pizzateig backen italienische Restaurants ein frisches Weißbrot, das zu den Antipasti serviert wird. Sie können die Teigmenge einfach verdoppeln und die Hälfte vom Teig für die Brote verwenden. Nach der Gehzeit zu baguetteähnlichen Brotlaiben formen und zugedeckt noch etwas gehen lassen. Dann mit Wasser und Olivenöl bestreichen, in den 250° (Umluft 220°) heißen Backofen schieben und 25–30 Minuten backen, bis die Oberfläche gebräunt ist und es hohl klingt, wenn Sie auf die Unterseite der Brote klopfen.

Pizzabrot ist eine leckerere Knabberei oder wird zu Antipasti und Gemüsegerichten gereicht

Würziges Fladenbrot

Focaccia

Gelingt leicht

Zutaten für 4 Personen
1/2 Würfel frische Hefe (20 g; ersatzweise 1 Tütchen Trockenhefe)
250 g Mehl
1 Teelöffel Salz (gestrichen)
1 Eßlöffel frische, gehackte Rosmarinnadeln
6 Eßlöffel Olivenöl, extra nativ
etwas grobes Meersalz zum Bestreuen
etwas Mehl zum Ausrollen

Pro Portion: 1778 kJ/ 420 kcal
Zubereitungszeit: 50 Minuten
Ruhezeit: 50 Minuten

Die Hefe zerbröckeln und mit der Hälfte von 1/8 l lauwarmem Wasser glattrühren. Das Mehl in eine Schüssel füllen, in die Mitte eine Vertiefung drücken. Da hinein die angerührte Hefe gießen und mit etwas Mehl verrühren. Diesen Vorteig zugedeckt an einem warmen Platz 15–20 Minuten gehen lassen.

Dann das Salz in dem restlichen lauwarmen Wasser auflösen, zum Vorteig geben und alles gut vermischen. Den Teig mit den Händen noch 10 Minuten kräftig durchwalken, bis er ganz glatt und geschmeidig ist, dabei mehrmals auf die Arbeitsfläche schlagen.

Den Teig zu einer Kugel formen und nochmals zugedeckt 30 Minuten gehen lassen, bis sich das Volumen verdoppelt hat.

Den Backofen auf 250° (Umluft 220°) vorheizen. Ein Backblech mit Öl bepinseln und mit etwas Meersalz bestreuen. Den Rosmarin unter den Teig kneten, diesen vierteln und jede Portion auf einer leicht bemehlten Arbeitsfläche zu 1 cm dicken Fladen ausrollen, je zwei Fladen auf ein Blech legen.

Mit den Fingern in Abständen von 5–6 cm Vertiefungen in den Teig drücken. Die Oberfläche mit Olivenöl begießen, das sich dann in den Vertiefungen sammelt, und mit wenig Meersalz bestreuen. Die Focaccia nacheinander im Ofen (Mitte) in 15 Minuten goldgelb backen.

Variante

Für eine Focaccia mit Oliven den Teig vorbereiten und gehen lassen. Dann etwa 150 g trocken eingelegte schwarze Oliven entsteinen und das Fruchtfleisch grob hacken, statt Rosmarin unter den Teig kneten. Zu einem großen, flachen Fladen ausrollen, Oberfläche mit Öl beträufeln und mit grobem Salz bestreuen, im heißen Ofen 15 Minuten backen, leicht abgekühlt in Rechtecke schneiden und zu Wein servieren.

Brotfladen mit Käse

Focaccia al formaggio

Raffiniert

Zutaten für 6 Personen
200 g Mehl
100 ml Olivenöl, extra nativ
250 g Ziegenfrischkäse
1/2 Teelöffel Salz
Fett für die Form

Pro Portion: 1500 kJ/ 360 kcal
Zubereitungszeit: 30 Minuten
Ruhezeit: 1 Stunde

Für den Teig das Mehl mit 50 ml Olivenöl vermischen und auf dem Backbrett verkneten. Nach und nach soviel kaltes Wasser zugeben, bis ein glatter Teig entstanden ist. Zu einer Kugel formen, in eine Plastiktüte stecken und etwa 1 Stunde ruhen lassen.

Danach den Teig einige Minuten kräftig durchkneten, zu zwei Kugeln formen und auf dem Backbrett nochmals 5 Minuten ruhen lassen. Eine Teigportion mit dem Nudelholz dünn ausrollen, vorsichtig mit den Händen nach allen Richtungen so dünn wie möglich ausziehen. Den Backofen auf höchste Stufe vorheizen.

Mit der ausgezogenen Teigplatte eine gut gefettete, möglichst große, runde Backform auskleiden (in Liguriern verwendet man dafür Formen von 50 cm Durchmesser oder größer – falls in einem der typischen Holzkohlenöfen gebakken wird). Oder statt dessen ein normales Backblech verwenden.

Den Ziegenkäse würfeln und auf dem Teig verteilen. Die zweite Teigportion wie die erste dünn ausrollen und ausziehen. Den Käse damit abdecken, die Teigränder andrücken. Mit der Fingerspitze an einigen Stellen markstückgroße Vertiefungen eindrücken. Teigoberfläche mit Salz bestreuen und mit dem restlichen Olivenöl beträufeln. Das Öl mit der Handfläche auf dem Teig verteilen. Die Käsestückchen dabei leicht zerdrücken.

Die Focaccia etwa 10 Minuten in den sehr heißen Ofen schieben, bis die Oberfläche schön gebräunt ist. Dann aus der Form nehmen, in große Stücke schneiden und sofort servieren.

Tip!

Falls Sie keinen frischen Ziegenkäse bekommen (der hierfür verwendete ligurische Frischkäse heißt im Original »formaggetta«), können Sie auch einen ganz frischen Edelpilzkäse für dieses Rezept nehmen. Er muß aber ebenfalls ganz frisch sein, sonst schmeckt die Focaccia hinterher bitter und salzig.

Kichererbsen-Fladen

Farinata

Braucht etwas Zeit

Zutaten für 6 Personen
400 g Kichererbsenmehl (aus Reformhaus, Bio- oder Asienladen)
Salz
Fett für die Form
5 Eßlöffel Olivenöl
weißer Pfeffer, grob gemahlen

Pro Portion: 1200 kJ/ 290 kcal
Zubereitungszeit: 40 Minuten
Ruhezeit: 4 Stunden

Das Kichererbsenmehl in eine große Schüssel füllen. 1 kräftige Prise Salz untermischen. Etwa 400 ml Wasser nach und nach dazugießen und gut unterrühren, bis die Masse glatt ist. Zum Schluß soll sie ziemlich flüssig sein und darf keine Klümpchen mehr haben.

Den Kichererbsenbrei mindestens 4 Stunden zugedeckt ruhen lassen. Falls sich dann Schaum auf dem Brei gebildet hat, diesen mit einem Löffel abschöpfen.

Den Backofen auf 220° vorheizen. Die tiefe Fettpfanne des Backofens oder eine große flache Backform einfetten. Die Kichererbsenmasse darauf gießen, mit dem Olivenöl beträufeln und das Öl mit einer Gabel etwas in der Masse verteilen.

Den Fladen im Backofen (Mitte, Umluft 200°) etwa 25 Minuten backen, bis er schön gebräunt ist.

Den Fladen herausnehmen, mit reichlich Pfeffer übermahlen, in kleine Stücke schneiden und lauwarm zu einem kräftigen Rotwein servieren.

Variante

Eine deftige Focaccia wird auch in Frascati zu Wein serviert. Dafür 1/4 l Milch erhitzen, mit Salz und 50 g Schweineschmalz vermischen und auf Handwärme abkühlen lassen. 1/2 Päckchen Hefe, 4 Eßlöffel Olivenöl, 400 g Mehl und die gehackten Nadeln von 2 Zweigen frischem Rosmarin zugeben, gut vermischen und verkneten, zugedeckt an einem warmen Platz mindestens 1 Stunde gehen lassen. Dann den Backofen auf 220° (Umluft 200°) vorheizen, die Fettpfanne oder eine breite runde Form gut mit Öl ausstreichen, den Teig einfüllen und mit den Händen zu einem flachen Fladen drücken, mit einem scharfen Messer rautenförmig einschneiden. Etwas Olivenöl mit Wasser verrühren und die Oberfläche damit bepinseln, mit etwas grobem Salz bestreuen. Im heißen Ofen (Mitte) 15–20 Minuten backen, bis die Focaccia schön gebräunt ist. Frisch zu einem trockenen Weißwein servieren.

Pizza mit Tomaten und Mozzarella

Pizza Margherita

Berühmtes Rezept

Zutaten für 4 Personen
Für den Teig für 2 Pizza-Formen von 28 cm Durchmesser:
1/2 Würfel frische Hefe (20 g; ersatzweise 1 Tütchen Trockenhefe)
400 g Mehl
Salz
2 Eßlöffel Olivenöl
etwas Öl für die Formen
etwas Mehl zum Ausrollen
Für den Belag:
1 große Dose geschälte Tomaten (800 g Inhalt)
250 g Mozzarella (möglichst Büffelmozzarella)
1/2 Bund Basilikum
Pfeffer aus der Mühle
3 Eßlöffel Olivenöl, extra nativ
4 Eßlöffel Pecorino, frisch gerieben (oder Parmesan)

Pro Portion: 3187 kJ/ 760 kcal
Zubereitungszeit: 45 Minuten
Ruhezeit: 1 1/4 Stunden

Die Hefe zerbröckeln. Von 1/4 l lauwarmem Wasser 4 Eßlöffel zur Hefe geben und verrühren. Mehl in eine Schüssel füllen und in die Mitte eine Mulde drücken. Die angerührte Hefe in die Mulde gießen und mit etwas Mehl verrühren. Diesen Vorteig an einem warmen Platz zugedeckt 15–20 Minuten gehen lassen. 1/2 Teelöffel Salz, Öl und nach und nach das restliche Wasser unter den Vorteig mischen. Den Teig mit den Händen oder den Knethaken des Handrührgerätes noch so lange kräftig durchwalken, bis der Teig elastisch ist und nicht mehr klebt.

Den Pizza-Teig halbieren, zu zwei Kugeln formen und zugedeckt an einem warmen, nicht zugigen Platz nochmals 1 Stunde gehen lassen, bis sich das Teigvolumen ungefähr verdoppelt hat.

Den Backofen auf 250° (Umluft 220°) vorheizen. Die Pizza-Formen dünn mit Öl auspinseln. Die Teigkugeln nochmals kräftig durchkneten, auf der leicht bemehlten Arbeitsfläche ausrollen und die Pizza-Formen damit auslegen, die Ränder dabei etwas dicker lassen.

Für den Belag die Tomaten in einem Sieb gut abtropfen lassen, anschließend mit einer Gabel zerdrücken. Die Mozzarella in dünne Scheiben schneiden. Basilikumblätter waschen, trocknen und in Stücke zupfen.

Die Tomaten auf dem Pizza-Teig verteilen, dabei den Rand etwa fingerbreit frei lassen. Mozzarella auf die Tomaten legen. Alles mit Salz und frisch gemahlenem Pfeffer würzen und mit 2 Eßlöffeln Olivenöl beträufeln.

Die Pizzen im Ofen nacheinander (unten) zunächst 10 Minuten backen. Herausholen, mit geriebenem Käse und Basilikumblättern bestreuen. Das restliche Öl auf die Kräuterblättchen träufeln. Die Pizzen wieder in den Ofen schieben und in weiteren 5–7 Minuten fertigbacken, bis die Kruste hellgelb geworden ist und der Belag kräftig brodelt.

Tip!

Der Pizzateig darf nicht zu fest sein, sonst wird der Boden beim Backen zu trocken. Falls der Teig beim Kneten an den Händen klebt, kein weiteres Mehl zugeben, sondern die Hände mit etwas Olivenöl einreiben. Die Teigmenge reicht auch für ein Backblech, zum Servieren die Pizza in Rechtecke schneiden.
Wenn Sie die Pizzakruste schön dick mögen, den belegten Teig vor dem Backen noch 10 Minuten stehen lassen.
Pizzateig läßt sich auch gut einfrieren: Nach dem letzten Kneten zu einem Rechteck formen, in einen Gefrierbeutel packen und tiefkühlen. Vor der Verwendung den Teig auftauen lassen und bei Zimmertemperatur verarbeiten.

Der Pizza-Klassiker überhaupt: die Margherita in den Landesfarben Italiens – rot, grün und weiß

Pizza mit Schinken und Peperoni

Pizza con prosciutto e peperoncini

Braucht etwas Zeit

Zutaten für 4 Personen
Für den Hefeteig:
1/2 Würfel Hefe (20 g)
1 Prise Zucker
250 g Mehl
1 Teelöffel Salz
2 Eßlöffel Öl
Mehl zum Ausrollen
Für den Tomatensugo:
1 große Zwiebel
2 Eßlöffel Olivenöl
2 Knoblauchzehen
4 Eßlöffel Tomatenmark
1 Dose geschälte Tomaten (400 g)
je 2 Teelöffel Oregano, Thymian und Basilikum, frisch oder getrocknet
Salz · Pfeffer aus der Mühle
1 Lorbeerblatt
Für den Belag:
500 g Fleischtomaten
150 g roher Schinken in dünnen Scheiben
8 grüne, eingelegte Peperoni
schwarzer Pfeffer aus der Mühle
2 Teelöffel Oregano, frisch oder getrocknet
200 g Bel Paese (Butter-Käse)
2 Eßlöffel Olivenöl
Fett für das Backblech

Pro Portion: 2715 kJ/ 650 kcal
Zubereitungszeit: 45 Minuten
Ruhezeit: 1 1/4 Stunden

Für den Teig die Hefe zerbröckeln. Von 1/4 l lauwarmem Wasser 4 Eßlöffel zur Hefe geben und mit 1 Prise Zucker verrühren. Das Mehl in eine Schüssel füllen und in die Mitte eine Mulde drücken, die angerührte Hefe hineingießen und mit etwas Mehl verrühren. Den Vorteig zugedeckt an einem warmen Platz 15–20 Minuten gehen lassen.

Salz, Öl und nach und nach das restliche Wasser unter den Vorteig mischen. Den Teig mit den Händen oder den Knethaken des Handrührgerätes noch so lange kräftig durchwalken, bis der Teig elastisch ist und nicht mehr klebt.

Den Teig zugedeckt an einem warmen, nicht zugigen Platz nochmals 1 Stunde gehen lassen, bis sich sein Volumen verdoppelt hat.

Inzwischen aus der gehackten Zwiebel, Olivenöl, durchgepreßtem Knoblauch, Tomatenmark, Dosentomaten, Kräutern und Gewürzen einen Tomatensugo kochen (siehe Seite 125).

Für den Belag die Fleischtomaten kurz in kochendes Wasser legen, häuten, quer in Scheiben schneiden und dabei den Stielansatz entfernen. Den Schinken vom Fettrand befreien und in schmale Streifen schneiden. Die Peperoni in einem Sieb abtropfen lassen. Den Backofen auf 250° (Umluft 220°) vorheizen. Ein Backblech gut fetten.

Den Teig auf dem Blech zu einem dünnen Fladen formen und mit dem Tomatensugo bestreichen. Tomatenscheiben, Schinken und Peperoni darauf verteilen. Mit Salz, Pfeffer und Oregano würzen.

Den Käse kleinschneiden, auf die Pizza streuen und alles mit Olivenöl beträufeln. Im Backofen (Mitte) etwa 15 Minuten backen, bis der Teigrand braun und knusprig ist.

Pizza mit Pilzen

Pizza ai funghi

Preiswert

Zutaten für 4 Personen
Für den Teig für 2 Pizza-Formen von 28 cm Durchmesser:
1/2 Würfel frische Hefe (20 g; oder 1 Tütchen Trockenhefe)
400 g Mehl · Salz
2 Eßlöffel Olivenöl
etwas Öl für die Formen
etwas Mehl zum Ausrollen
Für den Belag:
500 g Pilze (Champignons, Egerlinge, Pfifferlinge)
2 Knoblauchzehen
1 kleine Dose geschälte Tomaten
100 g gekochter Schinken
6 Eßlöffel Olivenöl
3 Eßlöffel feingehackte Petersilie
Pfeffer aus der Mühle
50 g Parmesan, frisch gerieben

Pro Portion: 3986 kJ/ 950 kcal
Zubereitungszeit: 45 Minuten
Ruhezeit: 1 1/4 Stunden

Die Hefe zerbröckeln. Von 1/4 l lauwarmem Wasser 4 Eßlöffel zur Hefe geben und verrühren. Das Mehl in eine Schüssel füllen und in die Mitte eine Mulde drücken, die angerührte Hefe hineingießen und mit etwas Mehl verrühren. Den Vorteig zugedeckt an einem warmen Platz 15–20 Minuten gehen lassen.

Etwas Salz, Öl und nach und nach das restliche Wasser unter den Vorteig mischen. Den Teig mit den Händen oder den Knethaken des Handrührgerätes noch so lange kräftig durchwalken, bis der Teig elastisch ist und nicht mehr klebt.

Den Pizza-Teig halbieren, zu zwei Kugeln formen und zugedeckt an einem warmen, nicht zugigen Platz nochmals 1 Stunde gehen lassen, bis sich das Teigvolumen ungefähr verdoppelt hat.

Den Backofen auf 250° (Umluft 220°) vorheizen. Die Pizza-Formen dünn mit Öl auspinseln. Die Teigkugeln nochmals kräftig durchkneten, auf einer leicht bemehlten Arbeitsfläche ausrollen und die Pizza-Formen damit auslegen, die Ränder dabei etwas dicker lassen.

Pilze putzen, in Scheiben schneiden, Knoblauch schälen, vierteln. Tomaten abtropfen lassen. Schinken ohne Fett und Schwarte in Würfel schneiden.

Knoblauch in 4 Eßlöffeln Öl bei mittlerer Hitze andünsten, herausnehmen. Pilze bei starker Hitze im Öl braten, bis die austretende Flüssigkeit verdampft ist.

Tomaten zerdrücken und auf den Teig streichen. Mit Pilzen, Schinken und Petersilie bestreuen und gut würzen. Parmesan und restliches Öl daraufgeben. Die Pizzen im heißen Ofen (unten) 12–15 Minuten backen.

Zwiebelpizza

Pizza pugliese

Vegetarisch

Zutaten für 4 Personen
Für den Teig:
10 g Hefe
1 Prise Zucker ·Salz
200 g Mehl und etwas Mehl zum Ausrollen
2 Eßlöffel Olivenöl und Öl fürs Backblech
Für den Belag:
250 g milde weiße Zwiebeln
1 Teelöffel frischer Oregano (oder 1/2 Teelöffel getrockneter)
100 g Pecorino, frisch gerieben
4 Eßlöffel Olivenöl
Pfeffer aus der Mühle

Pro Portion: 2000 kJ/ 480 kcal
Zubereitungszeit: 45 Minuten
Ruhezeit: 1 1/2 Stunden

Für den Teig Hefe mit Zucker und 2 Eßlöffeln lauwarmem Wasser verrühren. 2 Eßlöffel Mehl untermischen. Restliches Mehl in eine Schüssel geben, eine Mulde hineindrücken. Hefemischung in die Mitte gießen, leicht mit Mehl bestäuben und zugedeckt an einem warmen Platz 30 Minuten gehen lassen.

1/2 Teelöffel Salz und Olivenöl zum Mehl geben, nach und nach 1/8 l lauwarmes Wasser untermischen und zu einem glatten Teig kneten. Auf einem Backbrett oder auf der Arbeitsfläche kräftig durchwalken, dann den Teig wieder in die Schüssel legen. Mit einem Tuch bedeckt an einem warmen Platz 1 Stunde gehen lassen, bis sich das Teigvolumen etwa verdoppelt hat.

Für den Belag die Zwiebeln schälen und in sehr feine Scheiben schneiden (oder fein hacken). Backofen auf 225° (Umluft 200°) vorheizen. Ein rundes, flaches Blech (26 cm Durchmesser) mit Öl ausstreichen.

Teig auf bemehlter Fläche kräftig durchkneten. Aufs Blech geben, mit den Händen zu einem flachen Fladen drücken. Oberfläche mit 1 Eßlöffel Olivenöl bestreichen.

Zwiebeln darauf verteilen, mit Oreganoblättchen und frisch geriebenem Pecorino bestreuen. Restliche 3 Eßlöffel Olivenöl darüber träufeln. Pizza in den heißen Backofen (Mitte) schieben, etwa 25 Minuten backen, bis die Oberfläche leicht gebräunt ist. Mit wenig Salz und reichlich frisch gemahlenem Pfeffer würzen, sofort heiß servieren.

Pizza »Vier Jahreszeiten«

Pizza quattro stagioni

Für Gäste

Zutaten für 4 Personen
Für den Teig:
300 g Mehl und etwas Mehl zum Ausrollen
Salz
6 Eßlöffel Olivenöl
20 g frische Hefe
Für den Belag:
800 g Tomaten
2 Knoblauchzehen
weißer Pfeffer aus der Mühle
150 g Champignons
150 g gekochter Schinken in Scheiben
150 g Artischockenherzen aus dem Glas
150 g schwarze Oliven
250 g Mozzarella
Fett für das Backblech

Pro Portion: 3300 kJ/ 790 kcal
Zubereitungszeit: 1 1/2 Stunden

Das Mehl, 1 kräftige Prise Salz und 4 Eßlöffel Öl in einer Schüssel vermischen, in der Mitte eine Mulde eindrücken. Die Hefe mit etwa 1/8 l lauwarmem Wasser verrühren. In die Mehlmulde gießen und mit etwas Mehl anrühren. Etwa 15 Minuten zugedeckt gehen lassen. Dann zu einem glatten, geschmeidigen Teig verkneten. Den Teig in der Schüssel zugedeckt an einem warmen Platz etwa 45 Minuten gehen lassen, bis sich sein Volumen etwa verdoppelt hat.

Inzwischen die Stielansätze der Tomaten entfernen. Tomaten kurz überbrühen, häuten, quer halbieren und entkernen. Fruchtfleisch klein würfeln. Den Knoblauch schälen und fein hacken.

In einem Topf 1 Eßlöffel Öl erhitzen. Den Knoblauch darin glasig dünsten. Die Tomaten einrühren und bei mittlerer Hitze in etwa 30 Minuten musig einkochen lassen. Salzen und pfeffern.

Den Backofen auf 250° (Umluft 220°) vorheizen. Ein Backblech einfetten. Den Teig noch einmal durchkneten, dann auf wenig Mehl in der Größe des Backblechs ausrollen. Den Teig auf das Blech legen, die Ränder etwas dicker formen (siehe Seite 153).

Die Tomatensauce auf dem Teig verstreichen. Die Champignons mit Küchenpapier säubern, putzen und in dünne Scheiben schneiden. Den Schinken (ohne Schwarte) würfeln. Die abgetropften Artischockenherzen längs vierteln. Je ein Viertel der Pizza mit Pilzen, Schinken, Artischockenherzen und den Oliven belegen. Mozzarella würfeln und über die Zutaten streuen. Mit dem übrigen Olivenöl beträufeln.

Die Pizza in den Backofen (Mitte) schieben und etwa 15 Minuten backen, bis sie schön gebräunt ist. In rechteckige Stücke schneiden und sofort servieren.

Variante

Für den Klassiker der Pizzabäcker hat jeder ein eigenes Rezept. Immer dabei sind Artischocken (für das Frühjahr), Tomaten (für den Sommer), Pilze (für den Herbst) und Oliven (für den Winter). Sehr beliebt ist eine »Jahreszeit« mit Muscheln: Etwa 500 g frische Miesmuscheln waschen und putzen (geöffnete aussortieren), in wenig Wasser bei starker Hitze 5 Minuten kochen, abtropfen lassen und das Muschelfleisch aus den Schalen lösen. Mit Oliven (es genügen dann weniger) vermischt auf einen Teil der Pizza legen und wie oben backen.
Oder: einige abgespülte Sardellenfilets kleinschneiden und mit gehacktem Knoblauch unter die Artischockenherzen mischen, schmeckt schön pikant.

Die Pizza »Vier Jahreszeiten« wird in jedem Viertel anders belegt – so sieht sie nicht nur interessant aus, sondern bietet auch Abwechslung beim Essen

Pizza mit Brokkoli

Pizza col broccolo

Für Gäste

Zutaten für 4 Personen
Für den Quark-Öl-Teig:
125 g Magerquark
1 Teelöffel Salz
3 Eßlöffel Olivenöl
1 großes Ei
250 g Mehl und etwas Mehl zum Ausrollen
Für den Belag:
500 g Brokkoli · Salz
150 g Crème fraîche
1 Ei
schwarzer Pfeffer aus der Mühle
Muskatnuß, frisch gerieben
200 g Gorgonzola
Fett für das Backblech

Pro Portion: 2825 kJ/ 670 kcal
Zubereitungszeit: 1 1/4 Stunden

Für den Teig vom Quark die Flüssigkeit abgießen. Quark mit Salz, Olivenöl und Ei verrühren. Das Mehl auf den Quark sieben und kneten, bis ein geschmeidiger Teig entstanden ist. Zugedeckt etwa 15 Minuten ruhren lassen.

Inzwischen für den Belag reichlich Salzwasser aufkochen. Brokkoli waschen und in kleine Röschen teilen. Die Stiele schälen und in Scheiben schneiden. Brokkoli etwa 3 Minuten vorgaren, in ein Sieb geben, eiskalt abschrecken und sehr gut abtropfen lassen. Crème fraîche und Ei verrühren. Mit Salz, Pfeffer und Muskat kräftig würzen. Den Backofen auf 200° vorheizen. Das Blech fetten. Den Teig auf bemehlter Fläche dünn ausrollen, auf das Blech legen und einen Rand formen. Die Crème-fraîche-Eimischung gleichmäßig auf den Teig streichen. Brokkoli darauf verteilen, mit Salz und Pfeffer würzen.

Gorgonzola kleinschneiden und gleichmäßig auf die Pizza streuen. Das Blech in den Backofen (Mitte, Umluft 180°) geben und die Pizza etwa 20 Minuten backen, bis der Käse fast ganz geschmolzen ist.

Weiße Pizza

Pizza bianca

Vegetarisch

Zutaten für 4 Personen
Für den Teig für 2 Pizza-Formen von 28 cm Durchmesser:
1/2 Würfel frische Hefe (20 g)
400 g Mehl · Salz
2 Eßlöffel Olivenöl
etwas Öl für die Formen
etwas Mehl zum Ausrollen
Für den Belag:
200 g Mozzarella
200 g Ricotta
Pfeffer aus der Mühle
50 g Parmesan, frisch gerieben
2 Teelöffel getrockneter Oregano
4 Eßlöffel Olivenöl, extra nativ

Pro Portion: 3614 kJ/ 860 kcal
Zubereitungszeit: 30 Minuten
Ruhezeit: 1 1/4 Stunden

Die Hefe zerbröckeln. Von 1/4 l lauwarmem Wasser 4 Eßlöffel zur Hefe geben und verrühren. Mehl in eine Schüssel füllen und eine Mulde eindrücken, die angerührte Hefe hineingießen und mit etwas Mehl verrühren. Den Vorteig zugedeckt an einem warmen Platz 15–20 Minuten gehen lassen.

Salz, Öl und nach und nach das restliche Wasser unter den Vorteig mischen. Den Teig so lange kräftig durchwalken, bis er elastisch ist und nicht mehr klebt.

Teig halbieren, zu zwei Kugeln formen und zugedeckt an einem warmen Platz nochmals 1 Stunde gehen lassen, bis sich das Volumen ungefähr verdoppelt hat.

Backofen auf 250° (Umluft 220°) vorheizen. Pizza-Formen dünn mit Öl auspinseln. Die Teigkugeln nochmals kräftig durchkneten, auf einer leicht bemehlten Fläche ausrollen und die Pizza-Formen damit auslegen, die Ränder dabei etwas dicker lassen.

Mozzarella und Ricotta in kleine Würfel schneiden. Teig salzen, pfeffern und mit Parmesan bestreuen. Darauf die Käsewürfel und den Oregano verteilen.

Die Pizzen mit Olivenöl beträufeln, im Ofen (unten) 12–15 Minuten backen, bis die Teigränder goldgelb sind und der Käse brodelt.

Pizza mit Zucchini

Pizza con zucchini

Gelingt leicht

Zutaten für 4 Personen
Für den Teig:
300 g Mehl · Salz
1/2 Würfel Hefe (20 g)
190 ml lauwarmes Wasser
2 Eßlöffel Olivenöl
Für den Belag:
750 g kleine feste Zucchini
3 Knoblauchzehen
1 Bund Petersilie
12 schwarze Oliven
6 Eßlöffel Olivenöl · Salz
weißer Pfeffer aus der Mühle
150 g Pecorino (Schafkäse)
Für das Backblech: Olivenöl
Für die Arbeitsfläche: Mehl

Pro Portion: 2800 kJ/ 670 kcal
Zubereitungszeit: 1 1/2 Stunden
Ruhezeit: 1 1/2 Stunden

Den Teig wie im rechten Rezept zubereiten und gehen lassen.

Die Zucchini in dünne Scheiben schneiden. Knoblauchzehen mit der Petersilie fein hacken. Oliven entkernen und grob zerkleinern.

In einer Pfanne 4 Eßlöffel Öl erhitzen. Die Zucchini bei mittlerer Hitze unter Rühren knapp weich braten. Salzen und pfeffern. Knoblauch, Petersilie und Oliven untermischen, das Gemüse abkühlen lassen. Käse grob raspeln. Backofen auf 220° vorheizen.

Den Teig noch einmal auf leicht bemehlter Arbeitsfläche kräftig durchkneten, in Blechgröße ausrollen und auf das gefettete Blech legen. Das Gemüse darauf verteilen (Rand freilassen). Den Käse darüber streuen. Die Pizza noch etwa 10 Minuten gehen lassen. Dann im Backofen (unten, Umluft 200°) 20–25 Minuten backen.

Pizza mit Endivie und Pinienkernen

Pizza alla palermitana

Raffiniert

Zutaten für 4 Personen
Für den Teig:
300 g Mehl · Salz
1/2 Würfel Hefe (20 g)
2 Eßlöffel Olivenöl
Für den Belag:
2 Eßlöffel Sultaninen
3 Köpfe Endiviensalat
4 Sardellenfilets
100 g schwarze Oliven, entkernt
8 Eßlöffel Olivenöl
1 Eßlöffel Kapern
2 Eßlöffel Pinienkerne
etwas Olivenöl fürs Backblech
etwas Mehl zum Ausrollen

Pro Portion: 3000 kJ/ 720 kcal
Zubereitungszeit: 1 1/4 Stunden
Ruhezeit: 1 Stunde

Für den Teig Hefe mit 3 Eßlöffeln lauwarmem Wasser verrühren. 3 Eßlöffel Mehl untermischen. Restliches Mehl in eine Schüssel geben, eine Mulde eindrücken. Hefemischung in die Mitte gießen und zugedeckt an einem warmen Platz 30 Minuten gehen lassen.

1/2 Teelöffel Salz, Olivenöl und nach und nach etwa 180 ml lauwarmes Wasser zum Mehl geben und zu einem glatten Teig kneten. Zugedeckt an einem warmen Platz 1 Stunde gehen lassen, bis das Teigvolumen sich verdoppelt hat.

Sulatinen in lauwarmem Wasser einweichen. Die äußeren Blätter vom Endiviensalat entfernen, die Herzen in fingerbreite Streifen schneiden und etwa 5 Minuten in Salzwasser kochen. Abtropfen lassen. Sardellen kleinhacken. Oliven hacken. Den Backofen auf 220° vorheizen.

3 Eßlöffel Öl erhitzen. Sardellen, Oliven und die Kapern kurz anbraten. Die ausgepreßten Endivienstreifen dazugeben. Alles gut vermischen und etwa 10 Minuten bei schwacher Hitze ziehen lassen. Mit Salz abschmecken.

Den Teig noch einmal kräftig durchkneten, auf leicht bemehlter Arbeitsfläche ausrollen und auf das gefettete Backblech geben.

Die Sultaninen ausdrücken und mit den Pinienkernen zum Gemüse mischen. Den Pizzaboden damit belegen. Mit dem restlichen Öl beträufeln. Pizza noch 15–20 Minuten gehen lassen, dann im Backofen (unten, Umluft 200°) 20–25 Minuten backen.

Pizza mit Spinat und Thunfisch

Pizza agli spinaci e tonno

Gelingt leicht

Zutaten für 4 Personen
Für den Hefeteig:
250 g Mehl
1/2 Würfel Hefe (20 g)
1 Prise Zucker
1 Teelöffel Salz
2 Eßlöffel Olivenöl
etwas Mehl zum Ausrollen
Für den Belag:
750 g frischer Blattspinat (oder 600 g tiefgekühlter)
1 große Zwiebel
2 Knoblauchzehen
3 Eßlöffel Olivenöl
Salz
Pfeffer aus der Mühle
1 Prise Muskatnuß, frisch gerieben
500 g Fleischtomaten
2 Dosen Thunfisch naturell (Abtropfgewicht je 150 g)
250 g Mozzarella
1 Eßlöffel Oregano, frisch oder getrocknet
etwas Fett für das Backblech

Pro Portion: 3040 kJ/ 730 kcal
Zubereitungszeit: 1 Stunde
Ruhezeit: 1 1/2 Stunden

Für den Teig Hefe mit 2 Eßlöffeln lauwarmem Wasser und einer Prise Zucker verrühren. 2 Eßlöffel Mehl untermischen. Restliches Mehl in eine Schüssel geben, eine Mulde hineindrücken. Hefemischung in die Mulde gießen, leicht mit Mehl bestäuben und zugedeckt an einem warmen Platz 30 Minuten gehen lassen.

Dann Salz und Olivenöl zum Mehl geben, nach und nach mit etwa 1/8 l lauwarmem Wasser zu einem glatten Teig kneten. Auf einem Backbrett oder auf der Arbeitsfläche kräftig durchwalken, dann den Teig wieder in die Schüssel legen. Mit einem Tuch bedeckt an einem warmen Platz 1 Stunde gehen lassen, bis sich das Teigvolumen verdoppelt hat.

Inzwischen für den Belag vom Spinat die Stengel abknipsen, die Blätter mehrmals gründlich waschen, in einem Sieb abtropfen lassen. Tiefgekühlten Spinat auftauen lassen.

Die Zwiebel schälen und fein hacken. Den Knoblauch schälen. In einem großen Topf 2 Eßlöffel Olivenöl erhitzen und die Zwiebel darin bei schwacher Hitze weich dünsten, den Knoblauch dazupressen. Spinatblätter dazugeben und in etwa 3 Minuten zusammenfallen lassen. (Bei Tiefkühlspinat vorher den entstandenen Saft abgießen.) Mit Salz, Pfeffer und Muskat würzen. Vom Herd nehmen und beiseite stellen.

Stielansätze der Tomaten entfernen. Tomaten kurz überbrühen, häuten, quer halbieren und entkernen. Grob hacken, unter den Spinat mischen und abschmecken. Den Thunfisch abgießen und mit zwei Gabeln grob zerpflücken.

Den Backofen auf 200° vorheizen. Das Blech fetten. Den Teig auf leicht bemehlter Arbeitsfläche noch einmal kräftig durchkneten, auf Blechgröße ausrollen und auf das Blech legen. Die Spinat-Tomatenmischung gleichmäßig darauf streichen und den Thunfisch darauf verteilen. Mozzarella in dünne Scheiben schneiden und obenauf legen. Mit Oregano bestreuen und dem restlichen Olivenöl beträufeln.

Die Pizza im Backofen (Mitte, Umluft 180°) etwa 25 Minuten backen, bis die Mozzarellascheiben leicht gebräunt sind.

Variante

Diese Pizza schmeckt auch gut mit gedünstetem Lauch: etwa 750 g Lauch putzen und waschen, den helleren Teil in Scheiben schneiden und in etwas Butter dünsten, ein wenig Sahne angießen und fast einkochen lassen. Auf der Pizza verteilen.

Eine grüne Pizza – mit Spinat, Tomaten und Thunfisch

Pizza mit Artischocken und Thunfisch

Pizza Capricciosa

Berühmtes Rezept

Zutaten für 4 Personen
Für den Teig für 2 Pizza-Formen von 28 cm Durchmesser:
1/2 Würfel frische Hefe (20 g; oder 1 Tütchen Trockenhefe)
400 g Mehl
Salz
2 Eßlöffel Olivenöl
etwas Öl für die Formen
etwas Mehl zum Ausrollen
Für den Belag:
1 große Dose geschälte Tomaten (800 g Inhalt)
2 Dosen Thunfisch naturell (je 150 g Inhalt)
8 eingelegte Artischockenherzen (etwa 350 g)
250 g Mozzarella
Pfeffer aus der Mühle
100 g entsteinte, schwarze Oliven
1 Teelöffel getrockneter Thymian
2 Eßlöffel Olivenöl, extra nativ

Pro Portion: 3928 kJ/ 940 kcal
Zubereitungszeit: 30 Minuten
Ruhezeit: 1 1/4 Stunden

Die Hefe zerbröckeln. Von 1/4 l lauwarmem Wasser 4 Eßlöffel zur Hefe geben und verrühren. Das Mehl in eine Schüssel füllen und in die Mitte eine Mulde drücken. Da hinein die angerührte Hefe gießen und mit etwas Mehl verrühren. Den Vorteig zugedeckt an einem warmen Platz 15–20 Minuten gehen lassen.

Gut 1/2 Teelöffel Salz, Olivenöl und nach und nach das restliche Wasser unter den Vorteig rühren. Den Teig mit den Händen oder den Knethaken des Handrührgerätes noch so lange kräftig durchwalken, bis der Teig elastisch ist und nicht mehr klebt.

Den Pizza-Teig halbieren, zu zwei Kugeln formen und zugedeckt an einem warmen, nicht zugigen Platz nochmals 1 Stunde gehen lassen, bis sich das Teigvolumen ungefähr verdoppelt hat.

Tomaten abtropfen lassen und zerdrücken, Thunfisch und Artischocken abtropfen lassen. Thunfisch zerpflücken, Artischockenherzen vierteln. Die Mozzarella in Würfel schneiden.

Den Backofen auf 250° (Umluft 220°) vorheizen. Die Pizza-Formen dünn mit Öl auspinseln. Die Teigkugeln nochmals kräftig durchkneten, auf einer leicht bemehlten Arbeitsfläche ausrollen und die Pizza-Formen damit auslegen, die Ränder dabei etwas dicker lassen.

Die Tomaten auf den Teig streichen, salzen und pfeffern. Thunfisch, Artischocken, Mozzarella und Oliven dekorativ darauf verteilen. Mit Thymian bestreuen und mit Öl beträufeln

Die Pizzen im heißen Ofen (unten) 12–15 Minuten backen, bis die Teigränder goldgelb sind.

Variante

Für Pizza mit Artischocken und Kapern (Pizza con carciofi e capperi) den Teig zubereiten und gehen lassen, ausrollen und in die Pizza-Formen legen. Tomaten darauf streichen, salzen und pfeffern. Mit geviertelten Artischockenherzen belegen. 2–3 Eßlöffel möglichst kleine Kapern und 2–3 fein gehackte Knoblauchzehen dazwischen streuen. Mozzarella in Scheiben schneiden, auf den Pizzen verteilen, salzen, pfeffern und mit getrocknetem Oregano bestreuen. Nicht zu sparsam mit Olivenöl beträufeln und im heißen Ofen backen, bis die Mozzarellascheiben Blasen werfen und leicht gebräunt sind.

Pizza mit Meeresfrüchten

Pizza ai frutti di mare

Etwas teurer

Zutaten für 4 Personen
Für den Teig:
1/2 Würfel Hefe (20 g)
300 g Mehl
Salz
2 Eßlöffel Olivenöl
Für den Belag:
600 g Dosentomaten (1 1/2 Dosen zu 400 g Inhalt)
500 g Miesmuscheln
250 g kleine Calamari, frisch oder tiefgefroren
250 g Garnelen im Panzer (oder 150 g geschälte, küchenfertig vorbereitete)
2 Knoblauchzehen
1 Bund Petersilie
schwarzer Pfeffer aus der Mühle
8 Eßlöffel Olivenöl
etwas Olivenöl für das Backblech
etwas Mehl für die Arbeitsfläche

Pro Portion: 2600 kJ/ 620 kcal
Zubereitungszeit: 1 Stunde
Ruhezeit: 1 1/2 Stunden

Für den Teig Hefe mit 3 Eßlöffeln lauwarmem Wasser verrühren. 3 Eßlöffel Mehl untermischen. Restliches Mehl in eine Schüssel geben, eine Mulde hineindrücken. Die Hefemischung in die Mulde gießen, leicht mit Mehl bestäuben und zugedeckt an einem warmen Ort 30 Minuten gehen lassen.

1/2 Teelöffel Salz und Olivenöl zum Mehl geben, nach und nach mit etwa 180 ml lauwarmem Wasser zu einem glatten Teig kneten. Auf einem Backbrett oder auf der Arbeitsfläche kräftig durchwalken, dann den Teig wieder in die Schüssel geben. Mit einem Tuch bedeckt an einem warmen Platz 1 Stunde gehen lassen, bis sich das Teigvolumen etwa verdoppelt hat.

Während der Ruhezeit des Teiges die Tomaten in ein Sieb geben und gut abtropfen lassen.

Die Muscheln unter fließendem Wasser kräftig abbürsten und entbarten (beschädigte oder bereits offene Exemplare wegwerfen, sie könnten verdorben sein). Die Muscheln in einer breiten Kasserolle zugedeckt bei starker Hitze erhitzen, bis sie sich öffnen (das dauert 5–7 Minuten). Muschelfleisch aus den Schalen lösen und in einem Sieb abtropfen lassen. Muscheln, die sich nicht geöffnet haben, wegwerfen.

Die kleinen Calamari sorgfältig putzen und abbrausen (tiefgefrorene Calamari auftauen lassen). Die Fangarme und den Körper in Streifen schneiden. In Salzwasser in 10–15 Minuten weich kochen.

Die Garnelen aus dem Panzer lösen, den Darm entfernen. Die Garnelen waschen und ebenfalls in Salzwasser etwa 5 Minuten sprudelnd kochen lassen (geschälte, vorbereitete Garnelen nicht kochen). Die Calamari und die Garnelen abtropfen lassen.

Den Backofen auf 220° vorheizen. Den Knoblauch schälen. Die Petersilie waschen, trocknen und mit dem Knoblauch fein hacken. Abgetropfte Tomaten mit einem Messer im Sieb grob zerkleinern.

Das Backblech fetten. Den Teig auf leicht bemehlter Arbeitsfläche noch einmal kräftig durchkneten, auf Blechgröße ausrollen und auf das Blech legen. Die Tomaten gleichmäßig darauf verteilen, mit dem Knoblauch und der Petersilie bestreuen. Mit Salz und Pfeffer würzen und mit 4 Eßlöffeln Olivenöl beträufeln.

Die Pizza im Backofen (unten, Umluft 200°) in etwa 15 Minuten knusprig vorbacken.

Den Pizzaboden dann mit den Meeresfrüchten belegen, eventuell mit Salz und Pfeffer nachwürzen und mit dem restlichen Öl beträufeln. Pizza in etwa 5 Minuten fertigbacken.

Calzone mit Brokkoli

Calzone ai broccoli

Raffiniert

Zutaten für 4 Personen
Für den Teig:
3/4 Würfel Hefe (30 g)
400 g Mehl · Salz
3 Eßlöffel Olivenöl
Für die Füllung:
2 kg Brokkoli
12 schwarze Oliven
200 g Salami
2 Knoblauchzehen
1 Eßlöffel Butter
1 Ei
1 Eßlöffel Olivenöl
schwarzer Pfeffer aus der Mühle
2 Eßlöffel Parmesan, frisch gerieben
etwas Olivenöl für das Backblech
etwas Mehl zum Ausrollen

Pro Portion: 4000 kJ/ 960 kcal
Zubereitungszeit: 1 Stunde
Ruhezeit: 1 1/2 Stunden

Für den Teig Hefe mit 3 Eßlöffeln lauwarmem Wasser und 3 Eßlöffeln Mehl verrühren. Restliches Mehl in eine Schüssel geben, eine Mulde eindrücken. Hefemischung hineingießen, mit Mehl bestäuben und zugedeckt an einem warmen Platz 30 Minuten gehen lassen.

3/4 Teelöffel Salz und Olivenöl zum Mehl geben, nach und nach mit etwa 1/4 l lauwarmem Wasser zu einem glatten Teig kneten. Kräftig durchwalken, dann den Teig wieder in die Schüssel geben. Zugedeckt an einem warmen Platz etwa 1 Stunde gehen lassen, bis sich das Teigvolumen verdoppelt hat.

Den Brokkoli putzen, die Röschen abtrennen und in Salzwasser knapp bißfest garen (die Stiele anderweitig verwenden). Dann abtropfen und abkühlen lassen.

Die Oliven entkernen und grob zerkleinern. Die Salami klein würfeln. Die Knoblauchzehen schälen und fein hacken. Knoblauch in der Butter bei schwacher Hitze kurz anbraten (nicht bräunen lassen). Das Ei trennen.

Den Backofen auf 220° vorheizen. Ein Backblech fetten. Brokkoli mit den vorbereiteten Zutaten, Knoblauch, Öl, etwas Pfeffer und dem Parmesan vermischen.

Den Teig noch einmal kurz durchkneten, auf leicht bemehlter Fläche ausrollen und auf das gefettete Blech legen. Zur Hälfte mit der Füllung belegen (einen schmalen Rand freilassen). Den Rand mit dem Eiweiß bestreichen und die freie Hälfte über die Füllung klappen. Den Rand gut festdrücken. Die Oberseite mit dem verquirlten Eigelb bestreichen. Den Calzone noch etwa 10 Minuten gehen lassen, dann im Backofen (unten, Umluft 200°) in 25–30 Minuten knusprig backen.

Schinken-Calzone

Calzone con prosciutto

Für Gäste

Zutaten für 4 Personen
Für den Teig:
3/4 Würfel Hefe (30 g)
400 g Mehl · Salz
3 Eßlöffel Olivenöl
Für die Füllung:
200 g Fontina (Hartkäse)
200 g gekochter Schinken
200 g Artischocken in Öl
100 g grüne Oliven ohne Stein
1 Ei · Pfeffer aus der Mühle
etwas Olivenöl für das Backblech
etwas Mehl zum Ausrollen

Pro Portion: 3100 kJ/ 740 kcal
Zubereitungszeit: 1 Stunde
Ruhezeit: 1 Stunde 35 Minuten

Den Teig wie im Rezept links vorbereiten. Den Backofen auf 200° vorheizen. Käse und Schinken in Würfelchen schneiden. Artischokken achteln. Die Oliven hacken. Das Ei trennen.

Den Teig ausrollen und auf dem gefetteten Blech zur Hälfte mit den vorbereiteten Zutaten belegen und – wie im Rezept links – zusammenklappen. Oberseite mit Eigelb bestreichen. Den Calzone 5–10 Minuten gehen lassen, dann im Backofen (unten, Umluft 180°) 35–40 Minuten backen.

Im Bild: Calzone (bedeckte Pizza) mit Brokkoli

Calzoni auf apulische Art

Calzoni alla pugliese

Braucht etwas Zeit

Zutaten für 4 Personen
Für den Teig:
3/4 Würfel Hefe (30 g)
400 g Mehl · Salz
3 Eßlöffel Olivenöl
Für die Füllung:
500 g Zwiebeln
2 Eßlöffel Olivenöl
100 g schwarze Oliven
1 1/2 Eßlöffel Kapern
6 Sardellenfilets
1 Bund Petersilie
300 g feste Tomaten
100 g Pecorino (Schafkäse)
1 Ei
schwarzer Pfeffer aus der Mühle
etwas Olivenöl für das Backblech
etwas Mehl zum Ausrollen

Pro Portion: 2900 kJ/ 690 kcal
Zubereitungszeit: 1 Stunde
Ruhezeit: 1 1/2 Stunden

Für den Teig Hefe mit 3 Eßlöffeln lauwarmem Wasser und 3 Eßlöffeln Mehl verrühren. Restliches Mehl in eine Schüssel geben, eine Mulde eindrücken. Hefemischung hineingießen, mit Mehl bestäuben und zugedeckt an einem warmen Platz 30 Minuten gehen lassen.

3/4 Teelöffel Salz und Olivenöl zum Mehl geben, nach und nach mit etwa 1/4 l lauwarmem Wasser zu einem glatten Teig kneten. Kräftig durchwalken, dann den Teig wieder in die Schüssel geben. Zugedeckt an einem warmen Platz etwa 1 Stunde gehen lassen, bis sich das Teigvolumen verdoppelt hat.

Die Zwiebeln in Ringe schneiden. In einem Topf das Öl erhitzen und die Zwiebeln darin bei schwacher Hitze zugedeckt weich dünsten.

Die Oliven entkernen und mit den Kapern und Sardellenfilets fein hacken. Die Petersilie waschen, trocknen und kleinschneiden. Die Tomaten mit kochendem Wasser überbrühen, häuten und halbieren. Kerne und Stielansätze entfernen. Das Tomatenfleisch in Stücke schneiden. Den Käse grob reiben. Das Ei zum Bestreichen in Eiweiß und Eigelb trennen.

Den Backofen auf 220° vorheizen. Sobald die Zwiebeln weich sind, Oliven, Kapern, Sardellen, Petersilie und die Tomaten untermischen. Mit Salz und Pfeffer würzen. Den Topf vom Herd nehmen und den Käse unterrühren.

Den Teig in 4 gleich große Stücke schneiden. Auf der bemehlten Arbeitsfläche daraus 4 dünne Fladen formen.

Jeden Fladen zur Hälfte mit der Gemüsemischung belegen, dabei einen schmalen Rand freilassen. Die Ränder mit dem Eiweiß bestreichen. Die andere Teighälfte über die Füllung klappen und gut andrücken. Die Calzoni auf das gefettete Blech legen und mit verquirltem Eigelb bestreichen. Die Calzoni im Backofen (unten, Umluft 200°) in etwa 20 Minuten knusprig backen.

Pikanter Kuchen mit Sardellen

Sardenaira

Für Gäste

Zutaten für 10 Portionen:
Für den Teig:
500 g Mehl
30 g Hefe
4 Eßlöffel lauwarme Milch
Salz
4 Eßlöffel Olivenöl
Für den Belag:
1 kg reife Tomaten
2 weiße Zwiebeln
6 Eßlöffel Olivenöl
100 g eingelegte Sardellenfilets
3 Knoblauchzehen
100 g schwarze Oliven
1 1/2 Teelöffel Oregano (frisch oder getrocknet)
3 Zweige frisches Basilikum
etwas Olivenöl für das Backblech

Pro Portion: 1300 kJ/ 310 kcal
Zubereitungszeit: 1 Stunde
Ruhezeit: 1 Stunde

Für den Teig das Mehl auf die Arbeitsfläche häufen, eine Mulde hineindrücken. Hefe in 4 Eßlöffeln lauwarmer Milch auflösen, dazugeben. 1 Teelöffel Salz, Olivenöl und etwa 1/4 l lauwarmes Wasser einarbeiten, bis ein glatter

Teig entsteht. Mit einem Tuch bedecken, an einem warmen Platz etwa 1 Stunde gehen lassen.

Für den Belag Stielansätze der Tomaten entfernen. Tomaten kurz überbrühen, häuten und kleinschneiden. Die Zwiebeln schälen und fein hacken. In einem breiten Topf 4 Eßlöffel Olivenöl erhitzen, die Zwiebeln andünsten. Die Tomatenstücke dazugeben. Im offenen Topf sanft köcheln, bis alle Flüssigkeit verdampft ist. Die Sardellenfilets abspülen, fein hacken und unter die Tomatensauce mischen. Den Backofen auf 175° vorheizen.

Ein großes Backblech ölen. Den Teig noch einmal durchkneten, mit den Händen auf dem Blech verteilen und flachdrücken. Tomaten aufstreichen. Knoblauch schälen und in Scheibchen schneiden, mit den Oliven und Oregano auf dem Teig verteilen. Das restliche Olivenöl darüber träufeln. In den Backofen (Mitte, Umluft 160°) schieben und 45 Minuten backen.

Zum Servieren das Basilikum waschen, trocknen und die Blättchen auf die Sardenaira streuen. Heiß servieren.

Mangold-Artischocken-Torte

Torta di bietole e carciofi

Vegetarisch

Zutaten für 10 Personen
Für den Teig:
500 g Mehl
4 Eßlöffel Olivenöl · Salz
etwas Mehl zum Ausrollen
Für die Füllung:
1 kg Mangold
12 junge, zarte Artischocken (ersatzweise Artischockenherzen aus der Dose)
1 Zwiebel
5 Eßlöffel Olivenöl
50 g Butter
3 Eßlöffel Semmelbrösel
150 g Parmesan, frisch gerieben
1 Teelöffel frischer Majoran (oder 1/2 Teelöffel getrockneter)
Pfeffer aus der Mühle
etwas Olivenöl für die Form und zum Bestreichen

Pro Portion: 1500 kJ/ 360 kcal
Zubereitungszeit: 1 Stunde
Ruhezeit: 1 Stunde

Für den Teig das Mehl auf ein Backbrett häufen, Olivenöl, 1 Teelöffel Salz und 1/4 l kaltes Wasser zufügen. Die Zutaten gründlich verkneten, bis ein glatter, geschmeidiger Teig entstanden ist. Zugedeckt etwa 1 Stunde ruhen lassen.

Für die Füllung Mangold waschen, Rippen ausschneiden. Blätter zerpflücken, tropfnaß in einen heißen Topf geben, zusammenfallen lassen. Auspressen und hacken. Die Artischocken putzen, äußere, harte Blätter und die Spitzen abschneiden, Heu herauszupfen. Artischocken in dünne Scheibchen schneiden. Zwiebel schälen, fein hacken. 3 Eßlöffel Olivenöl erhitzen, Zwiebel und Artischocken anbraten (Artischockenherzen aus der Dose erst ganz zum Schluß zur Füllung geben). Mangold untermischen und kurz mitbraten.

Die Butter zerlassen, 2 Eßlöffel Semmelbrösel anrösten und mit dem Parmesan zu den Artischokken geben. 2 Eßlöffel Olivenöl, Majoran, Salz und Pfeffer zufügen, alles gründlich mischen und abschmecken. Backofen auf 200° vorheizen. Eine runde, flache Form (26 cm Durchmesser) ölen.

Teig halbieren und zwei dünne Kreise ausrollen, mit einer davon die Form auskleiden. Restliche Semmelbrösel aufstreuen. Füllung 2 cm dick darauf verstreichen. Mit der zweiten Teigplatte abdecken, Rand festdrücken. Aus Teigresten eventuell eine dünne Rolle formen, um den Rand legen.

Die Oberfläche der Torte mit Olivenöl bestreichen, mit einer Gabel einige Löcher einstechen. In den vorgeheizten Backofen (Mitte, Umluft 180°) schieben und etwa 55 Minuten backen, bis die Torte schön gebräunt ist. Lauwarm oder kalt servieren.

Gemüse

Gemüse kann in Italien Beilage oder Hauptgericht sein. Als Beilage wird es einfach bißfest gegart und in Butter oder Olivenöl geschwenkt.

Als Hauptgericht wird es geschmort, in Teig gehüllt oder im Ofen überbacken. So gibt es viel Abwechslung für alle Jahreszeiten.

Italien ist ein Gemüseland. Und das in doppeltem Sinn. Zum einen gedeihen von Nord bis Süd das ganze Jahr über die köstlichsten, aromatischsten Gemüsesorten von Artischocken bis Zucchini, von Fenchel bis Tomaten. Nirgendwo sonst in Europa findet man so viele Sorten frisch vom Feld auf den Märkten. Und zum anderen wird in Italien sehr viel Gemüse gegessen. Zu jedem Fisch- oder Fleischgang, aber auch – vor allem im Sommer – als Hauptgericht.

Gemüsebilder

Ein Künstler der Lombardei verewigte sogar seine Vorliebe fürs Gemüse: Giuseppe Arcimboldo aus Mailand malte im 16. Jahrhundert Portraits, die aus Gemüse und Obst zusammengesetzt sind. Wie in den meisten ländlichen Regionen wird in der Lombardei viel Gemüse angebaut, das besonders geduldig zubereitet wird. Man nimmt sich Zeit, es langsam und bei niedriger Hitze zu garen, so daß die Aromen sich durchdringen können. Ein typisches Beispiel ist die Peperonata, ein Schmorgericht aus Paprikaschoten, Zwiebeln und Knoblauch (siehe Seite 189), das im Sommer auch gern kalt gegessen wird.

Schon Caesar soll nach seinem Aufenthalt in der Lombardei so von der Küche beeindruckt gewesen sein, daß er grünen Spargel mit Butter in die klassische Küche Roms eingeführt hat. In Rom wird mehr rohes und gekochtes Gemüse gegessen als im übrigen Latium, obwohl es dort erzeugt wird. Besonder beliebt sind die Artischocken, von ganz kleinen, in Öl eingelegten, bis hin zu dicken, fleischigen. Eine ganz große Leidenschaft aber sind die Erbsen, die hier ganz zart und frisch in den Schoten gekauft und selbst gepult werden. Sie werden meist mit mildem Schinken zubereitet, der das Aroma nicht überdeckt (siehe Seite 189). Ebenso beliebt sind frische Feldbohnen, die gern mit Käse kombiert werden.

Würzig geschmort

Viele Gemüsegerichte werden mit aufwendigen Saucen geschmort, deren Grundelement ein »battuto« ist: Feinst gewürfelte Zwiebeln, Knoblauch, Staudensellerie, oft auch Speck, werden bei schwacher Hitze mit Petersilie langsam angeröstet, bis sich ein würziges Schmoraroma entwickelt. Dann kommt erst das Gemüse dazu und oft auch noch gehäutete und entkernte Tomaten. Alles wird langsam geschmort, wobei nur wenig Flüssigkeit zugegeben wird, die Sauce besteht zum Schluß praktisch nur aus konzentriertem Gemüsesaft. Beispiele dafür finden Sie auf den Seiten 180/181 und 184/185.

Für Röstgemüse Zwiebel, Möhren und Sellerie winzigst würfeln

Diese Zubereitungsart ist nicht nur in Rom, sondern auch im ganzen Süden Italiens sehr beliebt, wo das frische Gartengemüse auch mit Fisch oder Fleisch zusammen gegart wird. Und natürlich fehlen hier nie die sonnengereiften Tomaten in der Sauce, die auf Sizilien fast das ganze Jahr über reifen.

Heiß aus dem Öl

Im Süden, vor allem in Neapel und Kampanien, aber auch in der Toskana liebt man noch eine andere Zubereitungsart, das Fritieren. Im Prinzip eignet sich jedes feste Gemüse dazu, das zunächst in höchstens daumendicke Stücke zerteilt wird. Gut geeignet sind Brokkoli oder Blumenkohl, zarte Möhren, Fenchelstücke oder dicke Zucchini- und Auberginenscheiben. Feste Gemüse kurz in kochendem Salzwasser vorgaren (4–5 Minuten genügen), dann in eiskaltem Wasser abschrecken und gut abtropfen lassen. Aus 100 g Mehl, 1/8 l trockenem Weißwein, 1 Ei, Salz und Pfeffer einen leichten

Ausbackteig rühren und zugedeckt 20 Minuten ruhen lassen. Zum Fritieren wird in Italien ein einfaches Olivenöl verwendet, gut geeignet ist auch eine Mischung aus hoch erhitzbarem Pflanzenöl und etwas Olivenöl. Das Öl erhitzen, bis an einem hineingehaltenen Holzstäbchen oder Holzkochlöffel kleine Bläschen aufsteigen. Die Gemüsestücke mit einer Gabel aufspießen, durch den Ausbackteig ziehen und im heißen Öl knusprig goldbraun fritieren. Auf Küchenpapier entfetten, mit Salz und Pfeffer bestreuen und ganz heiß mit Zitronenschnitzen servieren.

Grünes Ligurien

Viele vegetarische Gerichte, sie tragen oft den Zusatz »di magro«, findet man in Ligurien, wo das Gemüse liebevoll in kleinen Hausgärten gezogen wird. Schließlich waren viele Ligurer Seeleute, die sich nach der entbehrungsreichen Zeit auf den Meeren nach frischem Grün sehnten. So wird die Küche Liguriens gern als »Cucina del ritorno«, Küche der Wiederkehr, bezeichnet. Sie spart auch nicht mit Kräutern und der Pesto, die aromatische, dunkelgrüne Basilikumpaste, würzt nicht nur Nudeln, sondern auch Gemüsetöpfe (siehe Seite 186).

Klassische Gemüsewürze: Knoblauch, Sardellen, Petersilie

Eine andere beliebte Würze für Gemüse sind die eingesalzenen Sardellen, die in Rom und Latium, aber auch in Kampanien und im Piemont fast immer mit Knoblauch zusammen dem Gemüse einen pikanten Geschmack geben. Wahrscheinlich ist das eine Tradition aus altrömischer Zeit, als ein Gewürz aus fermentierten Fischen, das »garum«, sehr beliebt war.

Knackig gekocht

Die meistverbreitetste Art, frisches Gemüse zuzubereiten, überrascht: einfach in Salzwasser knackig garkochen, abtropfen und in etwas Olivenöl oder zerlassener Butter schwenken, anrichten. Diese anspruchslose Art hat aber einen tieferen Grund. Gemüse, das auf reichen Böden unter südlicher Sonne gereift und nur wenige Stunden nach der Ernte schon auf dem Markt eingekauft wird, hat es nicht nötig, sich mit raffinierten Saucen oder aufwendigen Zubereitungen aufpeppen zu lassen, wie das leider bei schlaffem Treibhausgemüse meist notwendig ist. Deshalb werden frische Bohnen und Brokkoli, Frühlingsmöhren und Fenchel sehr oft »natur« serviert, allenfalls noch mit etwas Knoblauch oder frisch geriebenem Parmesan gewürzt.

Mayonnaise

Wird das Gemüse kalt serviert, wie es im Sommer sehr beliebt ist, paßt gut eine italienische Mayonnaise (»maionese«) dazu. Im Prinzip wird sie wie unsere aus

Für die Mayonnaise Olivenöl in feinem Strahl zufließen lassen

2 rohen, frischen Eigelben mit einem Schuß Zitronensaft, Salz und Pfeffer aufgeschlagen – aber dann kommt 1/8 l Olivenöl nach und nach unter ständigem Schlagen dazu. Das gibt ihr einen kräftigen, südlichen Geschmack.

Mangold-Omelett

Frittata di bietole

Gelingt leicht

Zutaten für 4 Personen
1 kg Mangold (ersatzweise Spinat)
Salz
100 g Weißbrotkrume
2 Knoblauchzehen
6 Eier
1 Messerspitze getrockneter Majoran
weißer Pfeffer aus der Mühle
100 g Parmesan, frisch gerieben
6 Eßlöffel Olivenöl

Pro Portion: 2300 kJ/ 550 kcal
Zubereitungszeit: 45 Minuten

Den Mangold putzen, die Stiele kürzen. Braune Stellen und welke Blatteile entfernen, gut waschen. In einem großen Topf mit gesalzenem Wasser 15–20 Minuten bei schwacher Hitze kochen. In ein Sieb gießen und abtropfen lassen.

Die Weißbrotkrume kurz in Wasser einweichen, dann gut ausdrücken. Den Knoblauch schälen und fein hacken.

Das abgekühlte Gemüse möglichst fest auspressen. Blätter und Stiele in feine Streifen schneiden.

In einer Schüssel die Eier leicht verquirlen, dann Knoblauch, die Gewürze, Salz, Brot und Käse gut unterrühren. Den Mangold gründlich mit der Masse vermischen.

In einer Omelettpfanne 3 Eßlöffel Öl erhitzen, die Eier-Gemüse-Mischung hineingießen und bei starker Hitze leicht rühren, bis sie zu stocken beginnt. Dann die Hitze sofort reduzieren. Mit einem Kochlöffel das Omelett vom Pfannenrand lösen, die Pfanne leicht schütteln. Sobald die Unterseite goldbraun ist (durch leichtes Anheben feststellen), das Omelett mit Hilfe eines Deckels wenden. Dabei das restliche Öl in die Pfanne gießen. Das Omelett bei schwacher Hitze fertigbraten. Es soll außen leicht gebräunt sein, muß innen aber noch feucht sein.

Das Omelett am besten warm (nicht heiß) oder abgekühlt zu Tisch bringen.

Variante

Für ein Omelett mit Zucchini (Frittata alla sardegnola) etwa 250 g kleine Zucchini waschen und putzen, in Würfel schneiden. 2 Lauchzwiebeln mit dem grünen Teil fein hacken. 1–2 Knoblauchzehen schälen. 2 fingerdicke Scheiben altbackenes Weißbrot würfeln. 3 Eßlöffel Olivenöl in einer Pfanne erhitzen, bei nicht zu starker Hitze die Brotwürfel unter ständigem Umrühren anrösten, den Knoblauch durch die Presse dazudrücken. Brotwürfel herausheben, die Zwiebel- und Zucchiniwürfel im verbliebenen Öl etwa 5 Minuten braten, ab und zu umrühren. Die Pfanne vom Herd nehmen und das Gemüse ein paar Minuten abkühlen lassen.

Die Eier in einer Schüssel leicht verschlagen, sie sollen keinen Schaum bilden. Das Gemüse und die Brotwürfel untermischen, mit frischem gehackten Oregano, Salz und Pfeffer würzen.

In der Pfanne 1 Eßlöffel Olivenöl erhitzen, die Eiermasse hineingießen und bei stärkerer Hitze goldbraun braten. Am besten mit Hilfe eines Topfdeckels wenden und dabei noch etwas Öl zugeben, auch auf der anderen Seite golden werden lassen. Rasch servieren. Dazu paßt ein kräftiger, trockener Weißwein, zum Beispiel ein Pinot bianco aus dem Friaul oder ein leichter Rotwein.

Die Frittata ist ein Omelett, das auf beiden Seiten gebraten wird. Hier ist Mangold und Parmesan unter die Eiermasse gemischt

Gratinierter Spargel

Asparagi gratinati

Raffiniert

Zutaten für 4 Personen
300 g weißer Spargel
300 g grüner Spargel
Salz
1 Eßlöffel Butter
1/2 Teelöffel Zucker
100 g geschälte kleine Garnelen (Nordseekrabben)
1 Handvoll Kerbel
125 g Mozzarella
schwarzer Pfeffer aus der Mühle
etwas Butter für die Form

Pro Portion: 680 kJ/ 160 kcal
Zubereitungszeit: 1 Stunde

Den Spargel waschen und die Enden abschneiden. Die weißen Stangen vom Kopf beginnend schälen, bei den grünen nur das untere Drittel schälen. Reichlich Wasser zum Kochen bringen und Salz, Butter und den Zucker hineingeben. Den weißen Spargel in 10–12 Minuten, den grünen etwas kürzer bißfest garen. Dann die Spargelstangen aus dem Wasser heben und in einem Sieb abtropfen lassen.

Den Backofen auf 225° vorheizen. Eine feuerfeste eckige Form sorgfältig mit Butter ausstreichen. Spargel und Krabben hineingeben. Den Kerbel waschen, zerzupfen und darüber streuen.

Mozzarella in dünne Scheiben schneiden, auf den Spargel legen, salzen und pfeffern. Das Gratin im Backofen (Mitte, Umluft 200°) in etwa 15 Minuten goldgelb überbacken. In der Form als feine Beilage oder leichtes Hauptgericht servieren.

Toskanische Bohnen

Fagioli alla toscana

Vegetarisch

Zutaten für 4 Personen
600 g Strauchtomaten
4 Lauchzwiebeln
150 g Knollensellerie
500 g Möhren
500 g dünne grüne Bohnen
Meersalz
3 Eßlöffel Olivenöl, extra nativ
125 ml trockener Weißwein (ersatzweise 1 Eßlöffel Zitronensaft)
1 Knoblauchzehe
2 Zweige Thymian
1 Lorbeerblatt
schwarzer Pfeffer aus der Mühle
1 Eßlöffel Basilikumblättchen
2 Eßlöffel kleingeschnittene glattblättrige Petersilie

Pro Portion: 987 kJ/ 240 kcal
Zubereitungszeit: 30 Minuten

Das Gemüse waschen. Von den Tomaten die Stielansätze entfernen. Tomaten würfeln und in einem Mixer oder Blitzhacker grob pürieren. Die Lauchzwiebeln putzen und mit dem Grün kleinschneiden. Sellerie und Möhren schälen. Den Sellerie in kleine Würfelchen, die Möhren in 3 cm lange, dünne Stifte schneiden. Die Bohnen putzen, eventuell entfädeln.

In einem Topf reichlich Salzwasser aufkochen, die Bohnen darin je nach Dicke in 10–20 Minuten bißfest kochen.

Inzwischen in einem Topf das Olivenöl erhitzen und Zwiebeln, Sellerie und Möhren darin bei schwacher Hitze 4 Minuten dünsten. Den Wein aufgießen und die gehackten Tomaten untermischen. Den Knoblauch schälen und ganz mit Thymianzweigen und Lorbeerblatt hineingeben. Alles salzen und pfeffern. Bei schwacher Hitze zuerst 6 Minuten zugedeckt, dann 4 Minuten offen garen und einkochen lassen.

Die garen Bohnen abgießen, abtropfen lassen und mit den Basilikumblättchen und der gehackten Petersilie unter die Tomatensauce rühren. Noch einmal kurz aufkochen, abschmecken und als Beilage oder als leichtes Gemüsegericht servieren. Dazu paßt ein trockener, nicht zu säurebetonter Rotwein.

Zucchini mit Speck und Tomaten
Zucchini alla calabrese

Gelingt leicht

Zutaten für 4 Personen
600 g kleine feste Zucchini
500 g Dosentomaten
200 g gut durchwachsener Räucherspeck
1 große Zwiebel
2 Knoblauchzehen
2 Bund Petersilie
1 Eßlöffel Olivenöl
Salz
schwarzer Pfeffer aus der Mühle

Pro Portion: 1700 kJ/ 410 kcal
Zubereitungszeit: 45 Minuten

Die Zucchini waschen, abtrocknen, die Blüten- und Stielansätze abschneiden. Die Früchte der Länge nach in Viertel und diese quer in drei Stücke schneiden.

Die Tomaten in einem Sieb abtropfen lassen, den Saft dabei auffangen. Die Tomaten grob zerkleinern.

Den Speck ohne Schwarte in kleine Würfel schneiden. Die Zwiebel schälen und in Scheiben schneiden, zu Ringen aufblättern. Die Knoblauchzehen schälen. Die Petersilie waschen, trocknen und fein hacken.

In einer Kasserolle das Öl erhitzen, die Speckwürfel darin knusprig braten, die Zwiebelringe, Knoblauch und die Petersilie dazugeben und alles etwa 10 Minuten bei schwacher Hitze offen schmoren lassen. Dann Tomaten und die Zucchini untermischen, mit Salz und frisch gemahlenem Pfeffer würzen und alles gut mischen.

Das Gemüse zugedeckt bei ganz schwacher Hitze etwa 20 Minuten dünsten, dabei ab und zu umrühren. Heiß als Gemüse-Hauptgericht servieren.

Pilze mit Tomaten
Funghi al pomodoro

Preiswert

Zutaten für 4 Personen
2 Knoblauchzehen
250 g reife Fleischtomaten
5 Eßlöffel Olivenöl
Salz
weißer Pfeffer aus der Mühle
getrockneter Oregano
500 g Steinpilze, Austernpilze oder Champignons

Pro Portion: 420 kJ/ 100 kcal
Zubereitungszeit: 1 Stunde

Die Knoblauchzehen schälen und fein hacken. Stielansätze der Tomaten entfernen. Tomaten kurz überbrühen, häuten, quer halbieren und entkernen. Das Fruchtfleisch kleinhacken.

In einer Kasserolle 2 Eßlöffel Öl bei schwacher Hitze heiß werden lassen. Den Knoblauch darin kurz anbraten (er darf dabei nicht braun werden). Die Tomaten dazugeben, mit Salz, Pfeffer und Oregano würzen. Die Sauce bei mittlerer Hitze in der offenen Kasserolle etwa 20 Minuten einkochen lassen.

Inzwischen die Pilze putzen, nur wenn nötig abbrausen, trockentupfen und in Scheibchen schneiden. In einer große Pfanne das restliche Öl erhitzen und die Pilze bei starker Hitze etwa 5 Minuten braten, salzen und unter den Tomatensugo mischen.

Zugedeckt bei schwacher Hitze noch etwa 10 Minuten ziehen lassen. Die Pilze heiß als Gemüsebeilage (zu Fleisch, Geflügel oder Wild) servieren.

Tip!

Sie können die Pilze auch auskühlen lassen und als »antipasto« servieren, natürlich mit frischem Weißbrot dazu.

Pikanter Mangold

Bietole marinate

Gut vorzubereiten

Zutaten für 4 Personen
1 1/2 kg frischer Mangold mit breiten, weißen Stielen
Saft von 1 Zitrone
125 ml trockener Weißwein
Salz
2 Knoblauchzehen
1 Bund Basilikum
5 Eßlöffel Olivenöl, extra nativ
2 Eßlöffel milder, aromatischer Weißweinessig
weißer Pfeffer aus der Mühle

Pro Portion: 750 kJ/ 180 kcal
Zubereitungszeit: 1 Stunde
Marinierzeit: 3 1/2 Stunden

Den Mangold waschen. Die Blätter von den Stielen trennen (das Grün für ein anderes Gericht verwenden). Das untere Ende der Stiele abschneiden. Die Stiele in etwa 5 cm lange Stücke schneiden, in eine Kasserolle geben, Zitronensaft, Wein und so viel Wasser angießen, daß das Gemüse bedeckt ist, dann salzen.

Zugedeckt bei mittlerer Hitze so lange kochen, bis die Stiele gar, aber noch »al dente« (bißfest) sind (das dauert je nach Frische des Mangolds 20–30 Minuten).

Inzwischen den Knoblauch schälen. Basilikum waschen und trocknen. Basilikum und Knoblauch fein hacken.

Das gare Mangoldgemüse abtropfen lassen. Aus dem Olivenöl, Weinessig, Knoblauch und Basilikum eine Sauce rühren. Den Mangold warm mit der Sauce vermischen. Mit Pfeffer und nach Bedarf mit Salz abschmecken und durchrühren.

Entweder gleich warm servieren oder 3–4 Stunden zugedeckt im Kühlschrank ziehen lassen und zimmerwarm servieren.

Fenchel mit Sardellen

Finocchi alle acciughi

Gelingt leicht

Zutaten für 4 Personen
4 mittelgroße Fenchelknollen (etwa 750 g)
Salz
3 Knoblauchzehen
5 Sardellenfilets
4 Eßlöffel Olivenöl, extra nativ
2 Eßlöffel Zitronensaft
weißer Pfeffer aus der Mühle

Pro Portion: 750 kJ/ 180 kcal
Zubereitungszeit: 45 Minuten

Vom Fenchel die Stiele, Wurzelansätze, braune Stellen und die harten Rippen entfernen, das Fenchelgrün aufbewahren. Die Knollen gründlich waschen und quer in fingerdicke Scheiben schneiden.

Die Fenchelscheiben in Salzwasser »al dente« kochen, dann in einem Sieb abtropfen lassen.

Inzwischen die Knoblauchzehen schälen und die Sardellen fein hacken.

In einer Kasserolle das Olivenöl erhitzen, den Knoblauch darin braten, bis er braun wird, dann aus dem Öl heben und wegwerfen.

Die Sardellen bei schwacher Hitze unter Rühren im Öl leicht anbraten. Fenchel dazugeben, mit Zitronensaft, Salz und Pfeffer würzen und vorsichtig mischen. Bei ganz schwacher Hitze zugedeckt etwa 5 Minuten ziehen lassen.

Das Fenchelgrün waschen, trocknen und kleinhacken. Das Gemüse etwas abkühlen lassen, dann mit dem gehackten Fenchelgrün bestreut als Gemüsebeilage servieren. Dazu paßt ein trockener, kräftiger Weißwein.

Im Bild oben: Pikanter Mangold
Im Bild unten: Fenchel mit Sardellen

Auberginen-Tomaten-Gemüse

Melanzane ai funghetti

Raffiniert

Zutaten für 5 Personen
750 g junge Auberginen · Salz
500 g reife Fleischtomaten
3 Knoblauchzehen
5 Eßlöffel Olivenöl, extra nativ
1 1/2 Eßlöffel Kapern
1 Messerspitze gemahlener Peperoncino (kleine scharfe Chilischote), ersatzweise Cayennepfeffer
1/2 Teelöffel getrockneter Oregano

Pro Portion: 540 kJ/ 130 kcal
Zubereitungszeit: 1 1/4 Stunden

Von den Auberginen die Stielansätze entfernen, Früchte waschen und ungeschält in etwa 2 cm große Würfel schneiden. Mit Salz bestreuen, in ein Sieb geben und etwa 30 Minuten ruhen lassen.

Inzwischen die Stielansätze der Tomaten entfernen. Tomaten kurz überbrühen, häuten, quer halbieren und die Kerne entfernen. Das Fruchtfleisch grob hacken. Knoblauch schälen und fein hacken.

Die Auberginen kurz abbrausen, ausdrücken und mit Küchenpapier abtrocknen.

In einer Kasserolle das Öl erhitzen, Knoblauch ganz kurz darin anbraten (er darf nicht braun werden). Dann die Auberginenwürfel dazugeben und unter ständigem Rühren bei starker Hitze rundum etwa 10 Minuten braten.

Tomaten und die Kapern unter die Auberginen mischen. Mit dem Peperoncino, Oregano und etwas Salz würzen. Die Hitze stark reduzieren. Das Gemüse zugedeckt langsam garen. Es soll dabei nicht zerkochen, die Auberginenschalen müssen jedoch weich sein (Bißprobe). Auberginen abkühlen lassen, dann zimmerwarm servieren.

Blumenkohl und Fenchel

Cavolfiore e finocchi

Preiswert

Zutaten für 4 Personen
Salz
1 Blumenkohl (etwa 750 g)
2 Fenchelknollen (etwa 400 g)
1 Eßlöffel Mehl
1 mittelgroße Zwiebel
3 Eßlöffel Butter
weißer Pfeffer aus der Mühle
200 g Sahne
100 g Parmesan, frisch gerieben

Pro Portion: 1900 kJ/ 450 kcal
Zubereitungszeit: 50 Minuten

In zwei Töpfen reichlich Salzwasser aufsetzen. Den Blumenkohl von Blättern und vom Strunk befreien und in einzelne Röschen teilen, dann gründlich waschen. In einem Topf in kochendem Wasser etwa 8 Minuten garen, die Röschen sollen bißfest bleiben.

Die Fenchelknollen putzen, das Fenchelgrün beiseite legen, die Knollen achteln und waschen. Das Mehl in das kochende Salzwasser im zweiten Topf geben und den Fenchel darin in etwa 8 Minuten nicht zu weich kochen. Beide Gemüse abtropfen lassen.

Den Backofen auf 220° (Umluft 200°) vorheizen. Die Zwiebel schälen und fein hacken. Die Hälfte der Butter in einer Pfanne erhitzen. Die Zwiebelwürfel darin glasig dünsten.

Dann das abgetropfte Gemüse unterrühren und goldgelb dünsten. In eine feuerfeste Form geben, salzen, pfeffern und mit der Sahne übergießen. Im heißen Backofen (Mitte) etwa 8 Minuten überbacken.

Dann den Parmesan auf das Gemüse streuen. Die restliche Butter in Flöckchen darauf verteilen. Nochmals in etwa 10 Minuten goldbraun überbacken.

Inzwischen das Fenchelgrün waschen, hacken und zum Servieren über das Gemüse streuen.

Geschmorter Staudensellerie

Sedano stufato

Braucht etwas Zeit

Zutaten für 4 Personen
Salz
2 Staudensellerie (etwa 1 kg)
250 g geräucherter, durchwachsener Speck in dickeren Scheiben
150 g Schalotten
1 Knoblauchzehe
2 mittelgroße Möhren
2 Eßlöffel Tomatenmark
weißer Pfeffer aus der Mühle
1 Lorbeerblatt
250 ml trockener Weißwein

Pro Portion: 2100 kJ/ 500 kcal
Zubereitungszeit: 1 1/4 Stunden

In einem breiten Topf Salzwasser aufsetzen. Den Sellerie waschen.

Die Selleriestangen zusammenbinden und etwa 8 Minuten im kochenden Wasser garen. Herausheben und gut abtropfen lassen. Das Garn entfernen und die Stauden längs halbieren.

Den Speck entschwarten, klein würfeln und in einem breiten Topf bei schwacher Hitze ausbraten.

Die Schalotten schälen, halbieren und zum Speck geben. Knoblauch schälen und dazupressen. Möhren schälen, waschen, in Scheiben schneiden und in den Topf geben. Alles etwa 5 Minuten dünsten. Tomatenmark untermischen, salzen und pfeffern. Lorbeerblatt und Sellerie dazugeben. Mit Weißwein und 1/8 l Wasser begießen. Zugedeckt bei schwacher Hitze etwa 40 Minuten schmoren.

Sellerie auf einer Platte anrichten. Möhren, Zwiebeln und den Speck daneben verteilen und alles warm stellen. Das Lorbeerblatt aus der Sauce nehmen und die Flüssigkeit um etwa ein Drittel einkochen. Die Sauce abschmecken und über den Sellerie gießen.

Auberginengemüse

Caponata

Gut vorzubereiten

Zutaten für 4 Personen
4 Eßlöffel Olivenöl
1 große Zwiebel
2 Knoblauchzehen
2 Auberginen (etwa 500 g)
500 g Fleischtomaten
4 Stangen Staudensellerie
4 Sardellenfilets (Anchovis)
2 Eßlöffel Kapern
100 g schwarze entsteinte Oliven
1 Zweig frischer Oregano (oder 1 Teelöffel getrockneter)
Salz
schwarzer Pfeffer aus der Mühle
Saft von 1/2 Zitrone

Pro Portion: 1000 kJ/ 240 kcal
Zubereitungszeit: 45 Minuten
Marinierzeit: 2 Stunden

In einem breiten Schmortopf das Olivenöl erhitzen. Die Zwiebel schälen, längs halbieren und in feine Scheiben schneiden. Im heißen Olivenöl glasig dünsten. Den Knoblauch dazudrücken.

Auberginen waschen, Stielansätze entfernen. Auberginen klein würfeln. In den Topf geben und kräftig anbraten.

Stielansätze der Tomaten entfernen. Tomaten kurz überbrühen, häuten, quer halbieren und entkernen. Das Fruchtfleisch grob hacken, untermischen und alles zugedeckt bei schwacher Hitze etwa 10 Minuten garen.

Die Selleriestangen waschen, in Scheiben schneiden und unter das Gemüse mischen.

Die Anchovisfilets grob hacken, mit den Kapern und den Oliven unter das Gemüse mischen.

Den Oregano waschen und die Blättchen über dem Topf abzupfen. Mit Salz, Pfeffer und dem Zitronensaft würzen. Das Gemüse weitere 5 Minuten zugedeckt schmoren.

Dann das Auberginengemüse vom Herd nehmen und zugedeckt etwa 2 Stunden durchziehen lassen. Die Caponata noch einmal erhitzen und warm als Beilage oder Nudelsauce servieren. Sie schmeckt aber auch kalt oder lauwarm als Vorspeise.

Weiße Bohnen mit Gemüse und Schafkäse

Fagioli con verdure

Schnell

Zutaten für 4 Personen
1 Bund Suppengrün
1 Eßlöffel Olivenöl oder Butterschmalz
300 g tiefgekühlter Blattspinat
1 mittelgroße Fleischtomate
2 Dosen weiße Bohnen (je 240 g Abtropfgewicht)
1 Teelöffel getrockneter Thymian
Salz
weißer Pfeffer aus der Mühle
1 Knoblauchzehe
200 g Schafkäse (möglichst milder Fiore Sardo)

Pro Portion: 1800 kJ/ 430 kcal
Zubereitungszeit: 30 Minuten

Das Suppengrün putzen, waschen und in kleine Würfel schneiden. Das Olivenöl oder Butterschmalz in einem Topf erhitzen. Das Suppengrün darin unter Rühren anbraten. Den Spinat zugeben und 75 ml Wasser angießen. Spinat bei mittlerer Hitze in etwa 12 Minuten auftauen und garen. Dabei immer wieder umrühren.

Inzwischen die Tomate waschen, würfeln, dabei den Stielansatz entfernen. Die Bohnen abtropfen lassen und mit den Tomatenwürfeln zum Spinat geben.

Den Eintopf mit Thymian, Salz und Pfeffer würzen. Den Knoblauch schälen und durch die Presse dazudrücken.

Den Eintopf zugedeckt noch einmal etwa 5 Minuten stark erhitzen. Den Schafkäse in kleine Würfel schneiden und unter das Bohnengemüse mischen. Den Eintopf sofort servieren. Dazu paßt knuspriges Weißbrot.

Gemüsetopf mit Pesto

Verdure miste col pesto

Gelingt leicht

Zutaten für 4 Personen
1 mittelgroße Aubergine
2 Zucchini (etwa 350 g)
2 mittelgroße mehligkochende Kartoffeln
4 Eßlöffel Olivenöl
300 g tiefgekühlte grüne Bohnen
125 ml trockener Weißwein oder Gemüsebrühe
400 g Tomaten in Stücken (Dose oder Packung) · Salz
weißer Pfeffer aus der Mühle
3 Eßlöffel Pesto (aus dem Glas oder selbstgemacht – siehe Seite 186)

Pro Portion: 960 kJ/ 230 kcal
Zubereitungszeit: 30 Minuten

Die Aubergine und die Zucchini von den Blüten- und den Stielansätzen befreien, waschen und klein würfeln. Die Kartoffeln schälen, waschen und ebenfalls in kleine Würfel schneiden.

Die Hälfte des Öls in einem Topf erhitzen. Die Auberginenwürfel darin anbraten. Die Zucchini und die Kartoffeln mit dem restlichen Öl dazugeben und ebenfalls anbraten.

Die Bohnen mit dem Wein oder der Brühe und den Tomaten untermischen. Alles mit Salz und Pfeffer würzen. Den Eintopf zugedeckt etwa 15 Minuten bei mittlerer Hitze garen, bis die Kartoffeln und die Bohnen weich sind.

Den Pesto untermischen. Den Eintopf eventuell noch etwas mit Salz und Pfeffer nachwürzen.

Im Bild oben:
Weiße Bohnen mit Gemüse und Schafkäse
Im Bild unten: Gemüsetopf mit Pesto, der würzigen Basilikumpaste aus Ligurien

Meraner Rosenkohl

Cavolini di Bruxelles

Preiswert

Zutaten für 4 Personen
500 g Eßkastanien
500 g Rosenkohl
Salz
1 große Zwiebel
3 Knoblauchzehen
200 g Weichkäse (Grancino, Camembert, Revidoux)
2 Eßlöffel Butter
4 Eßlöffel Crème fraîche
Pfeffer aus der Mühle
Muskatnuß, frisch gerieben

Pro Portion: 2400 kJ/ 570 kcal
Zubereitungszeit: 1 Stunde

Den Backofen auf 180° (Umluft 160°) vorheizen. Die Schale der Kastanien mit einem scharfem Messer auf einer Seite einschneiden, auf einem Backblech in den Ofen schieben und etwa 15 Minuten rösten.

Inzwischen den Rosenkohl putzen, am Stielansatz kreuzweise einschneiden. Die Röschen in wenig Salzwasser zugedeckt etwa 15 Minuten kochen, danach auf einem Sieb abtropfen lassen.

Die Kastanien etwas abkühlen lassen, dann schälen, dabei auch die dunkle Haut unter der Schale abziehen.

Die Zwiebel und den Knoblauch schälen, fein würfeln. Weichkäse entrinden, in Würfel schneiden.

In einer großen Pfanne die Butter erhitzen, die Zwiebel- und Knoblauchwürfel braun dünsten. Dann die Kastanien und den Rosenkohl in der Butter schwenken, die Crème fraîche und die Käsewürfel zugeben, schmelzen lassen. Mit Salz, Pfeffer und Muskat würzen. Heiß als Beilage zu Koteletts oder Kalbsschnitzeln servieren.

Überbackener Spinat

Spinaci gratinate

Gelingt leicht

Zutaten für 4 Personen
1 kg zarter Spinat
1/2 Bund glatte Petersilie
3 Zweige Basilikum oder Majoran
100 g halbfester Schnittkäse (Taleggio, Vacherin)
500 ml Fleischbrühe (siehe Seite 81)
1 Eßlöffel Butter
Saft von 1/2 Zitrone
Salz
weißer Pfeffer aus der Mühle
3 Eßlöffel Olivenöl

Pro Portion: 1000 kJ/ 240 kcal
Zubereitungszeit: 40 Minuten

Den Spinat putzen, harte Stiele entfernen. Die Blätter mehrmals gründlich waschen und in einem Sieb abtropfen lassen.

Die Petersilie waschen, trocknen und fein hacken, ebenso das Basilikum. Den Schnittkäse in Streifen schneiden. Den Backofen auf 230° (Umluft 210°) vorheizen.

Die Fleischbrühe in einem großen Topf aufkochen. Portionsweise den Spinat darin etwa 1 Minute garen, abtropfen lassen.

Eine flache Auflaufform mit der Butter ausstreichen, einen Teil von dem Spinat, etwas Käse und Kräuter einfüllen. Mit Zitronensaft und wenig Salz und Pfeffer würzen. Wieder Spinat, Käse und Kräuter einfüllen, würzen und so fortfahren, bis alle Zutaten verbraucht sind.

Zuletzt das Olivenöl darüber träufeln. Im heißen Backofen (Mitte) 10–15 Minuten überbacken. Heiß servieren, dazu zum Beispiel frisches Weißbrot oder Baguette.

Tip!

Den Spinat mit einer geschälten, durchgepreßten Knoblauchzehe würzen. Sehr gut schmecken auch die grünen Blätter von italienischem Mangold (die Stengel werden zum Beispiel für den pikanten Mangold Seite 182 verwendet).

Erbsen mit Schinken

Piselli ai prosciutto

Raffiniert

Zutaten für 6 Personen
1 kg frische, zarte Erbsen (ersatzweise 600 g tiefgekühlte)
2 kleine Zwiebeln
100 g milder roher Schinken (Parma- oder San-Daniele-Schinken)
125 ml kräftige Fleischbrühe oder -fond (siehe Seite 81)
2 Eßlöffel Butter
1 Prise Zucker
Salz
Pfeffer aus der Mühle
dünne Weißbrotscheiben

Pro Portion: 1400 kJ/ 330 kcal
Zubereitungszeit: 45 Minuten

Die Erbsen auspalen. Die kleinen Zwiebeln schälen und in dünne Scheiben schneiden. Das Fett vom rohen Schinken abtrennen und in Streifen schneiden. In einem kleinen Topf die Fleischbrühe erhitzen und bereitstellen.

In einer Pfanne 1 1/2 Eßlöffel Butter und den fetten Speck zerlassen. Die Zwiebelscheiben darin unter Rühren glasig dünsten. Erbsen einrühren, mit 1 Prise Zucker, Salz und Pfeffer würzen. Die heiße Fleischbrühe angießen und die Erbsen zugedeckt je nach Sorte in 10–20 Minuten bißfest köcheln lassen.

Inzwischen den mageren Teil vom Schinken in sehr schmale Streifen schneiden. Dünne Weißbrotscheiben im Toaster anrösten.

Schinkenstreifen und 1/2 Eßlöffel Butter unter die knackig gegarten Erbsen rühren, nochmals mit Salz und Pfeffer abschmecken und mit dem Weißbrot als Beilage zu gebratener Leber oder magerem Fleisch servieren. Als kleines Abendessen reicht die Menge für 4 Personen.

Sizilianisches Paprikagemüse

Peperonata

Gut vorzubereiten

Zutaten für 4 Personen
3 große Paprikaschoten (rot, grün und gelb)
500 g reife Tomaten
2 mittelgroße Zwiebeln
2 Knoblauchzehen
4 Eßlöffel Olivenöl
4 Eßlöffel Weißweinessig
1 Prise Cayennepfeffer
Salz · Pfeffer aus der Mühle

Pro Portion: 560 kJ/ 130 kcal
Zubereitungszeit: 1 Stunde

Paprikaschoten halbieren, die Kerne und Trennwände entfernen. Schotenhälften waschen, in je vier Stücke schneiden.

Stielansätze der Tomaten entfernen. Tomaten kurz überbrühen, häuten und vierteln. Kerne mit einem Löffel herauslösen. Das Fruchtfleisch grob zerteilen.

Die Zwiebeln schälen, halbieren, in dünne Scheiben schneiden. Die Knoblauchzehen pellen und in dünne Scheibchen schneiden.

In einem breiten Topf das Olivenöl erhitzen. Die Zwiebeln darin glasig dünsten, dann die Paprikastücke und Knoblauchscheibchen einrühren und anbraten.

Das Gemüse mit dem Weißweinessig beträufeln, einmal kräftig aufkochen. Mit Cayennepfeffer, Salz und Pfeffer pikant würzen. Geschälte Tomaten untermischen. Temperatur herunterschalten, den Topf zudecken und das Paprikagemüse etwa 20 Minuten schmoren lassen. Es soll schön gar, aber keinesfalls zu weich sein. Nochmals mit Salz und Pfeffer abschmecken und heiß, lauwarm oder kalt als Beilage zu Fleisch servieren.

Tip!

Sie können die Paprikaschoten auch vor dem Schmoren im sehr heißen Backofen, am besten mit zugeschaltetem Grill, so lange backen, bis die Haut ganz dunkel ist (siehe Seite 25). Dann enthäuten und wie oben schmoren. Die Paprikaschoten sind so leichter verdaulich und schneller gar.

Fenchel mit Mandeln

Finocchi alle mandorle

Raffiniert

Zutaten für 4 Personen
2 Fenchelknollen (etwa 700 g)
Salz
Saft und abgeriebene Schale von 1 unbehandelten Zitrone
1 Zwiebel
1 Knoblauchzehe
6 Eßlöffel Olivenöl, extra nativ
1 Bund glatte Petersilie
60 g Mandeln, gehackt
schwarzer Pfeffer aus der Mühle
2 Eßlöffel Semmelbrösel
6 Eßlöffel trockener Weißwein

Pro Portion: 1300 kJ/ 310 kcal
Zubereitungszeit: 1 Stunde

Fenchelknollen waschen und putzen, das Grün beiseite legen. Die Knollen längs halbieren, in Salzwasser mit 3 Eßlöffeln Zitronensaft zugedeckt etwa 5 Minuten kochen lassen. Dann abtropfen lassen, 1/8 l Fenchelkochwasser beiseite stellen.

Die Fenchelhälften bis auf die äußeren beiden Randschichten aushöhlen. Das ausgehöhlte Fenchelfleisch klein würfeln.

Zwiebel und die Knoblauchzehe abziehen und würfeln. Beides mit dem gehackten Fenchel in 2 Eßlöffeln Olivenöl unter Rühren etwa 3 Minuten braten. Petersilie und Fenchelgrün hacken. Kräuter und die Mandeln unter das Fenchelgemüse ziehen. Die Mischung mit Salz, Pfeffer, dem restlichen Zitronensaft und der Zitronenschale abschmecken.

Den Backofen auf 200° vorheizen. Die Fenchelhälften nebeneinander in eine Gratinform setzen, Füllung hineingeben. Semmelbrösel darauf streuen und mit je 1 Eßlöffel Olivenöl beträufeln. Fenchelkochwasser und Wein angießen, im heißen Ofen (Mitte, Umluft 180°) etwa 20 Minuten backen. Zu Fisch oder Kalbskotelett servieren.

Spinat-Tomaten mit Rosinen

Pomodori ripieni

Für Gäste

Zutaten für 4 Personen
4 Fleischtomaten (je etwa 300 g)
Salz
40 g Rosinen
600 g Blattspinat
2 Knoblauchzehen
2 Eßlöffel Pinienkerne
2 Eßlöffel Olivenöl
2 Eßlöffel Butter
schwarzer Pfeffer aus der Mühle
2 Eßlöffel Parmesan, frisch gerieben

Pro Portion: 1100 kJ/ 260 kcal
Zubereitungszeit: 45 Minuten

Von den Tomaten jeweils einen Deckel abschneiden, die Tomaten aushöhlen, mit Salz ausstreuen und umgedreht auf Küchenpapier abtropfen lassen. Die Deckel und das Tomatenfruchtfleisch für eine Tomatensauce verwenden.

Rosinen in lauwarmem Wasser einweichen. Spinat waschen und verlesen. Die Knoblauchzehen schälen und in Stifte schneiden.

Den Backofen auf 200° vorheizen. Die Pinienkerne ohne Fett goldbraun rösten und beiseite legen. Dann das Olivenöl und 1 Eßlöffel Butter im Topf erhitzen, Knoblauch darin unter Rühren sanft braten. Den Spinat im heißen Fett wenden. Zugedeckt bei mittlerer Hitze etwa 2 Minuten dünsten. Dünstflüssigkeit abgießen.

Die Rosinen abtropfen lassen, unter den Spinat rühren. Salzen und pfeffern. Die Pinienkerne untermischen.

Spinatmischung in die Tomaten füllen, den Parmesan darauf streuen und mit der übrigen Butter in Flöckchen belegen. Die Tomaten in eine ofenfeste Form setzen. Im heißen Ofen (Mitte, Umluft 180°) 10–12 Minuten backen. Zu Lammkotelett oder Kalbsschnitzelchen servieren.

Im Bild oben: Fenchel mit Mandeln
Im Bild unten: Spinat-Tomaten mit Rosinen

RÖSLE

Gefüllte Tomaten

Pomodori alla siciliana

Für Gäste

Zutaten für 4 Personen
4 große, reife Tomaten
Salz
100 g eingelegte Sardinen
2 Eßlöffel Zitronensaft
1 altbackenes Brötchen oder
4 Eßlöffel Semmelbrösel
50 g schwarze Oliven
2 Zwiebeln
2 Knoblauchzehen
1 Bund glatte Petersilie
6 Eßlöffel Olivenöl, extra nativ
2 Eßlöffel Kapern
schwarzer Pfeffer aus der Mühle
4 Eßlöffel Pecorino, frisch gerieben (oder Parmesan)

Pro Portion: 1200 kJ/ 290 kcal
Zubereitungszeit: 1 1/2 Stunden

Tomaten waschen, oben jeweils einen Deckel abschneiden und mit einem Löffel die Kerne entfernen. Fruchtfleisch aus den Deckeln und den Tomaten herauslösen und kleinhacken. Tomaten innen leicht salzen, kopfüber auf ein Sieb zum Abtropfen legen.

Die Sardinen abtropfen lassen und kleinschneiden. Mit Zitronensaft beträufeln. Das Brötchen zu Bröseln reiben. Fruchtfleisch der Oliven von den Steinen lösen. Zwiebeln und Knoblauchzehen schälen, fein würfeln. Petersilie waschen, die Hälfte der Blätter fein hacken.

In einer Pfanne 1 Eßlöffel Olivenöl erhitzen. Zwiebeln glasig dünsten. Knoblauch und Petersilie untermischen, sanft weiterbraten. Die zerkleinerten Sardinen und das Tomatenfruchtfleisch dazugeben, unter Rühren kräftig köcheln und die Flüssigkeit völlig eindampfen lassen. Olivenstückchen und die Kapern untermischen, kurz mitgaren. Mit Pfeffer und eventuell etwas Salz abschmecken, Pfanne vom Herd nehmen.

Den Backofen auf 175° vorheizen, eine feuerfeste Form mit 1 Eßlöffel Olivenöl ausstreichen. Die gut abgetropften Tomaten mit der Öffnung nach oben hineinstellen.

In einer kleinen Pfanne 2 Eßlöffel Olivenöl erhitzen, die Brösel darin unter Rühren anrösten. 3 Eßlöffel geriebenen Pecorino und die Hälfte der Brösel mit der vorbereiteten Füllung mischen, würzig abschmecken. Die ausgehöhlten Tomaten mit der Masse füllen.

Gefüllte Tomaten mit den übrigen Bröseln und dem übrigen Pecorino bestreuen, mit den restlichen 2 Eßlöffeln Olivenöl beträufeln. Im vorgeheizten Backofen (Umluft 160°) etwa 30 Minuten garen. Die restliche Petersilie hacken, über die Tomaten streuen und sofort heiß servieren.

Auberginenröllchen mit Tomatensauce

Involtini di melanzane

Raffiniert

Zutaten für 6 Personen
Für die Auberginenröllchen:
2 große, längliche Auberginen (600 g)
Salz
1 Bund glatte Petersilie
1 Bund Basilikum
2 Knoblauchzehen
6 Eßlöffel Olivenöl
3 Eßlöffel Semmelbrösel
4 Eßlöffel Pecorino, frisch gerieben (oder Parmesan)
Pfeffer aus der Mühle
150 g Mozzarella
Für die Tomatensauce:
1 kg reife Tomaten
1 Zwiebel
2 Knoblauchzehen
2 Eßlöffel Olivenöl
1 Peperoncino (scharfe Chilischote)
125 ml Rotwein
eventuell Cayennepfeffer

Pro Portion: 1200 kJ/ 290 kcal
Zubereitungszeit: 1 1/2 Stunden

Für die Röllchen die Auberginen waschen und den Stielansatz entfernen. Längs in 1/2 cm dicke Scheiben schneiden. Auberginenscheiben von beiden Seiten mit Salz bestreuen, nebeneinander auf einem Tuch ausbreiten und etwa 1 Stunde liegenlassen.

Inzwischen die Tomatensauce zubereiten. Dazu Stielansätze der Tomaten entfernen. Tomaten kurz überbrühen, häuten, quer halbieren und entkernen, das Fruchtfleisch kleinhacken.

Zwiebel und Knoblauchzehen schälen und fein hacken. In einem breiten Topf das Olivenöl erhitzen, Zwiebel und Knoblauch andünsten. Peperoncino, Rotwein und die gehackten Tomaten einrühren. Salzen und pfeffern, bei kleiner Hitze etwas einköcheln lassen.

Die Auberginenscheiben kurz abspülen, gründlich mit Küchenpapier trocknen. Petersilie und Basilikum waschen, trocknen und fein hacken. Knoblauchzehen schälen und sehr fein hacken.

1 Eßlöffel Olivenöl erhitzen, die Semmelbrösel darin anrösten, mit Kräutern, Knoblauch und geriebenem Pecorino gründlich mischen. 2 Eßlöffel Olivenöl unterrühren, mit Salz und Pfeffer würzen. Die Mozzarella halbieren und in dünne, kleine Scheibchen schneiden.

Die Kräuterpaste gleichmäßig auf die Auberginenscheiben streichen, mit Mozzarellascheibchen belegen und aufrollen. Mit Spießchen feststecken.

Eine Grillpfanne mit 3 Eßlöffeln Olivenöl ausstreichen und erhitzen. Auberginenröllchen in die Pfanne legen und rundum knusprig braten. Nach Bedarf weiteres Olivenöl nachgießen, pfeffern.

Die dick eingeköchelte Tomatensauce mit Salz und Pfeffer würzen, eventuell mit Cayennepfeffer nachschärfen. Peperoncino herausnehmen. Die Sauce extra zu den gegrillten Röllchen servieren.

Tip!

Schmeckt als Beilage zu gegrilltem Fleisch oder Fisch. Aber Sie können sie auch lauwarm als kleine Vorspeise mit Brot servieren.

Kartoffelpfanne mit Tomaten

Patate con pomodori

Vegetarisch

Zutaten für 4 Personen
600 g Kartoffeln
Salz
4 Eßlöffel Olivenöl
2 Knoblauchzehen
5 frische Salbeiblättchen
Pfeffer aus der Mühle
2 mittelgroße Fleischtomaten (etwa 300 g)

Pro Portion: 800 kJ/ 190 kcal
Zubereitungszeit: 1 Stunde

Die Kartoffeln waschen und in Salzwasser zugedeckt in etwa 30 Minuten gar kochen. Dann schälen und abkühlen lassen.

Das Olivenöl in einer großen Pfanne erhitzen. Die Kartoffeln in Scheiben oder Würfel schneiden und darin goldbraun braten. Dabei öfters wenden.

Den Knoblauch schälen und durch die Knoblauchpresse dazudrücken. Die Salbeiblättchen über die Kartoffeln streuen. Die Kartoffeln salzen und pfeffern.

Stielansätze der Fleischtomaten entfernen. Tomaten kurz überbrühen, häuten, quer halbieren und entkernen. Das Fruchtfleisch in kleine Würfel schneiden und unter die Kartoffeln heben. Alles zusammen weitere 10 Minuten bei schwacher Hitze garen, bis sich die Zutaten gut miteinander verbunden haben. Nochmals mit Salz und Pfeffer abschmecken.

Tip!

Dieses Gericht aus der Toskana paßt zu Suppenfleisch oder zu Braten aller Art. Oder schmeckt mit einem schönen Salat köstlich als vegetarisches Hauptgericht für zwei.

Auberginen-Mozzarella-Auflauf

Parmigiana di melanzane

Braucht etwas Zeit

Zutaten für 4 Personen
3 mittelgroße Auberginen
Salz
3 große Fleischtomaten
3 Eier
5 Eßlöffel Olivenöl
6 Sardellenfilets
1 Bund Petersilie
1 Bund frisches Basilikum
3 Knoblauchzehen
2 Kugeln Mozzarella
1 Eßlöffel Butter
schwarzer Pfeffer aus der Mühle
3–4 Eßlöffel Parmesan, frisch gerieben (oder Hartkäse)

Pro Portion: 1400 kJ/ 330 kcal
Zubereitungszeit: 1 1/2 Stunden

Die Auberginen waschen, die Stielansätze entfernen und längs in knapp 1 cm dicke Scheiben schneiden. Mit Salz bestreuen und zur ursprünglichen Form zusammensetzen. Etwa 20 Minuten ziehen lassen.

Inzwischen die Stielansätze der Tomaten entfernen. Tomaten kurz überbrühen, häuten und in etwa 1/2 cm dicke Scheiben schneiden. Die Eier hart kochen, abschrecken und pellen. Mit dem Eierschneider in Scheiben zerteilen.

Den Backofen auf 220° (Umluft 200°) schalten, das Backblech miterhitzen.

Die Auberginenscheiben abtropfen und mit Küchenpapier gut trocknen. Die Schnittflächen mit 2 Eßlöffeln Olivenöl bestreichen, aufs heiße Backblech legen und im Backofen (Mitte) in 10 Minuten goldbraun backen. Aus dem Ofen nehmen, Hitze auf 180° (Umluft 160°) zurückschalten.

Die Sardellenfilets abspülen, mit Küchenpapier trocknen und hacken. Die Petersilie und die Blätter vom Basilikum waschen, trocknen und fein hacken.

Den Knoblauch pellen, sehr fein würfeln, mit den Kräutern vermischen. Die Mozzarella in dünne Scheiben schneiden.

Eine Auflaufform mit der Butter ausstreichen, zunächst eine Lage Auberginenscheiben hineingeben, darauf Eier- und Tomatenscheiben legen, einen Teil der Sardellen darüber streuen, Mozzarellascheiben darauf verteilen, leicht salzen und pfeffern. So fortfahren, bis alles verbraucht ist, die letzte Lage soll aus Käse bestehen.

Zum Schluß die Kräuter-Knoblauchmischung darauf verteilen, den Parmesan darüber streuen und die restlichen 3 Eßlöffel Olivenöl darüber träufeln. In den Ofen (Mitte) schieben und etwa 35–40 Minuten backen, bis der Auflauf schön gebräunt ist. Sollte die Oberfläche zu dunkel werden, in der letzten Viertelstunde mit Alufolie abdecken. Dazu einen bunten Salat servieren.

Variante

Statt der Auberginen können Sie für diesen Auflauf auch gut Zucchini oder Fenchelknollen nehmen, dann aber vorher nicht einsalzen, sondern in Scheiben schneiden und kurz in Olivenöl anbraten. Statt der Sardellenfilets schmecken auch 50 g Pinienkerne, die in einer trockenen Pfanne leicht angebräunt und zwischen die einzelnen Lagen gestreut werden. Dann haben Sie ein vegetarisches Gericht.

Der Auberginen-Mozzarella-Auflauf ist ein würziges, sommerliches Hauptgericht

Steinpilzhüte mit Pecorinokruste

Porcini gratinate

Etwas teurer

Zutaten für 4 Personen
400 g Steinpilzhüte
5 Eßlöffel Olivenöl
schwarzer Pfeffer aus der Mühle
Salz
1 Knoblauchzehe
1 Bund Petersilie
2 Thymianstengel
20 g Butter
50 g Pecorino, frisch gerieben

Pro Portion: 990 kJ/ 240 kcal
Zubereitungszeit: 35 Minuten

Pilzhüte gründlich putzen, nur wenn nötig waschen, mit Küchenpapier trocknen und einmal quer halbieren. In einer Pfanne das Öl erhitzen und die Pilze auf jeder Seite etwa 2 Minuten braten. Mit Pfeffer und Salz würzen.

Die Knoblauchzehe schälen, die Petersilie waschen, beides fein hacken. Die Thymianblättchen abzupfen. Grill (oder Backofen auf 200°) vorheizen. Butter in einem Pfännchen erhitzen, Knoblauch und Kräuter kurz anbraten.

Die Pilzhüte auf eine feuerfeste Platte setzen, die Kräuterbutter darauf verteilen und den Pecorino darüber streuen. Unter dem heißen Grill oder im Ofen so lange überbacken, bis der Käse etwas Farbe bekommt.

Pikanter Wirsingauflauf

Verza al gorgonzola

Gut vorzubereiten

Zutaten für 4 Personen
1 Wirsing (etwa 900 g)
750 g vorwiegend festkochende Kartoffeln
Salz
2 Zwiebeln
2 Knoblauchzehen
3 Eßlöffel Butterschmalz
3 Eßlöffel Mehl
500 ml Milch
6 Tomaten
2 Bund Basilikum
100 g Gorgonzola oder anderer milder Edelpilzkäse
schwarzer Pfeffer aus der Mühle
Muskat, frisch gerieben
2 Eier
Fett für die Form

Pro Portion: 2000 kJ/ 480 kcal
Zubereitungszeit: 1 1/4 Stunden

Den Wirsing putzen, vierteln und den Strunk ausschneiden. Die Wirsingviertel in Streifen schneiden, waschen und abtropfen lassen. Die Kartoffeln schälen, grob würfeln und in 1/2 l Salzwasser etwa 5 Minuten vorgaren. Dann die Wirsingstreifen zu den Kartoffeln geben, noch etwa 10 Minuten zugedeckt garen.

Inzwischen die Zwiebeln und den Knoblauch würfeln. Das Butterschmalz in einer Kasserolle erhitzen, die Zwiebeln und den Knoblauch darin anbraten. Das Mehl darüber stäuben, durchrühren und die Milch unter ständigem Rühren angießen, einmal aufkochen, dann bei schwacher Hitze leise köcheln lassen, ab und zu umrühren.

Die Kartoffeln und den Wirsing abgießen, die Kochbrühe auffangen. 200 ml davon abmessen und in die Sauce rühren.

Stielansätze der Tomaten entfernen. Tomaten kurz überbrühen, häuten und würfeln. Eine mittelhohe Auflaufform ausfetten. Das Basilikum hacken. Den Backofen auf 220° vorheizen.

Die Kartoffeln und den Wirsing mit den Tomatenwürfeln und dem Basilikum mischen. In die Form füllen. In der Sauce den Käse schmelzen lassen, mit Salz, Pfeffer und Muskat abschmecken. Etwas abkühlen lassen, dann die Eier unterrühren und die Käsesauce über das Gemüse gießen.

Den Auflauf im Backofen (Mitte, Umluft 200°) etwa 30 Minuten überbacken. Mit Salat servieren.

Tip!

Statt mit Wirsing schmeckt dieser Auflauf auch mit derbem Freiland-Spinat (Wurzelspinat) oder mit Mangoldblättern.

Gefüllte Paprikaschoten
Peperoni ripieni

Gelingt leicht

Zutaten für 4 Personen
4 gelbe Paprikaschoten
2 frische Brötchen
125 ml Olivenöl
1 Bund glatte Petersilie
4 eingelegte Sardellenfilets
2 Knoblauchzehen
4 Eßlöffel Pecorino, frisch gerieben (oder Parmesan)
2 Eßlöffel Kapern
Salz
Pfeffer aus der Mühle

Pro Portion: 1400 kJ/ 330 kcal
Zubereitungszeit: 50 Minuten

Die Paprikaschoten waschen und abtrocknen. An der Stengelseite von jeder Schote einen Deckel abschneiden, beiseite legen. Die weißen Trennwände und Kerne aus dem Inneren der Schoten vorsichtig entfernen.

Für die Füllung von den Brötchen rundum die Rinde abreiben, nur das weiche Innere verwenden (die abgeriebene Rinde zum Semmelbrösel-Vorrat geben).

Die Brötchenkrume in winzige Stückchen zupfen, in eine kleine Schüssel geben, mit 2–3 Eßlöffeln vom Olivenöl tränken.

Die Petersilie waschen und trocknen, die Blättchen fein hacken. Eingelegte Sardellenfilets kurz mit kaltem Wasser abspülen, mit Küchenpapier trocknen und kleinhacken. Knoblauchzehen schälen, durch die Presse drücken oder ebenfalls fein hacken.

Gehackte Petersilie, Sardellen und Knoblauch mit 2 Eßlöffeln geriebenem Käse und den Kapern zur Brotkrume geben, alles gründlich vermengen. Den Backofen auf 175° vorheizen.

Mit Salz (eher vorsichtig wegen der Sardellen!) und Pfeffer würzig abschmecken. Nach und nach etwa 4–5 Eßlöffel Olivenöl kräftig einrühren, damit die Mischung sich gut verbindet. Mit 1 Eßlöffel Öl eine feuerfeste flache Gratinform ausstreichen.

Die Füllung in die vorbereiteten Paprikaschoten verteilen, jeweils 1/2 Eßlöffel Pecorino aufstreuen. Die abgeschnittenen Deckel wieder auflegen und die gefüllten Schoten außen rundum mit etwas Öl bestreichen.

Paprikaschoten aufrecht in die Form setzen, im vorgeheizten Backofen (Mitte, Umluft 160°) gut 20 Minuten überbacken, bis die Schoten weich sind.

In der Form servieren, entweder heiß als Beilage zu einem Fleischgericht oder kalt als Vorspeise.

Tip!

Viele italienische Gemüsebeilagen eignen sich besonders gut als kleine Vorspeisen – dazu gehören auch diese pikant gefüllten Paprikaschoten, ein Rezept aus Apulien. In anderen Gegenden Italiens findet man sie unter der Bezeichnung »Involtini di peperoni« – mit unterschiedlichsten Füllungen von Thunfisch mit schwarzen Oliven, Käse mit Kräutern bis hin zu fast orientalisch gewürztem Brot mit eingelegten Rosinen. Statt gelber Schoten können Sie auch rote oder grüne zum Füllen nehmen, grüner Paprika schmeckt allerdings etwas herber und braucht eine etwas längere Garzeit als die mildwürzigen roten und die zarten gelben Schoten.

Fisch & Meer

In einem Land, das fast rundum von Meer umgeben ist, wird natürlich viel Fisch gegessen. Auch wenn er heute kein preiswertes Vergnügen mehr ist.

Das Angebot an Fischen und Meeresfrüchten ist enorm - und ebenso vielfältig sind die Zubereitungsmöglichkeiten. Eigentlich könnte es jeden Tag etwas aus dem Meer geben.

Obwohl durch Überfischung und Wasserverschmutzung vom einstigen Fischreichtum des Mittelmeers nicht mehr viel übrig geblieben ist, stehen an Italiens Küsten immer noch sehr oft Fische und Meeresfrüchte auf dem Speisenplan. Schließlich gibt es ja neben den teuren Edelfischen wie Seeteufel und Goldbrasse auch preiswerte kleine Fische wie Sardinen und Sardellen, die sich gut zum Ausbacken eignen, und die anderen Sorten, die am besten in einer Fischsuppe schmecken. Oder die verschiedenen Tintenfischarten, die sich zum Fritieren und Schmoren eignen. Und außer den edlen Scampi gibt es auch noch andere Garnelen.

Fangfrisch muß er sein

Bei Fischen und Meeresfrüchten sind Italiener anspruchsvoll. Fangfrisch sollen sie sein und noch nach Meer riechen. Klare Augen, feucht-glänzende Haut und rote Kiemen sind die Kennzeichen für frischen Fisch. Koteletts und Filets sollen perlmuttartig aussehen und dürfen keine gelblich-trockenen Ränder zeigen. Alles, was aus dem Meer kommt, ist nur kurze Zeit haltbar, dann beginnt es unangenehm zu riechen. Also nach dem Einkauf gleich in den Kühlschrank legen und am gleichen Tag zubereiten.

Mit Wasser sparen

Nur ganze Fische werden kurz vor der Zubereitung innen und außen kurz unter fließendem Wasser gewaschen. Bei Fischfilets genügt es, sie mit Küchenpapier abzuwischen, sonst verwässern sie. Ein paar Tropfen Zitronensaft festigen das zarte Fleisch und verhindern, daß es beim Braten dann doch »nach Fisch« riecht.

Aus der Tiefkühltruhe

Wer keinen wirklich frischen Fisch bekommt, greift besser auf das Angebot aus der Tiefkühlung zu. Die Fische und Meeresfrüchte sind meist direkt nach dem Fang gefrostet und von guter Qualität. Leicht verderbliche Sorten wie Garnelen und Tintenfische werden ohnehin fast immer tiefgekühlt geliefert. Wichtig: Erst zur Zubereitung auftauen, also 3–4 Stunden vorher aus der Packung nehmen und zugedeckt bei Zimmertemperatur auftauen lassen. Dann kurz abspülen und gut mit Küchenpapier trocknen.

Tintenfische ausnehmen, waschen und in Ringe schneiden

Nachputzen

Auch wenn viele Fische und Meeresfrüchte »küchenfertig« angeboten werden, muß meist noch nachgearbeitet werden. Bei ganzen Fischen in der Bauchhöhle nachsehen, ob noch Reste von der Leber oder dunkle Häute übrig sind. Unter leise fließendem kalten Wasser mit dem Finger ausreiben. Bei Meerbarben (Rotbarben) sollten Sie immer die Kiemen entfernen: Mit einem Finger unter den Kiemendeckel fahren, in die Kiemen einhaken und die bräunlichen Bögen herausziehen; sie geben den Fischen einen strengen Geschmack. Fischfilets auf Gräten untersuchen – mit dem Finger auf der Innenseite »gegen den Strich« fahren (also vom dünneren zum dickeren Teil hin), so spüren Sie die Gräten auf. Mit einer Pinzette herausziehen.

Bei Tintenfischen (Calamari) das Innere des tubenförmigen Körpers gut ausspülen und nachsehen, ob noch das dünne, grätenähnliche Fischbein darin ist – es läßt sich leicht herausziehen. Auch die harten Beißwerkzeuge am Grund der Fangarme sind oft noch nicht entfernt. Dazu die Fangarme umstülpen und mit dem Daumen die harten Teile von der gegenüberliegenden Seite her ausdrücken.

Zum Fritieren (wie für »Fritto misto di mare«, Seite 206 oder »Calamari fritti«, Seite 208) die Körper in Ringe schneiden.

Muscheln entbarten

Muscheln in kaltes Wasser schütten und so lange waschen, bis kein Sand mehr zu sehen ist. Alle geöffneten Muscheln, die sich auch bei leichtem Anklopfen nicht schließen oder deren Schale beschädigt ist, wegwerfen. Unter fließendem Wasser kräftig bürsten, dabei bei Miesmuscheln die harten Fäden (»Bärte«, Byssusfäden) entfernen. Die Muscheln in ein Sieb geben und abtropfen lassen. Zum Garen in einem großen Topf wenig Flüssigkeit aufkochen, die Muscheln hineingeben und bei starker Hitze etwa 5 Minuten zugedeckt kochen, bis sie sich alle geöffnet haben. Geschlossene Muscheln wegwerfen, sie können verdorben sein.

Muscheln unter fließendem Wasser waschen, »Bärte« abreißen

Richtig garen

Das Fleisch von Fischen und Meeresfrüchten ist so zart, daß es nur eine sehr kurze Garzeit benötigt. Sollen Fische im Sud gegart werden, so darf die Flüssigkeit nie kochen, sondern nur ganz leise sieden, sonst zerfallen sie und werden trocken.

Zarte Fischfilets aus der Pfanne werden meist nach dem Würzen in Mehl gewendet oder paniert, damit sie nicht anhängen und beim Wenden zerreißen. Damit sie schön knusprig werden, bei starker Hitze kurz braten, bis sie gerade schön gebräunt sind. Wichtig ist auch, reichlich Fett oder Olivenöl zu nehmen. Keine Angst, der Fisch wird dabei nicht zu kalorienreich. Im Gegenteil: Je mehr Fett in der Pfanne und je heißer es ist, desto weniger saugt der Fisch auf, weil sich seine Außenschicht schnell schließt.

Für Filets und Fischstücke (zum Beispiel Koteletts) gilt: Das Braten bei starker Hitze beginnen, nach Einlegen der Stücke bei Mittelhitze weiterbraten. Fisch gart sehr schnell. Je nach Dicke genügen 3–5 Minuten auf jeder Seite. Dabei nur einmal wenden. Der Fisch ist gar, wenn er auf Fingerdruck nachgibt.

Fisch vom Grill

Ganze Fische werden in Italien häufig über Holzkohle gegrillt, das geht schnell und macht wenig Arbeit. Bei dickeren Fischen aber vorher die Haut und das Fleisch bis auf die Gräten mehrmals schräg einschneiden, damit die Fische gleichmäßig garen. Kurz vor dem Grillen salzen und mit Olivenöl bestreichen. Faustregel: Je kleiner oder flacher die Fische, desto stärker soll die Hitze sein. Am besten in ein Grillgitter packen, sonst zerfallen sie leicht beim Wenden. Größere oder dickere Fische in weiterem Abstand von der Glut garen, der dickste Teil soll über der heißesten Stelle liegen. Der Fisch ist fertig gegrillt, wenn sich das Fleisch an einem Einschnitt gerade von den Gräten schieben läßt. Dazu einfach Zitronenviertel zum Beträufeln, Weißbrot und einen trockenen Weißwein, zum Beispiel einen Verdicchio oder Frascati secco servieren.

Bei Brassen die Haut bis auf die Gräten kreuzförmig einschneiden

Garnelen in würziger Sauce

Gamberoni alla caprese

Exklusiv

Zutaten für 4 Personen
1 1/2 kg tiefgefrorene, aufgetaute Garnelen im Panzer
4 Knoblauchzehen
5 Sardellenfilets
1 großes Bund Petersilie
450 g Dosentomaten
6 Eßlöffel Olivenöl
8 Eßlöffel trockener Weißwein
Salz
1 Prise gemahlener Peperoncino (kleine scharfe Chilischote)
1 großes Baguette
Pfeffer aus der Mühle

Pro Portion: 2900 kJ/ 690 kcal
Zubereitungszeit: 1 Stunde

Die Garnelen abbrausen und gut abtropfen lassen. Knoblauchzehen schälen und durchpressen. Sardellenfilets und die gewaschene Petersilie fein hacken. Tomaten in einem Sieb abtropfen lassen und zerkleinern.

In einer breiten Kasserolle das Öl erhitzen und Knoblauch, Sardellen und zwei Drittel der Petersilie etwa 5 Minuten leicht anbraten, dann den Wein angießen und unter Rühren bei starker Hitze verdampfen lassen. Die Hitze reduzieren, die Tomaten in die Kasserolle geben, mit Salz und dem Peperoncino würzen. Die Sauce langsam bei mittlerer Hitze einköcheln lassen. Dann die abgetropften Garnelen in die Sauce rühren. Zugedeckt bei schwacher Hitze garziehen lassen. Das dauert etwa 15 Minuten.

Gamberoni mit der restlichen Petersilie bestreuen und mit dem Baguette servieren. Die Pfeffermühle bereitstellen.

Muscheln auf Seemannsart

Cozze alla marinara

Gelingt leicht

Zutaten für 4 Personen
2 kg frische Miesmuscheln
4 Knoblauchzehen
1 großes Bund Petersilie
6 Eßlöffel Olivenöl
125 ml trockener Weißwein
1 Prise Oregano
1 Prise gemahlener Peperoncino (kleine scharfe Chilischote)
Salz
4 Scheiben Weißbrot
Pfeffer aus der Mühle

Pro Portion: 1800 kJ/ 430 kcal
Zubereitungszeit: 1 Stunde

Die Muscheln unter kaltem Wasser bürsten und entbarten (siehe Seite 201). Muscheln wegwerfen, deren Schalen geöffnet oder beschädigt sind.

3 Knoblauchzehen schälen und mit der gewaschenen Petersilie fein hacken.

In einem großen Topf das Öl erhitzen, Knoblauch und die Hälfte der Petersilie bei schwacher Hitze etwa 5 Minuten anbraten. Weißwein dazugießen und mit Oregano, Peperoncino und Salz würzen.

Die Muscheln in diesem Sud zugedeckt bei starker Hitze so lange dämpfen, bis sich die Schalen geöffnet haben. Das dauert etwa 5 Minuten. Den Topf zwischendurch kräftig rütteln, damit die Muscheln gleichmäßig garen.

Die Brotscheiben toasten und kräftig mit der restlichen halbierten Knoblauchzehe einreiben.

Die Muscheln samt Sud in vorgewärmte Suppenteller verteilen, dabei ungeöffnete Muscheln aussortieren und wegwerfen. Die »Cozze« mit der restlichen Petersilie bestreut servieren. Das Brot dazu reichen. Eine Pfeffermühle und Teller für die leeren Muschelschalen bereitstellen.

Im Bild oben:
Muscheln auf Seemannsart
Im Bild unten:
Garnelen in würziger Sauce

Muschelragout

Cozze al vino bianco

Raffiniert

Zutaten für 4 Personen
2 kg Miesmuscheln
3 Zwiebeln
2 Eßlöffel Olivenöl
4 Knoblauchzehen
1 Zweig Thymian oder 2 Teelöffel getrockneter Thymian
250 ml trockener Weißwein
600 g Fleischtomaten
2 Fenchelknollen
Salz
schwarzer Pfeffer aus der Mühle

Pro Portion: 930 kJ/ 220 kcal
Zubereitungszeit: 1 1/4 Stunden

Die Muscheln waschen, unter kaltem Wasser gründlich abbürsten und putzen (siehe Seite 201), dabei geöffnete oder beschädigte Exemplare wegwerfen.

Die Zwiebeln schälen und hacken. In einem großen Topf das Öl erhitzen und die Zwiebelwürfel darin anbraten. Knoblauch schälen und durch die Presse dazudrücken. Thymianzweig einlegen. Mit Weißwein und 1/4 l Wasser aufgießen und aufkochen. Muscheln zugeben und 5–7 Minuten zugedeckt bei starker Hitze kochen lassen, bis sie geöffnet sind. Noch geschlossene Exemplare wegwerfen, sie sind ungenießbar.

Das Muschelfleisch aus den Schalen lösen und beiseite stellen. Den Muschelsud vorsichtig durch ein Sieb in einen kleinen Topf gießen, aufpassen, daß dabei der sandige Bodensatz im Topf bleibt. Den Sud bei starker Hitze um etwa ein Drittel einkochen lassen.

Die Tomaten mit kochendem Wasser überbrühen und häuten. Grob würfeln, dabei die Stielansätze entfernen. In den Muschelsud geben. Bei schwacher Hitze im offenen Topf etwa 5 Minuten köcheln lassen.

Inzwischen den Fenchel putzen, waschen, das Grün abschneiden und beiseite stellen. Die Knollen in kleine Würfel schneiden, in den Sud geben und etwa 5 Minuten mitdünsten. Fenchelgrün hacken.

Den Sud mit Salz und Pfeffer kräftig abschmecken. Das Muschelfleisch einrühren und bei schwacher Hitze etwa 2 Minuten erwärmen. Das Fenchelgrün über das Ragout streuen. Mit frischem Weißbrot servieren.

Tip!

Intensiver schmeckt das Ragout, wenn Sie noch etwas getrockneten Fenchelsamen in den Kochsud für die Muscheln geben. Dazu paßt ein trockener Weißwein (Frascati oder ein Vernaccia di San Gimignano).

Krake im Fegefeuer

Polpi in purgatorio

Scharf

Zutaten für 4 Personen
1 kg Kraken (Oktopus, Polyp; ganz, gereinigt)
Salz
schwarzer Pfeffer aus der Mühle
4 Eßlöffel Zitronensaft
600 g Tomaten
2 Zwiebeln
8 Knoblauchzehen
4 frische grüne Chilischoten
4 getrocknete rote Peperoncini (kleine scharfe Chilischote)
2 Teelöffel Pimentkörner
2 Teelöffel Fenchelsamen
2 Teelöffel getrockneter Thymian
2 Bund glatte Petersilie
200 ml trockener Rotwein (ersatzweise Tomatensaft)
6 Eßlöffel Olivenöl

Pro Portion: 1400 kJ/ 330 kcal
Zubereitungszeit: 2 1/2 Stunden

Einen unglasierten Tontopf (Römertopf) nach Vorschrift wässern. Die Kraken waschen, die harten Beißwerkzeuge am Grund der Tentakel herausdrücken und entfernen (siehe Seite 200). Den Körper und die Tentakel in daumenbreite Stücke schneiden, den Kopf entfernen. Die Stücke mit Küchenkrepp trocknen, etwas salzen und pfeffern, mit Zitronensaft beträufeln. In den gewässerten Tontopf geben.

Die Tomaten mit kochendem Wasser überbrühen, häuten und in Stücke schneiden, dabei die Stielansätze entfernen. Die Zwiebeln und Knoblauchzehen pellen, grob hacken.

Die frischen Chilischoten längs aufschlitzen, entkernen und in Streifen schneiden, anschließend die Hände waschen. Getrocknete Peperoncini, Piment, Fenchelsamen und Thymian mit etwas Salz im Mörser zerstampfen. Die Petersilie waschen und grob zerschneiden. Alles vermischen und in den Tontopf schichten, pfeffern und mit Rotwein und dem Olivenöl beträufeln.

Alles zugedeckt in den kalten Backofen (Mitte) schieben, auf 200° (Umluft 180°) schalten und etwa 1 Stunde garen. Dann auf 175° (Umluft 160°) zurückschalten und noch etwa 1 Stunde garen. Mit frischem Weißbrot oder Salzkartoffeln servieren.

Tip!

Sie können den Kraken auch im Schmortopf zubereiten: Erst Zwiebeln und Knoblauch in Olivenöl anbraten, dann die Krakenstücke zugeben und braten, bis die austretende Flüssigkeit verdampft ist. Übrige Zutaten unterrühren und alles zugedeckt bei schwacher Hitze 1 Stunde schmoren lassen.

Ausgebackene Meeresfrüchte

Fritto misto di mare

Etwas teurer

Zutaten für 4 Personen
500 g kleine, frische Tintenfische (oder tiefgekühlte)
4 kleine Rotbarben (je 100 g) · Salz
500 g frische Sardellen oder sehr kleine Sardinen (oder tiefgekühlte)
250 g große Garnelen in der Schale
2 Knoblauchzehen
2–3 Zitronen
etwas Mehl zum Bestäuben
reichlich Olivenöl zum Fritieren

Pro Portion: 3000 kJ/ 720 kcal
Zubereitungszeit: 1 1/2 Stunden

Tintenfische gründlich waschen und putzen (siehe Seite 200). Bei größeren Tintenfischen den Körper in Streifen schneiden.

Rotbarben schuppen, Köpfe und Flossen abschneiden, die Kiemenbögen entfernen (siehe Seite 200). Fische kurz abspülen, mit Küchenpapier gut trocknen. Mit etwas Salz bestreut zur Seite stellen.

Sardellen schuppen und ausnehmen, Flossen außer der Schwanzflosse abschneiden (bei sehr kleinen Sardellen den Kopf dranlassen, er kann mitgegessen werden). Fische gründlich waschen und mit Küchenkrepp abtrocknen. Mit Salz bestreuen.

Die Garnelen mit Schalen und Schwanz verarbeiten, die Köpfe jedoch abtrennen und den Darmstrang entfernen (auf der Rückenseite mit einer Schere den Panzer aufschneiden, den dunklen Darm darunter mit einem spitzen Messer entfernen).

Den Backofen auf 150° vorheizen. In einem Fritiertopf reichlich Olivenöl erhitzen. Knoblauchzehen schälen und hineingeben. Temperaturprobe: einen Holzstiel ins Öl tauchen – sobald kleine Bläschen aufsteigen, kann mit dem Fritieren begonnen werden. Knoblauch vorher wieder herausnehmen, wenn er leicht zu bräunen beginnt.

Tintenfische ganz dünn mit Mehl bestäuben, portionsweise ins heiße Öl geben und knusprig fritieren. Auf Küchenpapier abtropfen lassen, im Backofen (Mitte, Umluft 130°) warmstellen.

Rotbarben und Sardellen ebenfalls leicht mit Mehl bestäuben, nacheinander ins heiße Öl geben und knusprig ausbacken (Barben 3–4 Minuten, Sardellen etwa 2 Minuten). Die fritierten Fische mit einem Schaumlöffel herausheben, auf Küchenpapier abtropfen lassen und warmhalten. Garnelen pur ins heiße Öl geben, knusprig ausbacken. Auf Küchenpapier gut abtropfen lassen.

Die fritierten Meeresfrüchte auf einer Platte anrichten, salzen und mit Zitronenschnitzen garniert sofort servieren.

Gefüllte Tintenfische

Calamari ripieni

Braucht etwas Zeit

Zutaten für 4 Personen
1,2 kg frische, mittelgroße Tintenfische (Kalmare)
1 1/2 unbehandelte Zitronen
1 Lauchzwiebel
1 Möhre
1 Eßlöffel Olivenöl
2 Teelöffel frischer Rosmarin (oder 1 Teelöffel getrockneter)
1 Bund glatte Petersilie
4 eingelegte Sardellenfilets
2 Knoblauchzehen
3 Eßlöffel Semmelbrösel
1 Ei
Salz · Pfeffer aus der Mühle
1 kleine Fenchelknolle
1 Zucchino
1 kleine grüne Paprikaschote
1 reife Fleischtomate
100 ml Gemüsebrühe
Olivenöl zum Bestreichen

Pro Portion: 1630 kJ/ 390 kcal
Zubereitungszeit: 1 3/4 Stunden

Tintenfische unter fließendem Wasser waschen. Dann die dünne Haut vom tubenförmigen Tintenfischkörper abziehen – der Fisch soll außen schön weiß aussehen.

Falls die Tintenfische noch nicht ausgenommen sind, das Innere mit den Fangarmen aus dem Körper herausziehen. Innereien und den Kopf abschneiden und wegwerfen, Fangarme für die Füllung verwenden.

Körper innen waschen, Fischbein entfernen (siehe Seite 200). Alles mit Küchenpapier abtrocknen. Körperbeutel innen mit dem Saft von 1/2 Zitrone beträufeln und beiseite legen.

Für die Füllung die Fangarme mit einem scharfen Messer kleinschneiden, in eine Schüssel füllen. Die Lauchzwiebel waschen, putzen und klein hacken. Möhre schälen und in kleine Würfel schneiden. In einer Kasserolle Olivenöl erhitzen und bei mittlerer Hitze die Gemüsewürfel etwa 5 Minuten andünsten. Etwas abgekühlt zu den Fangarmen geben. Rosmarin und Petersilie waschen, fein hacken, jeweils 1 Eßlöffel davon zum Bestreuen zur Seite legen, den Rest in die Schüssel geben.

Sardellenfilets kurz abspülen und mit Küchenpapier trocknen, fein hacken und in die Schüssel geben. Knoblauchzehen schälen und dazupressen. Die Semmelbrösel, abgeriebene Schale von 1/2 Zitrone und das Ei zugeben. Alles gründlich mischen, mit Salz und Pfeffer würzen (mit Salz vorsichtig umgehen, da die Sardellenfilets schon recht würzig sein können).

Die vorbereiteten Tintenfischbeutel mit der Mischung füllen. Die Öffnung der Tintenfischbeutel mit Küchenzwirn zunähen (oder mit Zahnstochern zustecken).

Für das Gemüse die Fenchelknolle und den Zucchino waschen, putzen und sehr fein würfeln. Die Paprikaschote waschen, halbieren und putzen, die Schote in winzig kleine Würfel schneiden. Die Fleischtomate vierteln, Stielansatz und Kerne entfernen. Das Tomatenfleisch klein hacken.

Den Backofen auf 200° vorheizen. Eine feuerfeste Form mit Öl ausstreichen, Gemüsewürfel und gehackte Tomate darin verteilen, mit der Gemüsebrühe übergießen. Die Tintenfische nebeneinander darauflegen. Rundum mit Olivenöl bestreichen, salzen und pfeffern.

Die Form in den heißen Backofen (Mitte, Umluft 180°) schieben. Etwa 40 Minuten backen, dabei die Tintenfische mindestens einmal wenden. Dann mit den restlichen Kräutern bestreuen und mit der übrigen Zitrone, in Achtel geschnitten, garnieren. Sehr heiß servieren. Dazu paßt frisches Weißbrot und ein trockener Weißwein, zum Beispiel ein Vernaccia di Oristano.

Gefüllte Tintenfische auf Gemüse geschmort sind zwar kein Schnellgericht, aber schmecken höchst delikat

Tintenfische nach Amalfiart

Calamari all'amalfitana

Raffiniert

Zutaten für 4 Personen
800 g küchenfertige Tintenfische (Calamari oder Seppie, frisch oder tiefgefroren)
75 g Sultaninen
1 Bund Petersilie
2 Knoblauchzehen
500 g Dosentomaten
75 g Pinienkerne
5 Eßlöffel Olivenöl
125 ml trockener Weißwein
Salz
1 Prise gemahlener Peperoncino (kleine scharfe Pfefferschote)

Pro Portion: 1900 kJ/ 450 kcal
Zubereitungszeit: 1 1/4 Stunden

Tiefgekühlte Tintenfische auftauen lassen. Kurz abbrausen, mit Küchenpapier trocknen und in Streifen schneiden.

Die Sultaninen in einer großen Tasse etwa 15 Minuten in lauwarmem Wasser einweichen, dann ausdrücken.

Petersilie waschen, trocknen und fein hacken. Knoblauch schälen und ebenfalls fein hacken. Die Tomaten in einem Sieb leicht abtropfen lassen (den Saft auffangen) und durch das Sieb passieren. Die Pinienkerne kleinhacken.

Das Öl erhitzen, Knoblauch und die Petersilie bei schwacher Hitze etwa 5 Minuten anbraten. Tintenfische dazugeben, umrühren und nach etwa 5 Minuten Wein angießen. Bei starker Hitze verdampfen lassen. Tomaten unterrühren, mit Salz und Peperoncino würzen.

Die Calamari bei schwacher Hitze 1 Stunde zugedeckt garen. Bei Bedarf den Tomatensaft angießen. Etwa 10 Minuten vor Ende der Garzeit die Sultaninen und die Pinienkerne untermischen.

Knusperkringel

Calamari fritti

Für heiße Tage

Zutaten für 4 Personen
600 g kleine, küchenfertig geputzte Tintenfische (Kalmare, frisch oder tiefgekühlt) · Salz
Pfeffer aus der Mühle
2 Eßlöffel Zitronensaft
2 Eßlöffel Olivenöl
2 Eier
150 g Mehl
125 ml Mineralwasser
500 g Butterschmalz oder reichlich Olivenöl zum Fritieren
2 Zitronen

Pro Portion: 2100 kJ/ 500 kcal
Zubereitungszeit: 50 Minuten

Die Tintenfische unter fließendem Wasser gründlich waschen, eventuell nachputzen (siehe Seite 200).

In einem großen Topf 2 l Wasser aufkochen. Salzen und die Tintenfische im kochenden Wasser etwa 1 Minute blanchieren. Herausheben, kalt abschrecken und gut abtropfen lassen.

Die Tintenfischkörper in 1 cm breite Ringe schneiden. Leicht salzen und pfeffern, mit Zitronensaft und Olivenöl vermischen und bis zur Zubereitung ziehen lassen.

Die Eier trennen. Das Mehl mit den 2 Eigelben, 1 Prise Salz und dem Mineralwasser kräftig verquirlen. Mindestens 15 Minuten quellen lassen. Dann die Eiweiße steif schlagen, unter den Mehl-Eigelbteig ziehen.

In einem großen Topf oder in der Friteuse reichlich Butterschmalz oder Olivenöl erhitzen. Temperaturprobe: einen Holzstiel ins Öl tauchen – sobald kleine Bläschen aufsteigen, kann mit dem Fritieren begonnen werden.

Tintenfischringe nacheinander mit einer Gabel durch den Teig ziehen. Portionsweise ins heiße Fett geben, in jeweils 2–3 Minuten goldgelb fritieren. Zwischendurch vorsichtig mit einem hölzernen Kochlöffel oder der Gabel wenden, damit die Ringe rundum gleichmäßig bräunen.

Auf Küchenkrepp kurz abtropfen lassen, ganz frisch mit Zitronenvierteln servieren. Dazu schmeckt ein bunt gemischter Blattsalat.

Gemischte Grillplatte

Piatto misto alla griglia

Für Gäste

Zutaten für 4 Personen
500 g frische Sardinen
5 Eßlöffel Olivenöl, extra nativ
2 Eßlöffel Zitronensaft
2 Eßlöffel Brandy oder Cognac
1 Teelöffel frischer, gehackter Thymian oder 1/2 Teelöffel getrockneter
1 Teelöffel frischer, gehackter Rosmarin oder 1/2 Teelöffel getrockneter
1/2 Teelöffel schwarzer Pfeffer aus der Mühle
1 Teelöffel Meersalz
1 Aubergine
500 g Zucchini
4 Tomaten
2 Eßlöffel Mehl
1/2 Teelöffel gemahlene Fenchelsamen
20 g Butter

Pro Portion: 1465 kJ/ 350 kcal
Zubereitungszeit: 40 Minuten

Von den Sardinen unter fließendem Wasser die Schuppen gegen den Strich (vom Schwanz zum Kopf) mit der Hand abreiben, festsitzende mit stumpfer Messerklinge abschaben.

Jeweils den Kopf vom Rücken her zu Hälfte mit einer Schere abschneiden, so daß gerade die Mittelgräte durchgetrennt wird. Den Kopf samt Eingeweiden vom Körper wegziehen. Sardinen am Bauch aufschneiden und die restlichen Innereien entfernen, unter fließendem Wasser ausspülen und mit dem Daumen ausreiben, bis alle dunklen Teile entfernt sind. Mit Küchenpapier trocknen.

In einer Schale aus 4 Eßlöffeln Olivenöl, Zitronensaft, Brandy, Thymian, Rosmarin, Pfeffer und Salz eine Marinade rühren. Die Fische darin umwenden und etwas ziehen lassen.

Die Aubergine und die Zucchini waschen, putzen und in 1 cm dicke Scheiben schneiden. Die Tomaten waschen und auf der Oberseite mit einem scharfen Messer kreuzweise einschneiden.

Das Mehl mit den gemahlenen Fenchelsamen mischen. Die Sardinen etwas abtropfen lassen und im gewürzten Mehl wenden. Die Auberginenscheiben in die Marinade tauchen und ebenfalls in dem Mehl wenden.

Den Grill vorheizen. Den Grillrost mit Alufolie bedecken.

Die Sardinen und die Auberginenscheiben auf den Rost legen. Die Zucchini nur in der Marinade wenden und auf dem Rost verteilen. Die Tomaten auf den Rost setzen, mit dem restlichen Olivenöl beträufeln, salzen und pfeffern. Die restliche Marinade über die Fische und das Gemüse träufeln. Die Gemüsescheiben mit Butterflöckchen belegen.

Die Sardinen mit dem Gemüse bei mittlerer Hitze 5 Minuten grillen. Die Tomaten dann vom Rost nehmen und warm halten. Das übrige Gemüse und die Sardinen wenden und in weiteren 5 Minuten fertig grillen. Dazu schmeckt ein großer, bunt gemischter Salat.

Variante

Für Sardinen in Marinade (Sarde in marinata) die vorbereiteten Fische abtrocknen, mit dem Saft von 1/2 Zitrone beträufeln und von beiden Seiten mit 2 Eßlöffeln Mehl bestäuben. In einer großen Pfanne 5 Eßlöffel Olivenöl erhitzen, die Fische darin von jeder Seite etwa 2 Minuten braten.
Für die Marinade 2 Knoblauchzehen und 1 kleine Zwiebel sehr fein hacken. Mit 1/8 l Weißwein, 1/8 l Weißweinessig, 1 Lorbeerblatt, 1 Teelöffel getrocknetem Rosmarin und 1/2 Teelöffel Salz in einen Topf geben. 2 Minuten kräftig durchköcheln. Sud vom Herd nehmen, je 2 Eßlöffel frisch gehacktes Basilikum und Petersilie einrühren, mit schwarzem Pfeffer abschmecken.
1/2 Zitrone in Scheiben schneiden. Fertig gebratene Sardinen mit den Zitronenscheiben in eine Form schichten. Mit dem Kräutersud begießen und zugedeckt kurz durchziehen lassen. Warm mit Weißbrot oder Salzkartoffeln servieren. Schmeckt aber auch kalt als Vorspeise.

Goldbrasse mit Petersiliensauce

Orata con salsa verde

Schnell

Zutaten für 4 Personen
1 küchenfertige Goldbrasse (etwa 1,2 kg)
Meersalz
1/2 l neutrales Öl (bis 750 ml, je nach Pfannengröße)
60 g Speisestärke
3 Eßlöffel feingehackte Petersilie
125 ml Tomatensaft
2 Eßlöffel Olivenöl, extra nativ
1 Eßlöffel Grappa, ersatzweise Brandy
1 Eßlöffel Honig
1 Messerspitze gemahlener Peperoncino (scharfe Pfefferschote)

Pro Portion: 2900 kJ/ 690 kcal
Zubereitungszeit: 45 Minuten

Den Fisch unter kaltem Wasser abspülen und mit Küchenpapier trocknen. Die Haut mit einem scharfen Messer rautenförmig einschneiden (siehe Seite 201) und rundum salzen.

Das Öl in einer breiten Pfanne erhitzen. Den Fisch in der Speisestärke wenden, leicht schütteln und im heißen Öl von beiden Seiten bei mittlerer Hitze in je etwa 10 Minuten knusprig ausbacken, bis sich das Fleisch an den Einschnitten leicht von den Gräten schieben läßt.

Für die Sauce die Petersilie mit Tomatensaft, Olivenöl, Grappa, Honig und dem gemahlenen Peperoncino gut verrühren, salzen und zu dem knusprig gebratenen Fisch servieren. Weißbrot und Salat dazu reichen.

Goldbrasse auf Fenchel

Orata al finocchio

Gelingt leicht

Zutaten für 4 Personen
1 kg möglichst kleine Fenchelknollen
1 Eßlöffel Butter für die Form
2 Knoblauchzehen
125 ml trockener Weißwein
Salz
Pfeffer aus der Mühle
1 küchenfertige Goldbrasse (etwa 1,2 kg)
Saft von 1 Limone oder Zitrone
Butterflöckchen zum Belegen

Pro Portion: 1900 kJ/ 450 kcal
Zubereitungszeit: 1 Stunde

Den Fenchel putzen, waschen und halbieren, große Knollen vierteln. Dann in dünne Scheiben schneiden. Das Fenchelgrün auf die Seite legen.

Eine feuerfeste Form mit der Butter ausfetten. 1 Knoblauchzehe schälen, halbieren und die Form damit ausreiben.

Die Fenchelscheiben mit dem Wein in einen Topf geben, aufkochen und etwa 5 Minuten dünsten. Dann alles in die Form füllen und salzen und pfeffern.

Den Backofen auf 200° vorheizen. Die Goldbrasse abspülen und mit Küchenpapier trocknen. Die Haut mit einem scharfen Messer rautenförmig einschneiden (siehe Seite 201). Die übrige Knoblauchzehe durch die Presse drücken und mit dem Limonensaft vermischen. Die Goldbrasse innen und außen salzen, pfeffern und mit dem Saft beträufeln. Auf die Fenchelscheiben setzen und mit Butterflöckchen belegen.

Den Fisch im Backofen (unten, Umluft 180°) etwa 30 Minuten garen, ab und zu mit dem Sud beträufeln.

Das Fenchelgrün fein hacken und über den Fisch und das Gemüse streuen. In der Form servieren.

Tip!

Sie können statt der Goldbrasse auch ein Schwanzstück vom Rotbarsch nehmen. Schwanzstücke sind ideal, weil sie wenig Gräten haben.

Im Bild: Besonders knusprig ist die Goldbrasse mit Petersiliensauce, wenn sie in reichlich Öl gebraten wird

Heilbuttscheiben aus dem Ofen
Rombo al forno

Gelingt leicht

Zutaten für 4 Personen
1 große weiße Zwiebel
1 Bund Petersilie
4 Scheiben Heilbutt (je etwa 250 g)
1/2 unbehandelte Zitrone
4 Eßlöffel Butter
Salz
weißer Pfeffer aus der Mühle
1 Eßlöffel Kapern
200 g Sahne
2 Eßlöffel Semmelbrösel

Pro Portion: 2100 kJ/ 500 kcal
Zubereitungszeit: 1 Stunde

Die Zwiebel schälen und in dünne Ringe schneiden. Die Petersilie waschen und fein hacken. Die Heilbuttscheiben mit Küchenpapier trocknen. Die Zitrone dünn schälen, die Schale in feine Streifen schneiden.

Den Backofen auf 200° vorheizen. In einer flachen Gratinform mit Deckel 2 Eßlöffel Butter auf der Herdplatte leicht erhitzen. Die Zwiebel darin bei schwacher Hitze weich dünsten. Sie darf dabei nicht braun werden.

Den Fisch in die Form legen und beidseitig bei mittlerer Hitze kurz anbraten, salzen und pfeffern. Die Petersilie, Zitronenschale und die Kapern darüber streuen. Alles mit der Sahne übergießen.

Den Fisch zugedeckt im Backofen (Mitte, Umluft 180°) 20 Minuten garen. Ab und zu mit der Sauce beträufeln. Kurz vor Garzeitende den Deckel abnehmen.

Den Fisch mit den Semmelbröseln bestreuen. Die restliche Butter in Flöckchen darauf verteilen, und das Gericht offen überbacken, bis sich eine schöne braune Kruste gebildet hat.

Zahnbrassen auf toskanische Art
Dentice alla toscana

Für Gäste

Zutaten für 4 Personen
2 küchenfertige Zahnbrassen von je etwa 500 g
Saft von 1 Zitrone
1 große Zwiebel
2 Knoblauchzehen
500 g Fleischtomaten
1 Zucchino (etwa 250 g)
4 Eßlöffel Olivenöl
250 ml trockener Weißwein aus der Toskana
1 Teelöffel Salz
schwarzer Pfeffer aus der Mühle
100 g schwarze Oliven
1 Bund Basilikum

Pro Portion: 2090 kJ/ 500 kcal
Zubereitungszeit: 50 Minuten

Die Zahnbrassen innen und außen kalt abbrausen, mit Küchenpapier trocknen und mit einem scharfen Messer beidseitig viermal schräg bis auf die Rückengräte einschneiden (siehe Seite 201). Die Fische mit Zitronensaft beträufeln und zugedeckt zur Seite stellen.

Die Zwiebel und die Knoblauchzehen schälen und beides fein hacken. Stielansätze der Tomaten entfernen. Tomaten kurz überbrühen, häuten und vierteln. Den Zucchino waschen und in Scheiben schneiden.

Den Backofen auf 200° vorheizen. 3 Eßlöffel Olivenöl erhitzen und die Zwiebel- und Knoblauchwürfel darin glasig braten. Weißwein angießen und aufkochen lassen.

Die Tomaten und die Zucchini zu der Zwiebel geben und zugedeckt 5 Minuten kochen lassen. Die Sauce mit Salz und schwarzem Pfeffer abschmecken.

Tomatensauce in eine feuerfeste Form gießen und die beiden Zahnbrassen hineinlegen. Die Fische mit dem restlichen Olivenöl beträufeln, die schwarzen Oliven um die Brassen verteilen. Im Backofen (Mitte, Umluft 180°) in etwa 20 Minuten garen.

Die Basilikumblätter waschen, trocknen und in Streifen schneiden. Vor dem Servieren über die Fische streuen.

Kabeljau in Tomatensauce

Merluzzo in umido

Braucht etwas Zeit

Zutaten für 4 Personen
1 Zwiebel
2 Knoblauchzehen
1 Möhre
1 Stange Staudensellerie
1 Bund Petersilie
1 Bund Basilikum
1 Zweig Rosmarin
1 Zweig Salbei
500 g Fleischtomaten
1 kg Kabeljau (im Stück)
3 Eßlöffel Mehl
4 Eßlöffel Olivenöl
1 Lorbeerblatt
Salz
weißer Pfeffer aus der Mühle
8 Eßlöffel trockener Weißwein

Pro Portion: 1400 kJ/ 330 kcal
Zubereitungszeit: 1 1/2 Stunden

Die Zwiebel und die Knoblauchzehen schälen. Die Möhre waschen, schaben oder schälen. Den Sellerie waschen und eventuell die Fäden abziehen. Dann alles fein hacken.

Petersilie, Basilikum, Rosmarin und den Salbei waschen und trocknen. Die Blätter beziehungsweise die Nadeln abzupfen. Alle Kräuter fein hacken.

Die Tomaten mit kochendem Wasser kurz überbrühen, häuten und halbieren. Die Stielansätze und die Kerne entfernen und das Fruchtfleisch klein würfeln.

Den Fisch mit kaltem Wasser abbrausen, mit Küchenpapier innen und außen trocknen und in dem Mehl wenden.

In einer flachen Kasserolle das Olivenöl erhitzen, Gemüse und die Kräuter etwa 5 Minuten darin anbraten. Dann die Tomaten unterrühren und zugedeckt etwa 10 Minuten schmoren lassen.

Den Backofen auf 200° vorheizen. Den Fisch in die Kasserolle legen, das Lorbeerblatt hinzufügen, mit Salz und frisch gemahlenem Pfeffer würzen und zugedeckt im Backofen (Mitte, Umluft 180°) in etwa 30 Minuten garen. Den Kabeljau zwischendurch einmal vorsichtig wenden. Ab und zu mit dem Weißwein begießen. Vor dem Servieren das Lorbeerblatt entfernen.

Zum »merluzzo in umido« passen am besten Petersilienkartoffeln und Salat oder ganz einfach frisches Weißbrot.

Variante

Für Fisch auf genueser Art (Pesce alla genovese) 1 Eßlöffel Steinpilze einweichen, dann gut ausdrücken. 1 Stange Staudensellerie, 1 Bund Petersilie, 1 geschälte Möhre, 1 Zwiebel, 2 Knoblauchzehen, 3 Sardellenfilets, 2 Eßlöffel Pinienkerne, 1 Eßlöffel Kapern und die Steinpilze fein hacken. In einer flachen Kasserolle 4 Eßlöffel Olivenöl erhitzen und die fein gehackten Zutaten bei schwacher Hitze etwa 10 Minuten sachte anbraten. Den Backofen auf 180° vorheizen. Den vorbereiteten Fisch mit Salz und Pfeffer einreiben, in Mehl wenden und in die Kasserolle legen. Den Schmorfond über den Fisch verteilen. Die Kasserolle zudecken und im Backofen (Mitte, Umluft 160°) in etwa 30 Minuten fertiggaren, dabei einmal vorsichtig umdrehen und ab und zu mit der Sauce beträufeln. Falls nötig, etwas Gemüsebrühe oder Weißwein angießen.

Fischsuppe
Zuppa di pesce

Für Parties

Zutaten für 4 Personen
600 g gemischte Fischfilets · Salz
4 Stangen Staudensellerie
1 große Zwiebel
4 Knoblauchzehen
schwarzer Pfeffer aus der Mühle
4 Eßlöffel Olivenöl, extra nativ
1 große Dose geschälte Tomaten
1 Lorbeerblatt
1 Bund glatte Petersilie
200 g geschälte, rohe Garnelen

Pro Portion: 1550 kJ/ 370 kcal
Zubereitungszeit: 1 Stunde

Fischfilets in Stücke schneiden, salzen und zugedeckt kühl stellen.

Sellerie waschen, in 1 cm breite Stücke schneiden. Die Blättchen zur Seite legen. Zwiebel schälen und grob hacken. Knoblauch schälen, durchpressen, mit reichlich Pfeffer mischen und die Hälfte vom Olivenöl dazurühren. Tomaten abtropfen lassen, den Saft auffangen. Die Tomaten kleinschneiden.

In einem Topf Zwiebel und Sellerie im restlichen Öl andünsten. Tomaten und Lorbeer zugeben. Aufkochen, Knoblauchmischung und den Tomatensaft unterrühren, salzen und etwa 5 Minuten kochen lassen. Die gewaschene Petersilie und Selleriegrün fein hacken. Die Fischstücke im Topf zugedeckt in etwa 5 Minuten garen. Garnelen einrühren und noch 3–5 Minuten ziehen lassen. Abschmecken, das Lorbeerblatt entfernen, mit den Kräutern bestreut servieren.

Fischfilet mit Kräutern und Spinat
Filetto di pesce primavera

Raffiniert

Zutaten für 4 Personen
600 g festkochende Fischfilets (Rotbarsch, Seelachs)
4 Eßlöffel Zitronensaft
1 große Zwiebel
1 Eßlöffel Butter
1 kg Fleischtomaten · Salz
weißer Pfeffer aus der Mühle
500 g frischer Spinat
2–3 Knoblauchzehen
3 Eßlöffel Weißwein
Muskatnuß, frisch gerieben
1 Bund gemischte frische Kräuter
2 Eßlöffel Olivenöl, extra nativ
25 g Parmesan, frisch gerieben

Pro Portion: 1420 kJ/ 340 kcal
Zubereitungszeit: 50 Minuten

Die Fischfilets mit Zitronensaft beträufeln und zugedeckt in den Kühlschrank stellen. Die Zwiebel schälen, fein hacken und in der Butter glasig dünsten. Die Tomaten in Würfel schneiden und kurz mitdünsten. Salzen und pfeffern, beiseite stellen.

Den Spinat waschen, blanchieren, gut abtropfen lassen und leicht ausdrücken. Die Knoblauchzehen in den Wein pressen, mit Muskat, Salz und Pfeffer abschmecken. Spinat mit dem Wein mischen und in eine feuerfeste Form füllen, die Tomaten locker daruntermischen.

Kräuter waschen, die Blättchen abzupfen, mit dem Olivenöl und dem Parmesan im Mixer pürieren. Den Backofen auf 180° vorheizen.

Fischfilets salzen und pfeffern, auf das Gemüse legen. Das Kräuter-Käse-Gemisch auf den Fisch streichen. Im Backofen (Mitte, Umluft 160°) etwa 15 Minuten überbacken.

Variante

Für Fischfilet auf Florentiner Art (Filetto di pesce alla fiorentina) Fisch und Spinat (ohne Tomaten) vorbereiten, in eine Form schichten. Eine Sauce aus 1 gehackten, in Butter angedünsteten Zwiebel, 250 ml Milch, 150 g Sahne, Muskat und Oregano, Salz und Pfeffer bereiten, etwas einkochen lassen. Mit 3 Eigelben und 50 g geriebenem Parmesan verrühren, über den Fisch gießen und wie oben überbacken.

Im Bild oben: Fischfilet auf Florentiner Art (Variante)
Im Bild Mitte: Fischsuppe
Im Bild unten: Fischfilet mit Kräutern und Spinat

Saltimbocca vom Seeteufel

Saltimbocca di coda di rospo

Etwas teurer

Zutaten für 4 Personen
2 Fleischtomaten
8 Seeteufelmedaillons (Lotte, je etwa 100 g)
Saft von 1/2 Zitrone
Salz
weißer Pfeffer aus der Mühle
8 dünne Scheiben Parmaschinken
8 frische Salbeiblätter
8 Eßlöffel Butter
300 g schmale Bandnudeln (Fettuccine)
je 1 kleiner grüner und gelber Zucchino
8 Zahnstocher

Pro Portion: 3100 kJ/ 740 kcal
Zubereitungszeit: 50 Minuten

Die Fleischtomaten mit kochendem Wasser überbrühen, häuten und entkernen, dabei die Stielansätze entfernen. Ein Drittel des Fruchtfleischs in kleine Würfel schneiden, den Rest pürieren.

Seeteufelmedaillons mit Küchenpapier trocknen und mit etwa drei Viertel des Zitronensafts beträufeln, leicht salzen und pfeffern. Auf eine Platte nebeneinander legen. Mit je 1 Scheibe Schinken und 1 Salbeiblatt belegen und mit den Zahnstochern feststecken.

Backofen auf 75° (Umluft 50°) vorheizen, eine feuerfeste Platte darin anwärmen. In einer breiten Pfanne 4 Eßlöffel Butter erhitzen. Den Fisch insgesamt etwa 5 Minuten braten, dabei einmal wenden. Herausnehmen und auf der Platte im Ofen warmhalten.

Inzwischen die Nudeln in kochendem Salzwasser in etwa 8 Minuten »al dente« kochen. Dann abgießen und abtropfen lassen.

Die Zucchini waschen, von den Stiel- und Blütenansätzen befreien und auf einem Gemüsehobel in sehr feine Streifen raspeln.

Die pürierten Tomaten in die Pfanne geben und bei schwacher Hitze etwa um ein Drittel einkochen lassen, mit Salz und Pfeffer abschmecken.

Die restliche Butter in einem breiten Topf erhitzen, die Zucchinistreifen mit den Bandnudeln darin schwenken, salzen, pfeffern und mit dem restlichen Zitronensaft abschmecken.

Die Seeteufel-Saltimbocca mit der Tomatensauce und den Zucchininudeln auf vier Tellern anrichten. Die Tomatenwürfelchen darüber streuen und gleich servieren.

Gegrillte Schwertfischrouladen

Braciole di pesce spada

Raffiniert

Zutaten für 4 Personen
4 Scheiben Schwertfisch (lang, dünn, je etwa 180 g)
Salz
1 Zwiebel
2 Knoblauchzehen
1 Eßlöffel Kapern
1/2 Bund Petersilie
1 Teelöffel frischer Thymian (oder 1/2 Teelöffel getrockneter)
5 Eßlöffel Olivenöl
3 Eßlöffel Semmelbrösel (am besten frisch gerieben)
Pfeffer aus der Mühle
1 Prise Cayennepfeffer
50 g Provolone (ersatzweise Mozzarella)
Spießchen oder Zahnstocher für die Rouladen
Für die Sauce:
2 Zitronen (7–8 Eßlöffel Saft)
1/2 Bund Petersilie
1 Teelöffel frischer Oregano (oder 1/2 Teelöffel getrockneter)
Salz
125 ml Olivenöl, extra nativ

Pro Portion: 2100 kJ/ 500 kcal
Zubereitungszeit: 1 Stunde

Schwertfischscheiben enthäuten, kurz abspülen und trocknen. Mit wenig Salz bestreuen, kühlstellen.

Die Zwiebel, Knoblauchzehen, Kapern, Petersilie und Thymian fein hacken. In einer Pfanne

2 Eßlöffel Olivenöl erhitzen. Zwiebel und Knoblauch darin sanft andünsten. 3 Eßlöffel Semmelbrösel untermischen, unter Rühren kurz anrösten. Die Pfanne vom Herd nehmen, Kräuter und Kapern einrühren, die Mischung mit Salz, Pfeffer und 1 Prise Cayennepfeffer pikant würzen.

Den Provolone in dünne Scheibchen schneiden. Die Schwertfischscheiben gleichmäßig mit den Kräuterbröseln bestreuen, mit Käsescheiben belegen und aufrollen. Die Rouladen mit Spießchen gut feststecken.

Eine Grillpfanne mit 1 Eßlöffel Olivenöl ausstreichen und erhitzen. Fischrouladen hineinlegen, mit restlichem Öl beträufeln und bei milder Hitze rundum garen (7–8 Minuten).

Inzwischen die Sauce zubereiten: Die Zitronen auspressen. Petersilie und Oregano fein hacken. 1/4 Teelöffel Salz in 100 ml warmem Wasser auflösen.

Das Olivenöl in eine kleine Schüssel füllen und in ein warmes Wasserbad setzen. Nach und nach das Salzwasser und 7–8 Eßlöffel Zitronensaft zufließen lassen, mit dem Schneebesen kräftig unter das Öl schlagen. Die gehackten Kräuter unterrühren.

Den gegrillten Schwertfisch mit frisch gemahlenem Pfeffer würzen, Sauce extra dazu servieren.

Rotbarben in Papierhülle

Triglie al cartoccio

Für Gäste

Zutaten für 4 Personen
8 mittelgroße Rotbarben
4 Knoblauchzehen
1 Zitrone (Saft)
16 Eßlöffel Olivenöl
6 Lorbeerblätter
1 Teelöffel Pfefferkörner
Salz
schwarzer Pfeffer aus der Mühle
100 g schwarze Oliven

Pro Portion: 2300 kJ/ 550 kcal
Zubereitungszeit: 30 Minuten
Marinierzeit: 2 Stunden

Die Rotbarben schuppen (erst mit dem stumpfem Messerrücken, dann mit dem Daumen die restlichen Schuppen entfernen) und waschen. Die Kiemen entfernen: Mit einem Finger unter den Kiemendeckel fahren, in die Kiemen einhaken und die bräunlichen Bögen herausziehen, sie würden den Fischen einen strengen Geschmack geben (siehe Seite 200). Die Fische in eine flache Schüssel legen.

Knoblauchzehen schälen und durchpressen, mit dem Saft von 1 Zitrone und 8 Eßlöffeln Olivenöl verrühren. Die Lorbeerblätter fein zerkrümeln, die Pfefferkörner im Mörser zerstoßen und beides in die Marinade rühren.

Marinade über die Rotbarben träufeln. Mindestens 2 Stunden im Kühlschrank durchziehen lassen, Fische einmal wenden.

Backofen auf 200° (Umluft 180°) vorheizen. 8 große Bögen dickes Pergamentpapier (ersatzweise Alufolie oder Bratbeutel verwenden) mit je 1 Eßlöffel Olivenöl einstreichen.

Rotbarben aus der Marinade nehmen und auf die geölten Papiere legen, salzen und pfeffern, mit der Marinade beträufeln.

Die Oliven entsteinen und zerkleinern, auf die Portionen verteilen. Die Fische einzeln in die Papierbögen einwickeln, die Papierränder umknicken und die Päckchen fest verschließen.

Im vorgeheizten Backofen etwa 8 Minuten garen. Rotbarben in der Papierhülle servieren und erst bei Tisch auspacken.

Tip!

Am besten sind die Barben von Felsenküsten in den Monaten Juni bis Oktober. Sie werden meist unausgenommen angeboten, da kleinere Fische im ganzen gegrillt oder gebraten werden (sie haben keine Galle). Tiefgekühlte aber immer ausnehmen.

Lotte aus dem Dampf

Coda di rospo stufato

Raffiniert

Zutaten für 4 Personen
4 große Medaillons von der Lotte (Seeteufel) oder Petersfischfilets (jeweils 180 g)
4 Eßlöffel Zitronensaft
1/2 Teelöffel getrockneter, zerkleinerter Peperoncino (scharfe Chilischote)
2 Fleischtomaten
200 g frische Champignons
300 g zarter Blattspinat
6 Teelöffel Olivenöl, extra nativ
Salz · Pfeffer aus der Mühle
2 Eßlöffel Aceto balsamico

Pro Portion: 1300 kJ/ 310 kcal
Zubereitungszeit: 40 Minuten

Die Fischmedaillons mit Küchenkrepp trocknen, mit 1 Eßlöffel Zitronensaft und Peperoncino marinieren.

Stielansätze der Tomaten entfernen. Tomaten kurz überbrühen, häuten, quer halbieren und entkernen. Das Fruchtfleisch klein würfeln. Die Pilze putzen und abreiben, in dünne Scheiben schneiden und mit dem restlichen Zitronensaft beträufeln.

Den Spinat putzen und waschen, gut abtropfen lassen. Eine Tasse umgedreht in einen großen Topf stellen, etwa handbreit Wasser angießen und zugedeckt erhitzen. Einen großen Teller dünn mit Olivenöl bestreichen. Die Spinatblätter und die Pilze darauf verteilen. Die Fischscheiben darauf anrichten, Tomatenwürfel aufstreuen. Alles salzen und pfeffern, mit Aceto balsamico und dem restlichen Olivenöl beträufeln.

Den Teller auf die Tasse stellen, den Topf mit dem leicht köchelnden Wasser schließen. Den Fisch bei mittlerer Hitze in 8–10 Minuten im Dampf garen.

Seezungenröllchen mit Pesto

Involtini di sogliole

Schnell

Zutaten für 4 Personen
1 großes Bund Basilikum
2 Eßlöffel Pinienkerne
2 Knoblauchzehen
Salz
100 ml Olivenöl, extra nativ
1 Eßlöffel Crème fraîche
200 g zarte Möhren
1 kleiner Zucchino
Pfeffer aus der Mühle
1/2 unbehandelte Zitrone (Saft und Schale)
600 g Seezungenfilets
2 Eßlöffel Aceto balsamico

Pro Portion: 2000 kJ/ 480 kcal
Zubereitungszeit: 35 Minuten

Basilikumblättchen mit Küchenpapier abreiben. Pinienkerne kurz in einer trockenen Pfanne anrösten, Knoblauch schälen. Alles mit 1 Prise Salz im Mörser fein zerstampfen oder im Mixer pürieren. In eine Schüssel umfüllen. Olivenöl und Crème fraîche nach und nach untermischen und zu einer Paste rühren.

In einem großen Topf mit passendem Siebeinsatz etwa handbreit Wasser zum Kochen bringen.

Möhren und Zucchino putzen, waschen und in kleine Würfel schneiden. Im Siebeinsatz verteilen, salzen und pfeffern, mit etwas abgeriebener Zitronenschale bestreuen.

Den Siebeinsatz in den Topf mit dem leicht kochenden Wasser stellen, den Deckel schließen und die Möhren etwa 5 Minuten im Dampf garen.

Die Fischfilets dünn mit der Paste bestreichen, aufrollen und feststecken. Zu dem Gemüse in den Siebeinsatz legen, salzen, pfeffern und mit Zitronensaft beträufeln. Zudecken und 5 Minuten dämpfen. Vorm Servieren das Gemüse mit dem Balsamessig beträufeln. Dazu paßt eine Zitronen-Ölsauce (siehe Rezept Gegrillte Schwertfischrouladen, Seite 216/217, ohne Kräuter).

Im Bild: Seezungenröllchen mit Pesto

Kräuterforellen mit Sellerie

Trote ai sedani

Gelingt leicht

Zutaten für 4 Personen
800 g Staudensellerie · Salz
2 große Forellen zu je etwa 600 g
Zitronensaft
weißer Pfeffer aus der Mühle
2 Bund gemischte Kräuter, frisch gehackt
100 g Semmelbrösel
5 Knoblauchzehen
5 Eßlöffel Olivenöl

Pro Portion: 1900 kJ/ 450 kcal
Zubereitungszeit: 1 Stunde

Sellerie putzen, Enden entfernen, die Stangen gründlich abspülen und schräg in etwa 1 cm breite Stücke schneiden. Die Blättchen mitverwenden. In kochendem Salzwasser in etwa 3 Minuten knackig garen.

Die Forellen ausspülen, trockentupfen und innen und außen mit Zitronensaft beträufeln, salzen und pfeffern.

Die Kräuter in eine Schüssel füllen, die Semmelbrösel zugeben und den geschälten Knoblauch dazudrücken. 4 Eßlöffel Olivenöl untermischen. Die Masse mit Salz und Pfeffer kräftig würzen.

Den Backofen auf 200° vorheizen. Ein großes Stück Alufolie mit dem restlichen Olivenöl bepinseln. Den Sellerie darauf verteilen, salzen und pfeffern. Die Kräutermasse zur Hälfte in die Fische füllen, diese auf das Gemüse legen und die restliche Kräutermasse darauf verteilen. Die Folie gut verschließen und auf ein Blech setzen. Die Forellen im Ofen (Mitte, Umluft 180°) in 30–40 Minuten garen.

Forellen in pikanter Sauce

Trote alla rustica

Raffiniert

Zutaten für 4 Personen
4 küchenfertige Forellen (je etwa 200 g)
1 Zwiebel
2 Möhren
1 Stange Staudensellerie
1 Bund Petersilie
250 g Dosentomaten
50 g Butter
1 Eßlöffel Olivenöl
8 Eßlöffel trockener Weißwein
1 Eßlöffel Kapern
Salz
schwarzer Pfeffer aus der Mühle
1 Lorbeerblatt

Pro Portion: 1500 kJ/ 360 kcal
Zubereitungszeit: 1 Stunde

Die Fische vorsichtig innen und außen unter fließendem Wasser waschen, mit Küchenpapier trocknen und beiseite stellen.

Die Zwiebel schälen. Die Möhren waschen und schälen oder schaben. Die Selleriestangen putzen, eventuell die Fäden abziehen, waschen und abtropfen lassen. Die Petersilie waschen und trocknen. Das ganze Gemüse mit der Petersilie zusammen fein hacken.

Die Tomaten in ein Sieb geben und abtropfen lassen, dann durch das Sieb passieren.

In einer flachen Kasserolle (sie muß so groß sein, daß die Forellen darin nebeneinander Platz haben) 40 g Butter und das Olivenöl erhitzen. Das kleingehackte Gemüse und die Petersilie darin bei mittlerer Hitze etwa 10 Minuten unter öfterem Rühren braten.

Die Forellen nebeneinander in die Kasserolle legen und mit dem Wein begießen. Diesen bei starker Hitze im offenen Topf etwa zur Hälfte eindampfen lassen. Zwischendurch die Forellen damit immer wieder beträufeln.

Eine tiefe Platte im Ofen bei 75° vorwärmen. Die Kapern kleinhacken. Die Fische mit Salz und Pfeffer würzen. Das Lorbeerblatt, die Kapern und die passierten Tomaten in die Kasserolle geben.

Die Fische zugedeckt bei schwacher Hitze 15–20 Minuten garen, dabei ab und zu mit der Sauce begießen. Die Fische aus der Kasserolle heben, auf der vorgewärmten Platte warmhalten.

Die restliche Butter unter die Sauce rühren. Dann die Sauce durch ein Sieb passieren, kurz erhitzen und mit Salz und Pfeffer abschmecken. Sollte sie zu flüssig sein, bei starker Hitze etwas einkochen lassen. Zum Schluß über die Fische gießen.

Forellen in Weißwein

Trote affogate

Für Gäste

Zutaten für 4 Personen
4 frische, küchenfertige Forellen (je etwa 200 g)
Salz · Pfeffer aus der Mühle
2 Eßlöffel Mehl
1 Bund glatte Petersilie
1 Zweig Zitronenmelisse
1 kleine Zwiebel
4 Knoblauchzehen
6 Eßlöffel Olivenöl
250 ml trockener Weißwein

Pro Portion: 1600 kJ/ 380 kcal
Zubereitungszeit: 1 Stunde

Von den Forellen die Flossen abschneiden. Die Fische unter fließendem Wasser gründlich waschen. Mit Küchenpapier trocknen, innen und außen salzen und pfeffern. Rundum dünn mit dem Mehl bestäuben.

Gewaschene Kräuter, die Zwiebel und die Knoblauchzehen sehr fein hacken und mischen. In einer großen Pfanne das Olivenöl erhitzen. Das Kräutergemisch unter Rühren bei milder Hitze sachte andünsten.

Forellen in die Pfanne legen und auf jeder Seite 2 Minuten anbraten. Eßlöffelweise den Weißwein angießen, etwas eindampfen lassen und dann erst weiteren Wein nachgießen. Forellen auf diese Art 15–20 Minuten garen. Auf einer Platte anrichten und mit der Sauce beträufeln. Mit Weißbrot servieren.

Aal in Tomatensauce

Anguilla in umido

Etwas teurer

Zutaten für 4 Personen
800 g küchenfertig vorbereiteter Aal
1 Zwiebel
3 Knoblauchzehen
4 Eßlöffel Olivenöl
800 g geschälte Tomaten (aus der Dose)
1 Eßlöffel frischer Rosmarin (oder 1 Teelöffel getrockneter)
Salz
schwarzer Pfeffer aus der Mühle
3 Eßlöffel Weißweinessig
125 ml trockener Weißwein
1 Bund glatte Petersilie

Pro Portion: 3000 kJ/ 720 kcal
Zubereitungszeit: 1 Stunde

Aal vom Fischhändler enthäuten und in etwa 5 cm lange Stücke schneiden lassen. Kurz abbrausen, mit Küchenpapier abtrocknen.

Zwiebel und die Knoblauchzehen schälen, fein hacken. In einem breiten Schmortopf das Olivenöl erhitzen, Zwiebel und Knoblauch bei mittlerer Hitze glasig andünsten. Inzwischen die Tomaten aus der Dose abtropfen lassen, den Saft auffangen, die Tomaten grob zerkleinern. Die Rosmarinnadeln fein hacken.

Die Aalstücke in den Topf geben und rundherum gut anbraten. Mit Salz, Pfeffer und Rosmarin bestreuen. Den Weißweinessig angießen und verdampfen lassen.

Den Weißwein und die Tomatenstücke untermischen. Den Aal etwa 30 Minuten im offenen Topf sanft köcheln lassen. Nach und nach den aufgefangenen Tomatensaft angießen.

Petersilie waschen, trocknen und grob hacken. Sobald der Fisch gar ist, die Tomatensauce kräftig mit Salz und Pfeffer abschmecken. Petersilie aufstreuen und den Aal servieren.

Tip!

Zum Aal reichlich frisches Weißbrot (um die Sauce aufzutunken) und einen trockenen Weißwein, zum Beispiel einen Vernaccia di San Gimignano servieren.

Fleisch

Die Fleischportionen sind bei einem italienischen Menü eher klein, dafür muß es etwas Besonderes sein. Am liebsten Kalb, Rind, Geflügel oder Wild.

Pfanne und Schmortopf, mehr braucht man selten in der Küche. Entweder wird Fleisch ganz kurz gebraten oder stundenlang geschmort. Dazwischen gibt es fast nichts.

Fleisch, Geflügel und Wild folgen in Italien den sattmachenden Gerichten und werden stets in kleineren Portionen serviert als bei uns üblich. Bei der Zubereitung gibt es zwei Extreme: Entweder wird das Fleisch kurz gebraten oder gegrillt, als winzige Schnitzelchen (Scaloppine), als Steaks (Bistecca) oder als Kotelett (Costolette). Oder es wird stundenlang bei schwacher Hitze geschmort, bis es sich mit einem Löffel zerteilen läßt. Diese Methode ist besonders beliebt, weil hierbei eine kräftige, würzige Sauce entsteht, von der immer ein Teil abgezweigt wird – für die Pasta am nächsten Tag.

Schwein: lieber in Wurst und Schinken

Schweinefleisch ist auf italienischen Speisekarten nicht so häufig vertreten wie bei uns. Wenn, dann eher als Schinken und Wurst denn als Schnitzel oder Braten. Außer in Südtirol, rund um Rom, in der Emilia-Romagna, wo Schweinekoteletts in Wein geschmort sehr beliebt sind, und in den Abruzzen.

Eine Spezialität in Rom und Latium, Umbrien und Toskana ist das gegrillte Spanferkel (Porchetta), das mit frischen Kräutern und Fenchel gewürzt, lange über Holzkohle gegrillt wird. In dünne Scheiben geschnitten und kräftig gesalzen wird es in der Norcineria (Schweinemetzgerei) oder von fliegenden Händlern am Straßenrand vor allem im Herbst und im Winter verkauft.

Rind & Kalb: die Favoriten

An erster Stelle der Beliebtheit stehen Rind- und Kalbfleisch sowie deren Innereien. Beim Kalb schätzt man in Italien allerdings nicht das blasse Fleisch von milchgemästeten Kälbern, sondern das hellrote, aromatischere von jungen Tieren, die bereits auf der Weide waren. Aus der Keule werden die hauchdünnen Scheiben für Saltimbocca und Scaloppine (siehe Seite 226–228) und für die kleinen Rouladen, die Involtini (siehe Seite 234) geschnitten. Auch Leber und Zunge werden mehr geschätzt als bei uns.

Ein Gericht, das wenig Arbeit macht und sich für viele Gäste bestens eignet, ist der Bollito misto, das gemischte, gekochte Fleisch (siehe Seite 240), eine Spezialität aus dem Piemont und dem Aostatal, die mit einer grünen Sauce serviert wird. Diese Salsa verde ist nebenbei das Vorbild für die Frankfurter Grüne Sauce gewesen, die allerdings traditionell mit sieben frischen Kräutersorten bereitet wird.

Grüne Sauce rühren

Die echte Salsa verde ist etwas aufwendiger als im Rezept beschrieben: Die Blättchen von 2 Bund Petersilie abzupfen und mit 2 Sardellenfilets, 2 Schalotten, 1 Knoblauchzehe und 2 Eßlöffeln Kapern sehr fein hacken oder im Mixer pürieren. Mit je 2 Eßlöffeln Semmelbröseln und Zitronensaft in einer Schüssel vermischen und unter ständigem Rühren langsam 125 ml Olivenöl zufließen lassen, bis die Sauce dickflüssig ist. Bis zum Servieren etwa 1 Stunde ziehen lassen. Sie paßt nicht nur zum Bollito misto, sondern auch zu gekochten oder pochierten Eiern oder Zunge.

Für die grüne Sauce das Olivenöl langsam unter die Kräuter rühren

Der gefüllte Rollbraten (siehe Seite 237) aus Sizilien ist eigentlich eher eine Ausnahme, in der Alltagsküche werden selten große Braten zubereitet, sondern eher Fleischgerichte aus günstigen Stücken.

Besonders in der Lombardei versteht man es, aus preiswerten Fleischstücken feine Schmorgerichte zu kochen. Berühmtes Beispiel sind die Kalbshaxenscheiben, Osso buco (siehe Seite 238) aus Mailand, bei dem das Fleisch nicht stark angebraten wird, sondern nur leicht bräunen darf. Dann wird es langsam bei niedriger Hitze gegart. Man nimmt sich hier eben Zeit, und so entsteht ein Gericht, zu dem alle Zutaten ihren Geschmack und ihre Würze beisteuern können, bis ein unvergleichliches Schmoraroma entstanden ist. Darüber wird dann zum Schluß eine Mischung aus gehackten Kräutern, Knoblauch und geriebener Zitronenschale, die Gremolata, gestreut, was dem Ganzen noch eine frisch-pikante Note gibt.

Ein festliches Gericht ist der Schmorbraten mit Rotwein (siehe Seite 241) aus Mailand, der mit Knoblauch gespickt wird. Wenn Sie allerdings sehr mageres Rindfleisch eingekauft haben, sollten Sie es erst mit Speckstreifen spicken, sonst wird der Braten leicht trocken. In die Einschnitte zu den Speckstücken dann die Knoblauchstifte stecken.

Mageres Fleisch mit Speck spicken, Knoblauch dazustecken

Lamm: im Süden

Je weiter man in den Süden Italiens kommt, um so mehr Schafe gibt es. Auf den kargen Weiden fänden Rinder auch kaum genügend Futter. Auf Sardinien, in Latium und Apulien wird das meiste Lammfleisch gegessen und die Schäfer, die mit ihren Herden umherziehen, sorgen auch für die Verbreitung von Kochrezepten. In den Abruzzen wird das Lammfleisch auf Holzkohle gegrillt und mit Rosmarin, Knoblauch und sehr scharfen Peperoncini gewürzt. Die Metzgereien in den Dörfern haben alle kleine Steinbacköfen, in denen »Tacche« zubereitet werden – Lammstücke, nur mit Salz gewürzt und saftig gebraten.

Geflügel & Wild: als Ragout

Geflügel wird in ganz Italien sehr häufig gegessen, allerdings selten gebraten oder gegrillt, sondern vor allem in Stücken geschmort. Ein Huhn – meist vom Bauernhof und mit Körnern gefüttert – wird fachgerecht in 8 Teile zerlegt: Zunächst mit einer Geflügelschere längs halbieren, dann die Flügelstücke mit etwas Brustfleisch

Ein Hähnchen für Ragout wird in acht Teile zerlegt

abtrennen, dann die Schenkel auslösen und in Ober- und Unterschenkel trennen. Von den Flügelstücken die Spitzen abschneiden und wegwerfen.

Eine Spezialität ist das »Teufelshähnchen« aus der Toskana (siehe Seite 242), das nur auf der Brustseite aufgeschnitten, flachgedrückt und mit Chilischoten höllisch scharf mariniert wird.

Beliebt, aber nicht so häufig ist Wild. Vor allem in den Gebirgsgegenden wie Südtirol, Aostatal und Ligurien, im Piemont, in Umbrien und Apulien schätzt man aus alter Tradition Wildschweine, Rehe und Wildgeflügel wie Rebhühner und Wildgänse.

Kaninchen, als Ragout geschmort, kann fast als Nationalgericht bezeichnet werden. Besonders gut schmecken die Kaninchen in Ligurien, wo sie durch die Kräuter, mit denen sie gefüttert werden, »von innen« gewürzt sind.

Kalbsschnitzel mit Salbei

Saltimbocca alla romana

Schnell

Zutaten für 4 Personen
8 dünne zarte Kalbsschnitzel (etwa 500 g)
8 Scheiben roher Schinken, hauchdünn geschnitten (am besten Parmaschinken)
8 schöne Salbeiblätter
4 Eßlöffel Butter
Salz
Pfeffer aus der Mühle
125 ml trockener Weißwein

Pro Portion: 1700 kJ/ 410 kcal
Zubereitungszeit: 25 Minuten

Die Kalbsschnitzel mit Küchenpapier trocknen und vorsichtig mit der glatten Seite des Fleischklopfers flachklopfen. Den Backofen auf 75° (Umluft 50°) vorheizen, Teller darin anwärmen.

Auf jedes Schnitzel 1 Scheibe Schinken und 1 Salbeiblatt legen, mit Holzspießchen (Zahnstochern) am Fleisch feststecken.

In einer Pfanne 2 Eßlöffel Butter bei mittlerer Hitze zerlassen. Schnitzelchen hineingeben und pro Seite 2–3 Minuten braten. Das Fleisch nur wenig salzen und pfeffern, herausnehmen und im Ofen abgedeckt warmstellen.

Den Bratensatz mit dem Weißwein ablöschen und kräftig aufkochen. Mit einem Schneebesen die restliche Butter in die Sauce einrühren. Abschmecken, Schnitzelchen nochmals kurz in die Pfanne legen und heiß werden lassen. Auf die vorgewärmten Teller verteilen und mit der Sauce beträufelt servieren. Dazu passen Erbsen, Weißbrot und ein trockener Weißwein, zum Beispiel ein Est! Est!! Est!!! di Monte fiascone.

Tip!

»Saltimbocca« heißt wörtlich »Spring in den Mund« – und so groß sollten die Schnitzelchen auch nur sein.

Kalbsschnitzel mit Tomaten

Scaloppine con pomodori

Für Gäste

4 dünne Kalbsschnitzel à 125 g
1 Zitrone
2 Knoblauchzehen
Salz
3 Eßlöffel Olivenöl, extra nativ
700 g reife Fleischtomaten
1 Eßlöffel Kapern
4 Zweige Basilikum
1 Eßlöffel Aceto balsamico
Pfeffer aus der Mühle
2 Eßlöffel Butterschmalz

Pro Portion: 1090 kJ/ 260 kcal
Zubereitungszeit: 30 Minuten

Kalbsschnitzel quer halbieren, mit der flachen Seite des Fleischklopfers dünn klopfen. Die Zitrone auspressen. Den Knoblauch schälen und im Mörser mit etwas Salz zerdrücken.

Schnitzelchen mit dem Knoblauch und etwas vom Olivenöl einreiben. Backofen auf 75° anheizen, Teller vorwärmen.

Stielansätze der Tomaten entfernen. Tomaten kurz überbrühen, häuten, quer halbieren und entkernen. Fruchtfleisch in kleine Würfel schneiden. Kapern zerdrücken, Basilikum waschen, trocknen und die Hälfte davon hacken. Kapern, gehacktes Basilikum, Tomatenwürfel, Aceto balsamico, restliches Olivenöl, Salz und Pfeffer verrühren, zur Seite stellen.

Butterschmalz in einer Pfanne erhitzen. Die Schnitzel mit Küchenpapier trocknen, pro Seite 2–3 Minuten braten, salzen und auf die warmen Teller legen.

Den Bratfond mit Zitronensaft ablöschen. Gewürzte Tomaten in der Pfanne ganz kurz erhitzen, um die Schnitzelchen herum gießen, mit dem restlichen Basilikum garnieren. Mit Weißbrot servieren.

Im Bild: Kalbsschnitzel mit Salbei, die ihrem Namen »Spring in den Mund« alle Ehre machen

Kalbsschnitzel mit Basilikum

Scaloppine al basilico

Raffiniert

Zutaten für 4 Personen
8 dünne, kleine Kalbsschnitzel (etwa 360 g)
Salz
weißer Pfeffer aus der Mühle
4 Eßlöffel Mehl
1 großes Bund Basilikum
4 Eßlöffel Butter
150 ml trockener Weißwein
1 Eßlöffel Zitronensaft

Pro Portion: 2200 kJ/ 530 kcal
Zubereitungszeit: 15 Minuten

Die Kalbsschnitzel mit der flachen Seite des Fleischklopfers oder mit dem Handballen flachklopfen, mit Salz und Pfeffer würzen.

Backofen auf 75° (Umluft 50°) anheizen. Die Schnitzelchen im Mehl wenden. Überschüssiges Mehl abklopfen. Das Basilikum waschen und trocknen, die Blättchen von den Stielen zupfen und ganz lassen oder in Streifen schneiden.

Die Butter in einer Pfanne erhitzen. Die Schnitzel darin pro Seite etwa 1 Minute braten, dann zugedeckt im Ofen warm halten. Basilikum, Wein und Zitronensaft in die Pfanne geben, den Bratfond damit loskochen. Die Sauce über die Schnitzel gießen und nach Belieben mit Weißbrot servieren.

Dazu passen auch kleine Kartoffeln, gekocht und kurz in Olivenöl gebraten. Außerdem gut: blanchierter Spinat, mit Zitronensaft und Olivenöl angemacht und mit Knoblauch gewürzt.

Kalbsschnitzel mit Zitronensauce

Scaloppine al limone

Gut vorzubereiten

Zutaten für 4 Personen
4 Kalbsschnitzel (je 120 g)
2 Zitronen (1 davon mit unbehandelter Schale)
6 Eßlöffel Olivenöl
Salz
weißer Pfeffer aus der Mühle
1 Eßlöffel Butter

Pro Portion: 1200 kJ/ 290 kcal
Zubereitungszeit: 20 Minuten
Marinierzeit: 1 Stunde

Die Kalbsschnitzel quer halbieren, mit der flachen Seite des Fleischklopfers etwa 1/2 cm dünn klopfen. Die unbehandelte Zitrone heiß waschen und die Schale fein abreiben, den Saft auspressen. Zitronensaft mit 4 Eßlöffeln Olivenöl kräftig verquirlen, mit wenig Pfeffer würzen und abgeriebene Zitronenschale untermischen.

Diese Marinade über die Schnitzel gießen, abgedeckt im Kühlschrank mindestens 1 Stunde durchziehen lassen. Zwischendurch einmal wenden.

Dann den Backofen auf 75° (Umluft 50°) vorheizen, Teller darin anwärmen. In einer schweren, möglichst gußeisernen Pfanne das restliche Olivenöl verstreichen und auf mittlerer Stufe erhitzen. Die Schnitzel aus der Marinade nehmen, gut abtropfen lassen. In die heiße Pfanne legen und von beiden Seiten etwa 2 Minuten braten. Dann die Schnitzel herausnehmen und zugedeckt im Ofen warmstellen.

Die Zitronen-Öl-Marinade in die Pfanne gießen. Zweite Zitrone auspressen, den Saft dazu geben und alles kräftig aufkochen. Den Eßlöffel Butter in die Sauce rühren und schmelzen lassen, mit Salz und Pfeffer abschmecken.

Die Schnitzel in die Sauce legen und nochmals richtig heiß werden lassen. Auf den vorgewärmten Tellern anrichten, mit der Sauce umgießen und sofort servieren.

Tip!

Beim Anrichten können Sie diese Schnitzelchen sehr schön mit hauchfein geschnittenen Zitronenscheiben und frischen Kräutern (zum Beispiel Zitronenmelisse) garnieren.

Geschmorte Rindersteaks

Bistecchine alla napoletana

Gelingt leicht

Zutaten für 4 Personen
8 kleine Rindersteaks (je 80 g)
schwarzer Pfeffer aus der Mühle
1 1/2 Zitronen (4–5 Eßlöffel Saft)
100 g milder roher Schinken
300 g frische Champignons
1 Bund glatte Petersilie
3 Eßlöffel Olivenöl
Salz

Pro Portion: 1400 kJ/ 330 kcal
Zubereitungszeit: 40 Minuten

Steakscheiben auf beiden Seiten aus der Mühle pfeffern, mit 2 Eßlöffeln Zitronensaft beträufeln und zugedeckt beiseite stellen.

Schinken in feine Streifen schneiden. Champignons putzen, in schmale Scheibchen schneiden. 1/2 Bund Petersilie fein hacken. Backofen auf 200° vorheizen.

In einer Pfanne 1 Eßlöffel Olivenöl erhitzen, Schinken einrühren und 2 Minuten anbraten. Pilze und Petersilie untermischen, 2 Minuten sanft weiterbraten. Salzen und pfeffern, mit 1–2 Eßlöffeln Zitronensaft würzen. In eine breite, feuerfeste Tonform umfüllen.

Marinierte Steakscheiben nebeneinander auf die Pilzmischung legen. Im vorgeheizten Backofen (Umluft 180°) etwa 20 Minuten schmoren. Nach 10 Minuten das Fleisch wenden, salzen und pfeffern, 2 Eßlöffel Öl und 1 Eßlöffel Zitronensaft darüber träufeln.

Zum Servieren die Fleischscheiben auf Teller legen, mit Pilzen und Schinken bedecken. Mit frischen Petersilienblättchen bestreuen.

Schweinekoteletts mit Tomaten

Costolette alla pizzaiola

Schnell

Zutaten für 4 Personen
4 Schweinekoteletts (je 200 g)
500 g reife Tomaten
4 Knoblauchzehen
3 Eßlöffel Olivenöl
Salz
schwarzer Pfeffer aus der Mühle
1 Eßlöffel frischer Oregano (oder
1 Teelöffel getrockneter)
125 ml Rotwein
2 Eßlöffel Tomatenmark

Pro Portion: 2100 kJ/ 500 kcal
Zubereitungszeit: 40 Minuten

Die Koteletts mit Küchenpapier trocknen. Stielansätze der Tomaten entfernen. Tomaten kurz überbrühen, häuten, quer halbieren und entkernen. Das Fruchtfleisch grob zerteilen.

Die Knoblauchzehen schälen und in dünne Scheiben schneiden.

In einer Pfanne mit passendem Deckel 2 Eßlöffel Olivenöl erhitzen. Koteletts hineingeben, von beiden Seiten kräftig anbraten. Fleisch herausnehmen, mit Salz und Pfeffer würzen, auf einem Teller abgedeckt beiseite stellen.

Das Bratfett in der Pfanne bis auf einen dünnen Film abgießen, 1 Eßlöffel frisches Olivenöl hineingeben und erhitzen. Knoblauchscheibchen sanft darin andünsten, die Hälfte vom Oregano einstreuen und die gehackten Tomaten einrühren. Den Rotwein mit dem Tomatenmark vermischen und angießen, kräftig aufkochen, Sauce unter Rühren etwas eindicken lassen. Mit Salz und Pfeffer abschmecken.

Koteletts in die Sauce legen, zugedeckt bei kleinster Hitze in etwa 15 Minuten fertig schmoren. Das Fleisch dabei einmal wenden. Koteletts herausnehmen und auf vorgewärmten Tellern anrichten. Tomatensauce darauf verteilen, mit restlichem Oregano bestreuen und servieren.

Tip!

»Alla pizzaiola« heißt die Zubereitungsart von Fleisch oder Fisch in einer Tomatensauce. Sie können statt Koteletts auch Schnitzel, Rindersteaks oder Fischfilet in der Sauce schmoren.

Kalbsleber mit Salbei

Fegato alla salvia

Schnell

Zutaten für 4 Personen
500 g Kalbsleber in dünnen Scheiben
400 g weiße Gemüsezwiebeln
1/2 Bund Petersilie
4–6 frische Salbeiblätter
2 Eßlöffel Butter
4 Eßlöffel Olivenöl
100 ml Fleischbrühe (siehe Seite 81) · Salz
schwarzer Pfeffer aus der Mühle

Pro Portion: 1606 kJ/ 384 kcal
Zubereitungszeit: 25 Minuten

Die Leber, falls nötig, enthäuten, kurz abspülen und gut trockentupfen. Die Zwiebeln schälen, halbieren und in möglichst dünne Halbringe schneiden. Die Kräuter waschen, die Petersilienblättchen fein hacken.

In einer Pfanne die Hälfte der Butter und des Olivenöl erhitzen. Die Zwiebeln darin bei schwacher Hitze in 10–15 Minuten weich und hellgelb dünsten.

In einer zweiten Pfanne das restliche Fett erhitzen. Salbeiblättchen und die Leberscheiben hineingeben, die Leber bei mittlerer Hitze unter Wenden in 2–3 Minuten braun braten.

Die Brühe zugießen und aufkochen lassen, alles zusammen noch 1 Minute garen. Leber mit Salz und Pfeffer würzen.

Die Hälfte der Petersilie unter die Zwiebeln mischen. Leber und Zwiebeln sofort auf Tellern anrichten und mit der restlichen Petersilie bestreuen. Sofort servieren.

Kalbsleber venezianische Art

Fegato alla veneziana

Braucht etwas Zeit

Zutaten für 4 Personen
300 g Zwiebeln
1 Bund glatte Petersilie
2 Eßlöffel Olivenöl, extra nativ
400 g Kalbsleber in dünnen Scheiben
100 ml Fleischbrühe (siehe Seite 81) · Salz
schwarzer Pfeffer aus der Mühle

Pro Portion: 840 kJ/ 200 kcal
Zubereitungszeit: 1 Stunde

Die Zwiebeln schälen und in feine Ringe schneiden. Die Petersilie waschen, trocknen, die Blättchen abzupfen und fein hacken.

In einer Pfanne mit hohem Rand das Olivenöl erhitzen. Die Zwiebeln und die Petersilie zugeben und alles zugedeckt bei schwacher Hitze etwa 30 Minuten dünsten, dabei mehrmals wenden.

Die Leber eventuell enthäuten und putzen, kurz abspülen und gut trocknen. In etwa 1,5 cm breite Streifen schneiden. Die Hitze der Pfanne erhöhen und die Leberstreifen zugeben. Die Leber mehrmals wenden und die Fleischbrühe angießen. Alles noch etwa 4 Minuten schmoren.

Dann mit Salz und Pfeffer würzen, noch einmal durchmischen, auf vorgewärmte Teller verteilen und sofort servieren.

Klassisch wird zur Leber überbackene Polenta (siehe Seite 148) serviert, es passen aber auch frisches Weißbrot oder Kartoffelpüree gut dazu.

Tip!

Die Kalbsleber möglichst am Stück kaufen, sorgfältig häuten und Sehnen und Adern entfernen. In kleine, dünne Scheiben schneiden. Nicht zu lange schmoren und vor allem nicht warm halten, sonst wird die Leber hart und trocken. Dazu paßt ein trockener Weißwein (Soave) oder ein leichter Rotwein, zum Beispiel ein Merlot del Veneto.

Im Bild: Kalbsleber mit Salbei, mit gedünsteten Zwiebelstreifen und Petersilie serviert

Kalbsleber in Rotweinsauce

Fegato di vitello al vino

Raffiniert

Zutaten für 4 Personen
1 große weiße Zwiebel
70 g Räucherspeck
1 Knoblauchzehe
1 Bund Petersilie
500 g Kalbsleber im Stück
2 Eßlöffel Mehl
50 g Butter
100 ml trockener Rotwein · Salz
schwarzer Pfeffer aus der Mühle

Pro Portion: 1600 kJ/ 380 kcal
Zubereitungszeit: 50 Minuten

Zwiebel in dünne Ringe schneiden. Den Speck entschwarten und mit Knoblauch und gewaschener Petersilie zusammen fein hacken.

Die Leber kurz kalt waschen, trocknen, von Adern und Häutchen befreien, in 1/2 cm dicke Scheibchen schneiden und leicht mit Mehl bestäuben.

In einer Pfanne die Butter bei schwacher Hitze heiß werden lassen. Knoblauch, Petersilie und Speck etwa 5 Minuten darin anbraten, dann die Zwiebelringe dazugeben und bei schwacher Hitze langsam weich braten. Den Wein angießen und bei starker Hitze so weit verdampfen lassen, daß nur noch ein wenig Sauce übrigbleibt.

Die Leber dazugeben, umrühren und 3–4 Minuten zugedeckt bei schwacher Hitze ziehen lassen. Mit Salz und Pfeffer würzen und sofort servieren.

Kutteltopf mit Gemüse

Trippa alla fiorentina

Braucht etwas Zeit

Zutaten für 6 Personen
1 kg vorgekochte Kutteln (Kaldaunen)
2 Möhren
4 Stangen Staudensellerie
4 Lauchzwiebeln
1 Bund glatte Petersilie
1 Zweig frischer Rosmarin (oder 1/2 Teelöffel getrockneter Rosmarin)
3 Knoblauchzehen
125 ml Olivenöl
2 Eßlöffel Butter
Salz
schwarzer Pfeffer aus der Mühle
250 ml trockener Weißwein (oder Fleischbrühe)
1 kg reife Tomaten (oder 800 g geschälte Tomaten aus der Dose)
2 Eßlöffel Tomatenmark
1/4 Teelöffel Cayennepfeffer
1/2 Teelöffel Pfefferkörner
1/2 Bund Basilikum
50 g Parmesan, frisch gerieben

Pro Portion: 1400 kJ/ 330 kcal
Zubereitungszeit: 2 3/4 Stunden

Vorgekochte Kutteln unter fließendem Wasser gründlich waschen, gut abtrocknen. Mit einem scharfen Messer in sehr feine Streifen schneiden.

Die Möhren, Selleriestangen und Lauchzwiebeln waschen, putzen und in winzig kleine Würfel schneiden. Kräuter waschen und trocknen. 1/2 Bund Petersilie, abgezupfte Rosmarinnadeln und die geschälten Knoblauchzehen fein hacken.

In einem Topf 3 Eßlöffel Olivenöl erhitzen, die Butter darin schmelzen lassen. Das Gemüse unter Rühren andünsten. Gehackte Petersilie, Rosmarin und Knoblauch einrühren, mit Salz und Pfeffer würzen.

In einer Pfanne 2 Eßlöffel Olivenöl erhitzen. Die Kutteln portionsweise hineingeben und scharf anbraten. Zu dem Gemüse in den Topf geben, etwas Öl in die Pfanne nachgießen, die nächste Portion anbraten und wieder in den Topf geben. Den Wein angießen, salzen und pfeffern. Sanft köcheln.

Stielansätze der Tomaten entfernen. Tomaten kurz überbrühen, häuten, quer halbieren und entkernen. Das Fruchtfleisch kleinschneiden, zusammen mit dem Tomatenmark und Cayennepfeffer unter die Kutteln mischen. Topf halb zudecken, etwa 1 Stunde schmoren lassen. Kurz vor Garzeitende den Backofen auf 225° (Umluft 200°) vorheizen.

Die Pfefferkörner im Mörser zerdrücken, restliche Petersilie und das Basilikum hacken. Kutteln abschmecken, in eine feuerfeste Tonform umfüllen, mit Pfeffer, Petersilie, Basilikum und dem Parmesan bestreuen. Im heißen Backofen kurz überbacken, bis der Käse leicht bräunt. Sehr heiß mit reichlich Weißbrot servieren.

Kalbszunge in pikanter Sauce

Lingua in salsa piccante

Für Gäste

Zutaten für 6 Personen
20 g getrocknete Pilze (Steinpilze oder gemischte Pilze)
1 frische Kalbszunge (1 kg)
1/2 l trockener Weißwein
1 Möhre
3 Stangen Staudensellerie
1 kleine Stange Lauch
2 Zwiebeln
1/2 unbehandelte Zitrone
1 Gewürznelke
1 Lorbeerblatt
1/2 Teelöffel Pfefferkörner
Salz
3 Knoblauchzehen
1 Bund glatte Petersilie
2 Eßlöffel Butter
300 g reife Tomaten
schwarzer Pfeffer aus der Mühle

Pro Portion: 1400 kJ/ 330 kcal
Zubereitungszeit: 1 3/4 Stunden
Einweichzeit: 2 Stunden

Die getrockneten Pilze abspülen und 2 Stunden in 1/8 l Wasser einweichen.

Die Kalbszunge kalt abbrausen, mit 1 l Wasser und 1/4 l Weißwein in einen Topf geben und erhitzen. Die Möhre, 2 Stangen Staudensellerie und die Lauchstange waschen, putzen und grob zerteilen. 1 Zwiebel schälen und halbieren, die halbe Zitrone waschen und in Scheiben schneiden. Alle Zutaten zusammen mit der Gewürznelke, Lorbeerblatt und 1/2 Teelöffel Pfefferkörnern in den Topf geben. 1/2 Teelöffel Salz einstreuen. Den Topf halb zudecken, die Zunge etwa 1 1/4 Stunden bei schwacher Hitze knapp unter dem Siedepunkt garen.

Nach 1/2 Stunde Garzeit für die Sauce die restliche Zwiebel, die Knoblauchzehen, 1 Stange Staudensellerie und 1/2 Bund Petersilie sehr fein hacken.

In einem Topf 2 Eßlöffel Butter zerlassen, die Gemüsemischung darin 10 Minuten sanft andünsten. Die eingeweichten Pilze abtropfen lassen, dabei den Sud auffangen, durch ein feines Sieb gießen und für später bereitstellen. Die Pilze kleinhacken, in den Topf zum Gemüse geben und unter Rühren anbraten.

Stielansätze der Tomaten entfernen. Tomaten kurz überbrühen, häuten, das Fruchtfleisch grob zerteilen und durch ein Sieb streichen. Dieses Tomatenpüree in den Topf geben. Restlichen Weißwein und Pilzsud angießen, salzen und pfeffern. 20 Minuten kräftig köcheln lassen. Bei Bedarf etwas Zungenbrühe angießen.

Die fertige Kalbszunge herausnehmen und kalt abschrecken. Mit einem spitzen Messer die Haut einschneiden und abziehen. Die Zunge schräg in 1/2 cm dicke Scheiben schneiden. In die Tomatensauce legen und bei milder Hitze in etwa 10 Minuten fertiggaren. Die Sauce abschmecken, die restliche Petersilie grob hakken und aufstreuen. Dazu Salzkartoffeln und einen fruchtigen, vollmundigen Weißwein, zum Beispiel einen Pinot grigio aus dem Trentino, servieren.

Tip!

Wenn Sie keine vollreifen Tomaten bekommen, nehmen Sie besser geschälte Tomaten aus der Dose oder, noch einfacher, 200 g passierte Tomaten aus dem Päckchen.

Kalbsröllchen mit Marsala

Involtini con Marsala

Für Gäste

Zutaten für 4 Personen
Für die Füllung:
2 Bund glatte Petersilie
1 Knoblauchzehe
30 g Haselnüsse
30 g Parmesan (ersatzweise Pecorino)
5 Eßlöffel Olivenöl
Außerdem:
6 dünne Kalbsschnitzel (je etwa 150 g)
Salz
Pfeffer aus der Mühle
6 dünne Scheiben durchwachsener Speck (ohne Schwarte)
1 Eßlöffel Mehl
1 Eßlöffel Butter
2 Eßlöffel Olivenöl
200 ml Kalbsfond (aus dem Glas; ersatzweise Fleischbrühe)
150 ml Marsala (italienischer Süßwein; ersatzweise Portwein)
Holzspießchen

Pro Portion: 2593 kJ/ 620 kcal
Zubereitungszeit: 1 Stunde

Für die Füllung die Petersilie waschen und nur die groben Stiele entfernen. Ein paar Blättchen zum Garnieren zur Seite legen, die restlichen grob hacken. Den Knoblauch schälen, mit den Nüssen und dem Käse ebenfalls nur grob zerkleinern.

Petersilie, Knoblauch, Nüsse, Käse und Öl miteinander im Blitzhacker oder im Mixer zu einer dicken Paste pürieren.

Die Kalbsschnitzel leicht salzen, pfeffern und quer halbieren, eventuell mit der flachen Seite des Fleischklopfers noch dünner klopfen. Mit Küchenpapier trocknen.

Den Speck ebenfalls halbieren, auf die Fleischstücke legen und die Füllung darauf verteilen. Das Fleisch aufrollen und mit Holzspießchen feststecken. Die Röllchen dünn mit Mehl bestäuben, überschüssiges abklopfen.

In einer hochwandigen Pfanne Butter und Öl zusammen erhitzen und die Kalbsröllchen darin bei starker Hitze unter Wenden rundum goldbraun anbraten. Mit dem Fond ablöschen, aufkochen und den Deckel auflegen. Die Röllchen bei mittlerer Hitze etwa 20 Minuten schmoren lassen. Dann herausnehmen und warm stellen.

Den Wein zum Fond gießen und bei starker Hitze etwas einkochen lassen. Die Kalbsröllchen mit der Sauce übergießen, mit der zur Seite gelegten Petersilie bestreuen und sofort servieren. Dazu passen frisches Weißbrot, ofenwarmes Baguette oder Polenta (siehe Seite 146). Weintip: trockener, voller Weißwein, zum Beispiel ein Riesling (Oltrepò Pavese).

Variante

Für Kalbsröllchen auf Mailänder Art 2 kleine, ungebrühte Bratwürstchen enthäuten, die Fülle zerkleinern und in eine Schüssel geben. 2 Hähnchenlebern putzen und fein hacken. 2 Knoblauchzehen schälen und durch die Presse zum Brät drücken. 1 Bund Petersilie fein hacken. Alles zu dem Brät geben, 2 Eßlöffel geriebenen Parmesan und 2 Eigelbe untermischen und mit Salz und Pfeffer abschmecken. Die Paste gleichmäßig auf die vorbereiteten Schnitzel streichen und aufrollen. Mit jeweils 1 frischen Salbeiblatt belegen und mit 1 Scheibe Speck umwickeln, mit Spießchen feststecken. Mit Mehl bestäuben und rundum anbraten. Mit Fond oder Brühe und 125 ml trockenem Weißwein statt Marsala aufgießen, wie oben schmoren.

Kalbsröllchen mit Marsala, würzig geschmort mit sizilianischem Dessertwein

Kalbfleisch-spießchen

Spiedini di vitello

Gelingt leicht

Zutaten für 4 Personen
4 Eßlöffel Olivenöl
4 Eßlöffel Zitronensaft
5 Salbeiblätter, fein gehackt
2 Eßlöffel Marsala (Süßwein)
800 g Kalbsnuß in dünnen Scheiben
100 g Champignons
250 g Zucchini
1 rote Paprikaschote
1 gelbe Paprikaschote
1 große Fleischtomate
Öl zum Grillen · Salz
schwarzer Pfeffer aus der Mühle

Pro Portion: 1500 kJ/ 360 kcal
Zubereitungszeit: 1 Stunde

Aus dem Olivenöl, dem Zitronensaft, den gehackten Salbeiblättchen und Marsala eine cremige Marinade rühren.

Das Kalbfleisch in Streifen von etwa 5 cm Breite und etwa 12 cm Länge schneiden. Leicht klopfen und für etwa 30 Minuten in die Marinade legen, dabei häufig wenden. Währenddessen den Grill vorbereiten.

Die Pilze und das Gemüse putzen, waschen und in Scheiben oder Stücke schneiden.

Die Fleischstreifen aus der Marinade nehmen, abtropfen lassen und der Länge nach aufrollen. Abwechselnd mit dem Gemüse auf Spieße stecken.

Auf dem heißen, geölten Grillrost oder in einer Pfanne rundum etwa 1 Minute braten. Den Rost mit Alufolie bedecken, diese großzügig einölen und die Spießchen darauf oder in der Pfanne bei starker Hitze in 5–8 Minuten fertig garen. Ab und zu wenden und mit der restlichen Marinade bestreichen. Die fertigen Spießchen auf einer Platte anrichten und mit Salz und Pfeffer würzen.

Kalbfleisch mit Auberginen

Vitello con melanzane

Braucht etwas Zeit

Zutaten für 4 Personen
2 Auberginen (etwa 500 g)
Salz
8 Eßlöffel Olivenöl zum Ausbacken
4 reife Fleischtomaten
20 entkernte schwarze Oliven
Pfeffer aus der Mühle
1 Teelöffel getrockneter Oregano
4 Scheiben Kalbfleisch aus der Schale zu je etwa 150 g
2 Eßlöffel Mehl
2 Eßlöffel Butter

Pro Portion: 1600 kJ/ 380 kcal
Zubereitungszeit: 1 Stunde 50 Minuten

Die Auberginen schälen und quer in etwa 1/2 cm dicke Scheiben schneiden. In einer Schüssel kräftig mit Salz bestreuen, vermischen und etwa 30 Minuten Saft ziehen lassen.

Den Saft abgießen und die Auberginenscheiben trocknen. Etwas Olivenöl in einer Pfanne erhitzen. Die Scheiben portionsweise in insgesamt 6 Eßlöffeln Öl bei nicht zu starker Hitze beidseitig anbraten. Beiseite stellen.

Die Stielansätze der Tomaten entfernen. Tomaten kurz überbrühen, häuten, quer halbieren und entkernen, Fruchtfleisch kleinschneiden. In einem Topf das restliche Olivenöl erhitzen, die Tomatenstücke hineingeben, salzen und bei starker Hitze etwa 10 Minuten dünsten. Die Oliven, den Oregano und die Auberginenscheiben dazugeben und etwa 8 Minuten bei mäßiger Hitze schmoren. Salzen und pfeffern.

Den Backofen auf 200° vorheizen. Das Fleisch pfeffern und im Mehl wenden, überschüssiges abklopfen. Die Butter in einer Pfanne erhitzen und das Fleisch von jeder Seite etwa 3 Minuten braten. Salzen und herausnehmen.

Das Fleisch in eine Auflaufform legen, die Auberginen samt der Sauce darauf verteilen. Im Backofen (Mitte, Umluft 180°) etwa 10 Minuten überbacken. In der Form servieren.

Gefüllter Rollbraten

Farsumagru

Für Gäste

Zutaten für 6 Personen
1 große Scheibe Rindfleisch, etwa 3 cm dick, ca. 600 g, z.B. aus der Schulter geschnitten
1 Brötchen
3 Eier (2 davon hartgekocht)
2 Eigelbe
4 Eßlöffel Milch
1 Bund glatte Petersilie
2 Knoblauchzehen
1 Teelöffel frische Rosmarinnadeln (oder 1/2 Teelöffel getrockneter Rosmarin)
200 g Rinderhackfleisch
150 g Kalbsbrät
3 Eßlöffel Pecorino (oder Parmesan), frisch gerieben
1 Teelöffel frische Thymianblättchen
Salz
schwarzer Pfeffer aus der Mühle
100 g junger Provolone-Käse (ersatzweise Mozzarella)
100 g roher Schinken
1 Zwiebel
6 Eßlöffel Olivenöl
1/2 l Rotwein
1 große Dose geschälte Tomaten (800 g)
1 Lorbeerblatt

Pro Portion: 3500 kJ/ 840 kcal
Zubereitungszeit: 3 Stunden

Die Rindfleischscheibe auf die Arbeitsfläche legen und in der Mitte quer einschneiden, aber nicht durchtrennen. Auseinanderklappen, flachdrücken und mit der flachen Seite des Fleischklopfers zu einer etwa 1 cm dünnen, großen Scheibe klopfen.

Das Brötchen entrinden und die Krume in winzige Stückchen zupfen. Das rohe Ei mit den Eigelben und der Milch verquirlen, die Brotkrume darin einweichen.

Gewaschene Petersilie, geschälte Knoblauchzehen und Rosmarinnadeln fein hacken.

Für die Füllung Rinderhackfleisch und Kalbsbrät in eine Schüssel geben. Das Ei-Brotgemisch, den geriebenen Pecorino, Petersilie, Knoblauch, Rosmarin und Thymianblättchen zugeben. Alles gründlich vermengen, mit Salz und Pfeffer kräftig würzen.

Die Fleischscheibe flach auf die Arbeitsfläche legen. Die Füllung mit angefeuchteten Händen gleichmäßig darauf verteilen und glattstreichen. Die Ränder dabei ringsum etwa 2 cm frei lassen.

Den Provolone-Käse in dünne Scheiben, den rohen Schinken in feine Streifen schneiden. Die hartgekochten Eier pellen, in Scheiben schneiden. Käse, Schinken und Eier gleichmäßig auf der Hackfleischmasse verteilen.

Die Fleischscheibe aufrollen und mit Küchengarn sorgfältig verschnüren. Den Backofen auf 175° vorheizen. Die Zwiebel schälen und grob hacken. In einem großen Bräter mit passendem Deckel das Olivenöl erhitzen.

Den Rollbraten ins heiße Öl geben, rundum kräftig anbräunen und wieder herausnehmen. Zwiebelwürfel in den Bräter geben und unter Rühren goldgelb andünsten. Den Rotwein angießen, kräftig aufkochen und etwa auf die Hälfte eindampfen lassen. Braten wieder in den Topf legen.

Die geschälten Tomaten aus der Dose grob hacken, mit dem Saft um das Fleisch herum verteilen. Salzen, pfeffern und das Lorbeerblatt zufügen, Deckel schließen. Im Ofen (Umluft 150°) knapp 2 Stunden sachte schmoren.

Den fertigen Rollbraten in Scheiben aufschneiden, mit der Tomatensauce servieren.

Tip!

Falls Reste bleiben: Der Rollbraten schmeckt auch, in dünne Scheiben aufgeschnitten, lauwarm oder kalt sehr gut und eignet sich so als Vorspeise oder kleiner Zwischengang. Dazu schmeckt sizilianischer Rot- oder Roséwein, zum Beispiel ein Corvo.

Kalbshaxe geschmort

Osso buco con gremolata

Braucht etwas Zeit

Zutaten für 4 Personen
4 Scheiben Kalbshaxe mit Knochen, etwa 5 cm dick geschnitten (1,5 kg)
Salz
weißer Pfeffer aus der Mühle
2 Möhren
1/2 Stange Lauch
2 Stangen Staudensellerie
2 Zwiebeln
4 Knoblauchzehen
1 Eßlöffel Mehl
3 Eßlöffel Olivenöl
150 ml Weißwein
250 ml Kalbsfond (aus dem Glas, ersatzweise Fleischbrühe)
1 Bund Thymian
1 Bund Basilikum
750 g Tomaten
1 großes Bund Petersilie
1 unbehandelte Zitrone

Pro Portion: 1800 kJ/ 430 kcal
Zubereitungszeit: 2 Stunden

Die Kalbshaxenscheiben mit Küchenpapier gut trocknen. Mit Salz und Pfeffer rundum würzen, zur Seite legen.

Möhren, Lauch und Staudensellerie putzen, waschen und in feine Würfel schneiden. Die Zwiebeln und 1 Knoblauchzehe schälen und hacken. Die Kalbshaxenscheiben in dem Mehl wenden. In einer großen Pfanne das Olivenöl erhitzen und die Scheiben auf beiden Seiten darin anbraten. Aus der Pfanne heben.

Das Gemüse im verbliebenen Öl andünsten, aber nicht bräunen. Die Kalbshaxen wieder zugeben, Weißwein und den Kalbsfond angießen. Thymian und gewaschenes Basilikum ohne die harten Stengel kleinschneiden und zum Gemüse geben. Mit Salz und Pfeffer würzen, zugedeckt bei schwacher Hitze etwa 1 1/2 Stunden schmoren lassen.

Kurz vor Ende der Garzeit die Tomaten mit kochendem Wasser überbrühen, häuten, halbieren, die Stielansätze und die Kerne entfernen, kleinschneiden und zum Fleisch geben, eventuell noch etwas Wasser dazugießen.

Für die Kräuter-Zitronen-Mischung (Gremolata) die gewaschene und gut getrocknete Petersilie fein hacken. Die Schale der Zitrone mit einem Zitrusschalenreißer abraspeln (oder hauchdünn mit einem Messer abschälen). Die restlichen 3 Knoblauchzehen fein hacken. Mit der Zitronenschale und der Petersilie vermischen.

Die Sauce ohne Deckel etwas einkochen, salzen, pfeffern. Die Kalbshaxenscheiben auf einer vorgewärmten Platte anrichten, mit der Tomatensauce umgießen und mit Kräuter-Zitronen-Mischung bestreut servieren. Dazu paßt körnig gekochter Reis oder – klassisch – Mailänder Risotto (siehe Seite 140).

Tip!

Für die geschmorte Kalbshaxe gibt es in jeder Region eigene Rezepte. In Mailand würzt man die Sauce gern mit Sardellen, weiter im Süden mit Rosmarin und Basilikum. Die Gremolata wird im Piemont noch mit geriebener Orangenschale vermischt und gleich beim Schmoren zugegeben. Sehr beliebt sind auch Steinpilze, frisch oder getrocknet, die die Sauce würzen. Obwohl immer mit trockenem Weißwein aufgegossen wird, trinkt man in Italien einen leichten, aromatischen Rotwein, zum Beispiel einen Bardolino oder einen jungen Valpolicella Classico Superiore, dazu.

Kalbshaxe würzig geschmort und mit pikanter Kräuter-Zitronen-Knoblauch-Mischung bestreut

Gemischtes gekochtes Fleisch
Bollito misto

Gut vorzubereiten

Zutaten für 6 Personen
350 g Rindfleisch zum Kochen (Brustkern, Schulter)
350 g Kalbfleisch (Nuß)
1 kleines Brathähnchen (etwa 800 g)
1/2 geräucherte, gegarte Rinderzunge am Stück
2 Markknochen
2 Zwiebeln
2 Bund Petersilie
1 Bund Basilikum
2 Lorbeerblätter
1 Eßlöffel schwarze Pfefferkörner
2 Gewürznelken
3 Knoblauchzehen
Salz
500 g Möhren
1 Stange Staudensellerie
2 Stangen Lauch
500 g Kartoffeln
2 Bund Schnittlauch
300 g Crème fraîche oder Ricotta
300 g Vollmilch-Joghurt
3 Eßlöffel Mayonnaise
Cayennepfeffer
weißer Pfeffer aus der Mühle

Pro Portion: 4800 kJ/ 1150 kcal
Zubereitungszeit: 2 Stunden

Das Fleisch mit Küchenpapier trocknen, die Knochen abspülen und ebenfalls trocknen. Die Zwiebeln schälen, halbieren und auf der heißen Herdplatte oder in einer trockenen Pfanne dunkelbraun rösten.

Petersilie und Basilikum waschen, die Blättchen abschneiden und beiseite legen, die harten Stiele kleinschneiden und mit den Lorbeerblättern, Pfefferkörnern, Nelken und Knoblauchzehen in ein Mullbeutelchen packen.

Das Rind- und Kalbfleisch, die Knochen, angeröstete Zwiebeln und den Gewürzbeutel in einen großen Topf (etwa 10 l Inhalt) geben, kaltes Wasser aufgießen. Bei mittlerer Hitze ohne Deckel zum Kochen bringen. Den Schaum abschöpfen, mit 2–3 Eßlöffeln Salz würzen. Zugedeckt etwa 45 Minuten bei schwacher Hitze ganz leise simmern lassen.

Inzwischen das Gemüse putzen, schälen und in sehr große Stücke schneiden, die Kartoffeln nur schälen und halbieren. Das Gemüse mit dem Hähnchen und der Zunge zum Fleisch geben, soviel Wasser nachgießen, bis auch das Gemüse bedeckt ist. Noch etwa 1 Stunde bei schwacher Hitze garen.

Für die Sauce die Petersilien- und Basilikumblättchen sowie den gewaschenen Schnittlauch fein schneiden. Die Crème fraîche (oder Ricotta) mit dem Joghurt und der Mayonnaise verrühren, die Kräuter untermischen, mit Salz, Cayenne- und weißem Pfeffer abschmecken.

Den Gewürzbeutel und die Zwiebeln aus dem Topf nehmen und wegwerfen. Die Zunge herausnehmen, mit kaltem Wasser abschrecken und die zähe Haut abziehen. Das Fleisch in Scheiben beziehungsweise das Hähnchen in Portionsstücke schneiden und mit dem Gemüse auf einer großen Platte anrichten. Mit der heißen Brühe anfeuchten und auftragen. Die Sauce in einer Sauciere extra dazu servieren.

Tip!

Das Rezept für eine klassische grüne Sauce finden Sie auf der Seite 224. Wenn Sie beim Metzger keine vorgekochte Zunge erhalten, eine gepökelte Rinderzunge in ungesalzenem Wasser etwa 2 Stunden vorkochen. Dann die Zunge enthäuten und noch gut 1 Stunde in der Brühe mitgaren. Reste dieses Gerichts können Sie gut für einen würzigen Fleischsalat mit Kräutern, Essig, Öl und Mayonnaise verwenden.

Mariniertes Lammragout

Agnello alla reggiana

Braucht etwas Zeit

Zutaten für 4 Personen
1 kg Lammschulter (vom Metzger in Ragoutstücke gehackt)
1 Teelöffel frische Rosmarinnadeln
5 frische Salbeiblätter
2 Knoblauchzehen
10 Wacholderbeeren
6 Eßlöffel Olivenöl
Saft von 1 Zitrone
1 Eßlöffel aromatischer Weißweinessig
Salz
schwarzer Pfeffer aus der Mühle
125 ml Weißwein

Pro Portion: 3000 kJ/ 720 kcal
Zubereitungszeit: 1 1/2 Stunden
Marinierzeit: 3 Stunden

Das Fleisch gründlich waschen, dabei alle Knochensplitter sorgfältig entfernen. Dann mit Küchenpapier trockentupfen.

Rosmarinnadeln und Salbeiblätter waschen, trockentupfen und fein hacken. Die Knoblauchzehen mit den Wacholderbeeren zerdrücken. Alles mit Olivenöl, Zitronensaft, Weinessig, Salz und Pfeffer zu einer Marinade verrühren.

Die Fleischstücke in der Marinade wenden und mindestens 3 Stunden darin marinieren. Das Fleisch öfters wenden.

Den Backofen auf 180° vorheizen. Das Fleisch mit der Marinade in eine Kasserolle geben. Mit einem Deckel oder Alufolie fest verschließen, im Backofen (Mitte, Umluft 160°) etwa 45 Minuten schmoren lassen.

Dann den Wein angießen. Offen so lange garen, bis beinahe keine Flüssigkeit mehr in der Kasserolle übrig bleibt und das Fleisch leicht gebräunt ist. Heiß servieren.

Schmorbraten in Rotwein

Brasato alla milanese

Gelingt leicht

Zutaten für 6 Personen
1 kg Rindfleisch vom Bug
2 Knoblauchzehen
3 Eßlöffel Öl
50 g Butter
1 Stange Staudensellerie
1 kleiner Kohlrabi mit Grün
1 Möhre
1 Zwiebel
2 Gewürznelken
750 ml Rotwein
4 Tomaten
250 ml Fleischbrühe (siehe Seite 81) · Salz
Pfeffer aus der Mühle
Muskatnuß, frisch gerieben

Pro Portion: 1600 kJ/ 380 kcal
Zubereitungszeit: 3 1/2 Stunden

Das Fleisch mit Küchenpapier trocknen. Knoblauchzehen pellen und längs in Stifte schneiden. Das Fleisch mit einem spitzen Messer in gleichmäßigen Abständen einstechen und mit Knoblauchstiften spicken (sehr mageres Fleisch auch mit Speck spicken – siehe Seite 225).

In einem schweren Bräter das Öl erhitzen, die Butter darin schmelzen lassen. Fleisch hineingeben und rundum anbraten.

Inzwischen das Gemüse vorbereiten: Selleriestange und Kohlrabi putzen, das Grün für später beiseite legen. Möhre schälen, Zwiebel abziehen. Alles kleinhacken, in den Bräter geben und anbraten. Salzen und pfeffern, Gewürznelken dazugeben. Rotwein angießen und etwas eindampfen lassen.

Stielansätze der Tomaten entfernen. Tomaten kurz überbrühen, häuten und das Fruchtfleisch kleinhacken, zum Fleisch in den Bräter geben.

Die Fleischbrühe nach und nach angießen, den Braten zugedeckt 3 Stunden sachte schmoren.

Zum Servieren die Sauce durch ein Sieb streichen, mit Salz, Pfeffer und Muskat abschmecken, nochmals heiß werden lassen. Kohlrabiblätter in feine Streifen schneiden und das aufgeschnittene Fleisch damit bestreuen.

Huhn nach Jägerart

Pollo alla cacciatora

Schnell

Zutaten für 4 Personen
1 Eßlöffel neutrales Öl
8 kleine Hähnchenschenkel
200 ml Hühnerbrühe (Instant)
4 große Tomaten
schwarzer Pfeffer aus der Mühle
4 Knoblauchzehen
2 Zweige Rosmarin (ersatzweise 1 Teelöffel getrockneter Rosmarin)
4 frische Salbeiblätter (ersatzweise 2 Prisen getrockneter Salbei)
abgeriebene Schale einer unbehandelten Zitrone
Salz
600 g Brokkoli

Pro Portion: 1970 kJ/ 470 kcal
Zubereitungszeit: 30 Minuten

Eine Pfanne mit dem Öl auspinseln. Die Hähnchenschenkel mit Küchenpapier trocknen und in der Pfanne bei mittlerer Hitze von allen Seiten anbraten. Mit der Brühe ablöschen.

Die Tomaten waschen, den Stielansatz entfernen, Tomaten achteln. Die Knoblauchzehen schälen und kleinschneiden. Beides mit den Rosmarinnadeln, Salbei und der Zitronenschale in die Pfanne geben, salzen und pfeffern. Zugedeckt bei mittlerer Hitze etwa 20 Minuten schmoren lassen.

Inzwischen den Brokkoli putzen und waschen, in Röschen teilen. Die dickeren Stengel schälen und längs halbieren oder vierteln. Reichlich Salzwasser zum Kochen bringen und den Brokkoli in etwa 7-10 Minuten bißfest kochen. Den Brokkoli abgießen und zu den Hühnerschenkeln servieren. Dazu frisches Weißbrot reichen.

Mariniertes Teufelshähnchen

Pollo alla diavola

Braucht etwas Zeit

Zutaten für 4 Personen
2 kleine Brathähnchen (jeweils etwa 1 kg)
4 Zitronen
200 ml Olivenöl
Salz
schwarzer Pfeffer aus der Mühle
6–8 Peperoncini (kleine getrocknete Chilischoten)
20 kleine Salbeiblättchen

Pro Portion: 2800 kJ/ 670 kcal
Zubereitungszeit: 2 Stunden
Marinierzeit: 2 Stunden

Die Hähnchen auf der Brustseite mit der Geflügelschere aufschneiden, aufklappen und flachdrücken. Auf zwei große Stücke starke Alufolie legen.

Die Hälfte der Zitronen auspressen und mit dem Olivenöl, Salz und Pfeffer verquirlen. Die Chilischoten aufschneiden und die Kerne entfernen. Die Chilischoten winzig klein hacken (vorsicht, sehr scharf, danach sofort die Hände waschen!). Die Salbeiblättchen mit Küchenpapier abreiben und in feine Streifen schneiden, mit den gehackten Chilischoten unter die Marinade rühren.

Die Hähnchen von beiden Seiten mit der Marinade begießen und einreiben, in die Folien einwickeln und 2 Stunden im Kühlschrank durchziehen lassen. Dann den Backofen auf 200° vorheizen.

Die Hähnchen in der Folie auf ein Blech legen. Die Folie oben öffnen und zur Seite klappen. Hähnchen im heißen Backofen (Umluft 180°) in etwa 1 1/2 Stunden knusprig braten. Dann die übrigen Zitronen in Schnitze schneiden, die Hähnchen damit garnieren.

Tip!

Warum die platten Hähnchen »Teufelshähnchen« heißen, werden Sie beim ersten Bissen spüren, sie sind höllisch scharf. Für Zartbesaitete: einfach weniger Chilischoten nehmen.

Im Bild: Huhn nach Jägerart, mit Tomaten und Kräutern geschmort und mit Brokkoliröschen angerichtet

Hühnertopf mit Gemüse
Pollo spezzato

Gelingt leicht

Zutaten für 4 Personen
1 großes Hähnchen (etwa 1,5 kg)
Salz
weißer Pfeffer aus der Mühle
2 mittelgroße weiße Zwiebeln
2 Knoblauchzehen
1/2 Bund frischer Rosmarin
1,2 kg vollreife Tomaten
2 Eßlöffel Olivenöl, extra nativ
125 ml trockener Weiß- oder Rotwein
50 g schwarze Oliven

Pro Portion: 1700 kJ/ 410 kcal
Zubereitungszeit: 1 1/4 Stunden

Das Hähnchen waschen, trockentupfen, in acht Stücke teilen (siehe Seite 225), salzen und pfeffern.

Die Zwiebel und den Knoblauch schälen und fein hacken. Den Rosmarin waschen und die Nadeln abzupfen. Stielansätze der Tomaten entfernen. Tomaten kurz überbrühen, häuten, quer halbieren und entkernen. Das Fruchtfleisch klein würfeln.

In einem großen Topf (möglichst aus Gußeisen) 1 Eßlöffel Öl erhitzen. Die Hähnchenteile darin portionsweise knusprig braun braten und wieder herausnehmen. Zwiebeln, Knoblauch und Rosmarin im restlichen Öl anbraten. Tomaten und Wein zugeben, salzen und pfeffern. Die Hähnchenteile und die Oliven dazugeben. Den Hühnertopf zugedeckt bei mittlerer Hitze etwa 40 Minuten schmoren lassen. Das Fleisch dabei einige Male mit der Sauce begießen. Dazu paßt frisches Weißbrot oder Polenta (siehe Seite 146).

Huhn mit Thunfischsauce
Pollo tonnato

Für Gäste

Zutaten für 4 Personen
1 Möhre
1 Stange Staudensellerie
1/2 Bund glatte Petersilie
1 Teelöffel schwarze Pfefferkörner
1 Lorbeerblatt
750 ml Hühnerbrühe
600 g Hähnchenbrustfilets
Für die Sauce:
1 Dose Thunfisch naturell (150 g Inhalt)
4 eingelegte Sardellenfilets
1 ganz frisches Eigelb
2 Eßlöffel kleine Kapern (aus dem Glas)
3 Eßlöffel Zitronensaft
50 ml Olivenöl, extra nativ
Salz
weißer Pfeffer aus der Mühle
einige hauchdünne Zitronenscheiben zum Garnieren

Pro Portion: 1435 kJ/ 340 kcal
Zubereitungszeit: 40 Minuten

Das Gemüse und die Petersilie waschen, putzen und grob zerkleinern. Mit den Pfefferkörnern, Lorbeerblatt und der Brühe in einen breiten Topf geben. Alles aufkochen und zugedeckt 10 Minuten köcheln lassen.

Die Hähnchenbrustfilets in die Brühe legen und zugedeckt bei schwacher Hitze in etwa 20 Minuten gar ziehen lassen.

Inzwischen für die Sauce den Thunfisch in einem Sieb abtropfen lassen. Die Sardellenfilets kalt abspülen, gut trockentupfen und kleinschneiden.

Den Thunfisch in Stücke teilen und im Mixer mit Sardellenfilets, Eigelb, 1 Eßlöffel Kapern und 2 Eßlöffeln Zitronensaft fein pürieren. Dann nach und nach das Öl einfließen lassen. Die Sauce mit etwas durchgesiebter Hühnerbrühe sämig rühren und mit Salz, Pfeffer und dem restlichen Zitronensaft abschmecken.

Das Hühnerfleisch aus der Brühe heben, schräg in dünne Scheiben schneiden, auf Tellern anrichten und mit der Sauce übergießen. Mit den übrigen Kapern bestreuen und mit hauchdünnen Zitronenscheiben garnieren. Als Beilage passen frisches Baguette und gemischter Blattsalat.

Rebhuhn mit Linsen

Pernici con lenticchie

Braucht etwas Zeit

Zutaten für 4 Personen
400 g braune Linsen
4 bratfertige Rebhühner (je etwa 220 g)
100 g durchwachsener Speck
2 Eßlöffel Schmalz · Salz
schwarzer Pfeffer aus der Mühle
2 Zwiebeln
2 Eßlöffel Tomatenpüree
2 Bund glatte Petersilie

Pro Portion: 3600 kJ/ 860 kcal
Zubereitungszeit: 1 3/4 Stunden
Einweichzeit: 12 Stunden

Die Linsen in einen Topf geben und mit kaltem Wasser bedeckt über Nacht einweichen.

Am nächsten Tag Linsen im Einweichwasser aufsetzen, 30 Minuten vorgaren. Die Rebhühner von eventuell vorhandenen Federkielen befreien, waschen und mit Küchenpapier trocknen. Die vorgegarten Linsen abgießen, das Kochwasser auffangen.

Speck in kleine Würfel schneiden. Mit dem Schmalz in einen Topf geben und sanft anbraten.

Rebhühner salzen und pfeffern. Im heißen Speck-Schmalz-Gemisch rundum anbräunen.

Die Zwiebeln schälen und fein hacken, in das Fett rühren und bei verringerter Hitze glasig dünsten.

Die Linsen dazugeben, etwa 1/2 l Kochwasser angießen, das Tomatenpüree einrühren. Kräftig salzen und pfeffern, halb bedeckt bei schwacher bis mittlerer Hitze etwa 50 Minuten sanft schmoren. Die Flüssigkeit soll dabei zum großen Teil verdampfen.

Dann die Petersilie waschen und die Blättchen grob hacken. Die Linsen abschmecken, Rebhühner eventuell zerteilen, mit Petersilie bestreut servieren.

Wachteln mit Reis

Quaglie al risotto

Für Gäste

Zutaten für 4 Personen
8 küchenfertige Wachteln · Salz
schwarzer Pfeffer aus der Mühle
8 dünne Scheiben durchwachsener Speck (etwa 100 g)
3 Eßlöffel Butter
1 Eßlöffel frischer Thymian
2 Lorbeerblätter
1/8 l trockener Weißwein
1/4 l Hühnerbrühe
300 g Reis
4 Eßlöffel Parmesan, frisch gerieben

Pro Portion: 3200 kJ/ 760 kcal
Zubereitungszeit: 2 Stunden

Die Wachteln kurz abspülen und abtrocknen, Innereien herausnehmen. Eventuell vorhandene Federkiele mit einer Pinzette sorgfältig entfernen. Wachteln innen und außen leicht salzen und pfeffern.

Die Speckscheiben eventuell entschwarten, in einer Kasserolle bei mittlerer Hitze knusprig ausbraten. Herausnehmen, in einem Pfännchen am Herdrand warmhalten. In der Kasserolle 1 Eßlöffel Butter zergehen lassen.

Die Wachteln im heißen Fett rundum anbräunen. Thymian und Lorbeerblätter, Weißwein und die Brühe zugeben. Zugedeckt bei schwacher Hitze etwa 1 Stunde schmoren lassen.

Nach 30 Minuten in einem Topf 1 l Salzwasser aufsetzen. Den Reis ins kochende Wasser streuen und in etwa 15 Minuten körnig-bißfest ausquellen lassen. Den Reis abgießen und abtropfen lassen. Die restliche Butter und den Parmesan untermischen. Auf einer vorgewärmten Platte mit den Wachteln und Speckscheiben anrichten. Sauce abschmecken und dazu servieren.

Tip!

Zu Rebhuhn und Wachteln paßt ein würziger, nicht zu schwerer Rotwein, zum Beispiel ein Rossese Dolceacqua aus Ligurien.

Kaninchen mit Wein und Nüssen

Coniglio alla piacentina

Raffiniert

Zutaten für 4 Personen
1 küchenfertiges Kaninchen (vom Metzger in 8-10 Teile zerlegen lassen)
4 reife Fleischtomaten
70 g Räucherspeck, gut durchwachsen
3 Eßlöffel Olivenöl
250 ml trockener Weißwein
Salz
schwarzer Pfeffer aus der Mühle
1 Bund Petersilie
1 Zweig Rosmarin
1/2 kleine unbehandelte Zitrone
1 Knoblauchzehe
10 Walnußkerne

Pro Portion: 5500 kJ/ 1310 kcal
Zubereitungszeit: 1 3/4 Stunden

Das Kaninchen waschen und dabei alle Knochensplitter und Fettreste sorgfältig entfernen. Die Kaninchenstücke mit Küchenpapier trockentupfen.

Stielansätze der Tomaten entfernen. Tomaten kurz überbrühen, häuten, quer halbieren und entkernen. Das Fruchtfleisch klein würfeln.

Den Speck von der Schwarte befreien und in feine Würfel schneiden.

In einer großen Kasserolle das Olivenöl erhitzen. Den Speck zugeben und auslassen. Die Kaninchenteile darin bei mittlerer Hitze rundum goldbraun braten.

Den Wein angießen und zur Hälfte eindampfen lassen, dabei die Fleischstücke mehrmals wenden. Das Kaninchen mit Salz und Pfeffer würzen.

Die kleingehackten Tomaten dazugeben, alles zugedeckt bei schwacher Hitze etwa 45 Minuten sanft schmoren lassen.

Inzwischen die Petersilie und den Rosmarinzweig waschen und trocknen. Die Rosmarinnadeln abzupfen. Die Zitrone heiß waschen und ganz dünn schälen.

Die Kräuter und die Zitronenschale möglichst fein schneiden oder hacken. Die Knoblauchzehe schälen und durch die Presse drücken. Die Walnußkerne mit einem großen Messer oder im Blitzhacker kleinhacken.

Die Kräuter, Zitronenschale, Knoblauch und die Walnüsse vermischen. Etwa 10 Minuten vor Ende der Garzeit diese »gremolata« unter die Sauce rühren. Bei schwacher Hitze das »Coniglio alla piacentina« noch etwas ziehen lassen, bis es gar ist.

Die gegarten Kaninchenteile und die Sauce auf einer tiefen Platte anrichten und mit Weißbrot oder Polenta und Salat servieren.

Variante

Für Kaninchen in Tomatensauce (Coniglio in umido) die Kaninchenteile in 1 Eßlöffel Butter und 3 Eßlöffeln Olivenöl anbraten.
2 Knoblauchzehen schälen und durch die Presse drücken.
1 Teelöffel Rosmarinnadeln und 4 Salbeiblätter fein hacken. Den Knoblauch, Kräuter und 1 Lorbeerblatt zu den angebratenen Kaninchenteilen geben, alles etwa 5 Minuten mitbraten. Mit Salz, Pfeffer und Muskat würzen.
1/8 l Rotwein angießen und verdampfen lassen.
Dann 500 g passierte Tomaten und 3 Eßlöffel Pinienkerne zugeben, zugedeckt bei schwacher Hitze etwa 45 Minuten garen.

Das i-Tüpfelchen für dieses festliche Kaninchengericht ist die »Gremolata« – eine Mischung aus gehackten Kräutern, Zitronenschale und Knoblauch

Gebratener Fasan mit Salbei

Fagiano arrosto

Festlich

Zutaten für 4 Personen
2 junge Fasane (je etwa 900 g), möglichst mit der Leber
20 g gemischte getrocknete Waldpilze
4 cl Weinbrand
4 Knoblauchzehen
1 Teelöffel Wacholderbeeren
Salz
200 g roher Schinken
2 Eßlöffel frischer Rosmarin (oder 1 Eßlöffel getrockneter)
16 Salbeiblättchen (frisch oder getrocknet)
Pfeffer aus der Mühle
6 große, dünne Scheiben fetter Speck
6 Eßlöffel Öl
250 ml Wildfond (aus dem Glas) oder Geflügelbrühe
400 g Sahne (oder Crème double)

Pro Portion: 5300 kJ/ 1270 kcal
Zubereitungszeit: 1 3/4 Stunden

Fasane innen und außen unter fließendem Wasser abspülen, gut abtrocknen. Leber herausnehmen und beiseite stellen.

Die getrockneten Pilze in dem Weinbrand einweichen. Die Knoblauchzehen schälen und mit Wacholderbeeren und 1 Prise Salz im Mörser fein zerdrücken. Rohen Schinken in kleine Würfelchen schneiden. Pilze abtropfen lassen, fein hacken, den Weinbrandsud aufheben. Rosmarinnadeln fein hacken. Pilze mit Schinkenwürfeln, Wacholderbeeren und Knoblauch, Rosmarin und Salbeiblättchen mischen.

Fasane innen pfeffern, mit der vorbereiteten Mischung füllen. Mit Küchengarn zunähen. Außen leicht salzen und pfeffern. Backofen auf 220° vorheizen. Die Brustpartie der Fasane mit den Speckscheiben abdecken und mit Küchengarn festbinden.

In einem großen Bräter Öl erhitzen. Fasane hineingeben und rundum kräftig anbraten. Mit dem aufgefangenen Pilzsud übergießen, den Sud verdampfen lassen. Dann den Bräter in den vorgeheizten Backofen (Umluft 200°) schieben. Fasane 20 Minuten braten, zwischendurch einmal wenden.

Bräter aus dem Ofen holen, die Speckscheiben entfernen. Fasane mit der Brust nach oben wieder in den Bräter legen und den Wildfond angießen. In etwa 20 Minuten fertigbraten. Dabei häufig mit dem Bratensaft beträufeln.

Fasane herausnehmen, abgedeckt warmhalten. Bräter auf die Herdplatte stellen, Sahne angießen und kräftig einköcheln. Leber in kleine Stückchen schneiden, in die Sauce rühren und kurz mitgaren. Mit dem Pürierstab die Sauce fein pürieren. Mit Salz und Pfeffer abschmecken. Fasane tranchieren, mit der Sauce servieren.

Wildschweinragout mit Pflaumen

Cinghiale in agrodolce

Raffiniert

Zutaten für 4 Personen
Für die Marinade:
1/2 l kräftiger Rotwein
125 ml milder Rotweinessig
1 Zwiebel
1 Möhre
1 Stange Staudensellerie
1 Lorbeerblatt
1 Teelöffel getrockneter Thymian
1/2 Teelöffel Pfefferkörner
2 Gewürznelken
1 Teelöffel Zucker
1/4 Teelöffel Salz
Für das Ragout:
750 g Wildschwein (aus der Keule)
5 Eßlöffel Olivenöl
Salz · Pfeffer aus der Mühle
100 g getrocknete, entsteinte Pflaumen
30 g Rosinen
30 g Orangeat
1 große Zwiebel
1 Teelöffel frischer Rosmarin (oder 1/2 Teelöffel getrockneter)
2 Eßlöffel Butter
2 Eßlöffel Pinienkerne (eventuell)

Pro Portion: 2900 kJ/ 690 kcal
Zubereitungszeit: 2 1/2 Stunden
Marinierzeit: 12 Stunden

Für die Marinade den Rotwein mit Essig in einem Topf aufkochen. Zwiebel, Möhre und Staudensellerie putzen und grob zerteilen, mit allen angegebenen Gewürzen in den Topf geben. 5 Minuten zugedeckt kräftig köcheln, dann abkühlen lassen.

Wildschweinfleisch in 2–3 cm große Würfel schneiden und in eine Schüssel legen. Mit der kalten Marinade übergießen, zugedeckt über Nacht im Kühlschrank durchziehen lassen.

Dann die Fleischwürfel aus der Marinade nehmen, mit Küchenpapier abtrocknen. Marinade durch ein feines Sieb gießen und bereitstellen.

In einem Schmortopf das Olivenöl erhitzen. Fleischwürfel portionsweise bei mittlerer Hitze darin rundum anbräunen. Salzen und pfeffern, die Hälfte der Marinade angießen und das Fleisch zugedeckt 1 1/2 Stunden bei schwacher Hitze schmoren.

Getrocknete Pflaumen in der restlichen Marinade einweichen. Rosinen in Wasser einweichen.

Nach etwa 1 Stunde Schmorzeit Orangeat in winzige Würfelchen schneiden. Pflaumen und Rosinen abtropfen lassen, Marinade auffangen. Pflaumen in feine Streifen schneiden. Die Zwiebel und den Rosmarin fein hacken.

In einer Pfanne Butter zerlassen. Zwiebel glasig dünsten. Dann Pflaumen, Orangeat, Rosinen und Rosmarin einrühren. Alles gründlich mischen, mit Pfeffer würzen. Aufgefangene Marinade angießen, einige Minuten kräftig köcheln lassen.

Die Früchtemischung zum Ragout geben, noch 10 Minuten schmoren. Sobald das Fleisch weich und mürbe ist, die Sauce mit Salz und Pfeffer abschmecken. Eventuell mit den Pinienkernen bestreuen, sehr heiß servieren. Dazu geröstetes Weißbrot reichen.

Hasenpfeffer

Lepre alla cacciatora

Braucht etwas Zeit

Zutaten für 4 Personen
1 junger Hase (etwa 1,2 kg), küchenfertig vorbereitet, in Portionsstücke geteilt
1 Möhre
2 Stangen Staudensellerie
2 Knoblauchzehen
1 Zweig Rosmarin
2 Lorbeerblätter
1/2 l guter Rotwein
2 Eßlöffel Mehl
6 Eßlöffel Olivenöl
Salz
Pfeffer aus der Mühle
250 ml Fleischbrühe (besser: fertiger Wildfond aus dem Glas)

Pro Portion: 2400 kJ/ 570 kcal
Zubereitungszeit: 3 Stunden
Marinierzeit: 1 Tag

Den zerteilten Hasen gründlich waschen und abtrocknen, die Sehnen sorgfältig entfernen.

Die Möhre und die Selleriestangen waschen, putzen und grob zerteilen, die Knoblauchzehen schälen und halbieren. Den Rosmarinzweig mit den Lorbeerblättern zusammenbinden. Alles mit dem Fleisch in eine Schüssel geben, den Rotwein angießen. Zugedeckt an einem kühlen Ort oder im Kühlschrank mindestens 24 Stunden marinieren.

Dann das Fleisch herausnehmen, abtrocknen und mit dem Mehl bestäuben. Die Marinade durchsieben, Weinmarinade und Gemüse bereitstellen. In einem Bräter das Olivenöl erhitzen.

Hasenstücke im Öl rundum kräftig anbraten, salzen und pfeffern, dann die Temperatur verringern. Das Gemüse, Knoblauch und Kräuter mit andünsten, Marinade und die Brühe angießen. Den Bräter zudecken und das Fleisch in etwa 2 1/2 Stunden bei geringster Hitze weichschmoren.

Hasenstücke und das Kräutersträußchen herausnehmen, Kräuter wegwerfen. Die Sauce mit dem Pürierstab oder im Mixer fein pürieren, abschmecken. Das Fleisch zurück in die Sauce legen, noch einmal erhitzen und servieren. Dazu passen Salzkartoffeln oder Polenta und ein kräftiger Rotwein, zum Beispiel ein Barolo oder Barbaresco.

Dolci

Selbst wenn ein Essen noch so üppig war, für Dolci-Desserts ist immer noch Platz.

Aber die Vielfalt italienischer Desserts ist riesig. Zarte Cremes, luftiger Weinschaum, Fruchtdesserts, Puddings oder kunstvolle Torten, wer könnte bei diesen Versuchungen widerstehen.

Ein schönes Essen ohne einen süßen Abschluß ist in Italien undenkbar. Ohne »Dolce«, was sowohl süß als auch Dessert heißt, fehlt der lyrische Abschluß eines Menüs, »das Gedicht des Kochs«, wie ein italienisches Sprichwort sagt.

Allerdings sind die uns so gut vertrauten Leckereien wie Tiramisu oder Panna cotta eher eine neumodische Erscheinung, sie wurden erst im letzten Jahrhundert populär. Viel häufiger wird Obst gegessen, frisch oder gedünstet, was ja auch kein Wunder ist. In kaum einem anderen Land wachsen so viele Früchte und können auch unter südlicher Sonne voll ausreifen und ihr Aroma entwickeln. Obst aus Latium, Erdbeeren aus Nemi, Kirschen aus der Sabinergegend, weiße oder gelbe Pfirsiche, Tafeltrauben, süße Wassermelonen aus dem Agro Pontino sind auf den Märkten Roms und anderer Städte in bester Qualität zu finden.

Feiertags-Desserts

Die prächtigen Kuchen und Torten, die die Schaufenster der Konditoreien zieren, gibt es meist nur an Festtagen oder zu Familienfeiern. Aber jede italienische Hausfrau hat eine Menge Rezepte zur Hand, die oft über Generationen hin weitergegeben wurden. Richtig aufwendige, üppige Desserts waren früher den Feiertagen vorbehalten, so hat jede Region auch bestimmte, an Feste gebundene Spezialitäten. Der Panettone aus Mailand wird auch heute nur zur Weihnachtszeit gegessen. Der Name soll aus »Pan de Tonio«, Tonios Brot, entstanden sein. In der Geigenstadt Cremona wird an Weihnachten Torrone, ein aufwendiges, üppiges Mandelnougat, gegessen. Der Name stammt vom Glockenturm von Cremona, dem Torrazzo.

Ein feines Hefegebäck wie der Panettone ist auch die »Colomba« (Taube) aus der Lombardei. Ein flacher Kuchen in Form einer Taube, mit grobem Zucker und Mandeln bestreut, meist in hellblauen Kartons verpackt, ist vor Ostern in allen Größen in jedem Laden zu haben. Am Ostersonntag wird sie feierlich verzehrt.

Die Cassata gab es in Sizilien früher nur an Ostern und zu Hochzeiten. Das hat sich heute geändert und so werden viele süße Leckereien das ganze Jahr über angeboten und gegessen. Die Vielfalt der Desserts ist so groß, daß für süße Abwechslung immer gesorgt ist. Zarte Cremes, Puddings, Desserts mit Früchten, Kuchen, Torten und Plätzchen (die gut zu einem Espresso schmecken) oder »nur« eine Portion »Gelati«, die berühmte italienische Eiscreme (die die Italiener am liebsten fertig kaufen).

Zitrusschalen und -saft würzen Desserts und süßes Gebäck

Süße Aromen

Warum die italienischen Süßspeisen meist besser schmecken als andere liegt vor allem an den aromatisierenden Zutaten. Hier werden vor allem natürliche Ingredienzen verwendet und keine Aromen aus der Retorte.

Vor allem Orangen und Zitronen liefern nicht nur Saft, sondern deren unbehandelte, frisch geriebene Schale würzt viel intensiver als jeder Ersatz: Suchen Sie garantiert unbehandelte Früchte (im Reformhaus oder im Naturkostladen), waschen Sie sie immer erst sehr heiß ab und trocknen sie mit einem Küchentuch. Nur die äußerste Schalenschicht mit einem sehr scharfen Messer hauchdünn abschälen oder mit einem Zestenreißer abraspeln. Dann in feine Streifen schneiden oder mit dem Messer fein hacken. Den Saft von Zitrone oder Orange durch ein feines Sieb gießen, die sonst enthaltenen Trennhäute machen ihn bitter.

Schaumige Creme

Der »Zabaione« (Weinschaum, siehe Seite 256) gehört zu den Desserts, die weltberühmt geworden sind. Zu Recht, denn hat man einmal den Bogen heraus, ist er schnell gemacht und für alles mögliche zu gebrauchen. Allein oder mit frischen Früchten, über Eis gegossen oder in Gebäck gefüllt, warm oder kalt – dieser Schaum ist einfach vielseitig.

Im Prinzip besteht der luftige Schaum nur aus ganz frischen Eigelben, Zucker und einem Dessertwein, traditionell einem guten Marsala aus Sizilien. Doch hier fängt die Schwierigkeit an. Bei uns müssen Sie schon suchen, um einen sehr guten Marsala zu finden. Es gibt ihn nämlich nicht nur süß, sondern auch trocken – »vergine« – ausgebaut. Wenn ein solcher nicht zu finden ist, achten Sie auf die Bezeichnung »superiore« auf der Flasche, sonst haben Sie meist einen billigen Süßwein,

Für den Zabaione Eigelbe und Wein im Wasserbad aufschlagen

der Ihr Dessert verderben kann. Allerdings gibt es inzwischen eine Reihe von Varianten des ursprünglichen Zabaiones, zum Beispiel mit Schaumwein wie Moscato oder Asti spumante, die leichter und spritziger sind.

Zur Zubereitung die Eigelbe in einer Schüssel mit rundem Boden mit dem Zucker so lange schlagen, bis sie ganz weißschaumig sind. Dann erst die Schüssel auf ein leise siedendes Wasserbad setzen und ständig weiterschlagen, bis sie dickflüssiger wird. Den Wein in dünnem Strahl zufließen lassen und wie bei einer Mayonnaise einschlagen. Weiterschlagen, bis die Creme dick und schaumig wird, aber nicht zu stark erhitzen, sonst gibt es Rühreier.

Den fertigen Schaum in Schälchen oder über frische Früchte gießen und gleich servieren. Oder: die Schüssel sofort in ein eiskaltes Wasserbad setzen und so lange rühren, bis die Masse abgekühlt ist (so bekommt sie keine Haut). Den kalten Zabaione ebenfalls solo oder auf Obst servieren oder kleine Windbeutel damit füllen. Eine Zabaionecreme wird daraus, wenn Sie nach dem Erkalten noch steif geschlagene, leicht gesüßte Sahne unterziehen.

Küchentricks

Wenn Cremes gestürzt werden sollen: die Förmchen (sie sollen sehr glatte Wände haben) vor dem Einfüllen mit kaltem Wasser ausspülen. Nach dem Erkalten der Creme mit einer Messerspitze am Rand zwischen Form und Füllung entlangfahren, einen Teller auf die Form legen und alles mit Schwung umdrehen. Gelatinecremes lassen sich leicht stürzen, wenn Sie die Förmchen ganz kurz in heißes Wasser halten (aber so, daß kein Wasser auf die Creme kommt).

Schokolade und Kuvertüre nur im Wasserbad schmelzen

Schokolade oder Kuvertüre stets im heißen, nicht kochenden Wasserbad schmelzen lassen. Nie zu stark erhitzen oder zu lange warmhalten. Auch Gelatine kann gut im Wasserbad verflüssigt werden: Blätter einweichen, ausdrücken und in einer Suppenkelle in heißes Wasser halten, bis sie geschmolzen ist. Gleich unter die zu festigende Masse rühren.

Biskuit-Mascarpone-Dessert

Tirami su

Berühmtes Rezept

Zutaten für 6 Personen
Für das Biskuit:
4 frische Eigelbe
100 g Zucker
1 Päckchen Vanillezucker
100 g Mehl
100 g Speisestärke
1 Teelöffel Backpulver
Für die Creme:
4 frische Eigelbe
4 Eßlöffel Zucker
500 g Mascarpone
abgeriebene Schale einer unbehandelten Zitrone
2 Tassen abgekühlter Expresso
4 cl Weinbrand (ersatzweise den Espresso verdünnen)
Kakaopulver

Pro Portion: 2900 kJ/ 695 kcal
Zubereitungszeit: 1 Stunde
Kühlzeit: 5 Stunden

Für das Biskuit die Eigelbe in eine Schüssel geben und mit 3 Eßlöffeln lauwarmem Wasser, dem Zucker und Vanillezucker sehr dick und schaumig rühren. Das Mehl, Speisestärke und das Backpulver darübersieben und mit einem Schneebesen locker unterheben. Den Backofen auf 180° vorheizen.

Die Masse auf ein mit Pergamentpapier belegtes Blech streichen und im Backofen (Mitte, Umluft 160°) 10–15 Minuten backen.

Das Biskuit abkühlen lassen und in etwa 1 x 4 cm breite Streifen schneiden.

Für die Creme die Eigelbe mit dem Zucker schaumig rühren, den Mascarpone löffelweise unter die Masse ziehen. Die Zitronenschale dazugeben.

Den Espresso mit Weinbrand vermischen. Die Hälfte der Biskuitstreifen kurz hineintauchen und in einer rechteckigen, flachen Form verteilen. Die Hälfte der Mascarponecreme darüber geben und verstreichen. Die restlichen Biskuitstreifen tränken, die Creme darüber glatt verstreichen.

Tirami su zugedeckt etwa 5 Stunden in den Kühlschrank stellen. Vor dem Servieren dick mit Kakaopulver bestäuben.

Tip!

Zum Servieren das Tirami su in Stücke schneiden. Auf dünn mit Kakao bestäubte Teller setzen. Es schmeckt übrigens auch leicht angefroren sehr gut. Schneller: statt Biskuit 250 g fertig gekaufte Löffelbiskuits nehmen.

Sahnecreme

Panna cotta

Gut vorzubereiten

Zutaten für 4 Personen
2 Blatt weiße Gelatine
1 Vanilleschote
abgeriebene Schale einer unbehandelten Zitrone
200 ml Milch
200 g Sahne
30 g Zucker

Pro Portion: 1050 kJ/ 250 kcal
Zubereitungszeit: 20 Minuten
Kühlzeit: 3 Stunden

Die Gelatineblätter in kaltem Wasser einweichen.

Die Vanilleschote aufschneiden und auskratzen. Zusammen mit der Zitronenschale, der Milch und der Sahne bei mittlerer Hitze aufkochen lassen. Die Vanilleschote danach entfernen.

Den Zucker dazugeben. Die Gelatine gut ausdrücken und bei milder Hitze extra auflösen (siehe Seite 253). Erst dann in die Sahne-Milch-Mischung einrühren.

Die Creme in Portionsförmchen füllen und mindestens 3 Stunden kühl stellen. Dazu passen frische reife Feigen.

Im Bild oben: Tirami su
Im Bild unten: Sahnecreme

Weinschaum mit Beeren

Zabaione con bacche

Berühmtes Rezept

Zutaten für 4 Personen
200 g frische, gemischte Beeren (Erdbeeren, Himbeeren, rote und schwarze Johannisbeeren)
1/2 unbehandelte Zitrone (Saft und Schale)
4 Eßlöffel Zucker
4 frische Eigelbe
4 Eßlöffel trockener Marsala (Likörwein aus Sizilien)
Puderzucker und Minzeblättchen zum Garnieren

Pro Portion: 1800 kJ/ 430 kcal
Zubereitungszeit: 35 Minuten

Die Beeren in einer Schüssel mit lauwarmem Wasser kurz, aber gründlich waschen, in ein Sieb heben und abtropfen lassen. Die Blütenansätze und Stengel (außer bei Johannisbeeren) entfernen. Erdbeeren eventuell halbieren. Die Beeren ohne Johannisbeeren vermischen.

Die Schale der halben Zitrone heiß waschen, trocknen und etwa 1 Teelöffel Schale abreiben, die Zitronenhälfte auspressen und den Saft über die Beeren träufeln. Die Johannisbeeren dann in etwas Zucker wälzen, daß sie wie bereift aussehen.

Einen Topf mit Wasser erhitzen. Eine Edelstahlschüssel mit rundem Boden (Schlagkessel) auf das leise köchelnde Wasserbad setzen. Die Eigelbe mit restlichem Zucker und der abgeriebenen Zitronenschale in der Schüssel mit dem Schneebesen weißschaumig aufschlagen, dann den Wein nach und nach zuträufeln. Bei mäßiger Hitze zu einer dickschaumigen Creme aufschlagen (siehe Seite 253).

Die warme Creme auf Teller verteilen und mit den Beeren garnieren. Mit Puderzucker bestäuben, Minzeblättchen dazulegen.

Tip!

Der Weinschaum muß kurz vor dem Servieren zubereitet werden, er fällt sonst leicht zusammen. Außer Sie servieren ihn als Zabaionecreme: Den warmen Weinschaum im eiskalten Wasserbad unter ständigem Rühren abkühlen lassen. Dann 200 g steif geschlagene, leicht gesüßte Sahne unterziehen und bis zum Servieren gut kühlen.

Mascarponecreme mit Amaretti

Crema di mascarpone

Für Gäste

Zutaten für 4 Personen
100 g Amaretti (Mandelplätzchen)
3 Eßlöffel Amarettolikör (ersatzweise heller Traubensaft und etwas Mandelaroma)
4 frische Eier
50 g Zucker
200 g Mascarpone
4 kandierte Kirschen

Pro Portion: 2300 kJ/ 550 kcal
Zubereitungszeit: 30 Minuten
Kühlzeit: 1 Stunde

Die Amaretti in einem Plastikbeutel mit dem Nudelholz zerdrücken. Die Brösel in einem Schälchen mit dem Likör tränken.

Die Eier trennen. Eigelbe und Zucker in eine Schüssel geben und mit dem Schneebesen zu einer weißlichen Creme rühren. Den Mascarpone und die Brösel gut unterziehen.

Die Eiweiße steif schlagen und unter die Creme heben. Die Creme in vier hohe Gläser füllen.

Mindestens 1 Stunde kühl stellen. Dann mit je 1 kandierten Kirsche verzieren und servieren.

Gratinierte Pfirsiche

Pesche gratinate

Gelingt leicht

Zutaten für 4 Personen
50 g ungeschälte Mandeln
4 reife Pfirsiche
1 Eßlöffel Honig
1 Eßlöffel Pfirsichlikör nach Belieben
2 frische Eiweiße
1 Eßlöffel Puderzucker
1/2 Teelöffel Zimt

Pro Portion: 660 kJ/ 160 kcal
Zubereitungszeit: 45 Minuten

Die Mandeln mit kochendem Wasser überbrühen, kurz ziehen lassen, dann häuten und in der Mandelmühle oder im Blitzhacker fein mahlen.

Die Pfirsiche mit kochendem Wasser überbrühen, eiskalt abschrecken und die Schale abziehen. Die Pfirsiche halbieren, entkernen und mit der Wölbung nach unten in eine feuerfeste Form setzen. Den Backofen auf 180° (Umluft 165°) vorheizen.

Den Honig mit Likör verrühren und die Pfirsiche auf der Innenseite damit beträufeln.

Die Eiweiße mit Puderzucker und dem Zimt steif schlagen. Die Mandeln vorsichtig unterheben. Den Schnee auf den Fruchthälften verteilen.

Die Form auf dem Rost in den Backofen (Mitte) stellen und die Pfirsichhälften etwa 10 Minuten gratinieren.

Die Pfirsiche etwas abkühlen lassen, aber noch warm servieren. Dann schmecken sie am besten.

Tip!

Nach einem sättigenden Hauptgericht reicht auch ein halber Pfirsich pro Person.

Espressomousse mit Orangensalat

Bavarese al cafè

Raffiniert

Zutaten für 4 Personen
3 Blatt weiße Gelatine
125 g Crème double
2 Eßlöffel Zucker
1 Teelöffel abgeriebene Schale von 1 unbehandelten Zitrone
1 Tasse heißer starker Espresso (125 ml)
3 Orangen
2 Eßlöffel Orangenlikör oder Grappa nach Belieben
Minze zum Garnieren

Pro Portion: 990 kJ/ 240 kcal
Zubereitungszeit: 30 Minuten
Kühlzeit: 2 Stunden

Die Gelatineblätter in kaltem Wasser einweichen.

In der Zwischenzeit die Crème double, den Zucker und die geriebene Zitronenschale in eine Rührschüssel füllen und mit dem Schneebesen des Handrührgerätes steif schlagen.

Die Gelatine gut ausdrücken und in dem heißen Espresso unter Rühren auflösen. Etwas abkühlen lassen und unter die Creme mischen. Etwa 2 Stunden in den Kühlschrank stellen, dabei anfangs mehrmals durchrühren, damit sich die Creme gut mit dem Espresso vermischt.

Zwei Orangen mit einem scharfen Messer dick bis ins Fruchtfleisch schälen, die Fruchtspalten zwischen den hellen Trennhäuten herausschneiden, dabei den Saft auffangen.

Die dritte Orange auspressen. Den Orangensaft (mit dem aufgefangenen) in einen Topf geben, erhitzen und bei starker Hitze um die Hälfte einkochen. Den Likör zugeben und die Orangenfilets untermischen. Den Topf vom Herd nehmen und die Orangen im Sud ziehen lassen, bis die Mousse fest geworden ist.

Von der Espressomousse mit einem Eßlöffel Nocken abstechen, auf vier Teller setzen und mit dem marinierten Orangensalat umgeben. Mit kleinen Minzeblättchen garniert servieren.

Vanillecreme
Crema di vaniglia

Preiswert

Zutaten für 4 Personen
250 ml Milch
4 Eßlöffel flüssiger Honig
4 Eier
2 Vanilleschoten
Fett für die Förmchen
Kirschen aus dem Glas nach Belieben zum Garnieren

Pro Portion: 800 kJ/ 190 kcal
Zubereitungszeit: 55 Minuten

Eine Bratreine etwa drei Finger breit mit Wasser füllen und in den Backofen auf den Rost stellen. Backofen auf 150° (Umluft 140°) vorheizen.

Die Milch mit Honig verrühren. Die Eier zugeben und glattrühren, aber nicht schaumig schlagen. Die Mischung durch ein feines Sieb gießen, damit keine Klümpchen in die Creme geraten.

Die Vanilleschoten längs aufschlitzen, das Vanillemark herauskratzen und zur Creme geben.

Vier Souffléförmchen einfetten (notfalls können Sie auch vier Tassen verwenden) und mit der Masse füllen.

Die Förmchen in den Backofen (Mitte) in das Wasserbad stellen und etwa 45 Minuten garen, bis die Masse fest geworden ist.

Die Vanillecreme aus dem Ofen nehmen und etwas abkühlen lassen. Rundum mit einer Messerspitze von der Form lösen und vorsichtig stürzen (siehe Seite 253). Wenn es nicht gleich geht, etwas hin und her rütteln. Nach Belieben mit gedünsteten Kirschen aus dem Glas (Saft mit etwas Speisestärke binden) servieren.

Kokospudding mit Schokosauce
Budino alla noce di còcco

Für Kinder

Zutaten für 4 Personen
Für den Pudding:
50 g weiche Butter
50 g Zucker
2 Eigelbe
80 g Kokosraspel
2 Eßlöffel Milch
3 Eiweiße
Fett für die Förmchen
Für die Sauce:
1 Teelöffel abgeriebene Schale von 1 unbehandelten Orange
50 g Zartbitterschokolade
50 g Vollmilchschokolade
4 cl Marsala (ersatzweise 4 Eßlöffel Sahne)
Minze zum Garnieren

Pro Portion: 1900 kJ/ 450 kcal
Zubereitungszeit: 45 Minuten

Für den Pudding die Butter mit dem Zucker in eine Schüssel geben und mit dem Schneebesen schaumig schlagen. Die Eigelbe, die Kokosraspel und die Milch untermischen.

Die Eiweiße zu sehr steifem Schnee schlagen und gleichmäßig unter die Masse heben.

Backofen auf 200° (Umluft 180°) vorheizen. Eine feuerfeste Form mit etwas Wasser füllen und hineinstellen.

Vier Portionsförmchen einfetten und so mit der Masse füllen, daß oben ein fingerbreiter Rand frei bleibt. Die Förmchen im heißen Wasserbad im Backofen (Mitte) etwa 30 Minuten garen.

Inzwischen für die Sauce die Orangenschale in wenig Wasser aufkochen, in ein Sieb geben und abtropfen lassen. Die beiden Schokoladensorten im Wasserbad bei milder Hitze schmelzen, den Likör und die Orangenschale unterrühren.

Den Pudding mit einer Messerspitze jeweils vom Förmchenrand lösen und auf Teller stürzen (siehe Seite 253). Mit der Sauce umgießen. Mit kleinen Minzeblättchen garniert servieren.

Im Bild oben: Vanillecreme
Im Bild unten: Kokospudding mit Schokosauce

Zwetschgen-Pfirsich-Salat

Macedonia

Gelingt leicht

Zutaten für 4 Personen
35 g Mandelstifte
400 g reife Zwetschgen
2 reife, feste Pfirsiche
Saft von 1 Zitrone
1/2 Päckchen Vanillezucker
3 Eßlöffel Puderzucker
3 Eßlöffel Mandellikör oder Obstwasser, ersatzweise Pfirsichsaft mit einigen Tropfen Bittermandelaroma
50 g Amaretti (Mandelplätzchen)

Pro Portion: 930 kJ/ 220 kcal
Zubereitungszeit: 45 Minuten
Marinierzeit: 2 Stunden

Die Mandelstifte in einer trockenen Pfanne unter Rühren goldgelb rösten. Herausnehmen.

Die Zwetschgen und die Pfirsiche waschen und abtrocknen. Die Zwetschgen vierteln und entsteinen. Die Pfirsiche halbieren, entsteinen und in Spalten schneiden.

Den Zitronensaft in einer großen Schüssel mit dem Vanillezucker, Puderzucker und dem Mandellikör oder Obstwasser verquirlen, die vorbereiteten Früchte und die Mandelstifte darin vorsichtig wenden. Alles zugedeckt etwa 2 Stunden bei Zimmertemperatur durchziehen lassen.

Zum Servieren die Amaretti obendrauf legen oder leicht unter den Salat mischen.

Gemischte Früchte mit Vanillecreme

Tutti frutti

Für Kinder

Zutaten für 4 Personen
5 reife Aprikosen
200 g süße Kirschen
1 kleiner Apfel
1 Eßlöffel Zitronensaft
1 Eßlöffel Honig
1 Ei
1 Päckchen Vanillezucker
1 Eßlöffel Zucker
1 Vanilleschote
1 Eßlöffel Speisestärke (gehäuft)
250 ml Milch
1 Eßlöffel Borkenschokolade zum Bestreuen

Pro Portion: 920 kJ/ 220 kcal
Zubereitungszeit: 45 Minuten

Das Obst waschen, abtrocknen oder abtropfen lassen. Die Aprikosen halbieren, die Steine entfernen und die Fruchthälften in Würfel schneiden. Die Kirschen von den Stielen zupfen. Die Steine auslösen und die Kirschen zu den Aprikosen geben.

Apfel waschen, trocknen, vierteln, Kerngehäuse ausschneiden. Die Viertel würfeln, mit dem übrigen Obst in einer Schüssel mischen.

Den Zitronensaft mit dem Honig verrühren und gleichmäßig über das Obst träufeln.

Das Ei an einer Tasse aufschlagen und in Eigelb und Eiweiß trennen. Das Eigelb in einem Topf mit dem Vanillezucker und Zucker schaumig rühren.

Die Vanilleschote längs aufschneiden, das Vanillemark mit einem spitzen Messer herausschaben und gut unter die Eigelbcreme mischen.

Speisestärke über die Eimasse streuen und nach und nach die Milch unterrühren.

Die Milchcreme auf dem Herd bei mittlerer Hitze unter ständigem Rühren mit dem Schneebesen einmal aufkochen lassen, bis die Creme dicklich wird. Vom Herd nehmen und abkühlen lassen.

Das Eiweiß mit dem Schneebesen oder dem elektrischen Rührgerät in einer Schüssel steif schlagen, unter die Vanillecreme heben und über das Obst gießen.

Die Borkenschokolade über die Vanillecreme streuen und das Dessert servieren.

Tip!

»Tutti frutti« heißt »alle Früchte«. Da man natürlich nicht alle nehmen kann, wählt man die schönsten der Saison.

Himbeercreme
Crema di lamponi

Gut vorzubereiten

Zutaten für 4 Personen
500 g reife Himbeeren
120 g Zucker
4 Blatt weiße Gelatine
4 Eier
3 Eßlöffel Zitronensaft
200 g Sahne
1 Päckchen Vanillezucker
1/2 Bund Minze
Puderzucker zum Bestäuben

Pro Portion: 1700 kJ/ 410 kcal
Zubereitungszeit: 1 Stunde
Kühlzeit: 1 Stunde

Die Himbeeren waschen, verlesen und abtropfen lassen. Einige Beeren beiseite legen. Die restlichen Himbeeren mit 1 Eßlöffel Zucker im Mixer pürieren, dann durch ein feines Sieb streichen. Die Gelatine in kaltem Wasser einweichen.

Die Eier trennen. Die Eigelbe mit dem Zitronensaft in einer Metallschüssel verrühren, aufs heiße Wasserbad stellen und unter ständigem Schlagen nach und nach den restlichen Zucker einstreuen. Rühren, bis der Zucker aufgelöst und die Masse heiß und dick ist. Gelatine ausdrücken und in der warmen Creme auflösen.

Das Himbeerpüree unter die Creme mischen und abkühlen lassen. Ab und zu durchrühren.

Die Eiweiße zu schnittfestem Schnee schlagen. Die Sahne mit dem Vanillezucker steif schlagen und mit dem Eischnee locker unter die Himbeercreme heben. Im Kühlschrank in etwa 1 Stunde fest werden lassen.

Zum Servieren mit einem Eßlöffel Nocken abstechen und auf Teller setzen. Die Minzeblättchen von den Stengeln zupfen und die Himbeercreme damit dekorieren. Alles mit Puderzucker leicht bestäuben und mit den restlichen Himbeeren garnieren.

Melonengelee mit Campari
Gelatina di melone

Für Gäste

Zutaten für 4 Personen
750 g Wassermelone
Saft von 2 Zitronen
100 ml Campari
6 Eßlöffel Zucker
4 Blatt weiße Gelatine
2 Zweige Zitronenmelisse

Pro Portion: 800 kJ/ 190 kcal
Zubereitungszeit: 30 Minuten
Kühlzeit: 2 1/2 Stunden

Das Melonenfleisch von der Schale schneiden, die Kerne mit einem spitzen Messer entfernen. Das Fruchtfleisch würfeln und in eine Schüssel geben.

Zitronensaft und den Campari über die Melonenwürfel träufeln, mit Zucker bestreuen. Im Kühlschrank zugedeckt etwa 30 Minuten ziehen lassen.

Die Gelatineblätter etwa 5 Minuten in kaltem Wasser einweichen. In einem kleinen Topf etwas Wasser erhitzen.

Die Melonenwürfel mit dem Saft im Mixer pürieren oder durch ein Passiersieb streichen. Die Gelatine gut ausdrücken und in einer Schöpfkelle ins kochende Wasser halten, bis sie sich aufgelöst hat (siehe Seite 253). Dann unter das Fruchtpüree mischen.

Vier Portionsschälchen mit kaltem Wasser ausspülen. Die Zitronenmelisse abbrausen und jeweils ein oder zwei Blättchen in die Förmchen legen. Das Fruchtpüree darauf gießen und in den Kühlschrank stellen. In etwa 2 Stunden fest werden lassen.

Zum Stürzen das Gelee mit einer Messerspitze vom Rand lösen. Die Förmchen kurz in heißes Wasser halten, auf Teller stürzen und mit den restlichen Zitronenmelisseblättchen garnieren. Nach Belieben noch einige Amaretti dazulegen.

Birnen in Barolo-Sauce

Pera cotta nel barolo

Gelingt leicht

Zutaten für 4 Personen
4 schöne reife Birnen
750 ml Barolo oder anderer trockener Rotwein
abgeriebene Schale von 1 unbehandelten Zitrone
4 Eßlöffel Himbeergelee
3 Eßlöffel Crème fraîche
4 Eßlöffel Pinienkerne

Pro Portion: 1700 kJ/ 410 kcal
Zubereitungszeit: 50 Minuten

Die Birnen waschen und schälen, dabei möglichst die Stengel daranlassen.

Die Birnen nebeneinander in einen Topf geben, den Wein aufgießen und die Zitronenschale zugeben. Aufkochen und etwa 25 Minuten leise köcheln lassen. Die Birnen dann aus dem Wein nehmen und abkühlen lassen.

Das Himbeergelee in den Wein rühren und alles um ein gutes Drittel einkochen lassen. Die Crème fraîche unterrühren und weiterköcheln, bis die Sauce leicht cremig ist.

Die Pinienkerne in einer beschichteten Pfanne ohne Fett unter Rühren goldgelb rösten.

Die warme Barolo-Sauce auf vier Teller gießen, jeweils eine gedünstete Birne in die Mitte setzen und jede mit 1 Eßlöffel Pinienkernen bestreuen.

Ricotta-Mousse mit Kirschen

Mousse di ricotta con ciliege

Für Gäste

Zutaten für 4 Personen
Für die Mousse:
3 Blatt weiße Gelatine
500 g Ricotta
50 g Puderzucker
1 Teelöffel Zitronensaft
200 g Sahne
Für die Chiantikirschen:
500 g süße Kirschen
1 Eßlöffel Butter
3 Eßlöffel Zucker
250 ml Chianti oder anderer Rotwein
Minze zum Garnieren

Pro Portion: 2500 kJ/ 600 kcal
Zubereitungszeit: 1 1/2 Stunden
Kühlzeit: 3 Stunden

Für die Mousse die Gelatine in kaltem Wasser etwa 10 Minuten einweichen.

Ricotta mit Puderzucker und dem Zitronensaft verrühren. Die Sahne steif schlagen und unter die Masse heben.

Die Gelatine gut ausdrücken, in eine Schöpfkelle geben und diese in heißes Wasser halten, bis sich die Gelatine aufgelöst hat (siehe Seite 253). Erst mit einem Teil der Ricottamasse vermischen, dann mit dem Rest.

Die Ricottamousse für 3–4 Stunden zum Festwerden in den Kühlschrank stellen.

Inzwischen für die Chiantikirschen die Kirschen waschen und entsteinen. Die Butter in einer Pfanne mit hohem Rand schmelzen und die Kirschen darin schwenken.

Dann gleichmäßig mit dem Zucker bestreuen, bis sie leicht karamelisieren. Mit dem Wein übergießen und etwa 10 Minuten köcheln lassen. Kalt stellen.

Die Kirschen auf vier Teller verteilen. Von der Mousse mit einem Eßlöffel Nocken abstechen und daneben setzen. Mit Minzeblättchen garniert servieren.

Im Bild oben:
Ricotta-Mousse mit Kirschen
Im Bild unten:
Birnen in Barolo-Sauce

Kastanienpüree mit Sahne

Monte Bianco

Dekorativ

Zutaten für 6 Personen
600 g Eßkastanien (Maroni)
500 ml Milch
1 Vanilleschote
100 g Puderzucker
50 g Kakao
2 cl Rum
200 g Sahne

Pro Portion: 2000 kJ/ 480 kcal
Zubereitungszeit: 1 1/2 Stunden

Den Backofen auf 250° vorheizen. Eßkastanien mit einem scharfen Messer leicht einritzen, auf ein Blech legen und etwa 20 Minuten in den Backofen (Umluft 220°) schieben, bis die Schalen aufspringen. Herausnehmen und noch heiß schälen, dabei auch die Häute sorgfältig entfernen.

Die Eßkastanien in einen Topf geben, die Milch aufgießen. Die Vanilleschote aufschlitzen und hineinlegen. Die Kastanien in etwa 45 Minuten weich köcheln (die Milch wird dabei fast aufgesaugt). Vanilleschote herausnehmen, die Eßkastanien durch ein Passiersieb streichen oder im Mixer pürieren.

Den Puderzucker, Kakao und den Rum unter das Püree mischen und glattrühren. Auf Dessertschälchen verteilen. Besonders dekorativ: das Püree durch eine Spätzlepresse drücken und spaghettiförmig anrichten. Zum Schluß die Sahne steif schlagen und das Kastanienpüree damit garnieren. Möglichst lauwarm servieren.

Tip!

Wenn es keine frischen Maroni gibt, geschälte aus der Dose nehmen (etwa 400 g). Sie müssen aber nur etwa 30 Minuten in der Milch kochen, bis sie zerfallen.

Pistazien-Mandel-Parfait

Parfait ai pistacchi

Gut vorzubereiten

Zutaten für 6 Personen
8 Eßlöffel Zucker
50 g Mandeln, grob gehackt
50 g Pistazien
2 frische Eier
2 cl Amaretto nach Belieben
1 Vanilleschote
200 g Sahne
2 Eßlöffel Puderzucker

Pro Portion: 1300 kJ/ 310 kcal
Zubereitungszeit: 30 Minuten
Kühlzeit: 6 Stunden

Die Hälfte vom Zucker in eine trockene beschichtete Pfanne streuen und bei milder Hitze unter Rühren schmelzen und dabei goldbraun werden lassen (nicht zu stark bräunen lassen, sonst schmeckt der Karamel bitter).

Die Mandeln und die Pistazien in den Zucker rühren, bis sie von einer Zuckerschicht überzogen sind. Dann sofort auf einer Platte ausbreiten und abkühlen lassen.

Die Eier trennen. Die Eigelbe mit dem restlichen Zucker und dem Amaretto (wenn Kinder mitessen: einfach weglassen) zu einer cremigen Masse rühren.

Die Vanilleschote aufschlitzen, mit einem Messer das Mark auskratzen und unter die Eigelbmasse rühren. Die karamelisierten Mandeln und Pistazien untermischen.

Die Sahne steif schlagen und gleichmäßig unterheben. Die Eiweiße steif schlagen, dabei den Puderzucker dazurieseln lassen. Den Eischnee sorgfältig unter die Parfaitmasse ziehen.

Die Masse in Portionsförmchen füllen und je nach Größe der Formen für 4–6 Stunden in das Gefriergerät stellen.

Etwa 20 Minuten vor dem Servieren das Parfait in den Kühlschrank stellen, damit es sich leichter aus den Förmchen löst.

Schokoladenfeigen
Fichi alla cioccolata

Gut zum Kaffee

Zutaten für etwa 20 Stück
80 g ungeschälte Mandeln
400 g große getrocknete Feigen
Fett für das Backblech
40 g Zitronat
1 Teelöffel Nelkenpulver
200 g Blockschokolade
1 Eßlöffel Zucker

Pro Portion: 560 kJ/ 130 kcal
Zubereitungszeit: 1 Stunde

Die Mandeln mit kochendem Wasser überbrühen und häuten. Dann in einer beschichteten Pfanne ohne Fett etwa 5 Minuten rösten, bis sie Farbe annehmen. Dabei immer mit einem Holzlöffel umrühren.

Die Feigen von dem kleinen harten Stielansatz befreien und mit einem scharfen Messer quer in der Mitte zur Hälfte aufschneiden. Ein Beckblech einfetten. Den Backofen auf 160° (Umluft 150° vorheizen.

Das Zitronat klein würfeln und jede Feige mit 2 Mandeln, etwas Zitronat und Nelkenpulver füllen. Dann die Feigen an den Rändern wieder gut zudrücken. Die Feigen auf das Backblech setzen, in den Backofen (Mitte) schieben und in etwa 15 Minuten bräunen lassen.

Die Blockschokolade mit 50 ml Wasser und dem Zucker in einem kleinen Topf schmelzen (siehe Seite 253). Die gefüllten Feigen auf einen Spieß stecken, hineintauchen, auf ein Kuchengitter legen und trocknen lassen. Möglichst nebeneinander liegend in einer Blechdose aufbewahren.

Tip!

Das feine Konfekt eignet sich auch gut als Geschenk, das in einer hübschen Blechdose schön aussieht und lange frisch bleibt.

Sektterrine mit Trauben
Gelatina dei grappoli

Festlich

Zutaten für 10 Personen
600 g Weintrauben (grüne und blaue Trauben gemischt)
50 g Zucker
1 Päckchen Vanillezucker
2 Zweige Zitronenmelisse
8 Blatt weiße Gelatine
1/2 l Prosecco oder trockener Spumante (Sekt)

Pro Portion: 460 kJ/ 110 kcal
Zubereitungszeit: 40 Minuten
Kühlzeit: 12 Stunden

Die Weintrauben waschen, trocknen, halbieren und mit einem spitzen Messer entkernen. In einer Schüssel mit Zucker und Vanillezucker vermischen.

Die Zitronenmelisse waschen, trocknen und die Blättchen in feine Streifen schneiden. Unter die Trauben mischen.

Die Gelatineblätter in reichlich kaltem Wasser einige Minuten einweichen. Anschließend tropfnaß bei schwacher Hitze auflösen (siehe Seite 253).

Den Sekt in einer Schüssel vorsichtig mit der Gelatine verrühren. Etwas von dieser Flüssigkeit in eine Terrinenform (1 Liter Inhalt) oder eine halbrunde Schüssel gießen, im Kühlschrank fest werden lassen.

Die Trauben abtropfen lassen, den Saft auffangen, zum Sekt geben und unterrühren. Die Trauben in die Terrinenform umfüllen, den übrigen Sekt darüber gießen. Zugedeckt über Nacht im Kühlschrank gelieren lassen.

Zum Servieren die Terrinenform kurz in warmes Wasser stellen, dann die Terrine auf eine Platte stürzen. Mit einem elektrischen Messer oder einem scharfen Sägemesser vorsichtig in Scheiben schneiden. Nach Belieben halbsteif geschlagene, leicht gesüßte Sahne dazu reichen.

Kaffee auf der Gabel

Caffè in forchetta

Preiswert

Zutaten für 6 Personen
125 ml Milch
250 ml heißer Espresso
3 Eßlöffel Kaffeelikör
2 Eier
2 Eigelbe
4 Eßlöffel Zucker
150 g Sahne
Schokoraspel (ersatzweise Schokoblättchen zum Bestreuen)

Pro Portion: 761 kJ/ 180 kcal
Zubereitungszeit: 20 Minuten
Backzeit: 1 Stunde
Kühlzeit: 2 Stunden

Die Milch aufkochen lassen, Espresso und Kaffeelikör darunterrmischen. Den Backofen auf 150° vorheizen.

In einer Schüssel Eier, Eigelbe und Zucker zu einer cremigen Masse schlagen. Nach und nach die Espressomilch nur darunterziehen, nicht unterschlagen.

Die Masse in 6 Portionsförmchen oder feuerfeste Tassen gießen und in eine flache, feuerfeste Schüssel oder Gratinform stellen. Das Ganze in den Backofen (Mitte, Umluft 140°) schieben und die Schüssel oder Gratinform zweifingerhoch mit heißem Wasser füllen.

Die Kaffeecreme in 1 Stunde fest werden lassen. Aus dem Wasserbad heben und 2 Stunden abkühlen lassen. Bis zum Servieren zugedeckt kalt stellen.

Vor dem Servieren die Sahne steif schlagen. Die Kaffeecreme nach Belieben stürzen, mit Sahne garnieren und mit Schokoraspel bestreuen.

Feigen in Orangensauce

Figi al arance

Gelingt leicht

Zutaten für 4 Personen
6 reife Feigen
3 Orangen (davon 1 unbehandelt)
125 g Zucker
3 Eßlöffel Zitronensaft
1/2 Stange Zimt
2 Teelöffel Honig
150 g Ricotta (ersatzweise Mascarpone)

Pro Portion: 1247 kJ/ 300 kcal
Zubereitungszeit: 30 Minuten
Kühlzeit: 3 Stunden

Die Feigen waschen, trockentupfen und längs halbieren. Nebeneinander, und zwar mit der Schnittfläche nach unten, in eine Schüssel legen. Feigen mit einer Gabel mehrmals einstechen.

Die unbehandelte Orange heiß waschen und die Schale dünn abschneiden (siehe Seite 252). Alle Orangen auspressen und den Saft durch ein feines Sieb gießen.

Zucker in einem breiten Topf bei mittlerer Hitze zu einem hellen Karamel schmelzen lassen. Den Orangen- und 2 Eßlöffel Zitronensaft dazugießen, so lange kochen lassen, bis sich der Karamel aufgelöst hat.

Zimtstange, Orangenschale und 1 Teelöffel Honig dazugeben, alles nochmals aufkochen lassen und heiß über die Feigen gießen. Abkühlen lassen und zugedeckt für mindestens 3 Stunden in den Kühlschrank stellen.

Den Orangensud ohne Zimtstange und Orangenschale in einen Topf gießen, dicklich einkochen lassen. Die Sauce mit restlichem Zitronensaft und Honig abschmecken und etwas abkühlen lassen.

Die Feigen mit der Schnittfläche nach oben auf Tellern anrichten. Die Ricotta glattrühren, jeweils einen Klecks davon neben die Feigen setzen. Das Ganze mit Orangensauce begießen.

Im Bild oben:
Kaffee auf der Gabel
Im Bild unten:
Feigen in Orangensauce

Eisgekühlte Schichttorte

Semifreddo

Festlich

Zutaten für 10 Personen
Für die Tortenböden:
250 g geschälte Mandeln
150 g Puderzucker
2 Eiweiße
Für die Füllung:
3 zimmerwarme Eier
200 g weiche Butter
60 g Puderzucker
2 cl Weinbrand
2 Mokkatassen starker, abgekühlter Espresso
150 g Zartbitter-Schokolade
3 Eßlöffel Mandelsplitter

Pro Portion: 2100 kJ/ 500 kcal
Zubereitungszeit: 1 1/2 Stunden
Kühlzeit: 5 Stunden

Die Tortenböden möglichst schon am Vortag zubereiten: Den Backofen auf 150° vorheizen. Die geschälten Mandeln in der Mandelmühle sehr fein mahlen. Mit dem Puderzucker vermischen. Die Eiweiße zu festem Schnee schlagen und mit dem Schneebesen locker unterziehen.

Den Teig in 3 Portionen teilen, jeweils in der Größe einer Springform (24 cm Ø) zwischen Klarsichtfolie dünn ausrollen. Die Böden nacheinander im vorgeheizten Backofen (Umluft 140°) auf mittlerer Schiene 10–15 Minuten backen. Gut auskühlen lassen.

Für die Füllung die Eier trennen. Die Eiweiße zu Schnee schlagen. In einer Schüssel die weiche Butter, Eigelbe und den Puderzucker schaumig rühren. Den Eischnee eßlöffelweise mit einem Schneebesen unterziehen.

Den Weinbrand mit dem kalten Espresso vermischen. Einen der abgekühlten Mandelböden mit etwa 1/3 der Espresso-Weinbrand-Mischung tränken.

1/3 der Eischaumcreme auftragen und glatt streichen. 50 g von der Schokolade reiben, die Hälfte davon auf die Creme streuen. Darauf vorsichtig wieder einen Tortenboden legen, leicht andrükken, mit Espresso und Weinbrand beträufeln. Wieder Creme und Schokolade, dann wieder Tortenboden, Espresso, Weinbrand und Creme folgen lassen.

Die Torte zudecken und 4–5 Stunden im sehr kalten Kühlschrank (oder etwas kürzer in der Tiefkühltruhe) durchziehen lassen.

Vor dem Servieren die restliche Schokolade grob raspeln, die Oberfläche der Torte üppig mit Schokoladenraspeln und den Mandelsplittern dekorieren. Eiskalt servieren.

Mascarponetorte

Torta al mascarpone

Gut zum Kaffee

Zutaten für 12 Personen
100 g bittere Schokolade
300 g fertiger Biskuit (oder nach dem Rezept für die Mandeltorte selbst backen)
125 ml leicht gezuckerter Espresso
2 cl Rum
3 Eier
75 g Zucker
375 g Mascarpone

Pro Portion: 1400 kJ/ 330 kcal
Zubereitungszeit: 30 Minuten
Kühlzeit: 8 Stunden

Die bittere Schokolade raspeln. Den fertigen Biskuit zweimal horizontal durchschneiden (das klappt prima mit einem Bindfaden, den man um den Biskuit legt und dann fest über Kreuz zusammenzieht). Alle drei Biskuitböden mit Espresso und Rum beträufeln.

Die Eier trennen. Die Eigelbe mit dem Zucker zu einer weißschaumigen Masse schlagen. Nach und nach den Mascarpone hinzufügen und weiter schlagen, bis eine gleichmäßige Creme entsteht. Die Eiweiße zu steifem Schnee schlagen und vorsichtig unter die Creme heben.

Einen Boden auf eine Tortenplatte legen, mit einem Drittel der Creme gleichmäßig bestreichen und mit einem Drittel der Schokoladenraspel bestreuen. Diesen Vorgang zweimal wiederholen, bis eine dreistöckige Torte entstanden ist. Die oberste Schicht bildet dann Creme mit Schokoraspeln.

Die Tortenplatte mit der »Torta al mascarpone« vorsichtig in den Kühlschrank stellen. Am besten über Nacht durchkühlen lassen, denn die Torte soll sehr kalt serviert werden.

Mandeltorte

Torta di mandorle

Gut vorzubereiten

Zutaten für 12 Personen
Für den Teig:
100 g geschälte Mandeln
4 Eier
100 g Zucker
50 g Vanillezucker
50 g Mehl
1 Teelöffel Backpulver
1/2 unbehandelte Zitrone
Fett und etwas Mehl für die Form
Für die Glasur:
50 g geschälte Mandeln
150 g Puderzucker
2 Eßlöffel Zitronensaft
2 Eßlöffel Mandellikör (Amaretto, nach Belieben)

Pro Portion: 1050 kJ/ 250 kcal
Zubereitungszeit: 1 Stunde

Für den Teig die geschälten Mandeln mit einem großen Messer so fein wie möglich hacken oder in einer Nußmühle grob mahlen.

Die Eier trennen. Die Eigelbe mit Zucker und Vanillezucker in eine Schüssel geben. Mit dem Schneebesen kräftig zu einer schaumigen, luftigen Masse schlagen.

Die gehackten Mandeln, das Mehl und Backpulver untermischen. Die Schale der Zitrone fein abreiben und dazugeben. Den Backofen auf 175° vorheizen.

Die Eiweiße mit einem Spritzer Zitronensaft zu steifem Schnee schlagen. Nach und nach zum Teig geben und nur locker unterheben.

Eine runde Backform (28 cm Ø) mit Fett ausstreichen und leicht mit etwas Mehl bestäuben. Den Teig einfüllen und die Oberfläche glattstreichen. Im heißen Backofen (Mitte, Umluft 160°) etwa 40 Minuten backen (mit einem Stäbchen prüfen, ob der Teig gar ist). Dann vorsichtig aus der Form lösen und auf einem Kuchengitter abkühlen lassen.

Für die Glasur zuerst die geschälten Mandeln grob hacken. In einer trockenen Pfanne unter Rühren leicht anrösten. Inzwischen den Puderzucker mit Zitronensaft glattrühren. Eventuell den Mandellikör unterrühren (oder nach Bedarf etwas mehr Zitronensaft nehmen).

Die Zitronenglasur auf den abgekühlten Kuchen auftragen und mit einem breiten Messer gleichmäßig glattstreichen. Die gerösteten Mandeln auf den Kuchen streuen, ehe die Glasur völlig erstarrt ist.

Tip!

In Italien wird Biskuit (ohne die Zitronenglasur) auch gerne zum Frühstück gegessen. Er ist schwerer als der bei uns übliche, weil mehr Eier für den Teig verwendet werden. Reste von Biskuit können immer gut für ein Tirami su verwendet werden (siehe Seite 254). Übrigens ist es in Italien üblich, zu Kuchen als Desserts einen Wein zu servieren. Entweder einen sehr gut gekühlten, prickelnden lieblichen Sekt wie den Asti spumante, einen eher trockenen Spumante aus der Franciacorta (Lombardei) oder dem Trentino. Natürlich schmeckt auch ein Prosecco frizzante amabile (süß). Oder aber einer der typischen Dessertweine wie Vin Santo aus der Toskana oder dem Trentino, Marsala aus Sizilien oder Picolit aus dem Friaul.

Biskuit-Creme-Dessert
Zuppa inglese

Berühmtes Rezept

Zutaten für 6 Personen
Für das Biskuit:
4 Eier
120 g Zucker
1 Päckchen Vanillezucker
1 Prise Salz
50 g Mehl
50 g Speisestärke
Für die Creme:
250 ml Milch
abgeriebene Schale von
1/2 unbehandelten Zitrone
3 Eigelbe
60 g Zucker
200 g entsteinte Trockenpflaumen
200 ml italienischer Weinbrand
(ersatzweise Traubensaft)
250 g Sahne
1 Teelöffel Zucker

Pro Portion: 2400 kJ/ 570 kcal
Zubereitungszeit: 1 1/2 Stunden
Kühlzeit: 3 Stunden

Für den Biskuitteig die Eier trennen. Die Eigelbe, Zucker und den Vanillezucker in einer Schüssel mit dem Schneebesen des Handrührgerätes cremig schlagen.

In einer zweiten Schüssel die Eiweiße mit dem Salz sehr steif schlagen. Das Mehl mit der Speisestärke mischen und abwechselnd mit dem Eischnee vorsichtig unter die Eiercreme ziehen.

Den Backofen auf 190° vorheizen. Eine Springform (24 cm Ø) einfetten, die Biskuitmasse einfüllen und glattstreichen. Im heißen Backofen (Mitte, Umluft 180°) in etwa 30 Minuten hellgelb backen, dann auskühlen lassen.

Inzwischen für die Creme die Milch mit der Zitronenschale aufkochen, dann beiseite stellen.

In einer Schüssel die Eigelbe mit dem Zucker wieder zu einer dicken hellen Creme rühren. Die Milch erneut erhitzen und nach und nach unter ständigem Rühren in die Creme gießen.

Die Masse in einen Topf füllen, auf den Herd stellen und bei milder Hitze so lange rühren, bis die Creme dicklich wird – aber nicht mehr kochen! Dann in kaltem Wasserbad unter ständigem Rühren ganz abkühlen lassen.

Die Trockenpflaumen grob hacken. Den ausgekühlten Biskuit quer in drei dünne Böden teilen.

Einen Boden in eine Glas- oder Keramikform von 24 cm Ø legen. Ein Drittel der Eiercreme darauf glattstreichen. Ein Drittel der Pflaumen darauf streuen. Einen Biskuitboden darauf legen und diesen mit einem Drittel des Weinbrands tränken. Ein weiteres Drittel der Creme darauf verteilen, mit einem Drittel der Pflaumen bestreuen, den nächsten Biskuitboden darauf legen und mit Alkohol beträufeln. So weiterschichten, bis alles aufgebraucht ist, die oberste Schicht sollte Creme sein.

Die Sahne mit dem Zucker steif schlagen, in einen Spritzbeutel füllen und damit die Zuppa inglese dekorieren. Wer mag, streut noch Mandelblättchen darüber. Vor dem Servieren im Kühlschrank 2–3 Stunden durchziehen lassen.

Tip!

Wer Baiser schätzt, kann die 3 Eiweiße, die bei der Creme übrigbleiben, mit Puderzucker steif schlagen und die Zuppa statt mit Sahne mit dem Eischnee überziehen. Im sehr heißen Backofen (250°) oben backen, bis die Spitzen des Eischnees leicht gebräunt sind. Die Zuppa inglese (englische Suppe) heißt übrigens nicht so, weil sie aus England käme, sondern weil die Eiercreme in Frankreich »crème anglaise« heißt und das Dessert wohl ursprünglich von dort stammt.

Die Zuppa inglese, auch Zuppa romana genannt, ist eine üppige Versuchung, die am besten auf ein leichtes Hauptgericht folgt

Ricottapudding

Budino di ricotta

Gelingt leicht

Zutaten für 6 Personen
2 Eßlöffel Sultaninen
2 cl Rum
30 g Zitronat
30 g Orangeat
200 ml Milch
3 Eßlöffel Grieß
400 g Ricotta (italienischer Frischkäse)
4 Eßlöffel Puderzucker und Puderzucker zum Bestäuben
4 Eier
1/4 Teelöffel Zimt
1 unbehandelte Zitrone (Schale)
Butter und Mehl für die Form
eventuell kandierte Früchte zum Garnieren

Pro Portion: 1090 kJ/ 260 kcal
Zubereitungszeit: 1 1/2 Stunden

Die Sultaninen in Rum (oder Wasser) einweichen. Zitronat und Orangeat sehr fein hacken.

Die Milch erhitzen, den Grieß einstreuen und gut durchrühren. Kurz quellen lassen.

Vom Herd nehmen, Grieß auf einen kalt abgespülten Teller gießen und abkühlen lassen. Den Backofen auf 175° vorheizen.

Inzwischen die Ricotta mit 4 Eßlöffeln Puderzucker, 1 ganzen Ei und 3 Eigelben, Zitronat und Orangeat, marinierten Sultaninen, Zimt und der abgeriebenen Schale der Zitrone gründlich mischen.

Die restlichen 3 Eiweiße zu steifem Schnee schlagen. Den Grieß unter die Ricottamasse rühren, dann den Eischnee unterziehen.

Eine Puddingform (1 1/2 l Inhalt) gut fetten, mit Mehl ausstreuen. Masse einfüllen, glattstreichen. Pudding im warmen Wasserbad im Backofen (Umluft 160°) etwa 1 Stunde garen. Dann aus der Form stürzen und mit Puderzucker bestäubt servieren. Eventuell mit kandierten Früchten garnieren.

Pfirsich-Soufflé mit Ricotta

Soufflé di pesche

Für Gäste

Zutaten für 4 Personen
400 g Pfirsiche
4 Eier
1 Vanilleschote
5 Eßlöffel Zucker
2 Teelöffel abgeriebene Schale von 1 unbehandelten Zitrone
500 g Ricotta
6 Eßlöffel Puderzucker
Fett für die Form
2 Eßlöffel gemahlene Mandeln zum Ausstreuen

Pro Portion: 1600 kJ/ 380 kcal
Zubereitungszeit: 1 Stunde

Die Pfirsiche überbrühen, eiskalt abschrecken und häuten. Quer halbieren, den Stein entfernen, und das Fruchtfleisch in sehr kleine Würfel schneiden.

Den Backofen auf 200° vorheizen. Die Eier trennen. Die Vanilleschote längs aufschlitzen und das Mark herausschaben. Die Eigelbe mit dem Zucker zu einer cremigen, hellgelben Masse schlagen. Das Vanillemark und die abgeriebene Zitronenschale hinzufügen.

Die Ricotta eßlöffelweise unter die Eiercreme rühren. Die Masse in den Kühlschrank stellen.

Die Eiweiße zu sehr steifem Schnee schlagen, den Puderzucker dabei dazurieseln lassen. Den Eischnee mit den Pfirsichwürfelchen gleichmäßig unter die Eier-Ricotta-Masse mischen.

Eine große Soufflé- oder Auflauf-Form einfetten und mit den gemahlenen Mandeln ausstreuen. Die Soufflémasse so einfüllen, daß noch ein etwa 3 cm breiter Rand frei bleibt, damit das Soufflé aufgehen kann.

Das Soufflé im Backofen (Mitte) etwa 30 Minuten backen. Sofort servieren.

Tip!

Statt Ricotta können Sie bei beiden Rezepten auch sehr gut abgetropften Speisequark verwenden.

Mandelmakronen
Amaretti

Gut zum Kaffee

Zutaten für 50 Stück:
180 g ungeschälte süße Mandeln
30 g ungeschälte bittere Mandeln, ersatzweise einige Tropfen Bittermandelöl
3 Eiweiße · 1 Prise Salz
250 g Zucker
Fett für das Backblech

Pro Stück: 200 kJ/ 50 kcal
Zubereitungszeit: 1 1/4 Stunden

Die süßen und die bitteren Mandeln mit kochendem Wasser überbrühen, etwas stehenlassen und dann die Haut abziehen.

In einer Mandelmühle oder im Blitzhacker so fein wie möglich mahlen. Den Backofen auf 150° vorheizen. Backblech einfetten.

Die Eiweiße mit einer Prise Salz sehr steif schlagen. Eßlöffelweise den Zucker dazurieseln lassen. Die gemahlenen Mandeln vorsichtig, aber gründlich unter den Eischnee heben.

Die Makronenmasse mit einem Teelöffel häufchenweise auf das Blech setzen.

Die Mandelmakronen im Backofen (Mitte, Umluft 140°) 20–30 Minuten backen, bis sie ganz leicht braun gefärbt sind. Abgekühlt zum Espresso servieren.

Mandelschnitten
Biscotti di Prato

Gut vorzubereiten

Zutaten für etwa 70 Stück:
200 g Mandelstifte
1 Teelöffel Butter
3 Eier
250 g Zucker
3 Eßlöffel Vanillezucker
1 Prise Salz
1 unbehandelte Zitrone (Schale)
400 g Mehl
1/2 Päckchen Backpulver
Butter für das Backblech

Pro Stück: 250 kJ/ 60 kcal
Zubereitungszeit: 50 Minuten

In einer Pfanne die Mandelstifte in Butter bei mittlerer Hitze unter Rühren kurz hellbraun anrösten, zur Seite stellen.

Die Eier trennen, die Eigelbe in einer breiten Schüssel mit Zucker und Vanillezucker kräftig schaumig rühren, bis sich der Zucker aufgelöst hat. Die Eiweiße mit einer Prise Salz zu steifem Schnee schlagen. Portionsweise unter die Eigelbmasse ziehen.

Die Zitrone heiß waschen, trocknen und die Schale abreiben. Mit den gerösteten Mandelstiften unter den Eierschaum mischen. Das Mehl mit dem Backpulver vermischen und über die Eiermasse sieben. Alles gründlich zu einem glatten Teig verkneten, eventuell noch etwas mehr Mehl untermischen, wenn er zu weich ist. Den Backofen auf 175° vorheizen. Ein Backblech mit Butter einfetten.

Aus dem Teig 2 cm dicke Teigrollen formen und aufs gefettete Blech legen. Im vorgeheizten Backofen (Mitte, Umluft 160°) etwa 35 Minuten backen, bis die Oberfläche gebräunt ist.

Dann die Teigrollen herausnehmen und sofort mit einem scharfen Messer in 1 cm breite, schräge Stücke schneiden. Auf einem Kuchengitter abkühlen lassen.

Wenn die Schnitten vollständig ausgekühlt sind, in einer Dose luftdicht verpackt aufbewahren.

Tip!

Wer ahnungslos in diese toskanischen Knusperschnitten beißt, wird sich vielleicht nicht sofort dafür begeistern können – denn sie sind traditionsgemäß dazu bestimmt, vorm Knabbern erst einmal in den köstlichen Dessertwein Vin Santo gestippt und aufgeweicht zu werden. Falls Sie den gerade nicht parat haben, probieren Sie es doch einfach mal mit einem Espresso!

Eiscreme mit Früchten
Cassata

Gelingt leicht

Zutaten für 12 Personen
Für 1 Rehrücken- oder Königskuchenform von 26 cm Länge:
250 g Mascarpone
250 g Sahne
4 cl Maraschino-Likör (ersatzweise Kirschsirup)
4 cl Ahornsirup
100 g gemischte kandierte, klein gewürfelte Früchte (Orangeat, Zitronat, kandierte Kirschen und Melonen)
1 Eßlöffel Zitronensaft
100 g Puderzucker
Klarsichtfolie für die Form

Pro Portion: 830 kJ/ 200 kcal
Zubereitungszeit: 15 Minuten
Gefrierzeit: 9 Stunden

Den Mascarpone in Flöckchen zusammen mit 4 Eßlöffeln Sahne im heißen Wasserbad unter öfterem Umrühren (oder im Mikrowellengerät etwa 2 Minuten bei 600–700 Watt) gerade eben schmelzen lassen.

Die geschmolzene Masse mit Likör und Ahornsirup glattrühren. Die kandierten Früchte, Zitronensaft und die Hälfte des Puderzuckers gründlich unter den Mascarpone rühren.

Die übrige Sahne mit restlichem Puderzucker steif schlagen und nach und nach vorsichtig, aber gründlich unter die Mascarponemasse mischen. Die Form mit Folie auslegen. Masse einfüllen, glattstreichen und die Cassata in 7–9 Stunden gefrieren lassen.

Zum Servieren die Form umgedreht auf eine Servierplatte stellen, die Form nach oben wegziehen. Die Folie vom Eis abziehen. Die Cassata in dicke Scheiben schneiden und sofort servieren.

Tirami-su-Eis
Gelato »Tirami su«

Gut vorzubereiten

Zutaten für 10 Personen
Für 1 flachen, rechteckigen Tiefkühlbehälter oder 1 Glasform von etwa 15 x 25 cm Größe:
250 g Mascarpone
100 ml heißer starker Espressokaffee
90 g Puderzucker
2 cl Amaretto-Likör nach Belieben
200 g Sahne
16 Löffelbiskuits
1 Eßlöffel Kakaopulver

Pro Portion: 900 kJ/ 220 kcal
Zubereitungszeit: 20 Minuten
Gefrierzeit: 7 Stunden

Den Mascarpone in Flöckchen zerteilen und in einem Topf mit dem heißen Espresso und zwei Dritteln des Puderzuckers mit einem Schneebesen glattrühren. Eventuell alles zusammen erwärmen, bis der Mascarpone gerade geschmolzen ist (zum Beispiel 1–2 Minuten im Mikrowellengerät bei 600–700 Watt). Die Masse abkühlen lassen.

Sobald die Mascarponemasse abgekühlt ist (sie darf noch lauwarm sein), den Amaretto nach Belieben unterrühren. Die Sahne mit dem restlichen Puderzucker steif schlagen. Die Schlagsahne nach und nach vorsichtig, aber gründlich unter die Mascarponemasse mischen.

Die Form mit den Löffelbiskuits auslegen und die Eismasse mit einem Eßlöffel langsam und vorsichtig darüber verteilen, damit die Biskuits nicht verrutschen und etwas von der Masse aufsaugen.

Die Form ins Gefriergerät stellen und das Eis in 5–7 Stunden bei mindestens -18° gefrieren lassen. Zum Servieren mit dem Kakao besieben und in Stücke schneiden. Nach Belieben mit Sahnetupfen garnieren.

Im Bild oben: Eiscreme mit Früchten, die berühmte Cassata
Im Bild unten: Tirami-su-Eis, eine Abwandlung des Klassikers

Schokoladen-Eispralinen
Baci

Gelingt leicht

Zutaten für etwa 20 Eispralinen:
100 g Zartbitterschokolade
4 Eßlöffel Milch
2 frische Eigelbe
40 g Puderzucker
1 cl Mokkalikör (1 Eßlöffel), nach Belieben
50 g Haselnußkrokant (Fertigprodukt)
150 g Sahne
2 Eßlöffel Kakaopulver

Pro Stück: 490 kJ/ 120 kcal
Zubereitungszeit: 15 Minuten
Gefrierzeit: 11 Stunden

Schokolade in Stücke brechen und mit der Milch im heißen Wasserbad (siehe Seite 253) schmelzen lassen, dann glattrühren.

Die Eigelbe mit Puderzucker und eventuell dem Likör dickschaumig schlagen (das dauert mit den Schneebesen eines Handrührgerätes etwa 5 Minuten). Krokant und die geschmolzene Schokolade vorsichtig, aber gründlich unter den Eigelbschaum mischen.

Sahne steif schlagen und nach und nach unter die Schokoladenmasse mischen. Masse in einen Tiefkühlbehälter von etwa 1/2 l Inhalt füllen. In etwa 10 Stunden im Gefriergerät bei mindestens -18° fest werden lassen.

Rechtzeitig das Eis mit einem Teelöffel zu Kugeln von etwa 3 cm Durchmesser portionieren. Die Eiskugeln in dem Kakao wälzen und nochmals für mindestens 1 Stunde ins Gefriergerät legen.

Zitronensorbet
Sorbetto al limone

Raffiniert

Zutaten für 4 Personen
5 unbehandelte Zitronen
350 ml Wasser
135 g Zucker
2 frische Eiweiße

Pro Portion: 710 kJ/ 170 kcal
Zubereitungszeit: 30 Minuten
Kühlzeit: 3 Stunden

Die Zitronen mit heißem Wasser abspülen. Von 4 Zitronen einen Deckel abschneiden. Das Fruchtfleisch vorsichtig herausschneiden, ohne die Schale zu verletzen, in ein Küchentuch geben und den Saft über einer Schüssel auspressen. Von den ausgehöhlten Zitronen den Boden flachschneiden, damit sie stehen. Von der restlichen Zitrone die Schale abreiben und das Fruchtfleisch anderweitig verwenden.

Wasser mit Zucker (1 Eßlöffel aufheben) aufkochen, etwa 5 Minuten sprudelnd kochen lassen, dann Zitronensaft und die -schale zugeben und kurz mitkochen.

Die Flüssigkeit abkühlen lassen und durch ein feinmaschiges Sieb gießen. In eine Eiswürfelschale (ohne Gitter) oder eine kleine Metallform füllen und für etwa 1 Stunde ins Gefriergerät stellen.

Dann die Eiweiße mit restlichem Zucker sehr steif schlagen, unter das halbgefrorene Sorbet ziehen, nochmals für etwa 2 Stunden in das Gefriergerät stellen. Dabei jede halbe Stunde durchrühren.

Zum Servieren das Zitronensorbet in die ausgehöhlten Zitronen füllen, die Deckel wieder aufsetzen.

Kaffee-Granita
Granita di caffè

Erfrischend

Zutaten für 4 Personen
500 ml starker heißer Espresso
4 Eßlöffel Zucker
250 g Sahne
4 Eßlöffel Kaffeelikör

Pro Portion: 1000 kJ/ 240 kcal
Zubereitungszeit: 30 Minuten
Gefrierzeit: 2 Stunden

In den heißen Espresso 2 Eßlöffel Zucker rühren, dann den Kaffee abkühlen lassen.

Den kalten Kaffee zum Gefrieren in eine Eiswürfelschale füllen und im Gefriergerät in gut 2 Stunden fest werden lassen.

Die Sahne mit dem Handrührgerät steif schlagen, den restlichen Zukker dazurieseln lassen.

Kurz vorm Servieren das Eis aus der Schale lösen und portionsweise im Blitzhacker so weit zerkleinern, daß ein grober Eisschnee entsteht. Die Granita in vier Gläser füllen, den Kaffeelikör darüber träufeln, mit der Schlagsahne garnieren und sofort servieren.

Honigmelonen-Eis

Gelato di melone

Für Gäste

Zutaten für 4 Personen
1 Honigmelone (etwa 1 kg)
1 Teelöffel frischer Rosmarin oder
1/2 Teelöffel getrockneter
2 frische Eigelbe
3 Eßlöffel Puderzucker
2 Eßlöffel Zitronensaft
1 Eiweiß
Rosmarinzweige zum Garnieren

Pro Portion: 790 kJ/ 190 kcal
Zubereitungszeit: 30 Minuten
Gefrierzeit: 4 Stunden

Die Honigmelone halbieren und die Kerne mit einem Löffel entfernen. Das Fruchtfleisch mit einem Löffel so herausschaben, daß ein etwa 1/2 cm dicker Rand stehen bleibt. Das Fruchtfleisch mit dem Rosmarin im Mixer pürieren.

Die Eigelbe mit dem Puderzucker in einer Schüssel mit dem Handrührgerät zu einer cremigen Masse schlagen. Zitronensaft und das Fruchtpüree hinzufügen.

Das Eiweiß zu sehr steifem Schnee schlagen und unter die Masse rühren. Die Melonenhälften mit der Eismasse füllen und für mindestens 4 Stunden in das Gefriergerät stellen, dabei die Masse immer wieder mit einer Gabel durchziehen, damit sich keine großen Eiskristalle bilden.

Vor dem Servieren das Eis etwa 1/4 Stunde in den Kühlschrank stellen. Dann Eis und die Fruchthälften mit einem scharfen Messer (vorher in heißes Wasser tauchen) in Viertel teilen. Die Melonenschiffchen auf Tellern anrichten, mit Rosmarin garnieren.

Schokoladeneis mit Grappa

Gelato di cioccolate

Gelingt leicht

Zutaten für 4 Personen
100 g Zartbitter-Schokolade
400 g Sahne
4 frische Eigelbe
5 Eßlöffel Zucker
4 cl Grappa nach Belieben

Pro Portion: 2400 kJ/ 570 kcal
Zubereitungszeit: 1 1/4 Stunden
Gefrierzeit: 3 Stunden

Von der Schokolade 80 g in grobe Stücke brechen und mit der Hälfte der Sahne in einem Topf erhitzen (siehe Seite 253). Immer wieder umrühren, bis die Schokolade ganz geschmolzen ist. Nicht aufkochen lassen. Den Topf vom Herd nehmen, die Masse ganz abkühlen lassen und dabei ab und zu durchrühren.

Die Eigelbe mit dem Zucker in einer Schüssel cremig rühren. Die Schüssel in ein leicht siedendes Wasserbad stellen und die Creme weiterschlagen. Dabei die Schokoladen-Sahnemischung langsam einfließen lassen.

Die restliche Schokolade in kleine Stücke hacken. Die übrige Sahne halbsteif schlagen und mit den Schokoladenstückchen und – nach Belieben – der Grappa unter die Schokomischung heben.

Die Eismasse in eine kleine Kastenform oder in einen Plastik-Tiefkühlbehälter füllen und für mindestens 3 Stunden ins Gefriergerät stellen.

Das Eis vor dem Servieren mindestens 30 Minuten in den Kühlschrank stellen, damit es weich und geschmeidig wird. Zum Servieren mit einem Löffel Nocken oder mit dem Eisportionierer Kugeln abstechen und in gekühlten Eisschalen oder auf Desserttellern servieren.

In diesem Register finden Sie alle deutschen und italienischen Rezepttitel sowie die Varianten.

D

E

F

G

H

I&J

K

L

M

Q&R

S

T

Abbacchi: Milchlamm
Aceto: Essig
Aglio: Knoblauch
Agnello: Lamm
al dente: bißfest gegarte Nudeln oder Gemüse
al forno: im Ofen gebacken
alla griglia: vom Grill
Anguilla: Aal
arrosto: gebraten
Arancia: Orange
Arista: Schweinebraten
Asparagi: Spargel

Biscotti: Kekse
Bistecca: Steak
Bollito: gekochtes Fleisch
Brasato: Schmorbraten
Budino: Pudding

Calamari: Tintenfische (mit langgestrecktem Körper)
Carciofi: Artischocken
Carne: Fleisch
Carote: Möhren
Cavolfiore: Blumenkohl
Cavolo: Kohl
Ceci: Kichererbsen
Cinghiale: Wildschwein
Cipolla: Zwiebel
Coda di rospo: Seeteufel
Coniglio: Kaninchen
Costoletta: Kotelett
Cotechino: Schweinswurst
cotto: gekocht
Cozze: Muscheln
crudo: roh

Fagiano: Fasan
Fagioli: weiße Bohnenkerne
Fagiolini: grüne Bohnen
Fegato: Leber
Fichi: Feigen
Finocchio: Fenchel
Formaggio: Käse
Fragole: Erdbeeren
Frittata: Omelett
fritto: in Öl gebacken, fritiert
Frutti di mare: Meeresfrüchte
Funghi: Pilze

Gelato: Eiscreme
Gnocchi: Nocken, Klößchen
gratinato: überbacken, gratiniert

in agro: säuerlich eingelegt
in agrodolce: süß-sauer
in brodo: in Brühe
in marinata: eingelegt, mariniert
in umido: in Sauce geschmort
Insalata: Salat
Involtini: gefüllte Röllchen

Latte: Milch
Lenticchie: Linsen
Lepre: Hase
Limone: Zitrone
Lingua: Zunge

magro: mager (meist für vegetarische Gerichte gebraucht)
Maiale: Schweinefleisch
Manzo: Rindfleisch
Mela: Apfel
Melanzane: Auberginen
Merluzzo: Kabeljau, Dorsch
Minestre: Suppen

Nasello: Seehecht
Noci: Nüsse

Olio: Öl
Orata: Goldbrasse
Orzo: Gerste

Pane: Brot
Panna: Sahne
Patate: Kartoffeln
Peperoncini: scharfe Chilischoten
Petti di pollo: Hähnchenbrüste
Peperoni: Paprikaschoten
Pernici: Rebhühner
Pesce spada: Schwertfisch
Pesche: Pfirsich
Pesci: Fischgerichte
Piselli: Erbsen
Pollame: Geflügel
Pollo: Hähnchen, Huhn
Polpi: Tintenfische (Kraken)
Pomodori: Tomaten
Porchetta: Spanferkel
Porcini: Steinpilze
Prosciutto: Schinken

Quaglie: Wachteln

Ricotta: Frischkäse
ripieno: gefüllt
Riso: Reis

Sarde: Sardinen
Scaloppine: dünne Schnitzel
Scorzonera: Schwarzwurzeln
Sedani: Staudensellerie
Selvaggina: Wild
Sgombi: Makrelen
Sogliola: Seezunge
Spinaci: Spinat

Tonno: Thunfisch
Triglie: Meerbarben
Trippa: Kutteln, Kaldaunen
Trote: Forellen

Uova: Eier

Verdure: Gemüse
Visciole: Sauerkirschen
Vitello: Kalbfleisch
Vongole: Venusmuscheln

Zucca: Kürbis

Redaktion: Ina Schröter, Reinhardt Hess
Layout: Sybille Engels, BuchHaus Gigler GmbH
Fotos: Odette Teubner;
Gerhard Müller, München S. 6
Martin Thomas, Aachen S. 8
Istituto Trentino del Vino Romano Magrona, Trento S. 12
Georg Wunsch, Bedburg S. 19, 253
Herstellung: Ina Hochbach
DTP-Satz: Reinhardt Hess
Reproduktion: Longo, Bozen
Druck: Appl, Wemding
Bindung: Monheim

ISBN: 3-7742-2984-8

Auflage:	4.	3.	2.	1.
Jahr:	2001	2000	1999	1998

Koch